ESTRATÉGIA E COMPETITIVIDADE EMPRESARIAL

Inovação e Criação de Valor

www.editorasaraiva.com.br

Luiz Carlos Di Serio
Marcos Augusto de Vasconcellos

ESTRATÉGIA E COMPETITIVIDADE EMPRESARIAL

Inovação e Criação de Valor

saraiva uni

saraiva EDUCAÇÃO | saraiva uni

Av. Doutora Ruth Cardoso, 7221, 1º Andar
Pinheiros – São Paulo – SP – CEP: 05425-902

SAC | Dúvidas referente a conteúdo editorial, material de apoio e reclamações:
sac.sets@somoseducacao.com.br

Direção executiva	Flávia Alves Bravin
Direção editorial	Renata Pascual Müller
Gerência editorial	Rita de Cássia S. Puoço
Coordenação editorial	Fernando Alves
Edição	Ana Laura Valerio Neto Bach Thiago Fraga
Produção editorial	Daniela Nogueira Secondo
Serviços editoriais	Juliana Bojczuk Fermino

Arte e produção	Know-how Editorial
Capa	Know-how Editorial/Victor Bittow
Atualização da 4ª tiragem	Daniela Nogueira Secondo
Impressão e acabamento	xxx

ERP 360.184.001.004

ISBN 978-85-02-07575-7

CIP-BRASIL. CATALOGAÇÃO NA FONTE
SINDICATO NACIONAL DOS EDITORES DE LIVROS, RJ.

D524e

Di Serio, Luiz Carlos

Estratégia e competitividade empresarial : inovação e criação de valor / Luiz Carlos Di Serio, Marcos Augusto de Vasconcellos. - São Paulo : Saraiva, 2009.

Inclui bibliografia

ISBN 978-85-02-07575-7

1. Planejamento estratégico. 2. Tecnologia da informação. 3. Concorrência. 4. Administração de empresas - Inovações tecnológicas. 5. Administração de empresas - Estudo de casos. I. Vasconcellos, Marcos Augusto de. II. Título.

08-4177 CDD 658.4012
CDU 65.012.2

1ª edição

1ª tiragem: 2009
2ª tiragem: 2010
3ª tiragem: 2014
4ª tiragem: 2019

COD. OBRA 8162 CL 650564 CAE 573617

Dedico este trabalho aos meus pais e a meus filhos,
motivos de minha inspiração e dedicação.
Luiz Carlos Di Serio

Dedico este trabalho à Maria Cecília.
Marcos Augusto de Vasconcellos

AGRADECIMENTOS

Agradecer e dar retorno são atitudes justas e honestas, mas é difícil ser justo. É quase impossível agradecer a todos que contribuíram tanto de forma positiva como negativa para sua formação pessoal e profissional ao longo de toda a sua vida. Afinal, em todos os casos é sempre uma contribuição para o nosso crescimento.

Certamente, uma forma de não errar é iniciar agradecendo a Deus e aos meus pais pelas conquistas, desafios de crescimento, assim como pelas oportunidades encontradas pelo caminho até hoje e no futuro.

Minhas inspirações têm origem na grandeza das minhas filhas, Gisele e Carla, com a sensibilidade e o carinho com tudo em seu entorno, com a visão da estética,da beleza e com muita criatividade.

Agradeço ao meu filho Luiz Henrique, que me proporcionou oportunidades de participar de muitas reuniões de escola entre pais e mestres para tomar conhecimento das notas, das faltas e dos aspectos de indisciplina da turma ou da tribo à qual pertencia. Esta era sempre rotulada, entre outras tantas coisas, pela excelência indisciplinar em aula. Dessa tribo, hoje, dois são médicos e um é advogado formado pela USP (este último era um dos piores, na opinião e diagnóstico de alguns professores mais experientes). Hoje, como publicitário e cursando pós-graduação pela FGV, meu filho é um excelente companheiro para discussões sobre assuntos profissionais, motos e músicas, sempre trazendo novas gravações de estilos que só ele e outros de muitas gerações gostam, como Bob Dylan, Pink Floyd, Led Zeppelin, B.B. King, Eric Clapton etc.

Agradeço à Sonia, parceira sempre presente não só na fase inicial desta jornada, durante a estada nos Estados Unidos, mas também na criação dos nossos filhos.

São merecedores de agradecimentos os meus professores das oito primeiras séries, dos quais me recordo com muito carinho, em especial daqueles do Colégio Benedito Gebara, de Duartina, no Estado de São Paulo, minha cidade natal.

Não posso deixar de mencionar meus professores do Científico, no Instituto de Educação Ernesto Monte, assim como os da Engenharia – no início Fundação Educacional e depois Universidade do Estado de São Paulo (Unesp) em Bauru, SP.

Em particular, gostaria de registrar alguns nomes que me marcaram muito: Petrônio, Dimas Ribeiro, Gino Crês, Isaac P. Roldan, L. Negreni, Rosalvo T. Rufino, Carlos A. Pallerosi,

Destaque para o assistente Jeovan de Carvalho Figueiredo, colega de longas discussões na elaboração dos textos, nas interpretações e testes das minhas idéias, pela paciência durante o processo de execução da versão final deste projeto de vida.

À Teresa Rubega, um agradecimento especial pela leitura inicial deste trabalho, assim como pelas sugestões de melhoria da redação do texto.

Sou grato, ainda, à professora Cecília Bergamini, pela colaboração, sugestões e revisão do texto relativo às pessoas.

Aos profissionais do Fleury, especialmente Teresa Sacchetta, Ewaldo Russo, José H. Vieira, Adriana Seixas Braga e William Malfatti, meus profundos agradecimentos pelo constante apoio às pesquisas, visitas, palestras aos alunos, assim como pela referência na abordagem do mercado e na inovação constante.

Aos membros da diretoria da Gráficos Burti, os senhores Luiz Carlos, Leandro e Leonardo Burti, exemplos de compromisso e dedicação à excelência de sua empresa e que sempre me apoiaram na pesquisa, nas visitas e palestras na FGV.

Aos executivos da Marcopolo, na pessoa do senhor José Rubens De La Rosa, além de Carlos Zignani e Rubens Bisi, pelo apoio e exemplo de estratégia de crescimento inserido no processo de globalização.

Aos executivos da Natura, por meio dos quais acumulei conhecimento sobre a estratégia de inovação e globalização, principalmente ao apoio do executivo e aluno do mestrado profissional em Administração da FGV, o senhor Marcel Goya.

É preciso registrar também os agradecimentos ao Núcleo de Pesquisa e Publicação da FGV-EAESP (GVPesquisa), na pessoa do professor Peter Spink e de Daniela Mansur, pela orientação e auxílio financeiro aos diversos projetos de pesquisa que precederam e embasaram a elaboração deste trabalho, assim como à diretoria da FGV-EAESP, na pessoa do professor Fernando Meirelles, pelo apoio.

Aos meus colegas professores e pesquisadores do Departamento de Administração da Produção e de Operações (POI) e dos demais departamentos da FGV sou grato pelo apoio. Em particular, gostaria de registrar aqueles com quem mais publiquei e que sempre estiveram presentes: Thomas Wood Jr., José Carlos Barbieri, Orlando Cattini Jr., Luís L. Brito, Sílvio Laban, Jaci C. Leite, Norberto Torres, João Mario Csillag, Susana Pereira, Marta Maia, André Duarte, Mauro Sampaio, Luciel de Oliveira e Julio Figueiredo, este último pela ajuda com o modelo de dinâmica de sistemas. Não posso deixar de citar o grande apoio de Vera Mourão, que durante muitos anos foi a secretária e protetora para muitos e também crítica para outros professores do departamento.

Aos meus colegas, Nelson Barrizelli, Dario de Oliveira L. Filho, Renato L. Sproesser, Leonel C. Rodrigues, Rubens da Costa Santos, Paulo H. M. Prado, Renato Marchetti e Arthur Ridolfo Neto, que participaram da empreitada que resultou no livro *Lucratividade pela inovação* (publicado pela Editora Campus em 2006).

Aos colegas da Microsoft, Jorge Salles, Fernando Coelho, Adriano Neves, pelo apoio no projeto do livro e em outros projetos.

À Maria Cristina Duarte, pela convivência de muitos anos, por ter me mostrado o lado da estética das coisas, o lado humano da compreensão, persistência e determinação.

À Lea Pinho, pela vivência psicológica no trato com os adolescentes, por ter me ajudado a ampliar a percepção e sensibilidade sobre a mente humana, bem como pela colaboração nos temas de ensino e aprendizagem deste projeto.

À Ana Cruz, por me mostrar que tudo é possível, executando a reforma do meu apartamento em uma semana; foi o início de uma grande amizade.

Aos colegas componentes da banca examinadora, Prof. Dr. João Mário Csillag, Prof. Dr. Isak Kruglianskas, Prof. Dr. Antonio Rafael Namur Muscat e Prof. Dr. Alceu Gomes Alves Filho, agradeço pela colaboração e críticas.

Ao professor, amigo, orientador e co-autor deste trabalho, Marcos Augusto de Vasconcellos, que, por meio de seus convites para fazer palestras em seus cursos na FGV-EAESP, permitiu meu contato com a escola e, posteriormente, a participação no concurso no qual fui aprovado, tornando-me professor em 1991. Agradeço pelo seu exemplo de dedicação e determinação na execução dos projetos e também por disponibilizar seu tempo para permitir longas conversas e trocas de conhecimento.

Mesmo com todo o esforço despendido, é possível ter esquecido alguns colegas e amigos. Assim, quero aproveitar para agradecer, de maneira geral, a todas as pessoas que me questionaram de forma positiva, e mesmo àquelas, as quais foram poucas, que criaram dificuldades para o meu crescimento, mas que, ao mesmo tempo, acabaram propiciando-me situações de grande aprendizado.

Enfim, a cada uma das pessoas, citadas ou não, que de algum modo contribuíram com algum tijolo na minha formação pessoal e profissional.

Na diferença, no conflito de opiniões e na divergência de percepções sempre pude ampliar as minhas fronteiras do pensamento. Ao lado disso, a oportunidade de conviver com outras culturas sempre foi um campo largo e infinito de oportunidades para crescer.

Luiz Carlos Di Serio

A liberdade espiritual do ser humano, a qual não se lhe pode tirar, permite-lhe, até o último suspiro, configurar a sua vida de modo que tenha sentido. Pois não somente uma vida ativa tem sentido, mas dar à pessoa a oportunidade de concretizar também valores de forma criativa.

Viktor Frankl

O orçamento nacional deve ser equilibrado, as dívidas públicas devem ser reduzidas, a arrogância das autoridades deve ser moderada e controlada. Os pagamentos a governos estrangeiros devem ser reduzidos, se a nação não quiser ir à falência. As pessoas devem novamente aprender a trabalhar em vez de viver por conta pública.

Marcus Tullius Cícero (Roma, 55 a.C.)

SOBRE OS AUTORES

Luiz Carlos Di Serio

Luiz Carlos Di Serio é professor titular da Escola de Administração de Empresas de São Paulo da Fundação Getulio Vargas desde 1992, nos programas de graduação e pós-graduação. Como executivo, teve uma vivência de 22 anos em Gestão de Desenvolvimento e Implantação de Produtos, Processos, Qualidade, Informática e Automação Industrial, nas empresas FMC do Brasil S.A. (Foodtech) e Equipamentos Villares S.A. Como professor e consultor, atuou em diversos projetos pela FGV Projetos e publicou artigos em seminários e congressos nacionais e internacionais.

Graduado em Engenharia Mecânica (Unesp), obteve o título de mestre na Marquette University (Milwaukee, EUA) e de doutor em Engenharia de Produção na Escola de Engenharia de São Carlos (Universidade de São Paulo). Como autor e co-autor, publicou alguns livros e capítulos: *Tecnologia de grupo no planejamento produtivo*, 1985; Supply Chain Management: uma visão dinâmica da decisão fazer *versus* comprar. In: *Gestão empresarial:* oito propostas para o terceiro milênio, 2001; A dinâmica da transformação de cadeias de fornecimento: uma proposta de abordagem analítica. In: *Tópicos emergentes em engenharia da produção*, 2005, v. 3; Setor automobilístico e logístico. In: *Lucratividade pela inovação*, 2005; *Clusters empresariais no Brasil*, 2007.

Seus interesses de pesquisa são a Estratégia e Gestão de Operações, *Supply Chain Management,* Gestão do Desenvolvimento de Produtos e Serviços e Tecnologia da Informação e Automação.

Marcos Augusto de Vasconcellos

Marcos Augusto de Vasconcellos é professor titular da Escola de Administração de Empresas de São Paulo da Fundação Getulio Vargas, nos programas de graduação e pós-graduação, tendo ingressado em 1972 no Departamento de Administração da Produção e Operações (POI).

CSN	Companhia Siderúrgica Nacional
CTO	*Chief Technology Officer* (Diretor de tecnologia)
CVP	*Collaborative Virtual Prototyping*
DAC	Departamento de Aviação Civil
DIP	Desenvolvimento Integrado de Produtos
DSS	*Decision Support System* (Sistema de Apoio à Decisão)
EAESP	Escola de Administração de Empresas de São Paulo
EAI	*Enterprise Application Integration* (Integração de Aplicações Empresariais)
ERP	*Enterprise Resource Planning* (Sistema de Gestão Empresarial)
ESPM	Escola Superior de Propaganda e Marketing
EVA	*Economic Value Added* (Valor Econômico Adicionado)
FGV	Fundação Getulio Vargas
Fiesp	Federação das Indústrias do Estado de São Paulo
FMI	Fundo Monetário Internacional
FOFA	Forças, Oportunidades, Fraquezas e Ameaças
Funcex	Fundação Centro de Estudos do Comércio Exterior
GAP	*Competitive Advantage Gap* (Diferencial Vantagem Competitiva)
GCS	Gestão da Cadeia de Suprimentos *(Supply Chain Management)*
GTP	Gestão, Tecnologia e Pessoas
IBGE	Instituto Brasileiro de Geografia e Estatística
IBPT	Instituto Brasileiro de Planejamento Tributário
IMD	*Institute for Management Development*
JIT	*Just in time*
LAS	*Laboratory Automation System* (Sistema de Automação Laboratorial)
Laspau	*Latin American Scholarship Program of American Universities*
LIS	*Laboratory Information System* (Sistema de Informação Laboratorial)
LOB	*Line of business* (Linha de Negócios)
MIT	*Massachusetts Institute of Technology*
MOC	*Microeconomics of Competitiveness*
MRP	*Manufacturing Resource Planning* (Planejamento Integrado de Manufatura)
OECD	Organização para a Cooperação e o Desenvolvimento Econômico
P&D	Pesquisa e Desenvolvimento

PAG	Programa de Ação Governamental
PBQP	Programa Brasileiro da Qualidade e Produtividade
PC	*Personal computer* (Computador Pessoal)
PCM	Plano de Consistência Macroeconômica
PCP	Planejamento e Controle da Produção
PIB	Produto Interno Bruto
Pintec	Pesquisa Industrial sobre Inovação Tecnológica
PND	Plano Nacional de Desenvolvimento
PND-NR	Plano Nacional de Desenvolvimento da Nova República
RBV	*Resource Based View* (Visão Baseada em Recursos)
S&OP	*Sales and Operations Planning*
SI	Sistema de Informação
SKD	*Semi knocked down* (Semidesmontadas)
SNEA	Sindicato Nacional das Empresas Aeroviárias
SVA	Valor Agregado ao Acionista *(Shareholder Value Added)*
SWOT	*Strenghts, Weaknesses, Opportunities and Threats*
TI	Tecnologia da Informação
TOC	*Theory Of Contraints*
TQM	*Total Quality Management* (Gestão da Qualidade Total)
USA	United States of America (Estados Unidos da América)
USP	Universidade de São Paulo
VMI	*Vendor Managed Inventory* (Estoque Gerenciado pelo Fornecedor)
VR	*Virtual Reality* (Realidade virtual)
WMS	*Warehouse Management System*

LISTA DE FIGURAS

LISTA DE GRÁFICOS

LISTA DE TABELAS

SUMÁRIO

1

INTRODUÇÃO, MOTIVAÇÃO E PROPÓSITO

Segundo o entendimento de Sun Tzu (1998), "os que são hábeis no combate não se encolerizam, os que são hábeis na vitória não se amedrontam. Assim, os sábios vencem antes de lutar, enquanto os ignorantes lutam para vencer".

De acordo com esse pensamento, procura-se, no decorrer deste texto, evoluir na crença de que é mais econômico e menos doloroso para as pessoas vencer antes de lutar. Dessa forma, fornecer uma instrumentação mais adequada para os executivos poderem diagnosticar estágios e níveis de competitividade nos negócios da empresa, tanto em relação aos concorrentes como diante de mudanças no mercado, certamente é uma forma de colaborar para o aprimoramento do planejamento visando a futuras melhorias.

1.1 INTRODUÇÃO

Na década de 1970, o Brasil experimentou o II Plano Nacional de Desenvolvimento (II PND) sob a gestão de um governo militar, cujo projeto previa um investimento acentuado em infra-estrutura, em particular nos setores de energia (elétrica e nuclear), transportes (estradas e portos), siderurgia e automobilístico.

Para suportar o desenvolvimento acelerado da economia e gerar o crescimento esperado, era necessário incentivar e estimular alguns setores produtivos, como a construção civil, para acompanhar a construção de casas e de usinas hidroelétricas; e bens de capital, para desenvolver tecnologia de produtos e processos para a produção de navios, usinas hidroelétricas, termoelétricas e nucleares, assim como equipamentos para as usinas siderúrgicas.

Nesse sentido, muitas empresas nacionais foram chamadas a investir. Em 1969, quando cursava o segundo ano de Engenharia Mecânica com ênfase em Produção, o professor Luiz Carlos Di Serio teve a oportunidade de lecionar Física e Química em um colégio estadual da cidade de Duartina, sua terra natal. Para poder viabilizar tal projeto, ele começou a cursar também a faculdade de Física. Até o final da faculdade de Engenharia, em 1972, fez ambas as atividades, o que foi muito importante para sua formação tanto pessoal como profissional.

Àquela época, os efeitos do II PND do governo mostravam resultados, como boa oferta de estágios e empresas em pleno crescimento. Todas as pessoas com formação, ou recém-formadas, tinham diversas oportunidades de trabalho.

Quando estava no quinto ano, inscreveu-se e foi aprovado em um programa de mestrado nos Estados Unidos da América. O curso foi iniciado em fevereiro de 1973 e concluído em 1974, na Marquette University, no Estado de Wisconsin.

O mestrado, estruturado nos moldes dos atuais MBAs, propiciou um amplo conhecimento em administração da produção, sistemas avançados de manufatura (CIM/CAD/CAM), sistemas de informação, redes e sistemas distribuídos, sistemas de tomada de decisão e dinâmica dos sistemas.

O tema da dissertação foi o planejamento de sistemas produtivos com ênfase em células de manufatura, naquela ocasião um assunto emergente e com aplicações práticas na Rússia, Itália, Inglaterra e nos países nórdicos.

Ao retornar ao Brasil, o professor Luiz Carlos Di Serio lecionou no período de 1975 a 1976 na Unesp de Bauru, visto que o programa da bolsa da *Latin American Scholarship Program of American Universities* (Laspau) previa, em conjunto com a universidade brasileira, um contrato de capacitação e retorno ao país de origem para disseminação do conhecimento.

Dado o grande crescimento da indústria de bens de capital no Brasil, em 1976 o professor Luiz Carlos Di Serio teve a oportunidade de trabalhar na Equipamentos Villares, divisão de bens de capital do grupo Villares, na equipe de desenvolvimento industrial, no projeto da segunda fábrica localizada em Araraquara. A fábrica matriz, situada em São Bernardo do Campo, tinha excesso de pedidos e, portanto, sem condições de atendê-los, além de ter iniciado um movimento de descentralização industrial em conseqüência de fatores como o crescimento das pressões sindicais e dos custos de produção.

A nova unidade, em Araraquara, tinha por objetivo produzir pontes industriais e siderúrgicas, locomotivas com licença da General Motors (GM) e, mais tarde, sondas de perfuração de petróleo e equipamentos para perfuração, como cabeça de poço e árvore de natal, hidrogeradores e turbinas hidráulicas para usinas hidroelétricas e turbogeradores para usinas termelétricas.

Na década de 1980 havia uma forte atuação das empresas brasileiras em programas de qualidade, em decorrência da influência do sucesso do modelo japonês de gestão, com destaque para melhoria contínua pelo sistema *kaizen* (*just in time*), círculos de controle da qualidade com a participação dos funcionários da produção com sugestões de melhoria, migração de um modelo de gestão da qualidade de corretivo para preventivo, e planejamento da qualidade. Começava, assim, uma mudança nos sistemas de gestão dos custos, quando os estoques, antes instrumentos aliados para reduzir ciclos e cumprir prazos, passaram a ser controlados e vistos pelos gestores como causadores de custos indesejáveis.

Nessa época, de 1981 a 1985, como gerente de desenvolvimento e engenharia industrial, o professor Di Serio enfrentou um ambiente desafiador na gestão da empresa onde trabalhava, o que me estimulou a fazer o doutorado na USP de São Carlos. Com um grande projeto de implantação de células de manufatura na Equipamentos Villares, ao aplicar os conceitos trazidos da dissertação de mestrado, foi possível implementar grandes mudanças de sistemas na gestão da manufatura, transformando para o sistema celular o que era até então por processos ou funcional. Além disso, já na metade dessa década ocorreu um fato inédito: o índice inflacionário atinge pela primeira vez a casa dos três dígitos, dando início à escalada inflacionária.

No final dos anos 1980, o governo reduziu substancialmente os investimentos em bens de capital, levando as empresas que haviam feito investimentos a ficarem com suas capacidades ociosas. Já no fim do governo Sarney, o Brasil mergulhou em uma crise: entre fevereiro de 1989 e março de 1990, a inflação chegou a 2.751% – fato que aumentou sobremaneira os riscos para as empresas, em razão da instabilidade do mercado em que estas se encontravam, com os preços subindo diariamente. A velocidade da alta dos preços era tão grande que se tornava quase impossível saber o valor do pão francês ou de qualquer outro produto.

Foi nesse cenário que surgiram diversos planos econômicos voltados para o freio da inflação galopante, como o Plano Cruzado em fevereiro de 1986, e, em seguida, o Plano Cruzado II, com o descongelamento de preços e a volta da inflação. Esse processo culminou com a decretação da moratória brasileira em 20 de janeiro de 1987, decisão considerada altamente controversa e motivo pelo qual o Brasil sofre, até os dias atuais, retaliações nos mercados financeiros internacionais.

Sucederam-se o Plano Bresser e o Plano Verão, respectivamente no primeiro semestre de 1987 e em janeiro de 1989, igualmente sem obter sucesso no combate à escalada inflacionária. Nesse contexto, criou-se uma oportunidade para o sistema bancário, em razão da necessidade de informações diárias em tempo real para manter os clientes cientes de seus saldos, assim como para que as empresas pudessem tomar decisões em relação a seus investimentos. Essa necessidade foi um direcionador para que os bancos investissem pesado em sistemas de informação, e alguns, como Itaú e Bradesco, tornaram-se até mesmo responsáveis pela produção de computadores.

Houve, com isso, fortes incentivos governamentais para o surgimento de uma indústria nacional focada na produção de *software* e *hardware*, o que dificultou que as empresas de tais setores se mantivessem competitivas após a abertura da economia.

Em 16 de março de 1990, um dia após ser empossado no cargo de presidente da República, Fernando Collor de Mello lançou o Plano Collor I em que confiscou a poupança dos brasileiros, e seis meses depois, com a volta da inflação, o Plano Collor II. O governo durou de 1990 a 1992, quando houve o *impeachment*.

Em termos econômicos, o projeto de governo de Fernando Collor não foi um insucesso total, mas a iniciativa de privatizar as empresas estatais, a modernização de indústrias, a abertura da economia para novos mercados externos e as soluções tomadas para resolver o problema da dívida externa modificaram a mentalidade de muitos empresários e arejaram os meios econômicos tradicionais do País.

Em julho de 1990 foram implementadas reduções nas tarifas alfandegárias, dando início à abertura internacional da economia brasileira. Em março de 1991, o Tratado de Assunção criou o Mercosul, acordo internacional que previa tarifa 0 (zero) nas importações entre Brasil e Argentina em 1995 e, no ano seguinte, também em relação ao Paraguai e Uruguai. O tratado teve por objetivo integrar as relações econômicas no Cone Sul, idéia já enunciada por Juscelino Kubitschek em seu governo, ao criar a Aliança Latino-Americana de Livre-Comércio (Alalc).

Em termos empresariais, houve um questionamento sobre a qualidade dos produtos no Brasil, em particular na indústria automobilística – na época, o então presidente Collor referiu-se aos carros nacionais como verdadeiras carroças. O processo de abertura da economia, no entanto, ocorreu sem um planejamento conjunto e adequado entre governo e empresas, que encontraram dificuldades para enfrentar as diminuições das tarifas de importação.

Com a abertura do mercado, iniciada no final da década de 1980 e início dos anos 1990, essa situação começou a se modificar, na medida em que as empresas nacionais ficaram expostas, abruptamente, a novas variáveis que passaram a compor uma nova realidade, com novos paradigmas a serem explorados. Inicia-se, assim, o processo de inserção da economia brasileira na globalização.

Quase de forma instantânea, com a eliminação gradativa, porém acelerada, das tarifas de importação, as empresas brasileiras perceberam que as estratégias até então adotadas para melhorar a produtividade e reduzir os custos estavam se esgotando. E o sintoma disso era claro: a perda de competitividade tanto no mercado interno como no externo.

Com a estagnação da tecnologia nacional e o avanço da tecnologia dos países globalizados, a maior parte das empresas do País não estava preparada para enfrentar a concorrência de produtos estrangeiros, ofertados por preços muito abaixo dos locais. No setor eletrônico, ainda hoje os preços de produtos nacionais são maiores – muitos acima de 100%. O setor de autopeças foi um dos mais afetados por esse impacto na economia da era Collor e muitas empresas nacionais de relevância passaram por dificuldades e algumas acabaram sendo vendidas a grupos estrangeiros, como a Metal Leve e a Freios Varga.

Até 1990, portanto, o enfoque era a produtividade, e, quando a receita caía, cortavam-se os custos mediante a redução de materiais e da mão-de-obra. Além disso, a equação preço de venda igual a custo mais lucro (PV = C + L) era favorável às vendas, pois o mercado pagava qualquer preço, uma vez que não havia concorrência relevante na maioria dos setores empresariais.

Foi nessa época que as empresas começaram a entender as reais exigências do mercado, as necessidades de atender às expectativas dos clientes, assim como de buscar a melhoria do sistema de gestão, agora enxergando a qualidade como sistêmica e integrada, em uma cadeia que engloba desde os clientes internos (empregados) até os clientes externos (fornecedores e consumidores).

A indústria brasileira passa, assim, a trabalhar com os programas de qualidade total e de Gestão da Cadeia de Suprimentos (GCS – *Supply Chain Management*), em uma fase que representava o início do entendimento de que mais competitividade levaria a entender melhor o mercado e a planejar a produção e a cadeia de forma integrada, com a conseqüente redução de desperdícios ao longo de todo o processo.

Houve, então, no início da década de 1990, uma corrida voltada para a implantação de programas de qualidade que pudessem viabilizar a certificação, em consonância com as normas especificadas pela família ISO 9000. Com isso, as empresas poderiam se inserir em um sistema de gestão que lhes permitiria a melhoria contínua dos processos e que, por conseqüência, no futuro, deveria possibilitar-lhes a penetração em mercados consumidores mais exigentes, como o europeu e o norte-americano. Isso porque esses mercados já estavam exigindo tais certificações como forma de assegurar a entrada de produtos com qualidade adequada às suas necessidades locais.

A economia brasileira começa então a entender que a redução dos desperdícios, que foi fundamental para o sucesso do sistema Toyota de produção – e para o sucesso do Japão, enquanto grande nação exportadora –, poderia não apenas reduzir seus custos, melhorar a qualidade dos produtos e serviços nacionais, como também manter clientes e conquistar novos mercados.

Na década de 1990, a questão da globalização – ou seja, a necessidade de exportar para gerar mais riqueza e empregos – acirrou a concorrência e colocou para as empresas e seus respectivos países um desafio ainda maior, pois passava a ser fundamental ter não apenas estratégias globais, mas, igualmente, ter um foco local. Isso significa que elas deveriam entender e assimilar cultura, legislação, hábitos e costumes dos novos mercados.

Alguns desses novos desafios têm sido a ampliação de competências em inteligência mercadológica, a gestão da logística interna e externa – visualizar estrategicamente a produção e os modos de transporte necessários para colocar o produto no destino em conformidade com as exigências dos clientes e dos mercados-alvos –, a gestão de novos fatores críticos de sucesso para a competitividade, como confiabilidade dos prazos de entrega, ciclos de desenvolvimento e produção cada vez mais curtos, e flexibilidade para oferecer variedade de novos produtos, ajustar demanda e capacidade, bem como integrar as informações. Tudo de forma integrada, buscando atender aos requisitos de qualidade dos mercados.

Algumas disciplinas e competências assumiram relevância no contexto empresarial brasileiro, e a gestão financeira agora é muito mais complexa, em função das diferentes legislações tributária e fiscal. Marketing e vendas focam os novos mercados potenciais com suas especificidades, a gestão da cadeia de suprimentos é global, em termos de onde se produz, se compra e se entrega, e os sistemas integrados de gestão (ERPs) agora são necessários para integrar as informações e decisões de diferentes plantas, fornecedores e mercados.

O processo de globalização dos últimos dez anos teve como conseqüências a tomada de decisões centralizada nos escritórios das grandes empresas, o crescimento dos grandes oligopólios decorrentes de aquisições e fusões nos diversos setores da economia, o acirramento da concorrência e a tendência de comoditização.

O Brasil, nesses 15 anos, passou a ser um grande produtor de produtos comoditizados em setores como agronegócios, açúcar, álcool, soja, carnes, suco de laranja (neste último setor destacam-se empresas como Cosan, Cutrale, Citrosuco e Copersucar); siderúrgico (no qual empresas como Grupo Gerdau, CSN, Usiminas, Grupo Votorantim e Companhia Vale têm se destacado); papel e celulose (Suzano e Klabin); aeronáutico (Embraer); petroquímico (Petrobras e Braskem); moda praia; metalúrgico (Marcopolo e Randon); tecelagem; calçados etc.

Nesses setores, as empresas citadas têm conseguido uma ampliação de seus mercados via internacionalização, com abertura de empresas no exterior, quer de forma isolada, quer por meio de aquisições ou fusões. Em outras palavras, mediante a participação acionária de empresas parceiras do exterior para viabilizar um aumento de capital, entrar nos mercados externos e fortalecer a marca fora do País.

Desde 1992, quando os autores deste livro começaram a carreira de professores e consultores, estes têm acompanhado tais fatos e analisado as tendências. A motivação para o desenvolvimento deste projeto é a mesma e o seu objetivo é poder ajudar a desenvolver maior conscientização de que o acirramento da competitividade nessa era de globalização leva as empresas brasileiras a competirem com fortes empresas estrangeiras, que investem em pesquisas e têm tradição em gestão, o que, por sua vez, requer das empresas nacionais tais competências no diagnóstico, no planejamento e na implantação de um modelo de gestão que as torne mais competitivas, de forma que o Brasil possa gerar mais riqueza e empregos.

A geração de riqueza e de empregos ocorre principalmente por meio de projetos em que se podem alinhar as iniciativas e canalizar energias de entidades do governo, das empresas, dos centros e das entidades de ensino e pesquisa. São projetos como o *Swatch* na Suíça, eletrônica nos países nórdicos e asiáticos, *software* e *hardware* no Vale do Silício nos Estados Unidos, produção de navios na Coréia do Sul, *design* e marca em alguns setores na Itália, como calçados, carros, cristais, embalagens, alimentos e moda, entre muitos outros.

O grande desafio atual da economia brasileira decorre do fato de que o crescimento do PIB nacional tem sido inferior a 4% ao ano, enquanto o de países asiáticos, como a China, tem girado em torno de 11% para o mesmo período. Com o acirramento da competição global, portanto, quer como empresas, quer como países, há as seguintes opções:

- competir com os mesmos produtos atuais nos mercados em que já se atuou (o que provoca o acirramento da concorrência e a comoditização). Podem ser citados, no caso do Brasil, a concorrência acirrada no mercado de veículos populares de baixa potência, preços mais acessíveis, com motores 1.0 e a produção de produtos no setor de agronegócios;
- melhorar os produtos existentes e ter acesso a novos mercados – como fizeram Cutrale, Citrosuco, Cosan, Marcopolo, Votorantim, Gerdau, Companhia Vale, Randon, entre outras –, via internacionalização. É o caso da entrada das empesas japonesas Honda e Toyota no mercado brasileiro, com carros mais sofisticados, estratégia diversa da utilizada pelos concorrentes, que deram ênfase à estratégia de baixo custo com os veículos 1.0;
- inovar, no que tange tanto à criação de produtos quanto de modelos de negócio capazes de possibilitar o acesso a novos mercados, é a opção mais rentável e geradora de riquezas. Cite-se os casos, no Brasil, das empresas Fleury, Natura e Gráficos Burti, as quais serão analisadas neste projeto.

A decisão deve ser logo tomada, pois neste momento a China tem uma estratégia, enquanto país, de deixar de ser mais uma pátria da pirataria e produtos baratos *Made in China*, para ser considerada também – e principalmente – em razão de produtos *Invented in China*.

1.2 MOTIVAÇÃO

Alguns fatores relevantes, ocorridos nos últimos 30 anos, foram inspiradores para que se procurasse entender a dinâmica do processo de competitividade, ainda que parcial, dadas as limitações das pessoas envolvidas no processo, como seres humanos que sofrem as influências de um contexto antagônico, ou seja, ao mesmo tempo limitado e evolutivo. Este trabalho é o resultado de estudos e pesquisa sobre organizações, tanto nas empresas quanto

Ainda que o *roadmap*, ou caminho para desenvolvimento futuro, exibido nas Figuras 1.1 (ver a metodologia no item 12.4 Metodologia da pesquisa) e 1.2, permita avançar no entendimento da competitividade das firmas, persiste uma lacuna a ser preenchida, qual seja, a da compreensão do *modus operandi* que elas devem adotar ao se confrontarem com *gaps* em suas operações.

Figura 1.1 *Roadmap* para análise da competitividade

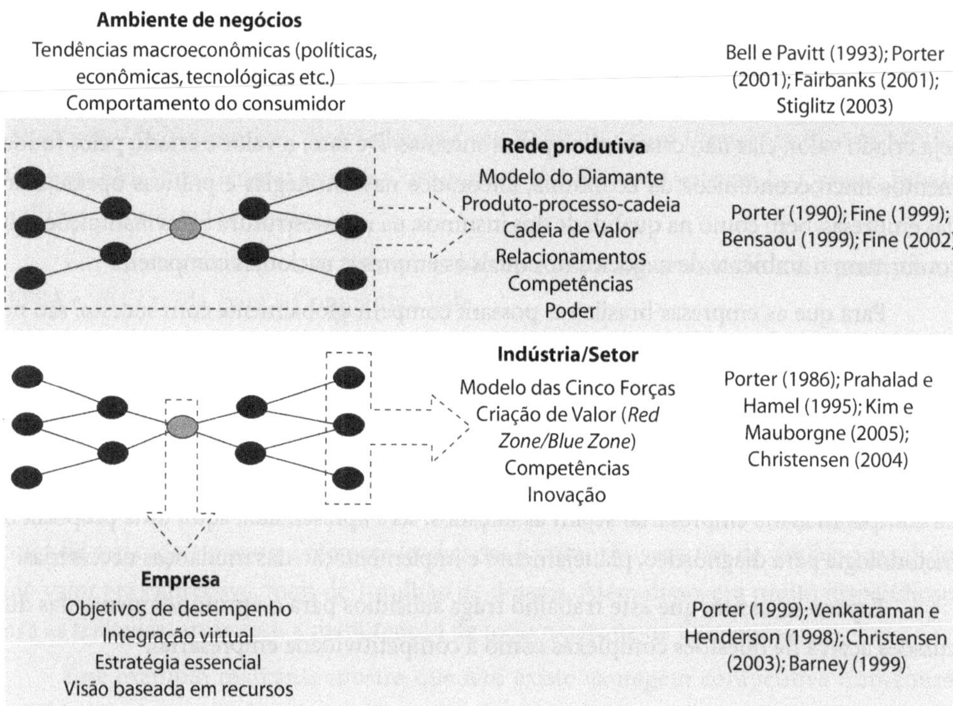

Fonte: Elaborada pelos autores.

Por *gaps* entende-se a diferença sensível entre a expectativa ou necessidade do cliente e a percepção do produto/serviço efetivamente entregue/prestado pela empresa. Os *gaps* são formados a partir de mudanças nas preferências do mercado consumidor e de inovações no âmbito das firmas concorrentes.

Para suprimir os *gaps*, as empresas devem empenhar-se na busca de soluções fundadas na inovação. A inovação, tanto incremental quanto disruptiva[1] (esta última também chamada inovação radical), terá, assim, papel fundamental nesta proposta.

[1] A denominação **disruptiva** foi dada por Christensen (1997).

Os estudos e análises foram realizados a partir do desenvolvimento de projetos centrados na observação dos fenômenos organizacionais discriminados a seguir:

- em um setor de alta demanda por *performance* e qualidade operacional, como o de medicina diagnóstica, a tecnologia da informação (TI) influenciou as decisões corporativas e mudou o histórico papel reativo da gestão – evidenciado em passado recente;
- a partir de um dado conjunto de fatores críticos de sucesso, a maior fabricante mundial de carrocerias adotou há alguns anos uma agressiva estratégia de internacionalização, mediante o uso intensivo de alianças e *joint ventures*, que resultou em operações industriais em quatro continentes;
- em face dos avanços da TI, tanto intra-organizacionais como no mercado consumidor, houve um crescente processo de virtualização das empresas que, tradicionalmente, comercializavam e distribuíam seus produtos tão-somente via marketing direto. Foram exploradas as estratégias adotadas por uma empresa de cosméticos para iniciar o processo de venda dos seus produtos pela internet, diretamente para o consumidor final.

Logo, no que se refere ao número de momentos ou pontos no tempo em que os dados foram coletados, salienta-se que a coleta destes não ocorreu em um só momento.

A descrição e análise dos casos em comento ocorreram à luz dos modelos teóricos selecionados no *roadmap* para avaliação de competitividade empresarial, que possui quatro níveis: mercado, rede, indústria e empresa. Esse *roadmap* é mostrado na Figura 1.2.

Na figura, mercado, redes, indústria e empresa interagem, influenciando a análise da competitividade. O ambiente de negócios, ou tendências macroeconômicas, influenciam a rede produtiva, que, por sua vez, refletirá no setor competitivo e em cada empresa.

Para que uma empresa se destaque em um mercado, é preciso realizar uma análise ou estudo de caso para o diagnóstico e melhoria de sua competitividade.

Para tanto, foram estudados e analisados os quatro casos de empresas nacionais a seguir:

- Empresa A – Fleury;
- Empresa B – Marcopolo;
- Empresa C – Natura;
- Empresa D – Burti.

O estudo dos casos ocorreu no período compreendido entre 2001 e 2005. Foram conduzidas entrevistas semi-estruturadas com diversos profissionais do alto escalão do Centro de Diagnóstico Fleury.

Figura 1.2 *Roadmap* para análise da competitividade (ampliado)

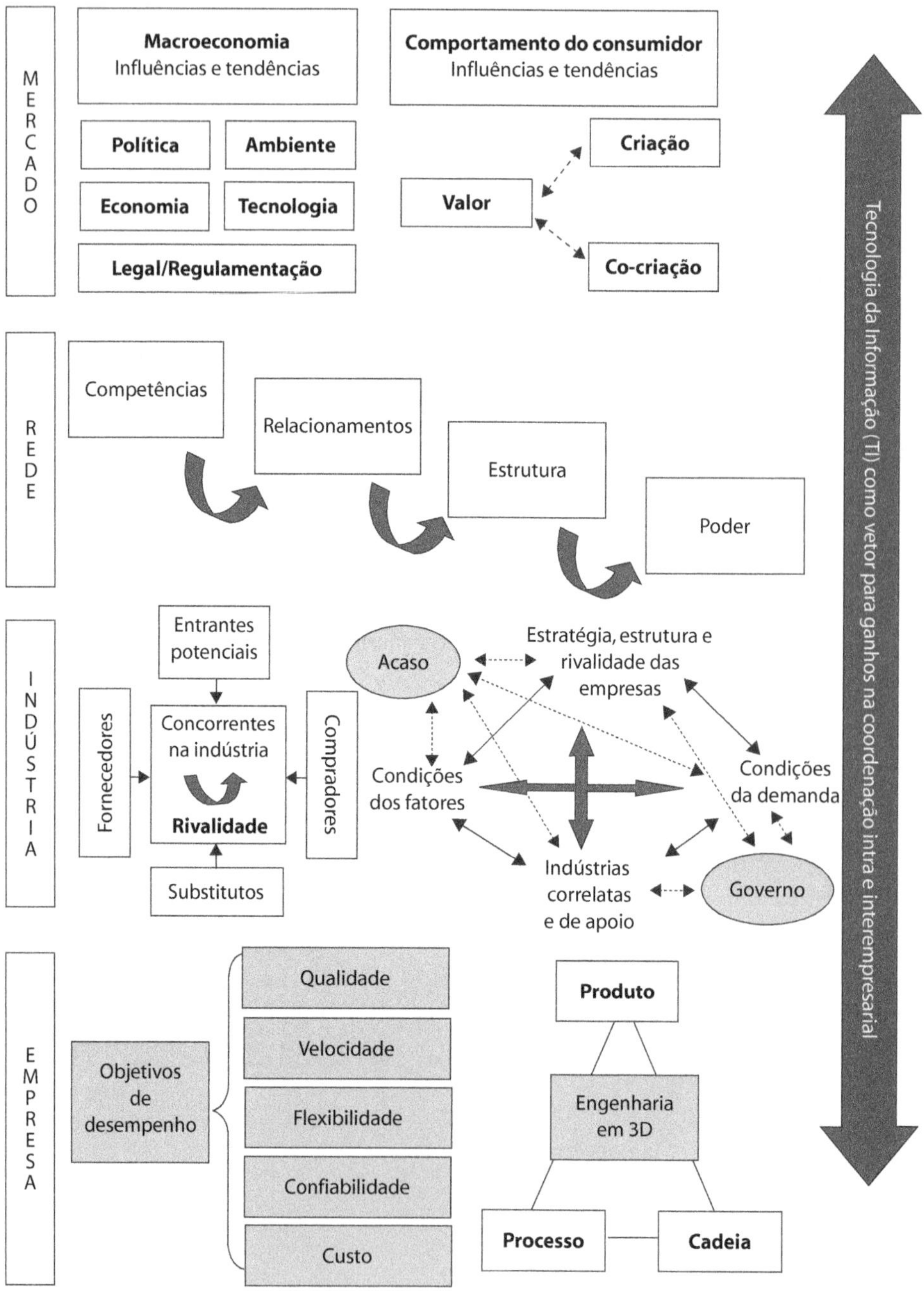

Fonte: Elaborada pelos autores a partir de Slack (1993), Venkatraman (1994), Albrecht (1995), Porter (1999) e Fine (1999).

Estratégia similar foi empreendida na Marcopolo, em que os principais executivos da empresa responderam a um questionário (ver REBELO, 2004) e foram entrevistados pessoalmente o diretor de assuntos corporativos e o diretor de recursos humanos. As entrevistas, realizadas nas instalações da Marcopolo em Caxias do Sul, abordaram questões relativas às estratégias empresarial e de operações da empresa.

Na construção do caso da Natura, foram coletados dados secundários da própria empresa estudada, bem como em relatórios e publicações acadêmicas e de negócios. A opção por esse desenho de investigação justifica-se em razão de o uso da internet e do comércio eletrônico (*e-commerce*) ainda não estarem em uma fase madura.

Logo, este trabalho empírico consistiu em uma pesquisa qualitativa, descritiva e exploratória, conforme Pinsonneault e Kraemer (1993), por buscar padrões, idéias ou hipóteses, em vez de testar ou comprovar hipóteses.

1.4 A PROPOSTA: O DIAGNÓSTICO E PLANEJAMENTO PARA A MELHORIA DA COMPETITIVIDADE

Nos primeiros capítulos deste trabalho são mostradas as principais tendências do ambiente de negócios contemporâneo. Essas tendências, fortemente caracterizadas pela emergência de mercados globais e pelo uso intensivo da tecnologia da informação, reforçam algo que em estratégia tem sido chamado de ciclo de vida do produto ou, mais recentemente, de uma relação entre a mudança da velocidade de mudança do produto, processo e cadeia de fornecimentos, conceito definido por *clockspeed* (FINE, 1999).

Talvez a característica mais importante para a gestão de operações nesse novo ambiente complexo seja a velocidade com que as mudanças estão ocorrendo (STALK; HOUT, 1990). De fato, as preferências dos consumidores, suas demandas por requisitos do produto, sua propensão a trocar de marca, todos esses elementos foram acelerados ao extremo, segundo mostram pesquisas, graças à maior facilidade de acesso à informação (KOTHA, 1996; MICA; KERSTIN; MATS, 2004).

Essa facilidade de acesso à informação aproxima o mercado digital da nova economia ao mercado com concorrência perfeita, preconizado pela microeconomia neoclássica. Por mais paradoxal que isso possa parecer, os consumidores, ao pesquisar a partir de seus microcomputadores, celulares e aparelhos de *personal information manager*, tornam-se mais próximos dos consumidores ideais do modelo econômico, com informação completa e perfeita acerca dos produtos disponíveis no mercado.

As empresas, por sua vez, também aproximam seus produtos da noção de *commodity*, pois os esforços de diferenciação empreendidos com sucesso no mercado acabam sendo fatalmente apropriados pelos concorrentes. Caso a empresa disponha de vantagens em termos de qualidade, práticas de melhoria contínua podem torná-la mais competitiva em outros critérios, como custo ou velocidade.

No entanto, com os processos de criação e erosão de vantagem competitiva acelerando-se, as organizações passam a buscar continuamente novas fontes de vantagens. Nesse sentido, a tradicional visão do posicionamento no setor, enquanto fonte de vantagem competitiva, é repensada. Os recursos empresariais ganham, assim, relevo, tornando-se base de toda vantagem competitiva e compostos dos seguintes elementos:

- ativos estratégicos – padrões, patentes, informações de clientes, entre outros;
- competências essenciais (conhecimentos e habilidades exclusivas);
- processos essenciais – métodos, rotinas e procedimentos adotados pela empresa na transformação de insumos em produto final.

Outra fonte, amplamente conhecida e reconhecida, é a inovação, que passa a ser um objetivo primário, pois a oferta de novos produtos e serviços, com pacotes de valor distintos dos atuais, será o elemento responsável por definir os novos parâmetros da competição.

Para Porter (1990),

> As companhias atingem a vantagem competitiva através de atos de inovação. Elas chegam à inovação em seu mais amplo sentido, incluindo ambas, novas tecnologias e novas maneiras de fazer as coisas. Elas distinguem uma nova base para competir ou encontram melhores meios para competir nos lugares antigos.
>
> Algumas inovações criam vantagem competitiva pela percepção de uma oportunidade de mercado inteiramente nova ou servindo um segmento de mercado que outros tenham ignorado. Quando os competidores são muito lentos para responder, tais inovações revelam-se vantagens competitivas.
>
> Na verdade, para ter sucesso, a inovação usualmente requer pressão, necessidade, e mesmo adversidade: o medo de perder freqüentemente mostra-se mais poderoso que a esperança de ganhar.
>
> Uma vez que a companhia atinja a vantagem competitiva através de uma inovação, ela pode sustentá-la apenas através de inexorável melhoria.
>
> (...) Os competidores irão eventual e inevitavelmente ultrapassar qualquer companhia que pare de melhorar e inovar (p. 75).

Assim, para Porter, a competitividade deriva sempre de atos de inovação.

A proposta apresentada no presente estudo sugere que ambas, tanto a melhoria contínua quanto a inovação, terão seu sucesso ou fracasso definidos pela alocação e pelo uso dos recursos da firma, traduzidos em gestão, tecnologia e pessoas (Figura 1.3).

Figura 1.3 Modelo proposto por Di Serio

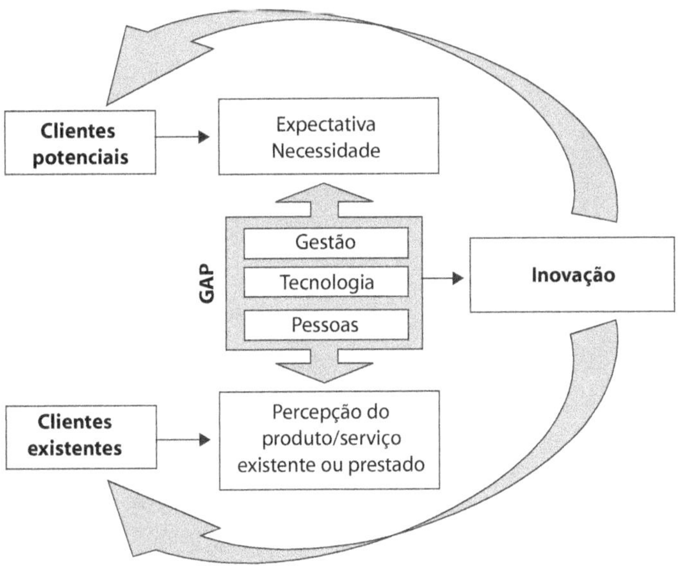

Fonte: DI SERIO, 2007.

O *gap* entre a expectativa ou necessidade do cliente e a percepção do produto/serviço efetivamente entregue/prestado é o espaço em que a organização pode atuar para angariar um desempenho competitivo superior. Contudo, desse argumento emerge a seguinte questão: como a organização pode eliminar esse *gap*, se ele é resultado das percepções e expectativas do cliente?

A forma de operacionalizar uma intervenção da empresa para reduzir ou eliminar esse *gap* passa pela reorganização de processos em seu interior, visando a eliminar os *gaps* no nível dela. Existem quatro *gaps* intra-organizacionais que são os determinantes do *gap* entre expectativas e percepções dos clientes (ZEITHAML; PARASURAMAN; BERRY, 1990):

- o *gap* entre a expectativa do consumidor e a percepção dos gestores (*gap* 1);
- o *gap* entre a percepção da gestão e a especificação da qualidade do serviço (*gap* 2);

- o *gap* entre as especificações de qualidade de serviço e prestação do serviço (*gap* 3);
- o *gap* entre a prestação do serviço e a comunicação externa (*gap* 4).

Esses *gaps* são mostrados, detalhadamente, em forma de esquema na Figura 1.4.

Figura 1.4 Modelo de qualidade de serviço

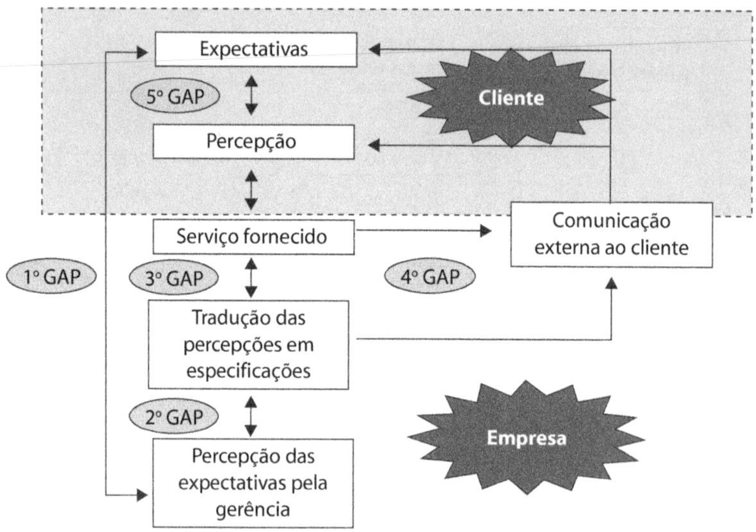

Fonte: PARASURAMAN; ZEITHAML; BERRY, 1985.

Ao mostrar onde os *gaps* ocorrem, a figura destaca o quinto *gap* como função dos demais. Esse argumento, de Parasuraman, Zeithaml e Berry (1985), pode ser exposto conforme a Equação 1 a seguir:

gap 5 = f (*gap* 1, *gap* 2, *gap* 3 e *gap* 4) (Equação 1)

O principal *gap* – aquele que é verificado no mercado consumidor – é função dos demais; isso significa que as empresas poderão reduzi-lo ou eliminá-lo a partir de sua capacidade para responder rapidamente às expectativas e necessidades do mercado. Em outras palavras, de acordo com a capacidade de alocar e realocar recursos, em termos de gestão, tecnologia e pessoas (Quadro 1.1) para suprimir os *gaps*, visando ao aumento da competitividade.

Quadro 1.1 Dimensões de gestão, tecnologia e pessoas

Fatores	Conjunto
Gestão	Estratégia do negócio
	Estratégia de operações
	Foco gerencial
Tecnologia	Produto
	Processo
	Informação
Pessoas	Práticas de RH
	Liderança
	Conhecimento e aprendizado
	Cultura

Fonte: Elaborado pelos autores.

As três fontes geradoras do *gap* são:

- tendências do mercado;
- mudanças nas expectativas dos clientes;
- mudança para novos mercados.

O primeiro passo consiste no diagnóstico da competitividade atual, que deve ser feito utilizando-se os vetores atuais de gestão, tecnologia e pessoas, para ser confrontado com as *tendências identificadas no ambiente de negócios*. Essas tendências são incertas e passíveis de não ocorrerem, por isso se dá ênfase, no capítulo que versa sobre a estratégia, à importância dos cenários. A construção de diferentes alternativas para lidar com diferentes "futuros" não é nada mais senão um esforço da organização em prever quais alocações de recursos (gestão, tecnologia e pessoas) são mais adequadas para lidar com as adversidades vindouras (Figura 1.5).

Figura 1.5 Diagnóstico, planejamento e implementação da competitividade

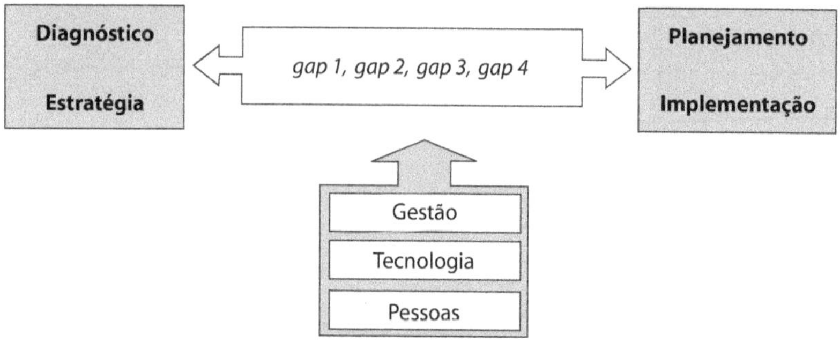

Nota: Sobre os *gaps*, ver Parasuraman, Zeithaml e Berry (1985).
Fonte: Elaborada pelos autores.

O diagnóstico de competitividade com o GTP atual remete a uma base mercadológica de clientes existentes, ou seja, um esforço de melhoria incremental das atividades da empresa, a partir das *mudanças nas expectativas dos clientes atuais*. O que a empresa deve simultaneamente visar é a inovação em produto e/ou processo, e/ou gestão, uma vez que o esforço inovador, como Schumpeter (1955) já apregoava no início do século passado, é a força geradora que impulsiona as empresas nos mercados capitalistas.

Nesse sentido, para alcançar *novos mercados consumidores*, a inovação passa a ser a estratégia mais adequada. A inovação de valor, proposta por Kim e Mauborgne (1997), faz com que a empresa migre seu foco, deslocando-o da questão de superar seus concorrentes diretos para direcioná-lo no sentido da expansão e/ou criação de novos mercados para seus produtos e serviços. Ainda assim, a empresa não precisa necessariamente ser a primeira a promover determinada inovação tecnológica. Basta apenas ser um seguidor veloz, apropriando-se da tecnologia de forma criativa para gerar valor a seus clientes.

1.5 ESTRUTURA DO PROJETO

Conforme assinalado, o projeto em questão é resultado de uma pesquisa qualitativa, fundada no estudo de múltiplos casos, e tem como objetivo principal propor uma evolução na metodologia de diagnóstico, planejamento e implementação da melhoria da competitividade.

A proposta concentra-se em cinco etapas possíveis para o diagnóstico inicial e qualquer intervenção decorrente:

- as mudanças nas "regras do jogo";
- o surgimento de um novo *gap*;

- a identificação dos fatores determinantes da competição;
- o planejamento da melhoria da competitividade;
- a implementação da mudança na empresa.

Como mostra a Figura 1.6, a cada etapa corresponde um ou mais capítulos, cujo conteúdo será necessário para a proposta apresentada e a posterior discussão dos casos.

Algumas considerações devem ser feitas. A compreensão de paradigmas de organização da produção é uma tarefa preliminar e fundamental, pois a racionalidade prevalecente no campo das organizações interfere profundamente no modo como inovações em gestão, produto e processos são adotadas (WESTPHAL; GULATI; SHORTELL, 1997).

Essa tarefa é realizada no Capítulo 2. O arcabouço conceitual explorado nesse capítulo permitirá definir os contornos mais amplos daquilo que é considerado um desempenho superior da organização, em face de seu próprio desempenho no passado e do desempenho das empresas concorrentes no presente.

A criação de valor, enquanto elemento fundamental no desempenho competitivo das organizações, é explorada no Capítulo 3. Ela é definida como o montante que os compradores estão dispostos a pagar por aquilo que a empresa lhes oferece. Uma empresa é rentável se o valor de cada bem ou serviço por ela ofertado ultrapassa os custos envolvidos na criação do produto. Dessa perspectiva, no Capítulo 3 são analisadas as diferentes formas de criação de valor, derivadas da inovação em gestão, processos e produtos.

Figura 1.6 Estrutura do trabalho

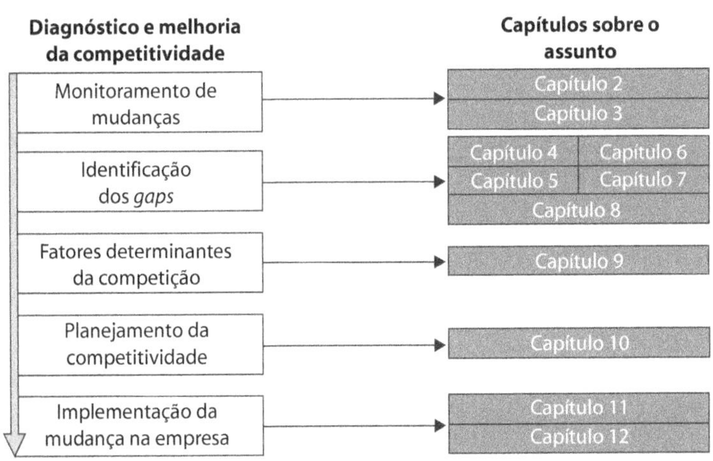

Fonte: Elaborada pelos autores.

A *value innovation* (inovação de valor) tem sido a chave para o sucesso recente de muitas empresas e a inovação, discutida no Capítulo 5, é o fundamento desse sucesso. De fato, as estratégias centradas na inovação constituem o principal fator que distingue as empresas competitivas (FERRAZ; KUPFER; HAGUENAUER, 1996). Portanto, a dinâmica da inovação será explorada em seu aspecto tanto incremental quanto disruptivo, e sua finalidade é compreender o papel da inovação no processo de criação de valor.

Nessa direção, pode-se apontar o papel da TI não somente como elemento viabilizador das inovações (tecnológicas e organizacionais), mas também como uma fonte de vantagem competitiva sustentável. Essa abordagem é realizada no Capítulo 5.

A análise das variáveis correlacionadas ao aumento do desempenho organizacional é feita no Capítulo 6, no qual também é apresentada uma discussão sobre os fundamentos, filosóficos e econômicos da competitividade empresarial.

É reconhecida na literatura a dificuldade para construir uma definição precisa de competitividade (VASCONCELOS; BRITO, 2004). Primeiro, porque pode referir-se a uma nação, um setor ou ainda uma firma; segundo, porque o conceito deve considerar a unidade analisada inserida em um ambiente fortemente inter-relacionado com outros ambientes concorrenciais (LIMA FILHO; FIGUEIREDO; PIRES NETO, 2003).

Nesse sentido, os Capítulos 7 e 8 trazem as diferentes contribuições relacionadas à teoria da firma. Conhecer o motivo pelo qual as organizações são diferentes pode revelar os motivos que tornam algumas mais competitivas que outras.

Após explorar a literatura nos Capítulos 7 e 8, em um esforço de construção da definição, parte-se para a construção conceitual da proposta deste trabalho nos Capítulos 9 e 10. Esses capítulos apresentam propostas conceituais para diagnóstico da competitividade, nas quais são destacadas três dimensões: gestão, tecnologia e pessoas. No processo de mudança organizacional, essas três dimensões interferem sobremaneira no desempenho da organização, como demonstram Markides (2002), Larson e Strehle (2002), e Bullinger e Lentes (1982).

No Capítulo 11, apresenta-se a aplicação do modelo em organizações industriais e de serviços. A proposta parte da premissa da existência de *gaps*, ou lacunas, entre a necessidade do mercado (latente ou potencial) e a oferta atual de produtos ou serviços. Esses *gaps* podem ser preenchidos pelos resultados da organização, caso sejam alinhadas a sua gestão, a capacidade tecnológica e as pessoas envolvidas na mudança. A implementação é elemento-chave nesse processo.

Por fim, as conclusões, contribuições e limitações são discutidas e apresentadas no Capítulo 12. Todos esses capítulos são mostrados em forma de esquema.

Essa disposição enfatiza o processo pelo qual novos modelos de negócio emergem como organizações empresariais: a identificação de uma oportunidade, a solução inovadora e o conseqüente desenho da estrutura empresarial adequada para alcançar os fins previstos.

Representação esquemática do trabalho

Capítulo 1 – Introdução		
Justificativa	Objetivos	Desenho da pesquisa

Capítulo 2 – Modelos mentais e organizações		
Pontos de ruptura na história humana	Paradigmas pós-fordistas	Evolução dos modelos de gestão

Capítulo 3 – A criação de valor		
A noção de valor	Valor para o cliente	A cadeia de valor

Integrando diferentes perspectivas na criação de valor

Capítulo 4 – Inovação			
Criatividade	Incremental	Disruptiva	Mensuração

Capítulo 5 – Tecnologia da Informação	
Evolução e conceitos de TI	Conectividade nas empresas
Aplicações de TI nos negócios	TI e vantagem competitiva

Capítulo 6 – Competitividade	
Globalização e competitividade	Competitividade do Brasil
Competitividade empresarial	Diagnóstico da competitividade

Capítulo 7 – Estratégia	
Evolução histórica do campo	Escolas de pensamento
Estratégia de operações	Inovação de valor (*Value innovation*)

Capítulo 8 – Teorias da firma e estratégia empresarial	
A firma como função de produção	A firma como nexo de contratos
A firma como recursos heterogêneos	A decisão de fazer *versus* comprar

Capítulo 9 – Gestão, Tecnologia e Pessoas (GTP)		
Vantagem competitiva	Ambiente competitivo	Capacidades organizacionais

Integração: evolução nas empresas

Capítulo 10 – Competitividade empresarial: diagnóstico e planejamento	**Capítulo 11** – Estudo de casos	**Capítulo 12** – Conclusões e limitações

2

MODELOS MENTAIS E ORGANIZAÇÕES

A Administração, tal como conhecida hoje, apresenta indícios de técnicas administrativas que remontam aos primórdios da civilização. Segundo Kwasnicka (1989), o processo evolutivo do estudo da Administração coincide com uma seqüência de diversos acontecimentos históricos da humanidade.

Muitos dos conceitos de gestão estudados atualmente tiveram suas origens em precedentes históricos que fundamentaram o modo como grande parte dos administradores procede para resolver as questões que se apresentam. Esses elementos, que podem ser chamados amplamente de modelos mentais, são mostrados de forma resumida no esquema a seguir.

Estrutura do Capítulo 2

Capítulo 1 – Introdução		
Justificativa	Objetivos	Desenho da pesquisa

Capítulo 2 – Modelos mentais e organizações		
Pontos de ruptura na história humana	Paradigmas pós-fordistas	Evolução dos modelos de gestão

Capítulo 3 – A criação de valor		
A noção de valor	Valor para o cliente	A cadeia de valor

Integrando diferentes perspectivas na criação de valor

Capítulo 4 – Inovação			
Criatividade	Incremental	Disruptiva	Mensuração

Capítulo 5 – Tecnologia da Informação	
Evolução e conceitos de TI	Conectividade nas empresas
Aplicações de TI nos negócios	TI e vantagem competitiva

Capítulo 6 – Competitividade	
Globalização e competitividade	Competitividade do Brasil
Competitividade empresarial	Diagnóstico da competitividade

Capítulo 7 – Estratégia	
Evolução histórica do campo	Escolas de pensamento
Estratégia de operações	Inovação de valor (*Value innovation*)

Capítulo 8 – Teorias da firma e estratégia empresarial	
A firma como função de produção	A firma como nexo de contratos
A firma como recursos heterogêneos	A decisão de fazer *versus* comprar

Capítulo 9 – Gestão, Tecnologia e Pessoas (GTP)		
Vantagem competitiva	Ambiente competitivo	Capacidades organizacionais

Integração: evolução nas empresas

Capítulo 10 – Competitividade empresarial: diagnóstico e planejamento	**Capítulo 11** – Estudo de casos	**Capítulo 12** – Conclusões e limitações

Para compreender de fato o fenômeno globalizante e os desafios enfrentados pelas empresas contemporâneas, faz-se necessário um breve histórico da evolução dos modelos mentais até os dias atuais, percorrendo os caminhos que levaram à consolidação desses paradigmas e modelos que permeiam o pensamento administrativo atual, e como as modernas formas de gestão enfatizam a necessidade de as empresas buscarem a criação de valor como estratégia competitiva.

2.1 PONTOS DE RUPTURA NA HISTÓRIA HUMANA

Land e Jarman (1990) propõem uma abordagem sistêmica para explicar as mudanças da humanidade que, segundo eles, já não se processam de maneira progressiva, cumulativa e padronizada, mas, sim, de forma descontínua. Essa descontinuidade deve-se às diferentes fases da história humana, desde a formação do padrão exploração, com a Revolução Agrícola, passando pela fase da regulamentação, ampliação e aperfeiçoamento de padrões tecnológicos na Revolução Industrial, até atingir a fase da integração, inovação e combinação de padrões na Revolução do Conhecimento (Ver Gráfico 2.1).

Gráfico 2.1 Diferentes fases da história humana

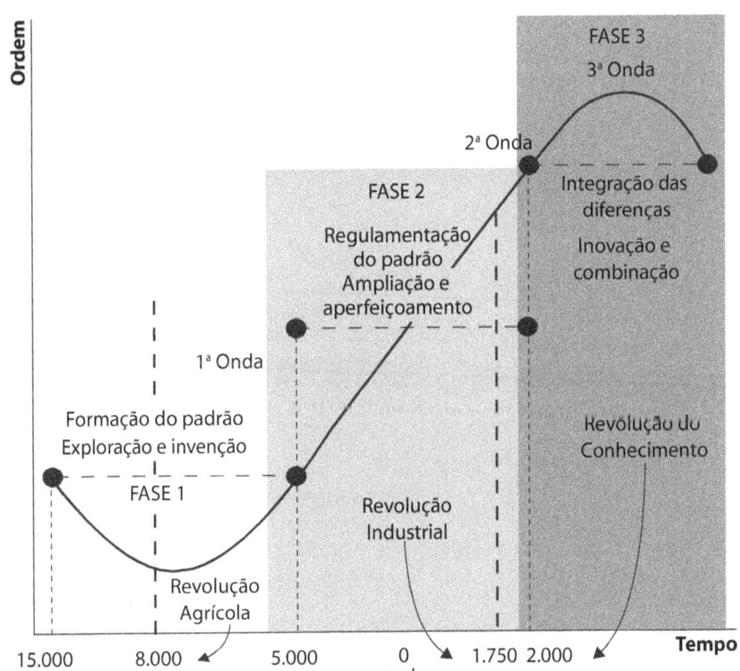

Fonte: Adaptado de Toffler (1992) e Land e Jarman (1990).

Entende-se, aqui, que toda a mudança se processa por meio de três fases de crescimento. Na primeira, há a formação do padrão original; na segunda, de regulamentação, ocorre o estabelecimento de vínculos por igualdade ou semelhança; e na terceira, a integração de processos distintos é verificada pela inovação e preparação do ambiente para outra transformação.

A primeira fase de mudanças na humanidade, referente à *formação do padrão*, ocorre quando as primeiras civilizações descobrem relações que proporcionariam o desenvolvimento da Revolução Agrícola.

A segunda fase corresponde à maturação da Revolução Agrícola. Paralelamente às forças da primeira onda, em que a terra era a base da economia, da vida, da cultura, da família e da política, os novos caminhos para a Revolução Industrial estavam em curso. Esse período, que corresponde ao início da segunda onda de Toffler (1992), compreende, de acordo com Land e Jarman (1990), o final da primeira fase e o início da segunda.

A terceira fase refere-se ao amadurecimento da Revolução Industrial, na qual ocorre a consolidação de paradigmas. Nesse momento, uma nova curva "S" era desenvolvida, correspondendo ao início de outra primeira onda.

Toffler (1992) oferece um interessante modelo para a análise das transformações ocorridas na história humana. O autor afirma que a civilização sofreu três transformações distintas que vieram a alterar de forma significativa o *modus vivendi* da humanidade, as quais ele denominou ondas de transformação (ver esquema apresentado no Gráfico 2.2).

Gráfico 2.2 As três grandes ondas de Toffler

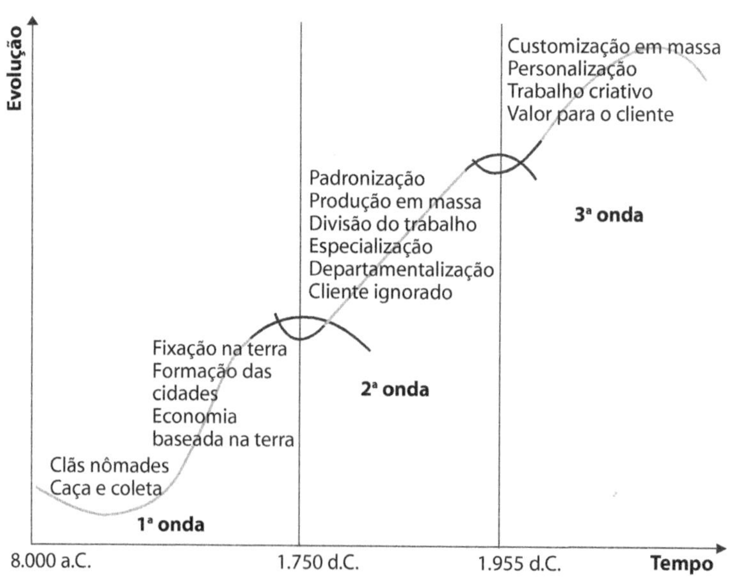

Fonte: Adaptado de Toffler (1992).

A primeira onda compreenderia o período de 8000 a.C. até 1750 d.C., no qual houve o desenvolvimento lento e gradual da agricultura. A segunda, por sua vez, abrange o período de 1750 d.C. até 1955 d.C., no qual houve a denominada Revolução Industrial, que teve um rápido desenvolvimento caracterizado pela proletarização dos trabalhadores, racionalização de tarefas e produção em massa. Por fim, tem-se a terceira onda, iniciada em meados de 1950, na qual a informação passa a ter maior valor e, em conseqüência, o setor industrial na economia norte-americana é superado, em tamanho, pelo setor de serviços.

2.1.1 Os primeiros indícios de técnicas de gestão

O período da primeira onda corresponde à era da Revolução Agrícola. Antes disso, as atividades das sociedades nômades primitivas eram provenientes basicamente da coleta, voltada à subsistência (TOFFLER, 1992).

A maior fixação humana em determinadas regiões, decorrente do desenvolvimento da agricultura, desencadeou um processo de estratificação social. A produção excedente, proporcionada pela ampliação da capacidade produtiva nas sociedades de vanguarda, permitiu o deslocamento de pessoas das atividades de subsistência. Assim, surgiram formas mais complexas de divisão social do trabalho, que aceleraram a criação de sistemas de organização social do trabalho para administrar seu novo modo de vida, tais como formas primitivas de chefia de cunho hierárquico (RIBEIRO, 1979).

Corrêa (2003) afirma que muitos dos empreendimentos antigos – como as pirâmides do Egito e os templos na Babilônia – tiveram, em algum grau, um grande esforço em sua coordenação. A despeito de sua escala e complexidade monumental, a duração do projeto e seu custo não parecem ter sido gerenciados com as preocupações atuais em projetos de complexidade similar. A natureza e religiosidade dos projetos, a falta de sistemas de contabilidade formais e uma não-premência de tempo parecem ter sido importantes fatores de alívio para pressões por eficiência ou eficácia em sua gestão.

Ribeiro (1979) ainda destaca o papel das organizações religiosas – notadamente o desempenhado pela Igreja Católica –, que se converteram em grandes monopolizadoras da vida econômica e social, principalmente no primeiro milênio da era cristã. A eficiência organizacional das instituições religiosas é derivada da existência de uma hierarquia de autoridade, e de coordenação funcional, mediante princípios definidos de organização e controle.

Apesar de muitos dos conceitos utilizados atualmente em gestão remontarem à Antigüidade, foi somente durante o Renascimento que ocorreram as condições para o surgimento dos modernos princípios de Administração. Essas condições são exploradas na próxima seção, que trata da segunda onda de mudanças de Toffler.

2.1.2 A Revolução Industrial e o surgimento dos modernos sistemas de gestão

Para Toffler (1992), o desenvolvimento da segunda onda foi rápido, desencadeando um processo de dissociação e racionalização do trabalho que, em termos sociais, ocasionou um movimento de proletarização social e, em termos produtivos, fundamentou o desenvolvimento do sistema de produção em massa.

No período pré-Revolução Industrial, era característico no processo de produção o trabalho artesanal, em que o artesão produzia a partir de seus próprios meios, em baixa escala e de forma autônoma.

A partir da Revolução Industrial, a forma de trabalho conhecida como artesanal foi se diluindo até perder a importância no sistema econômico de produção, incorrendo em um processo de dissociação e racionalização do trabalho que impulsionou a produção em larga escala, ou seja, no modelo de gestão característico do setor industrial.

Esse movimento de transformação dos métodos produtivos era impregnado por princípios aristotélicos de racionalização científica.

Para Aristóteles, a lógica é um instrumento, uma introdução para as ciências e para o conhecimento, a qual se baseia no silogismo e no raciocínio formalmente estruturado que supõe certas premissas colocadas previamente para que haja uma conclusão necessária. O silogismo parte do universal para o particular; a indução, ao contrário, parte do particular para o universal. Dessa forma, se forem verdadeiras as premissas, a conclusão, logicamente, também o será.

Essas premissas foram resgatadas por René Descartes no século XVII. Em 1637, Descartes expôs quatro regras para se chegar ao conhecimento:

- nada é verdadeiro até ser reconhecido como tal (legitimidade);
- os problemas precisam ser analisados e resolvidos sistematicamente (decomposição);
- as considerações devem partir do mais simples para o mais complexo (ordenação);
- o processo deve ser revisto do começo ao fim para que nada importante seja omitido (verificação).

No século seguinte, tais idéias ganhariam adeptos no campo da Economia. Um exemplo disso reside na corrente do liberalismo econômico, defensora de que a economia deveria ser regida pura e simplesmente pelas leis do mercado. O economista escocês Adam Smith, por meio de sua obra literária, defendia a racionalização do trabalho como a mais eficiente forma para se aumentar a produtividade do empreendimento e reduzir os custos de produção associados. Smith já defendia a especialização dos trabalhadores em partes do processo, um reflexo da divisão do trabalho, uma vez que promoveria o aumento das habilidades individuais, bem como a economia de tempo, fomentando, assim, o aumento da mecanização do trabalho (SMITH, 1979).

Tais ideais econômico-filosóficos, associados às invenções da época, desencadearam, assim, transformações sociais e econômicas que resultaram, entre outros efeitos, em um forte processo de urbanização e proletarização dos trabalhadores.

Durante o século XIX, os princípios de racionalização do trabalho foram aplicados e constantemente aprimorados nos setores primário e secundário da economia. Não demorou muito para surgirem os primeiros pesquisadores que buscavam, mediante estudos e análises, aprimorar a produção.

No início do século XX, os esforços de gestão nas empresas voltaram-se para maior humanização da racionalização do trabalho entre os operários, bem como para introdução de novas tecnologias nos modelos de gestão adotados. Nesse ponto da história já é possível antever a terceira onda de Toffler, abordada na próxima seção.

2.1.3 A intangibilidade nos serviços: a era da informação

A revolução da informação, que tem como marco inicial o ano de 1955, quando o setor terciário ultrapassou a indústria na participação do PIB norte-americano, corresponde à terceira onda de transformações da humanidade (TOFFLER, 1992).

Desde essa época, o aumento crescente da importância do setor terciário na economia tem proporcionado o surgimento de uma ampla gama de novos negócios, tendo a Tecnologia da Informação (TI) como instrumento de viabilização.

A massificação e a banalização das preferências pessoais, decorrentes dos métodos de produção em massa (característicos da segunda onda), entraram em conflito com uma sociedade cada vez mais voltada para o individualismo. Enquanto o *core* da manufatura da segunda onda era uma longa série de produtos padronizados de maneira idêntica, o da terceira onda é uma série curta de produtos personalizados (ou customizados).

2.2 A EVOLUÇÃO DOS MODELOS DE GESTÃO

As mudanças ocorridas no âmbito da vida pessoal das sociedades a partir do século XVII, conforme assinalado, viriam a influenciar os modelos de gestão conhecidos atualmente e que estão consolidados em todos os tipos de organização, quer sejam, por exemplo, sociais ou empresariais.

No final do século XIX, o sistema de racionalização do trabalho já era uma realidade aceita por grande parte do empresariado, que necessitava cada vez mais de consumidores para seus produtos e também precisava absorver a enorme massa de trabalhadores proletários oriundos da urbanização. Assim, a *produção em massa* passou a vigorar como o modelo de gestão administrativa mais aceito e adotado pelo empresariado.

Um exemplo disso se configurou na indústria automobilística. Em 1908, a Ford lançou o seu modelo T, que, segundo Womack, Ross e Jones (1992), era produzido em uma linha de montagem baseada em:

- racionalização do trabalho;
- desenvolvimento da mecanização por meio de equipamentos altamente especializados;
- produção em massa de bens padronizados;
- passagem de um sistema de tempos alocados para um de tempos impostos;
- salários relativamente elevados e crescentes, incorporando ganhos de produtividade.

A criação da linha de produção móvel consiste na inovação tecnológica mais importante dessa época, uma vez que proporcionou grandes economias de escala e, do ponto de vista econômico, mostrou-se bastante eficiente. Esse sistema de produção, que enfatiza o *mercado de massa*, *desenhos padronizados* e *produção em massa*, usando partes intercambiáveis, revolucionou a manufatura no século XIX.

O modelo produtivo de Henry Ford foi suplantado pela estrutura profissional multidivisional de Alfred Sloan na General Motors Corporation, que adotou uma estrutura de gestão *departamentalizada*[1] por produto, conferindo relativa autonomia administrativa a cada uma das divisões, pois estas deveriam estar de acordo com as diretrizes da companhia.

Apesar de esse modelo emergir como adequado para o fornecimento de mais opções aos consumidores, ele trazia em sua lógica interna a necessidade de maior monitoramento e controle, em face da demanda de maior flexibilização na linha de montagem. Ocorre então a adoção de *práticas burocráticas* como componente do paradigma de gestão, reguladas pelas normas e pela departamentalização hierárquica. A preocupação básica era tornar a empresa previsível e, para tal, deveria ser adotada uma série de comportamentos padronizados, bem como um processo de estruturação capaz de proporcionar a maximização de sua eficiência.

O modelo burocrático, proposto por Weber (1934),[2] considera as organizações como sistemas fechados, formais e mecanicistas, o que elimina a criatividade das pessoas, inibin-

---

1 A departamentalização é o agrupamento, de acordo com um critério específico de homogeneidade, das atividades e correspondentes recursos (humanos, financeiros, materiais e equipamentos) em unidades organizacionais.

2 Weber, com base em princípios protestantes, foi quem primeiro definiu a burocracia não como um sistema social, mas como um tipo de poder suficiente para a funcionalidade eficaz das estruturas organizacionais, sejam estas pertencentes ao Governo ou de domínio econômico privado. A característica principal da burocracia, segundo Weber, reside na racionalidade do ponto de vista das atividades desempenhadas na organização. A Teoria Clássica já abordava certa racionalidade, porém esta se manifestava apenas na mecanização dos processos, e não na mecanização das atividades dos indivíduos. Na burocracia, a liderança ocorre tipicamente calcada em regras impessoais e escritas e por meio de uma estrutura hierárquica; o poder é legítimo e depende exclusivamente do grau de especialidade e competência técnica de quem o detém.

do a livre-iniciativa e a inovação. As relações pessoais são valorizadas pelo modo como se desempenham determinados papéis, não como vínculos entre seres humanos, e são assim simplesmente denominados recursos humanos (HARMAN; HORMANN, 1990).

Contudo, as organizações podem ser vistas como sistemas inseridos em sistemas, cuja complexidade inerente a essa interação dos elementos produz um todo que não pode ser compreendido pela simples investigação das várias partes tomadas de maneira isolada (SENGE, 2006). A organização deve procurar um estado de equilíbrio com o ambiente externo, por meio da adaptabilidade. Nessa perspectiva, Merton (1952) afirma que o excesso de especialização e formalidade prevalecente na época era nocivo às organizações, uma vez que não se considerava a mutabilidade do ambiente externo.

Nesse contexto, Cherns (1976) concebe um modelo organizacional composto por dois subsistemas:

- *subsistema social*, compreendido pelo comportamento humano, formado por todas as manifestações do comportamento dos indivíduos e dos grupos – relações sociais, grupos informais, cultura, clima, atitudes e motivação;
- *subsistema técnico*, compreendido pelos recursos, componentes físicos e abstratos que, até certo ponto, independem das pessoas e são representados pela divisão do trabalho, tecnologia, instalações físicas, procedimentos e duração das tarefas.

Esses subsistemas alcançaram maior equilíbrio por meio do sistema de produção da Toyota. O modelo de gestão japonês, ou toyotismo, desenvolveu-se a partir de três pilares:

- técnicas administrativas;
- cultura organizacional;
- cultura nacional.

Esses três pilares fundamentaram um modelo de gestão participativa de funcionários, ou seja, os funcionários, que, para os tayloristas, deveriam somente executar aquilo que lhes era dito para fazer, agora possuíam voz ativa nas decisões administrativas, assim como a opinião dos clientes também era considerada no processo produtivo.

Nesse modelo de gestão, o envolvimento dos funcionários no processo de análise e resolução de problemas, a melhoria no processo de comunicação dentro do próprio grupo de trabalho e o estímulo à criatividade, à qualidade, ao autocontrole e à prevenção de falhas são peças fundamentais no modelo administrativo japonês. Questionava-se, assim, o princípio taylorista da divisão entre concepção e execução do trabalho (MOTTA; VASCONCELOS, 2002).

Até meados dos anos 1970 do século XX, pouco se ouvia falar do sistema japonês no ocidente, sendo conhecidos apenas os círculos de controle de qualidade. O modelo norte-americano dominava a prática e o ensino da Administração em todo o mundo. Quando os produtos japoneses adquiriram reputação de alta qualidade e baixo preço, e começaram a dominar os mercados em todo o mundo, despertou-se o interesse em conhecer seus métodos de gestão.

Esse interesse intensificou-se nos anos 1980 desse mesmo século, quando empresas como Toyota, Honda e Nissan se instalaram nos Estados Unidos e na Europa, impressionando as empresas locais com a superioridade de seus métodos de produção e sua maneira participativa e igualitária de tratar funcionários. Os americanos observaram com surpresa a estratégia de envolver os funcionários no processo decisório, a técnica do *just in time* e a abolição das distinções hierárquicas.

Quanto mais se tornava conhecido, mais o modelo japonês revelava a simplicidade de seus componentes: eficiência, qualidade e participação dos funcionários nas decisões. Com o tempo, os ocidentais aprenderam a colocá-lo em prática. Nos anos 1990 do século XX, o modelo de produção japonês já havia perdido seu adjetivo pátrio, tornando-se o padrão adotado pelas empresas que pretendiam alcançar e manter a capacidade de competir em escala global.

2.3 PARADIGMAS PÓS-FORDISTAS

Kuhn (1972) define paradigma como exemplos aceitos na prática científica real, que proporcionam modelos dos quais brotam as tradições coerentes e específicas da pesquisa científica. O autor salienta a rigidez inerente aos paradigmas ao afirmar que alguns adquirem seu *status* porque são mais bem-sucedidos que seus competidores na resolução de alguns problemas e, após ter atingido tal *status*, somente será considerado inválido quando surgir nova alternativa em sua substituição.

Na visão de Kuhn, o conceito de paradigma está limitado às revoluções científicas ocorridas desde o século XVI. O autor não se preocupou em estender o conceito a outras áreas senão àquelas do pensamento científico, diferentemente de Toffler (1992), que, conforme assinalado, analisou as transformações ocorridas na história da humanidade ao longo de sua existência na esfera de seu modelo das três ondas.

Para Barker (1993), um paradigma é um conjunto de regras ou normas (formais ou informais), responsável por estabelecer ou definir limites e por informar como se deve agir de acordo com tais limites estabelecidos. Essa definição aproxima a noção de paradigmas do conceito de modelos mentais, proposto por Senge (1990).

Para esse autor, os modelos mentais são idéias profundamente arraigadas, ou mesmo imagens que influenciam nosso modo de analisar o mundo e nossas atitudes; assim, muitas vezes, não temos consciência deles ou das influências que eles exercem sobre nosso comportamento. Senge (1990) enxerga os modelos mentais de forma positiva e afirma que, em organizações de aprendizagem, deve-se testá-los e melhorá-los continuamente. Esse entendimento condiz com os argumentos de Morgan (1996), que assevera ser a aprendizagem organizacional uma estratégia de construção da realidade a partir da cultura interna à esfera organizacional.

Na história, é possível observar a ascensão e queda dos paradigmas da Administração, discutidos anteriormente neste capítulo. Os mesmos paradigmas que, em tempos não muito distantes, foram bem-sucedidos, podem estar sofrendo alterações. Para Senge (1990), as soluções de ontem são os problemas de hoje. Dessa ótica, algumas tendências paradigmáticas são discutidas nas próximas seções.

2.3.1 A contestação da especialização do trabalho

A crítica à especialização do trabalho diz respeito ao fato de ela inibir a criatividade individual, retardando inovações de qualquer natureza. Em conseqüência, os indivíduos desenvolvem uma sensação depreciativa de suas capacidades intelectuais, o que, por sua vez, contribui para a queda crescente de sua auto-estima.

A falta de perspectiva percebida atualmente pelos indivíduos, decorrente da monotonia provocada pela racionalização do trabalho, é discutida por Harman e Hormann (1990). Ambos os autores afirmam que a plena participação do indivíduo no trabalho é essencial do ponto de vista social. Defendem, portanto, a idéia de que o trabalho deve ser, ao mesmo tempo, recompensador em termos econômicos e gratificante no aspecto emocional.

O trabalho criativo tem provocado um aumento de capital de outra natureza: o capital intelectual. A sociedade de aprendizagem tem por motivação o próprio aprendizado e todas as suas instituições estão direcionadas nesse sentido (HARMAN; HORMANN, 1990). O aumento desse capital intelectual torna os consumidores mais conscientes a respeito de questões como meio ambiente e pobreza, exigindo mais do que produtos de qualidade e bom serviço das empresas. Demandarão dessas empresas responsabilidade social e comprarão daquelas que defendam causas com as quais se identifiquem (TOFFLER, 1992).

2.3.2 A sociedade de aprendizagem

Harman e Hormann (1990) avaliam as mudanças na sociedade derivadas da aprendizagem. Para eles, é inconcebível que uma sociedade moderna, rica em tecnologias e bem-sucedida em termos econômicos tenha a produção e o consumo como focos centrais.

Para esses autores, a sociedade de aprendizagem, na qual o aprender, em seu mais amplo sentido, significa educação, pesquisa, investigação e desenvolvimento da autocompreensão, propicia a participação em uma comunidade de cidadãos envolvidos com a escolha de um futuro melhor, contribuindo, assim, para o aperfeiçoamento e a realização humana. Essas atividades de aprendizagem podem absorver um número ilimitado de pessoas, não requisitadas para outros tipos de trabalho.

No campo organizacional, Senge (1990), apoiado nos trabalhos seminais de Chris Argyris, define as organizações que aprendem (*learning organizations*) como aquelas nas quais as pessoas expandem de forma contínua sua capacidade de criar os resultados que realmente desejam e nas quais surgem novos e elevados padrões de raciocínio. Nesse tipo de organização, a aspiração coletiva é liberada e as pessoas aprendem continuamente a aprender, tanto individualmente quanto em grupo.

Senge (1990), em consonância com o argumento mais amplo de Harman e Hormann (1990), ainda afirma que as organizações só aprendem por intermédio de indivíduos. O aprendizado individual não garante o organizacional, mas sem aquele não há como este ocorrer.

2.3.3 Conhecimento e contemporaneidade

Ao crescer em importância no contexto organizacional, o conhecimento passa a ser avaliado não mais como um privilégio do poder dominante – a alta cúpula da organização –, e sim como um instrumento fundamental que permeia as interações humanas.

Tais interações ocorrem individualmente, na sociedade e com a natureza (Figura 2.1). A essencialidade mútua se manifesta nas conexões: instrumentos e tecnologia entre indivíduos e natureza; comunicações e emoções entre indivíduos e sociedade; e produção e divisão do trabalho entre sociedade e natureza. Qualquer desequilíbrio em uma das conexões, como o modelo indica, será responsável por gerar perdas em todo o sistema.

Figura 2.1 Intermediações entre indivíduo, sociedade e natureza

Fonte: D'AMBROSIO, 1998.

A inter-relação desses elementos é um modelo causal, que não reflete a complexidade dos modelos não-lineares, mas que mostra como a natureza, o indivíduo e a sociedade interagem, mediados por instrumentos, comunicação e produção, todos associados ao padrão tecnológico vigente.

A perspectiva contemporânea de gestão do conhecimento[3] procura, assim, compreender e avançar nas dimensões subvalorizadas do conhecimento. O termo subvalorização refere-se à pouca ênfase dessas dimensões no paradigma fordista, cuja prevalência notória recaía sobre a dimensão da racionalidade econômica (Quadro 2.1).

Quadro 2.1 Dimensões do conhecimento

Dimensão do conhecimento	Expressão prática (predominante)
Racionalidade	Ciências
Sensorial	Empirismo
Artes	Intuição
	Emoção
Religião	Mística

Fonte: Adaptado de Santos (2004).

O conhecimento, assim conceituado, tem várias dimensões: sensorial, intuitiva, emocional, mística e racional. O conhecimento com maior ênfase no intuitivo é identificado com as artes; o místico e o emocional, com as religiões; e o sensorial, com o empirismo. Os vários corpos de conhecimento, estruturados segundo a dimensão racional, que passaram a ser denominados ciências, prevaleceram no paradigma clássico da Administração Científica.

O racionalismo inerente à divisão do trabalho e à produção em massa gerou uma vasta quantidade de especialistas que, ao terem suas atividades reduzidas ao mínimo, deixaram de exercer o pensamento e o trabalho criativos. Esses trabalhadores tornaram-se

[3] Entende-se por conhecimento a informação interpretada, ou seja, o que cada informação significa e que impactos no meio cada informação pode causar, de modo que a informação possa ser utilizada para importantes ações e tomadas de decisões. Sabendo como o meio reage às informações, pode-se antever as mudanças e se posicionar de forma a obter vantagens e ser bem-sucedido nos objetivos a que se propõe. Em uma definição resumida, pode-se dizer que gestão do conhecimento é um processo sistemático, articulado e intencional, apoiado na geração, codificação, disseminação e apropriação de conhecimentos, com o propósito de atingir a excelência organizacional.

mesmo alienados, como mostrou Blauner (1968). O trabalho passou a ser mais repetitivo, especializado e premido pelo tempo. No mundo contemporâneo, o trabalho torna-se não apenas mais repetitivo, mas também menos fragmentado, com a flexibilidade do tempo e o ritmo individual substituindo a velha necessidade do comportamento da sincronização em massa (TOFFLER, 1992).

2.3.4 O processo de desmassificação da sociedade

O paradigma da produção em massa consistia em um círculo vicioso que compreendia a exaltação da necessidade de se obterem custos baixos e alto volume de produção para que fosse mantida a lucratividade (Figura 2.2). Esse paradigma gerencial encontrou sua contrapartida na sociedade de consumo, no movimento de massificação, discutido por Bly (1996).

Bly (1996) analisa a massificação do ponto de vista social, evidenciada no consumismo exacerbado pela cultura, pelos meios de comunicação e pela indústria da moda. A sociedade de consumo em massa, por intermédio da música, da televisão e do vestuário, dentre outros elementos, dita novos valores aos indivíduos, que se refletem no comportamento humano em sociedade.

Figura 2.2 O paradigma da produção em massa

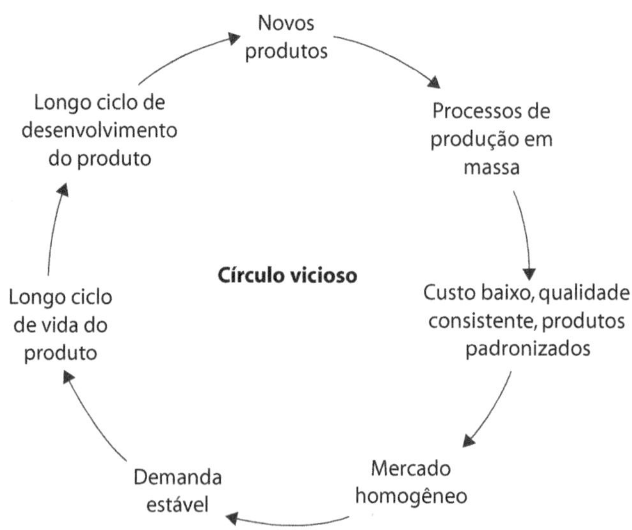

Fonte: PINE II, 1993.

Um reflexo da nova sociedade de informação é o processo de transição da produção em massa para a customização em massa[4] (Figura 2.3). Pine II (1993) define este último aspecto como a produção em massa de produtos e serviços personalizados. Os consumidores não mais podem ser colocados juntos em um enorme e homogêneo mercado, mas são agora vistos como indivíduos com necessidades e desejos individuais.

Figura 2.3 O novo paradigma de customização em massa

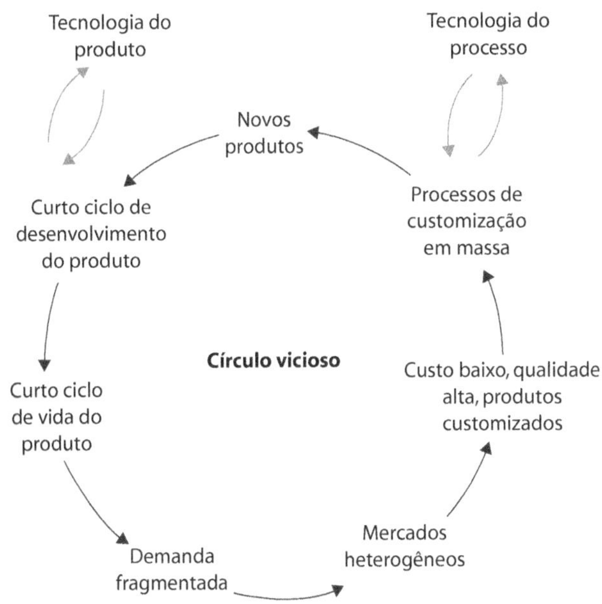

Fonte: PINE II, 1993.

Assim, customização em massa dos mercados significa que o mesmo número de clientes pode ser atingido, como nos mercados de massa de base industrial e, ao mesmo tempo, podem ser tratados de maneira individual, como nos mercados customizados das economias pré-industriais. O modelo de gestão da General Motors é um precursor da

[4] A **Customização em Massa (CM)** é definida como a produção em massa de bens e serviços que atendam aos anseios específicos de cada cliente, individualmente, a custos semelhantes aos dos produtos não customizados. Dessa forma, a CM oferece produtos únicos a baixo custo e com prazo de entrega relativamente curto, em um ambiente de produção em massa.

A CM pode ser entendida como uma evolução natural dos processos de negócios, resultante do aperfeiçoamento dos padrões tradicionais de organização de processos que possibilitou aumentar significativamente a flexibilidade e agilidade da empresa, bem como melhorar seus índices de qualidade, mantendo os custos competitivos.

customização em massa, em que os controles são centralizados e as operações descentralizadas em torno de uma estrutura de divisão de produto. Cada divisão de produto é tratada como um negócio completo (DAVIS, 1987). No entanto, o modelo da indústria automobilística ainda está distante do tipo ideal de customização em massa, em razão, principalmente, de anos de ênfase no volume de produção, visto de forma metafórica no passado como o "Santo Graal" dessa indústria (HOLWEG; PIL, 2004).

O processo de desmassificação, característico da terceira onda, atinge tanto a produção fabril quanto os meios de comunicação. Toffler (1992) afirma que a essência da manufatura na terceira onda é a série curta de produtos personalizados de maneira parcial ou completa. Por conseguinte, a desmassificação da civilização, que reflete e intensifica os meios de comunicação, traz com ela um enorme salto na quantidade de informação que todos trocarão uns com os outros.

Isso é ainda mais verdadeiro a partir da dinâmica verificada na indústria automobilística (Figura 2.4). Após a customização em massa, uma nova fase emergente poderia ser apenas vislumbrada, a partir de algumas operações de empresas *world class*, como BMW e Embraer.

Figura 2.4 Da fabricação artesanal à inovação em massa

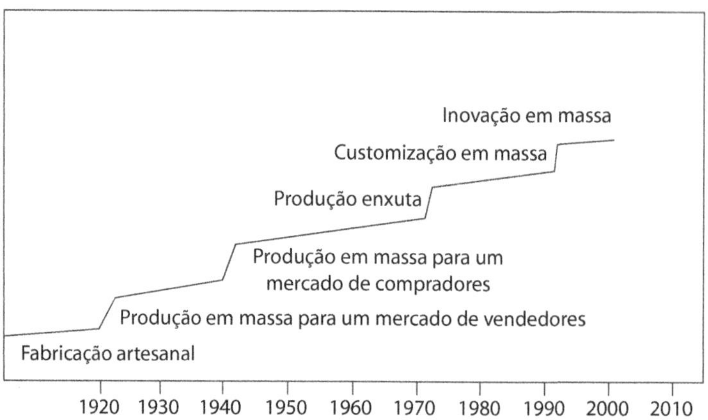

Fonte: SUTHERLAND; HARTMANN; SEIDEL, [s.d.].

A fase de desmassificação do mercado consumidor atinge seu ápice, bem como dá lugar a uma nova fase da organização e dos sistemas de produção, quando são criadas comunidades de usuários fortementente envolvidos no desenvolvimento, produção e utilização de um produto ou serviço. Enquanto atividade democrática e participativa, a maior interação dos consumidores, desde o início ao fim do projeto, indica também o esforço das empresas de gerir, com o foco além do *bottom line*, o ciclo de vida do produto

(KRUGLIANSKAS; SANTO, 1998). Essa é uma das principais características das empresas sustentáveis, descritas na próxima seção.

2.4 DESENVOLVIMENTO SUSTENTÁVEL: O NOVO PARADIGMA EMPRESARIAL

Por ocasião da primeira grande onda mundial de preocupações ambientais, em fins da década de 1960 e início da de 1970, a maioria dos problemas existentes parecia ser idiossincrática a cada localidade. Contudo, quando o meio ambiente reapareceu na agenda política dos anos 1980, as principais preocupações haviam se tornado internacionais: chuva ácida, redução da camada de ozônio e aquecimento global.

Para as empresas, isso significa profundas mudanças nas metas, nas práticas e nos processos gerenciais diários. O desafio é imenso, mas o setor empresarial já provou sua capacidade de gerir mudanças fundamentais de planejamento e ação na chamada "revolução da qualidade". O novo desafio é alcançar de maneira simultânea o desenvolvimento econômico e a proteção ambiental.

O desenvolvimento sustentável obviamente exige algo mais do que prevenir a poluição e improvisar regulamentações ambientais. Segundo Schmidheiny (1992), uma vez que são as pessoas comuns – consumidores, comerciantes, agricultores – que de fato tomam as decisões ambientais do dia-a-dia, é preciso elaborar sistemas políticos e econômicos fundamentados na participação efetiva de todos os membros da sociedade na tomada de decisões. Faz-se necessário atingir níveis de cooperação internacional nunca antes alcançados, mas não apenas na aceitação e observância dos tratados para gerir patrimônios globais, como a atmosfera e os oceanos.

Ainda de acordo com Schmidheiny (1992), cada vez mais os executivos se convencem de que é um bom negócio garantir o futuro de suas empresas, integrando os princípios do desenvolvimento sustentável em todas as suas operações, a fim de:

- reconhecer que não pode haver crescimento econômico no longo prazo, a menos que ele seja sustentável em termos de meio ambiente;
- confirmar que todos os produtos, serviços e processos contribuam para um mundo sustentável;
- manter a credibilidade perante a sociedade, o que é necessário para sustentar as operações da empresa;
- criar um diálogo aberto com todos os seus parceiros a fim de identificar problemas e oportunidades e estruturar a credibilidade, com base nas suas respostas;
- proporcionar aos empregados um sentido para o que fazem, além do recebimento de salários, o que resulta no desenvolvimento das capacidades e no aumento da produtividade;
- manter a liberdade empresarial mediante iniciativas voluntárias em vez de coerções reguladoras.

Recentemente, empresas do mundo inteiro começaram a se movimentar nessa direção, ainda que de modo lento. A preocupação ambiental está sendo introduzida de maneira gradual em todas as áreas de decisão, pública e privada. O desenvolvimento sustentável encontra-se, portanto, no centro de uma transformação global econômica, tecnológica, social, política e cultural que redefinirá os limites do que é possível e do que é desejável.

2.5 BOX

2.5.1 As empresas estão na idade da pedra

Ao longo do século XX, as empresas passaram por transformações radicais. Há mais de 100 anos, Henry Ford inaugurava a primeira linha de montagem de automóveis e não via necessidade alguma de dar autonomia a seus empregados: "Por que toda vez que contrato um par de braços um cérebro tem de vir junto?", reclamava. Recentemente, o fundador da Sony, Akio Morita, viu-se às voltas com um desafio inverso: "Posso obrigar um operário a chegar à fábrica às 7 horas para trabalhar, mas não posso forçá-lo a ter uma boa idéia", dizia, em uma época em que neurônios começaram a se tornar mais importantes do que músculos. As duas frases sintetizam a transição de um modelo fordista de produção massificada para o admirável mundo novo da economia do conhecimento. A administração das empresas, porém, continua em uma espécie de idade da pedra.

A administração clássica é capaz de responder aos desafios do novo ambiente de negócios – global, hipercompetitivo e organizado em redes? Se as empresas agora buscam inovar criando novos produtos e novos modelos de negócios, por que não podem ter semelhante postura na maneira de gerenciar essas organizações? Tais questões são discutidas na obra de Gary Hamel, como no seu recente livro *Liderando a revolução e competindo pelo futuro*, escrito em co-autoria com C.K. Prahalad. Neste, porém, os autores propõem uma revolução completa nos pilares da gestão. Essa seria a única maneira de colocar as empresas burocráticas e autoritárias herdadas da era industrial no rumo da inovação e do futuro.

Hamel explica sua tese a partir dos fundamentos da gestão clássica. Estes visavam assegurar o controle e a eficiência na produção manufatureira – basicamente garantir operários obedientes às ordens vindas de cima, em um cenário de relativa estabilidade. Nesse sentido, o autor destaca o papel das tecnologias de gestão, consideradas por ele como as grandes invenções do século, pois possibilitaram a racionalização máxima do trabalho humano e, por conseqüência, a otimização exponencial de seus frutos, criando as bases para uma era inédita em termos de prosperidade.

Entretanto, no ambiente corporativo atual, os executivos enfrentam outros desafios. Segundo Hamel, competir em um mundo no qual a mudança tornou-se a única certeza exige organizações capazes de se adaptar continuamente à transformação do meio. Empresas em que a inovação não fique confinada aos departamentos de pesquisa e desenvolvimento, mas permeie todas as áreas, tornando-se o eixo da estratégia. Empresas nas quais funcionários sem autonomia e executivos controladores cedam lugar a equipes engajadas em que o trabalho colaborativo prevaleça.

Apoiado em amplo estudo de casos dos últimos dois séculos, Hamel argumenta que é preciso ir além da mera inovação de produtos e serviços, facilmente copiáveis pela concorrência, ou da introdução de novidades operacionais e de estratégias de negócios diferenciadas. Segundo ele, "comparada a outros tipos de inovação, a da gestão tem um poder inigualável de criar vantagens competitivas mais poderosas e duradouras".

Um dos casos citados no livro de Hamel é o da Whole Foods, a mais inovadora e lucrativa cadeia de varejo de alimentos americana. A empresta apostou na tendência de valorização de alimentos saudáveis, produzidos sem riscos ao meio ambiente e, assim, criou do nada um negócio que hoje vale 6 bilhões de dólares e que provoca inveja na concorrência: ostenta a maior rentabilidade da indústria e suas ações cresceram 3.000% desde a abertura de capital, há 15 anos.

O segredo da Whole Foods, segundo Hamel, é um modelo de gestão que consegue conciliar liberdade e disciplina, senso de missão com foco em resultados, igualdade de oportunidades com meritocracia. Em vez de lojas ou departamentos, na Whole Foods os centros de lucros são as equipes. A descentralização é tão grande que até as contratações são decididas de forma coletiva. Comprometida com a sustentabilidade, a empresa investe na melhoria dos métodos de produção dos fornecedores, incentiva produtores locais – e ainda consegue fazer o consumidor pagar por isso. Quem trabalha lá sente-se parte de um projeto maior. Os lucros são perseguidos como medida de desempenho, não como objetivo final da organização.

Se essa lógica da necessidade de novos modelos de gestão parece tão cristalina, como explicar a existência de tão poucas iniciativas nessa direção? Por que as empresas continuam mais obcecadas em copiar as chamadas "melhores práticas" – a eterna busca pelo *benchmarking* – do que em inventar as "próximas práticas"? Para Hamel, o fator limitante é que a administração teria se tornado prisioneira de seus próprios dogmas, do mantra da busca de eficiência cada vez maior da máquina, para entregar mais e mais resultados no curto prazo. Focados no mercado do presente, em fazer melhor mais do mesmo, os executivos já não têm tempo para pensar diferente e preparar a empresa para o futuro. Outra dificuldade é que reestruturar a administração implica redistribuir poder – e quem se dispõe a entregar os anéis sem resistência? Como esperar que os executivos revolucionem a gestão, abrindo mão da própria autoridade?

Caso Whole Foods

John Mackey, um dos fundadores da Whole Foods, a mais inovadora e lucrativa cadeia de varejo de alimentos americana, era recém-formado em filosofia quando abriu a primeira loja da rede, no Texas. Apostando na tendência de valorização de alimentos saudáveis, produzidos sem riscos ao meio ambiente, criou do nada um negócio que hoje vale 6 bilhões de dólares e que provoca inveja na concorrência: ostenta a maior rentabilidade da indústria e suas ações cresceram 3.000% desde a abertura de capital, há 15 anos.

O segredo da Whole Foods, segundo Hamel, é um modelo de gestão que consegue conciliar liberdade e disciplina, senso de missão com foco em resultados, igualdade de oportunidades com meritocracia. Em vez de lojas ou departamentos, na Whole Foods os centros de lucros são os times. A descentralização é tão grande que até as contratações são decididas de forma coletiva. Comprometida com a sustentabilidade, a empresa investe na melhoria dos métodos de produção dos fornecedores, incentiva produtores locais – e ainda consegue fazer o consumidor pagar por isso. Quem trabalha lá sente-se parte de um projeto maior. Os lucros são perseguidos como medida de desempenho, não como objetivo final da organização.

Fonte: CRUZ, 2007; HAMEL; BREEN, 2008.

2.5.2 Earthrace: o barco movido a biodiesel

Um barco que parece mais um golfinho com asas ou um ET que gosta de água. Construído em 2004 na Nova Zelândia, o Earthrace nasceu com o objetivo de ser ambientalmente correto (é movido a biodiesel) e fazer uma viagem ao redor do globo batendo ou quebrando quaisquer recordes. Esse barco, cuja tripulação é de apenas quatro pessoas, conta com seis camas, revestimento de pintura atóxica, chão de fibra de cânhamo e em sua construção foram utilizados materiais reciclados. Seu interior é de dimensões reduzidas, com uma pequena cozinha logo à entrada, seguida da sala de comando e de duas pequenas cabines.

As paredes do barco estão repletas de assinaturas de pessoas de todo o mundo, que contribuem para a compra de combustível ao pagar três euros (cerca de 8 reais) por uma visita.

Com 24 metros de comprimento e pesando 23 toneladas se estiver com o tanque cheio, o Earthrace pode atingir uma velocidade de 40 nós (aproximadamente 74 km/h), mas navega a uma velocidade próxima dos 25 nós para manter os gastos de combustível equilibrados.

Fonte: Disponível em: <www.earthrace.net>, <www.jn.sapo.pt> e <www.uol.com.br>. Acessos em: 24 nov. 2007.

2.6 CONSIDERAÇÕES FINAIS

Nas décadas passadas, prevaleceu nas empresas a dimensão racional do conhecimento. Contudo, incorporar o processo criativo e as dimensões do conhecimento nas operações empresariais é uma demanda do atual contexto de negócios. A mudança nos paradigmas gerenciais dos gestores torna-se necessária, em face dos novos desafios com que as organizações se deparam.

Para que possam efetivamente galgar posições competitivas, as organizações devem alinhar suas políticas às necessidades dos consumidores. No nível operacional, isso implica famílias de produtos com alto grau de diferenciação, mas que possam desempenhar níveis satisfatórios de *performance* em termos de custo, qualidade e prazo de entrega.

A fonte definitiva de vantagem na competição é a capacidade das empresas de constantemente avançar, a partir de novos produtos e processos, em direção a mercados promissores no futuro, sempre com "excesso de capacidade". Esse excesso pode ocorrer a partir de muitas formas: pesquisas que possam ser necessárias para prolongar a trajetória de produtos atuais, manutenção de mais engenheiros e cientistas trabalhando no desenvolvimento de áreas que têm sido subdesenvolvidas na organização, e desenvolvimento de mais habilidades que as mantidas atualmente pelos colaboradores (BERGER, 2005).

Contudo, conhecer as características do mercado e as preferências do consumidor não significa deter vantagem competitiva. Os gestores da organização devem conhecer claramente quais os recursos de que dispõem, na forma de processos e ativos tangíveis e intangíveis, que podem ser alocados na produção e entrega de um produto com valor para o consumidor.

Nesse sentido, discutem-se no capítulo seguinte questões como o que é valor, como ele pode ser agregado aos bens e serviços, e quais suas conseqüências para a competitividade empresarial.

3

A CRIAÇÃO DE VALOR

Os temas valor e criação de valor suscitam diversas abordagens, que serão apresentadas e discutidas nas próximas seções. Inicialmente, buscou-se no campo da filosofia e da história preconcepções do que se tornou, na sociedade pós-moderna, a definição empresarial de valor. A abordagem dessa definição está disposta na segunda seção deste capítulo, conforme pode ser observado no esquema a seguir.

Estrutura do Capítulo 3

Capítulo 1 – Introdução		
Justificativa	Objetivos	Desenho da pesquisa

Capítulo 2 – Modelos mentais e organizações		
Pontos de ruptura na história humana	Paradigmas pós-fordistas	Evolução dos modelos de gestão

Capítulo 3 – A criação de valor		
A noção de valor	Valor para o cliente	A cadeia de valor

Integrando diferentes perspectivas na criação de valor

Capítulo 4 – Inovação			
Criatividade	Incremental	Disruptiva	Mensuração

Capítulo 5 – Tecnologia da Informação	
Evolução e conceitos de TI	Conectividade nas empresas
Aplicações de TI nos negócios	TI e vantagem competitiva

Capítulo 6 – Competitividade	
Globalização e competitividade	Competitividade do Brasil
Competitividade empresarial	Diagnóstico da competitividade

Capítulo 7 – Estratégia	
Evolução histórica do campo	Escolas de pensamento
Estratégia de operações	Inovação de valor (*Value innovation*)

Capítulo 8 – Teorias da firma e estratégia empresarial	
A firma como função de produção	A firma como nexo de contratos
A firma como recursos heterogêneos	A decisão de fazer *versus* comprar

Capítulo 9 – Gestão, Tecnologia e Pessoas (GTP)		
Vantagem competitiva	Ambiente competitivo	Capacidades organizacionais

Integração: evolução nas empresas

Capítulo 10 – Competitividade empresarial: diagnóstico e planejamento	**Capítulo 11** – Estudo de casos	**Capítulo 12** – Conclusões e limitações

A definição operacional de valor, associada às funções meio e fim das organizações, é discutida na terceira seção. O pacote de valor, elaborado por Albrecht (1995), é apresentado na quarta seção deste capítulo. Na quinta seção, o conceito de inovação de valor (*value innovation*), ou inovação de valor, é explorado e, por fim, na sexta seção são apresentadas algumas considerações finais, com o objetivo de integrar as diversas abordagens analisadas.

3.1 A NOÇÃO DE VALOR

Desde a Antigüidade, os filósofos gregos já procuravam entender o significado de valor, a partir de quadros paradigmáticos da sociedade grega. Sócrates, que viveu entre 469 a.C e 399 a.C., pode ser considerado o primeiro pensador a analisar o conceito de valor. Para o filósofo grego, os verdadeiros valores não são aqueles ligados às coisas exteriores, como a riqueza, o poder e a fama, e tampouco os ligados ao corpo, como a vida, o vigor, a saúde física e a beleza, mas tão-somente os valores da alma, que se resumem, todos, no conhecimento.

Platão, discípulo de Sócrates, de forma semelhante, via o mundo como imerso em idéias de valor. Platão elabora uma distinção radical entre o mundo sensível e o mundo inteligível, a qual ficou conhecida como Teoria das Idéias ou Teoria das Formas. Para ele, o mundo das idéias, no qual tudo é constante e real, contrapõe-se ao mundo físico em que vivemos, no qual o fluxo é constante e a realidade é relativa.

Para Platão, o mundo do dia-a-dia (mundo sensível) não passava de uma cópia imperfeita das coisas existentes no mundo ideal (mundo inteligível). Nesse contexto, situa-se no topo do mundo inteligível a idéia do bem, seguido das idéias de beleza, verdade e simetria, assim como dos valores éticos. Importa destacar que esses elementos são conceitos de valor na realidade humana (HESSEN, 1967).

Essa tradição filosófica, trazida para a contemporaneidade, contempla uma definição de amplo escopo de valores. Dessa forma, uma definição moderna para valores pode tomá-los como atributos das coisas apreciadas pela personalidade, ou seja, pela atividade psíquica do homem. Valores são, portanto, qualidades dos seres ou dos objetos, relacionados com as diferentes orientações do homem (SANTOS, 1954).

Santos (1954), assim como D'Ambrósio (1998), remonta aos estudos de tipologia de valores, desenvolvidos com base na existência dos "seis tipos de homens", que se referia às orientações científica, artística, econômica, religiosa, social e de liderança ou política.

Os valores, portanto, seriam distribuídos em seis categorias fundamentais: intelectuais, estéticos, utilitários, morais, políticos e religiosos. Do predomínio de um desses valores no espírito humano, resultam os seguintes tipos de personalidade: o teórico, o estético, o econômico, o homem, o político e o religioso (Quadro 3.1).

Quadro 3.1 Valores e personalidade humana

Valores	Objeto	Personalidade
Intelectuais	Ciência	Homem teórico
Estéticos	Arte	Homem estético
Utilitários	Economia	Homem econômico
Morais	Sociedade	Homem social
Políticos	Política	Homem político
Religiosos	Religião	Homem religioso

Fonte: SANTOS, 1954.

Para o homem teórico predomina o interesse pela investigação da verdade, tendo como única paixão o conhecimento científico. A ausência de conhecimento causa-lhe frustração. O homem estético possui um caráter essencialmente expressivo e plástico, preocupa-se com a forma. Já o homem social é aquele que busca a felicidade dos semelhantes: altruísmo, simpatia, solidariedade, caridade e simpatia são os valores que regem sua conduta. Ao homem político interessam a lei e o poder, que representam os valores fundamentais da existência humana. E o homem religioso subordina toda a sua vida ao impulso da fé e à salvação.

Uma dessas categorias é essencialmente importante neste estudo, pois a partir dela foi construída a moderna perspectiva de valor nas ciências da Administração e da Economia. Trata-se do homem econômico orientado ao materialismo, cujo primeiro filtro mental é a utilidade das coisas, e como elas podem ser melhor empregadas a fim de maximizar a sua utilidade.

De fato, essa perspectiva econômica incorpora a noção de que os bens possuem valor enquanto escassos, ou seja, se forem úteis e limitados em quantidade, mas não somente isso. Os economistas clássicos britânicos Adam Smith (1723-1790) e David Ricardo (1772-1823) explicaram a origem do valor no trabalho, ou seja, um bem vale o custo do esforço físico envolvido na sua obtenção.

O argumento desses dois economistas pode ser sintetizado no seguinte exemplo. Um caçador, que perseguiu e capturou um coelho ao final de duas horas de trabalho, se for trocá-lo, irá querer um peixe que também tenha demorado duas horas para ser fisgado. Deriva desse argumento que todos os bens que têm valor, e por isso são trocados, incorporam trabalho.

Contudo, esse argumento foi refutado pelo economista inglês Malthus (1957). Para ele, trabalho, como uma medida de valor, não tem aderência à realidade empírica. De fato, o mesmo trabalho associado à produção de milho não tinha grande influência, como Malthus percebeu, no valor final do produto, quando comparado à mesma carga de trabalho, e ao valor final de certos metais, como a prata.

Outros economistas clássicos, como o francês Jean-Baptiste Say (1767-1832), argumentavam que a utilidade explicaria o valor. Voltando ao exemplo do pescador, se este não come carne, não irá trocar peixe por coelho, ainda que o coelho incorpore as mesmas horas de trabalho de caçada. Nessa perspectiva, o valor dependeria apenas da utilidade subjetiva proporcionada pelo bem.

Essas abordagens clássicas estão intrínsecas, simultaneamente, na teoria da utilidade marginal. Os bens possuem valor se forem úteis e limitados em quantidade. A utilidade é condição necessária, mas não suficiente, para um bem possuir valor. Já o trabalho possui valor porque é, ele próprio, simultaneamente útil e limitado em quantidade.

A partir dessas referências clássicas, pode-se perceber que o conceito de valor foi sendo construído, em diferentes campos do conhecimento, com base em referências cada vez mais elaboradas e próximas da realidade empírica de uma época específica. Feitos esses esclarecimentos, procede-se na seção seguinte a uma análise mais próxima de valor, a partir da perspectiva gerencial contemporânea.

3.2 VALOR PARA O CLIENTE

No passado, a literatura sobre valor abordou soluções para os problemas de escassez de certos materiais nobres – como níquel, cromo e platina –, principalmente no período pós-Segunda Grande Guerra. A busca por novas alternativas em substituição às da época, de maneira a atender a qualidade e necessidades exigidas pelas circunstâncias, foram o mote para obras clássicas, como a do pioneiro Miles (1961).

Na atualidade, os consumidores enfrentam uma crescente oferta de produtos e serviços disponíveis para compra. O modelo econômico clássico não explica muitas das escolhas feitas a partir de percepções de qualidade, serviço e outros itens agregadores de valor. Ele baseia-se na formação de preços, a partir da identificação dos custos marginais e posterior análise de espaços para a inserção de margens normais de lucro (Figura 3.1).

Figura 3.1 Visão econômica de custos

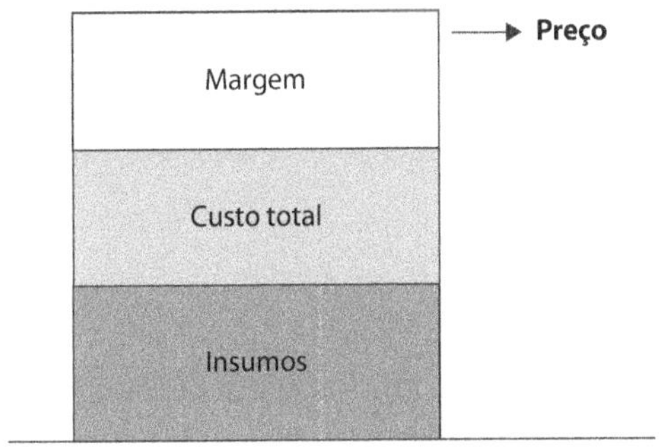

Fonte: Adaptada de Moreira (2000).

Dessa forma, o custo das matérias-primas, adicionado aos demais custos envolvidos no processo, adquirirá maior ou menor grau de importância em face do poder da empresa em atribuir maiores ou menores margens de lucro aos seus produtos. Na teoria neoclássica, a determinação das margens é fundamentalmente uma função da estrutura dos mercados em que a firma atua.

Contudo, se o valor é subjetivo, ele não pode ser dado como determinação da empresa, e sim a partir da percepção dos consumidores. Nesse sentido, Walters e Lancaster (2000) definem valor a partir de três aspectos:

- **valor** é determinado pela utilidade dos benefícios entregues ao consumidor menos o total de custos de aquisição desses benefícios por parte do consumidor;
- **valor relativo** é a satisfação percebida a partir de diferentes ofertas de valor;
- **proposição de valor** significa quanto de valor está sendo entregue aos consumidores.

Uma síntese desses aspectos é apresentada na Figura 3.2 a seguir.

Figura 3.2 Criação de valor nas empresas

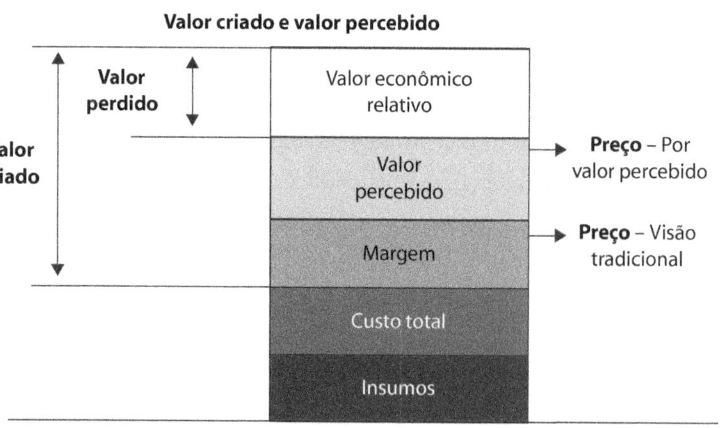

Fonte: Adaptada de Moreira (2000).

Quando o valor criado é comunicado ao cliente e por ele percebido, a empresa pode cobrar um preço *premium*, pois o valor adicionado ao produto torna-o diferenciado. Dessa forma, o valor relativo está associado à satisfação dos consumidores. A noção de satisfação engloba diversas variáveis, como a propensão aos pagamentos de valores *premium* pelos produtos de uma empresa, o aumento da taxa de recompra do produto, entre outras. O valor relativo pode ainda ser perdido, caso ocorra a insatisfação dos clientes.

Segundo Csillag (1995), quando se concentra a atuação no valor econômico é possível identificar quatro tipos de valor:

- **valor de custo** – o total de recursos medido em dinheiro, necessário para produzir/obter um item;
- **valor de uso** – a medida monetária das propriedades ou qualidades que possibilitam o desempenho de uso, trabalho ou serviço;
- **valor de estima** – a medida monetária das propriedades, características ou atratividades que tornam desejável sua posse;
- **valor de troca** – a medida monetária das propriedades ou qualidades de um item que possibilitam sua troca por outro bem.

Como Moore (2000) afirma, se a empresa perder a oportunidade de oferecer valor relativo aos seus consumidores, ela também perderá fatias de *market share*. Em conseqüência, com o passar do tempo, essa empresa perderá posições competitivas para seus concorrentes (Gráfico 3.1).

Gráfico 3.1 O impacto das expectativas não atendidas

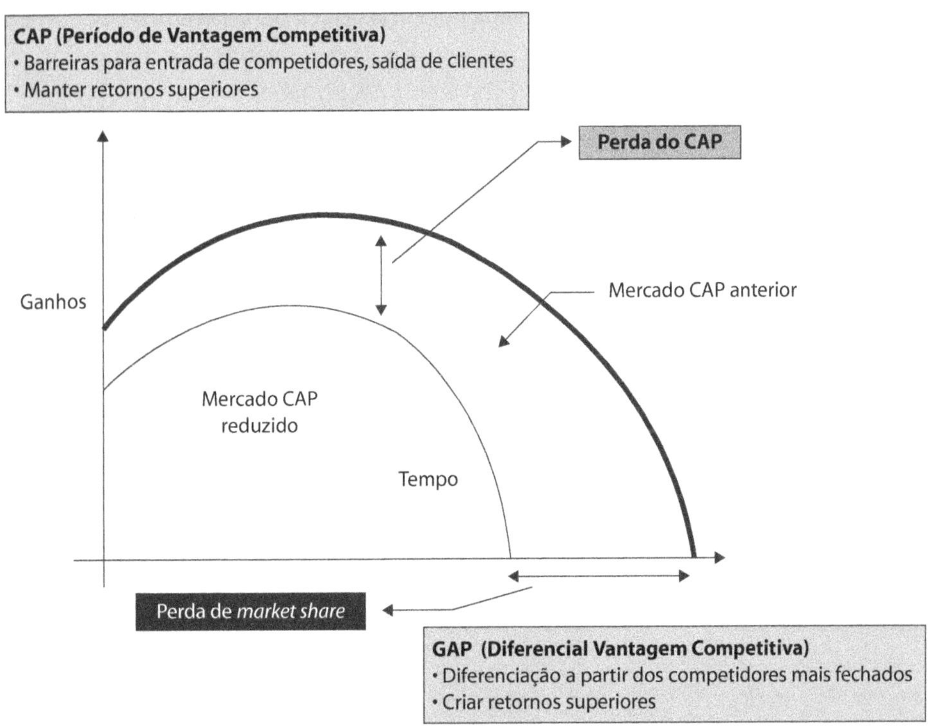

Nota: CAP: Competitive Advantage Period; GAP: Competitive Advantage Gap.

Fonte: MOORE, 2000.

Para aumentar o valor criado para os *stakeholders* (mais comuns: clientes, fornecedores, formadores de opinião, acionistas), é necessário aumentar a área "debaixo da curva", ou seja, é necessário mover a curva tanto para cima quanto para a direita. Efetivamente, isso é conseguido da seguinte forma:

- pelo deslocamento da curva de previsão de ganhos para cima;
- deslocando a curva de ganhos ao longo do tempo (para a direita);
- pela realização de ambos os itens anteriores.

Como conseqüência, há um aumento na vantagem competitiva no mercado-alvo.[1]

O valor percebido pelo cliente difere da simples atribuição de margens pelas empresas, com base na estrutura do mercado em que a firma atua. Valor percebido remete às diferentes formas que as companhias podem criar para diferenciar seus produtos, seja por meio de marcas, patentes, seja pela qualidade superior.

Nessa visão, o somatório do valor relativo, do valor percebido e das margens normais de lucro reflete a capacidade empresarial de criação de valor para seus clientes. Dessa maneira, sendo o valor percebido pelo cliente um fator importante na sua conquista e manutenção, torna-se imprescindível entender as formas de como gerenciar esse valor a fim de preservá-lo e aumentá-lo gerando vantagem competitiva para a empresa. Ferramentas gerenciais mais complexas têm sido desenvolvidas para essa finalidade, como o sistema de *Economic Value Added* (EVA – ou Valor Econômico Adicionado).

O EVA é um sistema de medição financeira de gestão que considera a criação de valor (Quadro 3.2). Seu objetivo é a concentração de esforços para incrementar operacionalmente os negócios e, assim, maximizar o valor no longo prazo. Ele é, portanto, uma ferramenta de gestão que promove a eficiência gerencial, dado que mede o lucro econômico real da empresa (MALVESSI, s.d.).

Quadro 3.2 Elementos do EVA

EVA	▪ Fixação de objetivos
	▪ Divulgação dos resultados financeiros
	▪ Avaliação de estratégia
	▪ Avaliação de decisões de investimento de capital
	▪ Avaliação de aquisições e desinvestimentos
	▪ Avaliação de *performance* da empresa
	▪ Premiação por desempenho

Fonte: MALVESSI, [s.d.].

[1] O mercado-alvo é uma percentagem do mercado total ao qual o produto foi direcionado. Assim, o mercado-alvo é aquele que possivelmente comprará o produto.

Nesse mesmo sentido de medição financeira, Moore (2000) define o valor total de uma companhia, e sua capitalização de mercado, como iguais ao valor presente de suas previsões de ganhos futuros, desde as operações atuais e as planejadas, descontando os riscos. Tais abordagens financeiras, como o EVA, devem ser vistas como uma parte da complexa equação, na qual torna-se vital para as empresas gerarem **valor percebido** para os clientes e **fluxos de caixa livre** para os acionistas.

Uma das formas de maximizar o fluxo de caixa livre de uma empresa é aumentar sua margem de lucro operacional, ou seja, aumentar as receitas e/ou diminuir as despesas. Isso usualmente é feito a partir da identificação de direcionadores de valor em nível micro, como mostra o Quadro 3.3.

Quadro 3.3 Direcionadores de valor

<table>
<tr><td rowspan="20">Unidade de Valor do Negócio</td><td rowspan="17">Fluxo de Caixa Operacional</td><th>Determinantes do valor</th><th>Direcionadores macro do valor</th><th>Direcionadores micro do valor</th></tr>
<tr><td rowspan="8">Lucro caixa</td><td rowspan="3">Receita líquida</td><td>Tamanho do mercado</td></tr>
<tr><td>Participação de mercado</td></tr>
<tr><td>*Mix* de vendas</td></tr>
<tr><td rowspan="4">Margem operacional</td><td>Preços</td></tr>
<tr><td>Nível dos funcionários</td></tr>
<tr><td>Salários</td></tr>
<tr><td>Matéria-prima</td></tr>
<tr><td>Impostos</td><td>Estrutura tributária</td></tr>
<tr><td rowspan="8">Investimentos necessários para apoiar as operações</td><td rowspan="4">Capital circulante</td><td>Giro de estoque</td></tr>
<tr><td>Contas a receber</td></tr>
<tr><td>Contas a pagar</td></tr>
<tr><td>Condições contratuais</td></tr>
<tr><td rowspan="4">Dispêndio de capital</td><td>Vida útil da planta</td></tr>
<tr><td>Substituição de equipamentos</td></tr>
<tr><td>Manutenção</td></tr>
<tr><td>Escala de operações</td></tr>
<tr><td colspan="2" rowspan="3">Taxa de desconto</td><td rowspan="3">Custo do capital</td><td>Custo do capital próprio</td></tr>
<tr><td>Custo da dívida</td></tr>
<tr><td>Alavancagem</td></tr>
</table>

Fonte: RAPPAPORT, 1986.

Gale (1996), em uma perspectiva mais abrangente, mostrou que o gerenciamento do valor para os clientes passa por quatro fases: qualidade de conformidade, satisfação do cliente, qualidade percebida pelo mercado em relação aos concorrentes e gerenciamento do valor do cliente (Figura 3.3).

Figura 3.3 **Eficácia operacional *versus* estágios de maturidade na gestão do valor**

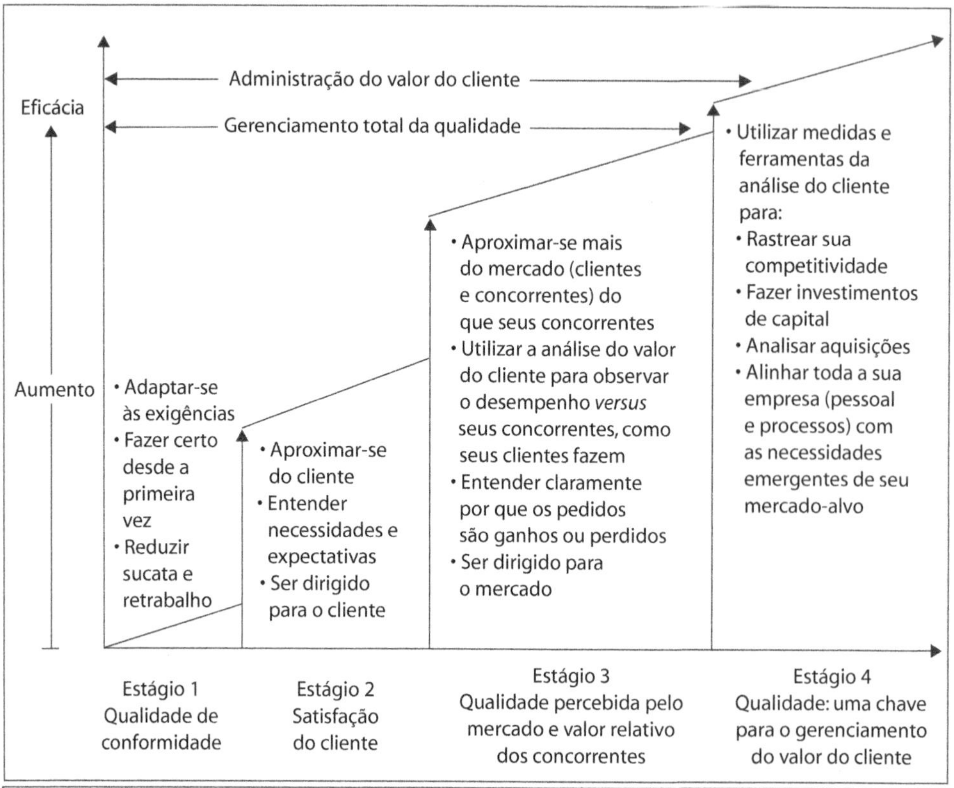

Foco:	Operações internas	Clientes	Mercado-alvo e desempenho comparado com os concorrentes	Papel decisivo da qualidade e valor na estrutura geral da estratégia

Fonte: GALE, 1996.

A primeira fase ocorre quando a empresa trabalha para estabelecer padrões mínimos de qualidade, investindo na melhoria de seus processos internos, procurando fazer certo logo na primeira vez, trabalhando de acordo com rigorosos padrões preestabelecidos. Assim, por meio das metodologias utilizadas nessa fase, consegue-se evitar os custos desnecessários da não-conformidade. Porém, apesar de ser uma fase extremamente importante, ela por si só não leva a empresa a um desempenho superior, pois um produto concebido em conformidade com padrões preestabelecidos não será necessariamente percebido pelos clientes como realmente superior, uma vez que tais padrões poderão estar muito distantes das expectativas dos clientes.

Uma empresa atinge a segunda fase quando decide que seu objetivo final é buscar a satisfação de seus clientes. Nesse estágio a empresa procura conversar com seus clientes, perguntando-lhes quais são os atributos que consideram importantes, qual é a importância relativa de cada um dos atributos e como classificam o desempenho de seus produtos de acordo com os atributos apontados. A essência dessa fase, portanto, consiste em identificar o que é importante para seus clientes e desenvolver no produto os atributos valorizados por eles.

A satisfação dos clientes, porém, não é suficiente para garantir a competitividade, pois eles podem estar satisfeitos com os produtos da empresa e mesmo assim migrar para a concorrência. A empresa deve, então, seguir para a terceira fase, que é a do foco na qualidade e no valor percebido pelo mercado *versus* concorrentes. Nessa fase é feita a comparação dos produtos da empresa com os produtos da concorrência, pois apesar de classificar um produto como bom, o cliente poderá deixar de comprá-lo se perceber que existem outros que são ainda melhores. Por isso a importância de se mensurar o desempenho do produto em relação ao da concorrência.

Uma empresa pode estar melhorando seu desempenho e ainda assim perder mercado, quando seus concorrentes melhoram a um ritmo mais veloz que o seu. É importante notar que nessa fase o foco desloca-se da procura por entender o cliente, para o de tentar entender o que o mercado como um todo deseja, uma vez que se pesquisa não só os clientes atuais, mas também os clientes da concorrência e os potenciais clientes.

As empresas atingem o estágio quatro, gerenciamento real de valor do cliente, quando integram todo o aprendizado advindo dos três estágios anteriores com os sistemas de administração, como: planejamento estratégico, investimento de capital, análise competitiva, medidas de incentivo e de desempenho, entre outros.

Ao atingir o quarto estágio, a empresa torna-se mais bem conceituada perante os seus clientes e aumenta o comprometimento com a melhoria de seus processos internos, decorrente de uma maior compreensão dela própria, do mercado e dos clientes. Porém, essa qualidade não é suficiente para garantir que ela será bem-sucedida. Para atingir esse propósito, a empresa deve utilizar o aprendizado adquirido até esse estágio, como base para a formulação das estratégias que guiarão suas decisões, permitindo gerar maior valor para o cliente e, assim, conquistar benefícios de longo prazo para os acionistas, os clientes e a sociedade.

O cliente é o fator-chave para a definição das estratégias de um negócio, da mesma maneira que entender suas percepções, vontades, preferências e realidade é essencial para que se consiga conceber produtos e serviços que sejam percebidos como "valiosos" por ele.

Dessa forma, todos os modelos de lucro se baseiam em uma compreensão fundamental do cliente. Slywotzky e Morrison (1999) descrevem alguns desses modelos:

- **Desenvolvimento de clientes/soluções para os clientes** – as empresas que possuem esse modelo investem de forma maciça para compreender a economia dos clientes e identificar formas de torná-la mais favorável. Conseguem chegar ao lucro descobrindo primeiro como seus clientes compram e usam seus produtos e, em seguida, identificando alternativas que ajudem seus clientes nas áreas difíceis, dispendiosas ou que consomem tempo dentro desse processo – superando, assim, a venda pura e simples.
- **Pirâmide de produtos** – neste caso, as preferências do cliente em relação a estilo, cor, preço, entre outros fatores, são de extrema importância. As variações na renda e nas preferências possibilitam a construção de pirâmides de produtos. Esse modelo é utilizado em mercados tão diversos quanto fabricação de relógios, venda de automóveis e cartões de crédito. Na base estão os produtos de baixo preço e alto volume e no ápice, os produtos de preço alto e baixo volume. Assim, o lucro concentra-se no topo da pirâmide de produtos, mas a base da pirâmide desempenha um papel estratégico no sistema.
- **Sistema de multicomponentes** – para algumas empresas, o sistema de produção compreende vários componentes, e cada componente possui características de lucro radicalmente diferentes. A incapacidade de maximizar a participação nos componentes de lucros mais altos reduz a lucratividade de todo o sistema. A participação total nos componentes menos lucrativos é, por sua vez, necessária para conquistar mercado para os componentes mais lucrativos. Quando um sistema de multicomponentes não inclui um foco agressivo nos componentes de alto lucro, a concepção do negócio está incompleta e é muito menos lucrativa do que poderia ser.
- **Tempo** – o modelo do lucro com base no tempo é concebido para tirar proveito da velocidade das inovações. Nesse modelo, o lucro resulta da singularidade. O preço é superior, mas somente enquanto a imitação não elimina essa superioridade. Em outras palavras, existe uma zona de lucro, porém somente durante um curto período de tempo. A inovação constante é a única forma de permanecer na zona de lucro. À medida que o valor migra, afastando-se da mais recente inovação, a empresa precisa lançar outra inovação, a fim de entrar novamente na zona de lucro.
- **Modelo multiplicador de lucro** – este modelo explora repetidamente o mesmo produto, personagem, marca registrada, capacidade ou serviço. O melhor exemplo de um modelo multiplicador de lucro é a Disney. Os modelos mul-

tiplicadores de lucros são, portanto, prevalecentes em empresas que possuem marcas fortes de consumo.

- **Especialização** – outra forma de obtenção de lucro é o crescimento mediante especialização seqüenciada. Quanto mais especializada, mais atributos a empresa alcança para oferecer o melhor aos seus clientes – é o ganho de *expertise* favorecendo a interação e venda de produtos e serviços.

Para que os modelos de lucro funcionem, é necessário que a empresa conheça os clientes mais lucrativos, quais têm maior potencial de crescimento e qual o melhor *mix* para atendê-los. A Microsoft utiliza esses conceitos em seus serviços de suporte (Quadro 3.4).

Quadro 3.4 Serviços de suporte da Microsoft

Serviços de suporte	Descrição
Professional Support	Se o cliente estiver envolvido no desenvolvimento, implementação e gestão de soluções de *software* Microsoft em ambientes empresariais e necessitar de suporte on-line ou via telefone.
Essential Support	Se o cliente necessitar de acesso direto à Equipe Técnica de Suporte da Microsoft, via telefone ou via web, em regime 24 x 7, que lhe proporcione suporte à resolução de problemas e assistência de suporte proativa.
Premier Support	Se o cliente necessitar de suporte de alto nível, em regime 24 x 7, juntamente com um gestor técnico de conta designado para ajudar a definir opções de suporte personalizadas em consonância estratégica com o seu ambiente de TI.
Parceiros	O cliente também conta com suporte técnico fornecido por parceiros da Microsoft que disponibilizam ofertas de serviço para ambientes de TI.
Microsoft Services Partner Advantage	O Microsoft Services Partner Advantage é uma oferta que vai ao encontro das necessidades dos parceiros de suporte da Microsoft qualificados para a prestação de serviços na plataforma da empresa.

Fonte: MICROSOFT. Disponível em: <http://support.microsoft.com/gp/services>. Acesso em: 12 jun. 2006.

Traduzir o valor percebido para o âmbito operacional, encontrando, assim, as atividades que levam à criação de valor pela empresa, não é uma tarefa simples. A questão de entender o que a empresa pode fazer melhor para atender às necessidades dos consumidores está relacionada com a cadeia de valor.

3.3 CADEIA DE VALOR

A cadeia de valor de uma empresa é parte do que Porter (1986) denomina **sistema de valores**. Toda empresa é uma reunião de atividades, que são executadas para projetar, produzir, comercializar, entregar e sustentar seu produto. As atividades para tanto – ou processos – são mostradas na Figura 3.4.

Figura 3.4 A cadeia genérica de valor

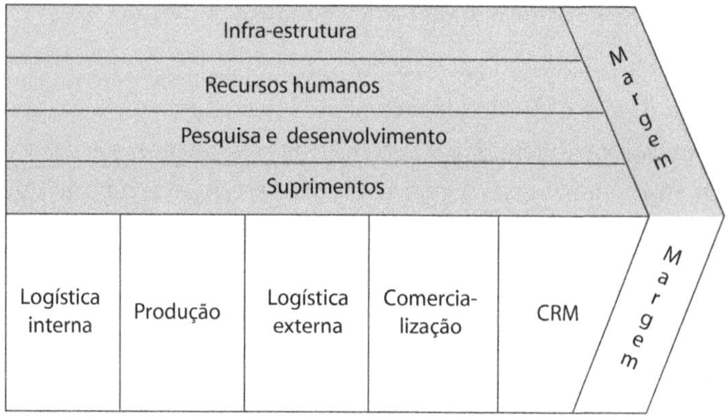

Fonte: PORTER, 1986.

O nível relevante para a construção de uma cadeia de valores são as atividades de uma empresa em uma indústria particular. Uma cadeia de valores da indústria é demasiadamente ampla, e pode encobrir importantes fontes de vantagem competitiva. Embora as empresas, na mesma indústria, possam ter cadeias similares, as cadeias de valor dos concorrentes freqüentemente são diferentes, e essas diferenças são formas básicas de vantagem competitiva.

O modelo das cinco forças de Porter (1979) destina-se à análise da competição entre empresas. Considera-se cinco fatores, "forças" competitivas, que devem ser estudados para que se possa desenvolver uma estratégia empresarial eficiente. Porter refere-se a essas forças como microambiente, em contraste com o termo mais geral, macroambiente.

As cinco forças são: a rivalidade entre os concorrentes, o poder de barganha dos clientes, o poder de barganha dos fornecedores, ameaça de novos entrantes e a ameaça de produtos substitutos.

Essas forças afetam a capacidade de uma empresa para servir os seus clientes e obter lucros. Uma mudança em qualquer uma das forças normalmente requer uma nova pesquisa (análise) para reavaliar o mercado.

Porter afirma que a estratégia competitiva de uma empresa deve aparecer a partir da abrangência das regras da concorrência que definem a atratividade de uma indústria.

Figura 3.5 Modelo das cinco forças de Porter

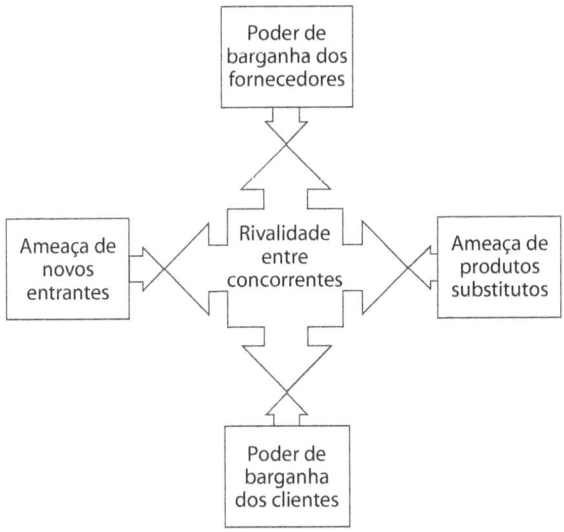

Fonte: PORTER, 1979.

Para Porter (1986), valor é o montante que os compradores estão dispostos a pagar por aquilo que a empresa lhes oferece. Uma empresa é rentável se o valor que ela determina ultrapassar os custos envolvidos na criação do produto. Assim, criar valor para compradores que exceda o custo associado ao produto é a meta de qualquer estratégia genérica.

A cadeia de valor exibe o valor total adicionado e é dividida em duas atividades: primárias e de apoio. As **atividades primárias** são aquelas envolvidas na criação física do produto e na sua venda e transferência ao comprador, bem como na assistência pós-venda. As **atividades de apoio** sustentam as atividades primárias, fornecendo insumos adquiridos, tecnologia, recursos humanos e várias funções no âmbito da empresa.

O modo como cada atividade é executada, associado a sua eficiência econômica, determinará se uma empresa terá custo alto ou baixo em relação à concorrência. Uma análise da cadeia de valor, e não somente da margem adicionada, é a melhor maneira de se examinar a vantagem competitiva da empresa.

Esses pressupostos também são válidos para as operações intensivas em informação. De fato, uma parte significativa dos negócios contemporâneos ocorre em duas esferas: o mundo físico de recursos e o mundo virtual de informações.

Os processos de criação de valor não são os mesmos nessas duas esferas, virtual e física. Para criar valor com informação, os gestores devem voltar-se ao mercado. De acordo com Rayport e Sviokla (1995), criar valor, em qualquer estágio de uma cadeia de valor virtual, envolve uma seqüência de cinco atividades: reunião, organização, seleção, sintetização e distribuição de informações.

Quando as empresas integram as informações que capturam durante os estágios da cadeia de valor – desde logística e produção até vendas e marketing –, constroem uma extensa rede de informações do negócio. Essas informações integradas, por sua vez, fornecem aos gestores a capacidade para enxergar as suas cadeias de um extremo ao outro.

Com essa linha de informações integradas, as empresas podem executar as atividades de agregação de valor de um modo mais eficiente e efetivo. Se cada informação extraída ao longo da cadeia de valor pode vir a se tornar um novo produto ou serviço, logo as empresas poderão se beneficiar do valor decorrente do desenvolvimento de novas oportunidades de negócios, principalmente se as informações forem geradas pelos consumidores finais.

Do ponto de vista de Slywotzky e Morrison (1999), a criação de valor para o consumidor final "é a arma gerencial mais poderosa". As empresas bem-sucedidas mantêm um contato direto com seus clientes e, com isso, obtêm *insights* importantes para seus negócios. O contato direto com o cliente permite identificar soluções para os problemas da organização, as quais estimulam seu entusiasmo, orçamento e lealdade.

Contudo, o pensamento centrado no cliente se modifica à medida que a empresa cresce. De acordo com a Figura 3.6, durante a fase empreendedora, o centro de gravidade da filosofia da empresa concentra-se nos clientes. Uma pequena empresa precisa focar intensamente seus clientes ou não terá sucesso. À medida que a empresa cresce, seu centro de gravidade começa a se deslocar, fazendo com que ela comece a se concentrar em si mesma. Na fase de sucesso, a empresa cresce mais e seu centro de gravidade desloca-se internamente, afastando-se ainda mais dos clientes. A partir daí a empresa concentra-se nela própria.

Figura 3.6 Empresas e crescimento

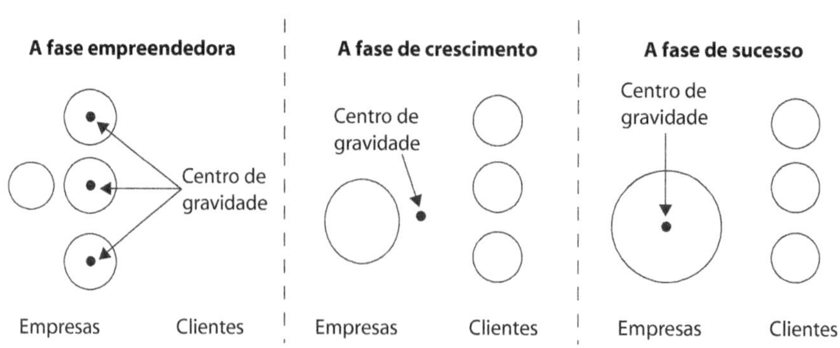

Fonte: SLYWOTZKY; MORRISON, 1999.

Assim, quando o crescimento implica essa mudança no centro de gravidade, a solução apresentada por Slywotzky e Morrison (1999) é inverter a cadeia de valor. A cadeia de valor tradicional inicia-se com as competências essenciais da empresa (seus ativos)[2] e termina com o cliente. O pensamento centrado no cliente deve começar com as necessidades e prioridades deste, identificando de que forma essas necessidades podem ser atendidas o melhor possível, e terminar com as competências essenciais (Figura 3.7).

Figura 3.7 Cadeia de valor: perspectiva tradicional *versus* perspectiva moderna

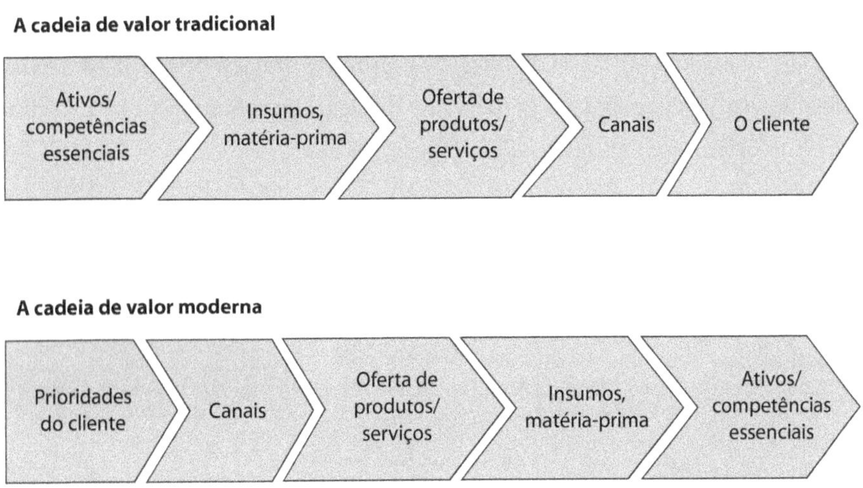

Fonte: SLYWOTZKY; MORRISON, 1999.

Com a visão moderna de cadeia de valor, coloca-se o cliente no primeiro elo da cadeia e todo o restante depois – tudo é orientado pelo cliente. Os gerentes devem pensar em:

- quais são as necessidades e prioridades de seus clientes;
- que canais podem satisfazer essas necessidades e prioridades;
- que produtos e serviços devem fluir por esses canais;
- que insumos e matérias-primas são necessários para criar os produtos e serviços;
- que ativos e competências essenciais são críticos aos insumos e matérias-primas.

2 Como *competências essenciais* consideraram-se os comportamentos relacionados às habilidades básicas para melhoria contínua, ou seja, o conjunto de habilidades básicas foi adotado como competências essenciais para melhoria contínua da produção. Ver também LEONARD-BARTON, D. *Wellsprings of knowledge:* building and sustaining the sources of innovation. Boston: Harvard Business School Press, 1995.

Desse modo, cada estágio da cadeia de valor virtual permitirá a geração de novos *insights* derivados do fluxo de informação, e cada um deles poderá constituir um novo produto ou serviço. Se os gestores quiserem buscar algumas dessas oportunidades, eles precisam posicionar-se dentro dos processos, para reunir a informação, organizá-la para os consumidores, selecionar o que for de valor, sintetizá-la e distribuí-la (RAYPORT; SVIOKLA, 1995). Esses passos de agregação de valor constituem uma matriz que permite à empresa identificar os desejos dos consumidores de maneira mais efetiva e atendê-los com mais eficiência.

Até esse momento mostrou-se que o valor pode ser criado a partir de diferentes formas de organização e alocação de recursos dentro de uma empresa. Se os níveis organizacionais responsáveis pela criação de valor diferem, também existirá uma dimensão hierárquica associada aos valores criados (Figura 3.8).

Figura 3.8 Pacote de valor para o cliente

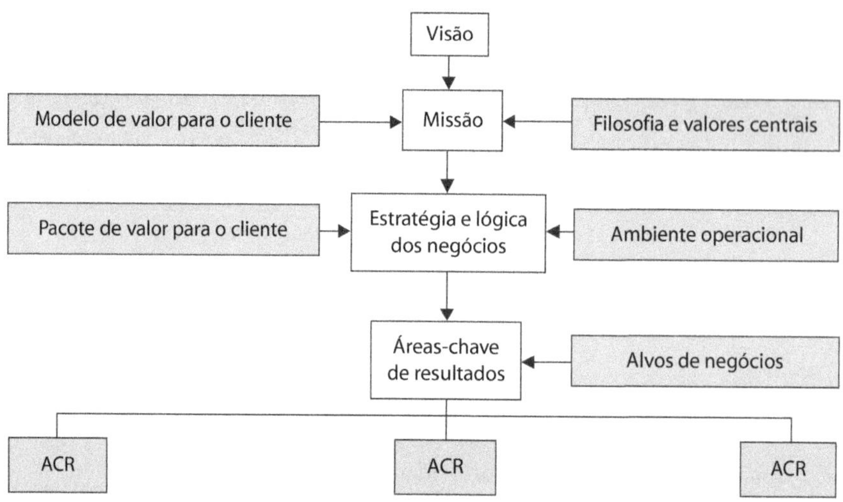

Fonte: ALBRECHT, 1995.

O modelo de valor para o cliente decorre da filosofia da organização, que é explicitada em sua missão e implica uma determinação da alta gestão, que pode ou não se tornar efetiva. Isso ocorre em razão de que, no ambiente operacional, os atributos e componentes do modelo de valor para o cliente tomarão forma, mas serão condicionados pelos limites existentes na esfera organizacional interna, como *budgets*, projetos de execução desalinhados com a proposta original, entre outros.

Ainda que não possa ser estabelecido como o modelo de valor previamente definido, um conjunto de benefícios irá tomar forma. Esse conjunto de benefícios, associado a um produto ou serviço, é denominado **pacote de valor para o cliente**. Trata-se da combinação de tangíveis, intangíveis, experiências e resultados, que são projetados e ofertados com o intuito de conquistar o cliente. Além disso, é uma combinação de fatores e experiências que cria, no cliente, uma percepção da totalidade do valor recebido (ALBRECHT, 1995).

3.4 INTEGRANDO DIFERENTES PERSPECTIVAS NA CRIAÇÃO DE VALOR

Conforme é possível observar, foram discutidas até aqui as seguintes perspectivas qualitativas: a cadeia de valor de Porter (1986), a noção de gerenciamento do valor de Gale (1996), o trabalho de Slywotzky e Morrison (1999) e o pacote de valor de Albrecht (1995).

Da mesma forma, foram discutidas as abordagens quantitativas da economia, que ressaltam a formação de preços a partir das margens normais de lucro (ver MOREIRA, 2000; MOORE, 2000) e a abordagem gerencial da criação de valor agregado (EVA).

Na Figura 3.9, é apresentada a abordagem de Fine (2002), que integra as perspectivas qualitativa e quantitativa. A síntese de entradas quantitativas e qualitativas fornecerá a base para qualquer decisão estratégica de produção, ou seja, quais áreas do negócio devem permanecer *in-house* e quais devem ser terceirizadas. Adicionalmente, essas entradas fornecem a base em que devem ser feitos os investimentos e como eles precisam ser alavancados. Informam também como pode ser organizada a cadeia de valor da empresa, de modo a otimizar alianças existentes ou emergentes.

A dimensão qualitativa, chamada por Fine (2002) de Valor Agregado ao Acionista (*Shareholder Value Added* – SVA), considera os seguintes fatores:

- importância do cliente – como cada decisão afeta as preferências dos clientes;
- inovação tecnológica – a velocidade com que a tecnologia utilizada está mudando;
- posição competitiva – como a companhia compara sua competitividade em custo, qualidade ou outra dimensão;
- capacidade básica de fornecimento – grau de profundidade e de capacitação da base de fornecimento externo;
- arquitetura – quão integral ou modular é o elemento cadeia de valores na arquitetura dos produtos em geral, serviços ou sistemas.

Figura 3.9 Perspectivas qualitativa e quantitativa integradas na criação de valor

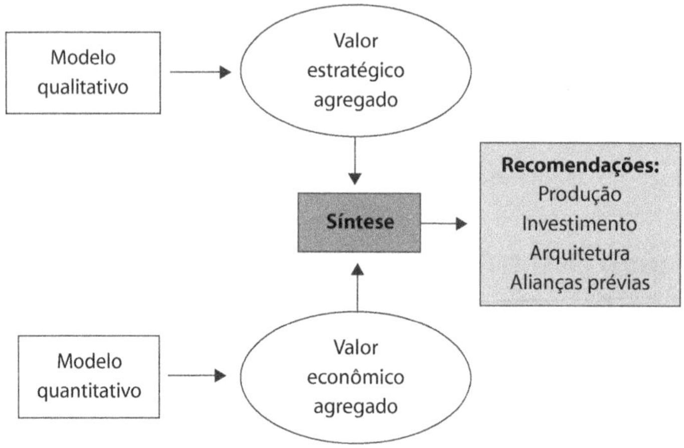

Fonte: Adaptada de Fine (2002).

Na Figura 3.9, o modelo quantitativo adotado irá refletir o valor econômico agregado ao produto ou serviço. O valor, de acordo com essa perspectiva, obviamente, poderá ser mensurado por ferramentas gerenciais como o EVA. A abordagem conjunta permite determinar onde o valor está sendo criado e as atividades que não estão somando aos valores globais do empreendimento.

3.5 BOX

3.5.1 Criação de valor sustentável

Durante todo o século XX, os gestores empresariais tiveram como missão organizar suas empresas para que elas fossem capazes de gerar lucros econômicos. A criação de valor seguia, portanto, uma lógica estritamente econômica.

Isso mudou. As empresas, no século XXI, deverão cada vez mais se preocupar com a criação de valor não somente econômico, mas também nos âmbitos ambiental e social. Michael Porter, um dos pensadores mais influentes no campo da gestão empresarial, afirmou, em artigos publicados na *Harvard Business Review*, que a criação de valor econômico e social pode trazer benefícios competitivos tangíveis para as companhias. Na prática, isso se traduz em maior lucro.

É o que tem ocorrido nas principais bolsas de valores do mundo. As chamadas "empresas sustentáveis" têm apresentado significativo crescimento no valor de suas ações. Essas empresas demonstram ser sustentáveis a partir de critérios bastante específicos, que guiam os formulários que elas devem responder ao pleitearem tomar parte em índices como o Dow Jones Sustainable Index (DJSI), da Bolsa de Valores de Nova York, e o Índice de Sustentabilidade Empresarial (ISE), da Bolsa de Valores do Estado de São Paulo (Bovespa).

No Brasil, o Guia Exame de Sustentabilidade 2007 mostrou que um terço das 140 companhias pesquisadas atrelam a política de remuneração ao desempenho não apenas econômico da empresa, mas também ao desempenho nas dimensões ambiental e social.

Essa mudança de modelo mental fez que bancos lançassem fundos de investimento que permitem ao correntista contribuir para a neutralização de gases responsáveis pelo efeito estufa e que empresas produtoras de *hardware* cedessem capacidade ociosa de seus micros para pesquisas voltadas a questões de saúde e do meio ambiente.

3.6 CONSIDERAÇÕES FINAIS

A criação de valor nas organizações, durante décadas, baseou-se nas diferentes possibilidades das empresas em reduzir custos ou em diferenciar seus produtos e serviços no mercado consumidor (PORTER, 1986). A clássica equação de incremento da produtividade (produtividade = *output/input*), baseada no aumento das receitas ou na diminuição dos custos, pode não ser mais suficiente para as empresas contemporâneas.

De fato, os mercados consumidores têm lidado com uma crescente oferta de produtos e serviços, com valor construído a partir da liderança em custos e simultânea diferenciação. Portanto, muitas empresas têm tentado aumentar a receita:

- reduzindo custos associados ao portfólio atual;
- buscando novos mercados;
- buscando novos mercados e simultaneamente reduzindo custos naquilo que não mais agrega valor para os clientes.

No entanto, além disso, é necessário investir em novas estratégias para acompanhar as transformações do mercado e as mudanças de paradigmas.

Para a organização é fundamental aproveitar diferentes oportunidades que surgem, assim como agregar valor ao produto de forma diferenciada e que possa garantir uma maior competitividade. Em razão disso, a empresa passa a adotar a inovação como elemento crucial da estratégia de competição. O próximo capítulo mostra de forma detalhada como isso é possível.

4

GESTÃO DA INOVAÇÃO

> *"[...] Na época em que Dark Side foi composto parecia que toda a banda trabalhava unida. Foi um período criativo. Estávamos todos muito abertos. Depois disso, Waters tornou-se tão autoritário que a possibilidade de qualquer esforço conjunto foi se encerrando aos poucos."*
>
> Rick Wrigth, após três décadas que sucederam o lançamento do *The Dark Side of the Moon*, disco da banda britânica Pink Floyd que vendeu mais de trinta milhões de unidades no mundo (HARRIS, 2005, p. 9).

Em uma perspectiva de inovação como determinante da competitividade, assume-se que o desenvolvimento econômico depende essencialmente do processo de renovação das pessoas, empresas e instituições, sobretudo de empresários capazes de aproveitar as oportunidades, investindo e gerando riqueza. Estimular a competitividade empresarial passa então pela indução de comportamentos favoráveis à inovação sistemática, por meio do aperfeiçoamento contínuo e da inovação radical (ou disruptiva).

Nesse contexto, o presente capítulo procura mostrar como a inovação pode ser uma estratégia eficaz para o sucesso empresarial, considerando o seu potencial para ganhos competitivos. O desenho do capítulo e os tópicos abrangidos são mostrados no esquema a seguir.

Estrutura do Capítulo 4

Capítulo 1 – Introdução		
Justificativa	Objetivos	Desenho da pesquisa

Capítulo 2 – Modelos mentais e organizações		
Pontos de ruptura na história humana	Paradigmas pós-fordistas	Evolução dos modelos de gestão

Capítulo 3 – A criação de valor		
A noção de valor	Valor para o cliente	A cadeia de valor

Integrando diferentes perspectivas na criação de valor

Capítulo 4 – Inovação			
Criatividade	Incremental	Disruptiva	Mensuração

Capítulo 5 – Tecnologia da Informação	
Evolução e conceitos de TI	Conectividade nas empresas
Aplicações de TI nos negócios	TI e vantagem competitiva

Capítulo 6 – Competitividade	
Globalização e competitividade	Competitividade do Brasil
Competitividade empresarial	Diagnóstico da competitividade

Capítulo 7 – Estratégia	
Evolução histórica do campo	Escolas de pensamento
Estratégia de operações	Inovação de valor (*Value innovation*)

Capítulo 8 – Teorias da firma e estratégia empresarial	
A firma como função de produção	A firma como nexo de contratos
A firma como recursos heterogêneos	A decisão de fazer *versus* comprar

Capítulo 9 – Gestão, Tecnologia e Pessoas (GTP)		
Vantagem competitiva	Ambiente competitivo	Capacidades organizacionais

Integração: evolução nas empresas

Capítulo 10 – Competitividade empresarial: diagnóstico e planejamento	**Capítulo 11** – Estudo de casos	**Capítulo 12** – Conclusões e limitações

Como é possível verificar no esquema, o Capítulo 4 antecede o que trata da competitividade (Capítulo 6). Isso decorre do pressuposto de que a capacidade das empresas no que diz respeito à inovação de seus negócios é determinante para a sua competitividade e para o desenvolvimento econômico e social do país.

A partir da definição de Schumpeter (1955), considera-se inovação como a atividade de desenvolvimento de um elemento inicial em um elemento comercialmente útil, que venha a ser aceito em um sistema social (uma empresa, uma sociedade etc.). Inovar pode ser, portanto, criar um produto, um processo produtivo, adotar novos comportamentos de mercado, o uso de novas matérias-primas ou, ainda, uma nova forma de organização. Este último aspecto parece ultrapassar o que é considerado – de forma ortodoxa – como inovação (OECD, 1997), mas uma forte corrente teórica veio desenvolvendo o conceito de inovações organizacionais, desde a segunda metade do século XX.

De fato, o trabalho de Rogers (1962) acerca da dinâmica entre as atividades que o fornecedor deve levar a cabo para comercializar uma inovação é uma referência seminal para todo e qualquer trabalho que contemple o tema inovação organizacional. Seu texto tem sido uma das referências mais citadas não apenas no campo da inovação e gestão tecnológica, mas em todas as ciências sociais (CLARK, 2003).

Outro trabalho seminal em inovações organizacionais é o de Chandler (1962). Seu texto sobre a forma organizacional multidivisional, embasado em estudos históricos, enfatiza três elementos: a estratégia das firmas, sua estrutura e suas competências centrais. Sobre este último aspecto, Chandler afirma que uma firma adquire novas competências a partir da aquisição de conhecimentos necessários para a comercialização – nacional e internacional – de novos produtos, e pela resolução de problemas na ampliação do nível de produção. Esses conhecimentos são aprendidos por tentativa e erro, *feedbacks* e avaliações, e as habilidades dos indivíduos dependem fortemente do ambiente institucional em que os conhecimentos são desenvolvidos e usados (CHANDLER, 1992). Por mais que as novas competências possam ser consideradas inovadoras, ainda haverá, como mostra o autor, elementos de adaptação organizacional que demandarão melhorias incrementais contínuas.

O entendimento de Chandler (1992) a respeito da influência do ambiente institucional no processo de inovação, citada há pouco, é compartilhado por Dosi (1982). O autor argumenta que tanto os procedimentos "normais" de inovação quanto as disrupções extraordinárias são moldados por fatores institucionais e, também, por fatores econômicos. Dessa forma, a existência de incentivos positivos (como uma política industrial de inovação) e negativos (estruturas de mercado caracterizadas por oligopólio concentrado) influenciará a incorporação de novos conhecimentos ou tecnologias nas firmas.

No Brasil, Diniz, Ferrer e Rodriguez (2007) tomaram esse argumento como dado, para construir as proposições de seu estudo. Assim, esses autores afirmam que, nas economias emergentes, as intervenções institucionais serão mais eficazes para promover a difusão de inovações quando forem realizadas durante a transição entre o período de seleção da configuração tecnológica dominante e o período de mudanças incrementais.

Se Diniz, Ferrer e Rodriguez (2007) apontam para as especificidades de cada país na difusão de inovações, Tigre (2006) enfatiza que a dinâmica das inovações organizacionais poderá diferir nos setores da atividade econômica. Desse modo, as indústrias de fluxo contínuo, em decorrência das características dos equipamentos, incorporam funções organizacionais em seu projeto básico, ao passo que as indústrias de montagem dependem fortemente da interação humana para estabelecer formas mais adequadas de organizar a produção. Esse argumento é consistente com a distinção de tecnologias feita pelo autor. De um lado, verificam-se as tecnologias *hard*, que consistem em máquinas e equipamentos, e de outro, as tecnologias *soft*, traduzidas em práticas organizacionais. Mediando ambas, estão as tecnologias da informação e da comunicação.

Apesar de os resultados da inovação serem mais facilmente mensuráveis, é na mente dos indivíduos que ela começa. A próxima seção explora a criatividade e imaginação como fontes da inovação.

4.1 CRIATIVIDADE

Como será mostrado no Capítulo 9, a melhoria da competitividade deriva do planejamento e melhoria da forma de gestão (a partir de itens como a existência de uma estratégia organizacional bem definida), da tecnologia (como aquela incorporada nos novos produtos) e, ainda, das pessoas. A capacidade dos indivíduos de inovar é o tópico ressaltado nesta seção.

A criatividade e a imaginação são fatores fundamentais no contexto da inovação. O termo criatividade vem do latim *creare*, que significa "fazer", e do grego *krainen*, que significa "executar". Trata-se de um modo de agir, pensar ou fazer as coisas diferentemente de como vinha sendo feito até então. Os indivíduos criativos são capazes de remodelar sua própria visão de mundo.

Apesar de a criatividade estar associada aos valores e cultura dos indivíduos, é a imaginação, enquanto característica nata destes, que os capacita a avaliar e analisar as informações para a produção de novos conhecimentos.

Segundo Vygotsky (1987), a imaginação não pode ser considerada um divertimento caprichoso do cérebro. Trata-se, na verdade, de uma função vitalmente necessária, que encontra relação direta com a riqueza e a variedade da experiência acumulada pelo ser humano. Isso é ainda mais verdadeiro no ambiente empresarial, como demonstrou

De Masi (1999). Segundo esse autor, resquícios da era industrial, cujas características remontam à produção de bens materiais, à ênfase na hierarquia, autoridade e cargos – e, por conseqüência, nas estruturas burocráticas – fizeram com que a criatividade fosse inibida. Essa inibição ocorreu porque a sociedade industrial repeliu a sensibilidade, a estética e a subjetividade.

Como em um movimento pendular, tais atributos relacionados à emoção parecem ser novamente valorizados nas empresas. Harman e Hormann (1990) citam a emergência de uma "sociedade de aprendizagem", cujas características dos profissionais mais competitivos são a criatividade e a flexibilidade. De fato, o grupo Villares criou o Instituto Villares de Educação para valorizar o trabalho dos funcionários, por meio do desenvolvimento pessoal e da remoção de bloqueios à criatividade dos indivíduos. Da mesma forma, a Embraer já ofereceu diversos cursos de pós-graduação *latu sensu* aos seus funcionários, assim como as empresas Natura, Marcopolo, Unibanco, Porto Seguro, General Motors do Brasil, Frigorífico Bertin, entre outras.

A gestão de indivíduos criativos não é tarefa simples, sobretudo no rápido e turbulento ambiente de negócios contemporâneo. Amabile, Hadley e Kramer (2002) mostraram que o sentido de urgência nos negócios e a pressão de diminuição de tempo podem reduzir a criatividade dos funcionários nas empresas. De Masi (2000) havia expressado a mesma idéia e mostrado como o crescimento da subjetividade, da afetividade e da qualidade de vida poderia contribuir para o melhor desempenho do trabalhador e das empresas pós-modernos.

Uma ferramenta adequada para avaliar o *trade-off* entre pressão de tempo *versus* criatividade é a matriz na Figura 4.1.

Figura 4.1 Matriz pensamento criativo *versus* pressão de tempo

		Pressão de tempo	
		Alta	**Baixa**
Propensão de ocorrer o pensamento criativo	**Alta**	Expedição	Missão
	Baixa	Piloto automático	Trabalho monótono

Fonte: AMABILE; HADLEY; KRAMER, 2002.

O quadrante superior esquerdo mostra que o pensamento criativo em situações de baixa pressão de tempo **é mais propenso** a ocorrer quando as pessoas se sentem como se estivessem em uma **expedição**, uma vez que elas:

- mostram um pensamento criativo, o qual é mais orientado para gerar ou explorar novas idéias do que para identificar problemas;
- tendem a colaborar mais com uma pessoa do que com o grupo.

No quadrante superior direito, observa-se que o pensamento criativo em situações extremas de pressão de tempo **é mais propenso** a ocorrer quando as pessoas se sentem como se estivessem em uma **missão**, uma vez que elas:

- podem focar em apenas uma atividade durante parte significativa do dia, pois não estão diretamente envolvidas no problema que exige velocidade;
- acreditam que estão fazendo um importante trabalho e afirmam sentirem-se positivamente desafiadas e envolvidas pelo trabalho;
- demonstram um pensamento criativo que é igualmente orientado para a identificação de problemas e a geração ou exploração de novas idéias.

No quadrante inferior esquerdo, vê-se que o pensamento criativo em situações de baixa pressão de tempo **não ocorre** quando as pessoas se sentem como se estivessem no **piloto automático**, visto que elas:

- recebem pouco incentivo da alta gestão para serem criativas;
- tendem a participar mais de reuniões e discussões em grupos do que entre indivíduos;
- engajam-se, em média, em menos trabalho colaborativo.

Finalmente, o quadrante inferior direito mostra que o pensamento criativo sobre extrema pressão de tempo **não é propenso** a ocorrer quando as pessoas se sentem como se estivessem executando um **trabalho monótono**, pois:

- mostram-se distraídas;
- vivenciam uma experiência de trabalho com tarefas fragmentadas, com muitas atividades diferentes;
- não sentem que seu trabalho é importante;
- sentem-se mais pressionadas por tempo do que quando estão "em uma missão", mesmo sabendo que o seu trabalho tem o mesmo número de horas;
- tendem a participar mais de discussões e reuniões em grupos do que entre indivíduos;
- vivenciam inúmeras mudanças em seus planos e agendas.

Observa-se, portanto, que as pessoas não são mais criativas quando estão sob a pressão de tempo, ou seja, quando estão trabalhando sob uma forte pressão de prazos, sua criatividade é reduzida. A pressão de tempo reduz a criatividade porque as pessoas não podem se envolver profundamente com os problemas. Logo, os profissionais precisam de tempo para identificá-los e deixar as idéias fluírem naturalmente.

4.2 MELHORIA CONTÍNUA E INOVAÇÃO RADICAL

No atual contexto da racionalidade científica prevalecente, o conceito de inovação tem sido ainda pouco compreendido pelos gestores das empresas. Com bastante freqüência, eles vêem a inovação apenas em termos de produtos, serviços, tecnologias ou processos novos ou diferentes. A inovação pode ser identificada, segundo Chen e Ho (2002), a partir dos seguintes critérios:

- **deve ser resultado de um processo criativo** – o processo criativo é a busca de uma nova solução para um problema na esperança de que ela leve a um ganho em eficiência e valor;
- **deve ser algo novo** – a distinção que a inovação traz é tão maior quanto o grau de diferenciação que ela estabelece; uma inovação altamente distinta reescreve as regras do jogo;
- **deve ser possível medir seu impacto** – o impacto é o fator que diferencia uma inovação de uma mera invenção.

Por meio de um eixo cartesiano triortogonal, no qual os eixos são representados pelas características propostas por Chen e Ho (2002), observa-se que as inovações podem variar sobremaneira. Os fatores para essa gradação são indicados na Figura 4.2.

Uma definição de inovação deve, portanto, vir acompanhada de uma gradação da novidade presente nela, pois existem diversos tipos de inovação. No trabalho de Tushman, Anderson e O'Reilly (1997), os tipos de inovação foram chamados de inovação contínua (de pequena escala e caráter local) e inovação descontínua. Tem sido utilizada, de forma mais corriqueira, uma definição de inovação como **incremental** – em outros termos, uma prática de melhoria contínua –, por conter um baixo grau de novidade, ou **radical** – também denominada **disruptiva** –, dado que contém um elevado grau de novidade. Esses dois tipos de inovação serão explorados na seção a seguir.

O conceito de melhoramento divide-se em melhoria contínua (também chamada *kaizen*[1]) e inovação radical. A melhoria contínua consiste em pequenas inovações ao longo

1 Nos anos 50, os japoneses retomaram as idéias da administração clássica de Taylor e as críticas delas decorrentes para renovar sua indústria e criaram o conceito de *kaizen*, que significa aprimoramento

do tempo, ao passo que a inovação radical provoca uma drástica melhoria nas condições prevalecentes, em termos de produto, processo ou gestão.

Figura 4.2 Tipos de inovação como conseqüência de processo, impacto e distinção

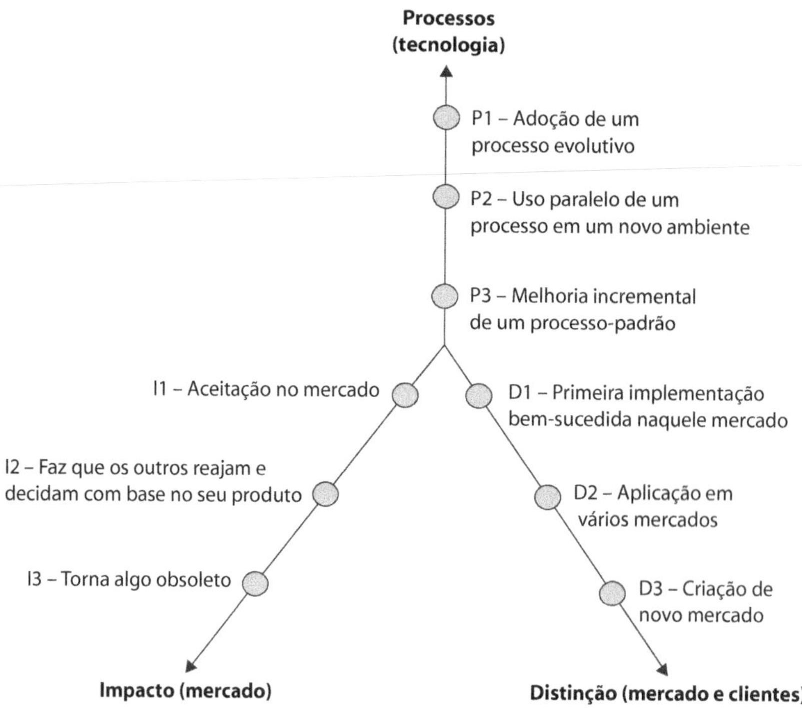

Fonte: Adaptada de Chen e Ho (2002).

O impulso para o aprimoramento de processos por meio da melhoria ou da inovação foi uma preocupação constante dos gestores no século XX, como demonstra a grande diversidade de técnicas, métodos e conceitos surgidos com essa finalidade (DAVENPORT, 1994).

Duas visões de projetos de melhoria estão bem delineadas e caracterizadas: melhoria contínua e inovação radical. As principais características de cada uma dessas visões de melhoria são apresentadas no Quadro 4.1.

contínuo. Essa prática visa ao bem não somente da empresa como do homem que trabalha nela. As empresas são municiadas com ferramentas para se organizarem e buscarem sempre resultados melhores. Partindo do princípio de que o tempo é o melhor indicador isolado de competitividade, atua de forma ampla para reconhecer e eliminar os desperdícios existentes na empresa, sejam em processos produtivos já existentes ou em fase de projeto, produtos novos, manutenção de máquinas ou, ainda, processos administrativos.

Conforme assinalado, *kaizen* é uma filosofia de melhoria continuada. Esse conceito está implícito em muitas das práticas japonesas que se tornaram famosas, como gestão da qualidade total (TQM), *just in time*, *kanban*, zero defeitos, entre outras. Esse caráter gradual da melhoria contínua toma como ponto de partida os processos preexistentes na empresa, e atribui a eles uma contínua atenção, visando à sua melhoria (OHNO, 1988; WOMACK; JONES; ROOS, 1992).

Como são basicamente as pessoas envolvidas nos processos aquelas mais aptas a sugerir novos desenhos, a participação delas na melhoria é no sentido "de baixo para cima", e limitada no âmbito das funções dos envolvidos. Dado esse menor escopo, o risco torna-se menor e os resultados mais fáceis de serem mensurados (principalmente a partir do controle estatístico). As mudanças exigidas para a obtenção dos ganhos provenientes da melhoria contínua são, sobretudo, de natureza cultural.

Quadro 4.1 Melhoria contínua *versus* inovação radical

	Melhoria Contínua	**Inovação Radical**
Nível de Mudança	gradual	radical
Ponto de Partida	processo existente	estaca zero
Freqüência da Mudança	contínua	de uma vez
Tempo Necessário	curto	longo
Participação	de baixo para cima	de cima para baixo
Âmbito Típico	limitado, de acordo com as funções	amplo, interfuncional
Risco	moderado	alto
Habilitador Principal	controle estatístico	tecnologia da informação
Tipo de Mudança	cultural	estrutural

Fonte: PEREIRA; MAIA; DI SERIO, 2002.

Por sua vez, a inovação radical assume características que lhe permitem mudar as regras competitivas vigentes. Dado esse potencial de transformação, os seus efeitos tornam o momento de sua implementação o marco zero da inovação. A principal fase no processo de inovação radical está na definição das novas visões dos processos selecionados. Nessa fase são definidos os objetivos e os atributos do processo.

Os **objetivos** incluem a meta geral do processo, tipo específico da melhoria desejada, e meta numérica para a inovação, bem como o prazo no qual os objetivos devem ser atingidos. Tanto a funcionalidade dos processos quanto as metas de mudança devem ser focalizadas por esses objetivos. Alguns exemplos de objetivos de processo são: reduzir o ciclo do tempo para desenvolvimento de um novo produto em 50% e duplicar os níveis de satisfação do cliente com os serviços em um prazo de dois anos.

Os **atributos de processo** constituem uma visão da operação em um estado futuro. Segundo Sordi (1999), os atributos do processo passam a ser os habilitadores da inovação radical, os quais são descritos a seguir:

- **tecnologia da informação** – o emprego desse tipo de tecnologia em um processo pode melhorá-lo de diferentes formas, geralmente objetivando redução de custos, diminuição de tempo, aumento da qualidade dos produtos etc.;
- **fatores humanos e organizacionais** – os habilitadores organizacionais podem agir via estrutura da empresa, pela abordagem de equipes ou via cultura organizacional, pela delegação de poderes;
- **estruturação do processo** – o simples fato de haver mais informações sobre o processo, pelo emprego da tecnologia da informação, permite o aprimoramento deste mediante melhor acompanhamento de seu desempenho, sua integração com outros processos fundamentados na informação e sua personalização.

É consenso na literatura que a inovação – incremental ou radical – traz retornos positivos para as empresas. De fato, não apenas para a empresa, mas também para os *stakeholders*, conforme ilustrado na Figura 4.3.

Figura 4.3 Prêmios pela inovação para todos os participantes da empresa

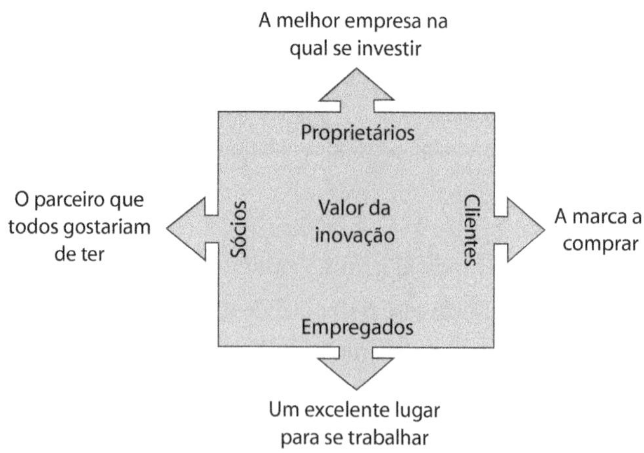

Fonte: JONASH; SOMMERLATTE, 2001.

No entanto, como se torna possível avaliar os benefícios da inovação? A próxima seção aborda essa questão.

4.3 CENÁRIO ATUAL DO ESFORÇO INOVADOR DAS EMPRESAS

A inovação é um dos tópicos mais importantes na agenda dos executivos da atualidade. A capacidade da inovação de aumentar a lucratividade e o crescimento das empresas é fato. A média mundial mostra que empresas altamente inovadoras têm cerca de 2,5 vezes mais vendas de novos produtos que suas concorrentes mais conservadoras, e que o retorno do investimento na inovação é aproximadamente dez vezes maior que o montante investido (ARTHUR D. LITTLE, 2005).

Ainda assim, há uma grande disparidade da capacidade inovadora não só entre firmas, mas também entre setores, como indica a Figura 4.4.

Figura 4.4 Dinâmica da inovação entre diferentes setores

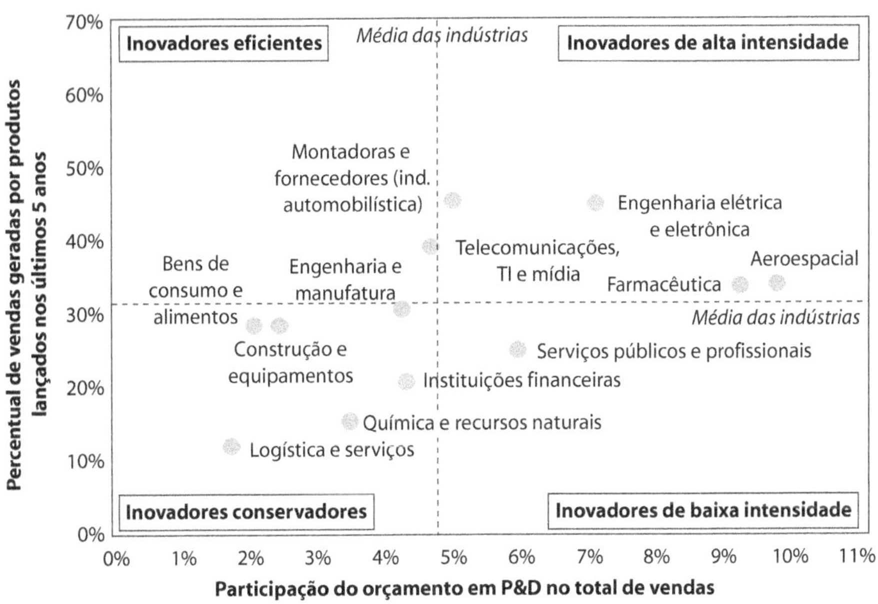

Fonte: ARTHUR D. LITTLE, 2005.

A Figura 4.4 mostra que os setores com empresas altamente inovadoras são aqueles intensivos em conhecimento, como as indústrias farmacêutica, aeroespacial e de engenharia eletrônica. Por sua vez, as empresas menos inovadoras estão concentradas em alguns setores de serviços e *commodities*, como logística, construção civil, recursos naturais e alimentos.

No Brasil, Pacheco (2003) mostrou, utilizando dados da Pesquisa Industrial sobre Inovação Tecnológica (Pintec), que o setor privado brasileiro gastou, em 2000, aproximadamente R$ 5,2 bilhões. Esse montante é significativo. De fato, todo o setor público federal do País gastou naquele ano aproximadamente 5,8 bilhões de reais.

O maior volume de gastos com inovação radical realizados no Brasil ocorre em médias e grandes empresas. Estudo feito pelo IBGE (2005) mostrou que, no Brasil, as micro e pequenas empresas optaram por desenvolver principalmente inovações de produto e processo, de caráter imitativo, envolvendo menores riscos e custos.

Outro fator negativo para a competitividade nacional é que, além de serem modestos os esforços de inovação, o número de empresas inovadoras é significativamente menor que suas contrapartes conservadoras. A Tabela 4.1 aponta essa realidade.

Tabela 4.1 Estratégia competitiva das firmas na indústria brasileira (2000)

Estratégia competitiva	Número de firmas	Participação no faturamento (%)	Participação no emprego (%)
Inovam e diferenciam produtos	1.199 (1,7%)	25,9	13,2
Especializadas em produtos padronizados	15.311 (21,3%)	62,6	48,7
Não diferenciam produtos e têm produtividade menor	55.495 (77,1%)	11,5	38,2
Total	72.005 (100,0%)	100,0	100,0

Fonte: DE NEGRI; SALERNO; CASTRO, 2005.

Os benefícios da inovação podem ser observados no conjunto de 1,7% das firmas nacionais que inovam. Nestas, bem como nas firmas que diferenciam produtos, cada pessoa ocupada é responsável por R$ 74,1 mil de valor adicionado na produção, o que corresponde a 67,3% a mais do que um trabalhador das firmas especializadas em produtos padronizados, que gera, em média, R$ 44,3 mil de valor adicionado. Esse diferencial é ainda maior quando comparado às firmas que não diferenciam e têm produtividade menor, dado que cada pessoa ocupada nessas firmas produz R$ 10 mil, em média (DE NEGRI; SALERNO; CASTRO, 2005).

Em termos salariais, essa diferença também fica evidente. De fato, Bahia e Arbache (2005) mostraram que a remuneração média mensal do pessoal ocupado é de R$ 1.254,64 nas firmas que inovam e diferenciam produtos, de R$ 749,02 nas firmas especializadas em produtos padronizados e de R$ 431,15 nas firmas que não diferenciam e têm produtividade menor. A Tabela 4.2 registra esses dados.

Tabela 4.2 Salários dos trabalhadores empregados nas firmas industriais brasileiras (2000)

Estratégia competitiva	Remuneração média (R$/mês)	Escolaridade média (anos)	Tempo de emprego médio (meses)
Inovam e diferenciam produtos	1.254,64	9,13	54,09
Especializadas em produtos padronizados	749,02	7,64	43,90
Não diferenciam produtos e têm produtividade menor	431,15	6,89	35,41

Fonte: BAHIA; ARBACHE, 2005.

Os resultados apresentados são compatíveis com a análise de Arbix, Salerno e De Negri (2005). Segundo eles, as empresas que desenvolvem atividades de inovação, a partir da internacionalização de atividades de comércio exterior, remuneram melhor a mão-de-obra, dado que são mais produtivas, empregam funcionários com maior escolaridade e, adicionalmente, fazem algum tipo de treinamento para o seu pessoal ocupado.

Nesse sentido, De Negri, Salerno e Castro (2005) afirmam que a estratégia de inovar e diferenciar produtos apresenta efeito líquido positivo sobre os salários. O incentivo à inovação e diferenciação de produto (via P&D, atividades de concepção e projeto de produto, desenvolvimento de marcas etc.) pode contribuir para a elevação dos salários, em um ciclo virtuoso. Além disso, no Brasil, a inovação tem sido positivamente correlacionada com a exportação, e tem trazido os seguintes benefícios para as empresas inovadoras:

- maior qualidade dos produtos;
- ampliação ou manutenção da participação no mercado;
- abertura de novos mercados;
- redução dos custos e de impactos no meio ambiente;
- ajuda no enquadramento em normas dos mercados interno e externo.

Diante dos impactos positivos da inovação para as firmas – e, conseqüentemente, para o desenvolvimento econômico nacional –, avança-se no entendimento da inovação e da sua dinâmica nas organizações.

No Quadro 4.2, são relatados aspectos da gestão da inovação nos países asiáticos, em especial na China.

Quadro 4.2 Aspectos da gestão da inovação em países asiáticos, o caso da China

A China não quer ser mais a pátria da pirataria

Um estudo publicado pela Organização para a Cooperação e o Desenvolvimento Econômico (OECD) revela que, no ano passado, a China deixou o Japão para trás e já é a segunda colocada no *ranking* dos países que mais investem em pesquisa e desenvolvimento no mundo – em primeiro lugar estão os Estados Unidos. Foram US$ 136 bilhões revertidos para laboratórios de universidades e empresas locais. A quantia corresponde a 1,5% do produto interno bruto do país (no Brasil, essa relação é de 1%). O governo chinês quer mais. O mais recente plano de desenvolvimento do país prevê que, até 2020, a fatia do PIB reservada para inovação deve aumentar para 2,5%. O frenesi em torno do assunto foi responsável pelo crescimento em 77% do número de pesquisadores na China e pela multiplicação do número de pedidos de patentes. Em 2005, foram protocoladas 173.500 idéias, sete vezes mais do que o registrado oito anos antes.

Investimento em inovação (US$ bilhões)	
1997	21
2002	72
2006	136
Número de pesquisadores no país	
1995	523.000
2004	926.000
Pedidos de patentes	
1997	25.000
2002	80.000
2005	173.500

Fontes: OECD e World Intellectual Property Organization, [s.d.].

Investir em pesquisa e desenvolvimento é uma necessidade urgente para o governo chinês, por diversas razões. Uma delas é que existe hoje uma percepção clara de que, sem o domínio de áreas importantes da tecnologia, o crescimento do país pode não se sustentar no médio e longo prazos. Além disso, a China acaba perdendo boa parte dos lucros dos produtos que fabrica por não ter a propriedade intelectual sobre os inventos. Tome-se como exemplo o caso dos DVDs. Responsáveis por 90% da produção mundial, as fabricantes chinesas desse produto pagam US$ 5 de *royalties* por aparelho que sai da linha de montagem. Como são 63 milhões de unidades fabricadas por ano, o país perde teoricamente US$ 315 milhões somente nesse item.

Fazer um esforço tremendo para criar um ambiente de inovação soa como um enorme paradoxo para um país que, na Antigüidade, foi responsável por invenções como a pólvora, o papel e o sistema de impressão. Como essa cultura se perdeu ao longo da história? Segundo os especialistas, o declínio definitivo ocorreu nos anos 60 do século XX, durante a Revolução Cultural de Mao Tsé-Tung, que tornou a estrutura da sociedade mais rígida, desencorajando as pessoas a pensarem de forma inovadora. Quando o regime caiu, dez anos depois, o posto de centro de inovação do mundo estava nas mãos dos vizinhos asiáticos Coréia do Sul e, principalmente, Japão. Empresas como Sony e Toyota encantavam o mundo e os americanos, além de gerarem um surto de desenvolvimento tão grande no país que sua economia chegou a ameaçar a hegemonia dos Estados Unidos nos anos 80. Hoje, o grande desafio da China, além de resgatar suas raízes, é replicar a façanha japonesa – mas em uma escala infinitamente maior.

"O país cresceu e enriqueceu ao revolucionar o mercado com produtos incrivelmente baratos made in China", disse Herbert Chen, vice-presidente do Parque de Ciência da Universidade Tsinghua, em Pequim, conhecida como o "MIT chinês"." Agora, queremos ser lembrados também pelos produtos *invented in China*."

Fonte: *Exame*, 25 abr. 2007.

4.4 INOVAÇÃO E ESTRATÉGIA EMPRESARIAL

De acordo com Chesbrough e Teece (1996), algumas inovações são do tipo **autônoma**, ou seja, podem ser buscadas de forma independente de outras inovações (por exemplo, sistema de melhoria de freios), enquanto outras são inovações sistêmicas, ou seja, seus benefícios só podem ser alcançados em conjunto com outras inovações complementares (por exemplo, computadores, pessoas, máquinas fotográficas Polaroid e iPods).

Utilizando inovações do tipo autônoma, as organizações descentralizadas e virtuais poderão gerir o andamento de suas atividades de forma bastante adequada, enquanto inovações do tipo sistêmica tornarão membros de uma organização dependentes dos membros de outras sobre os quais eles não possuem controle. Tanto em um caso como em outro, a escolha equivocada do modelo organizacional pode ser bastante custosa para a organização.

De fato, hoje poucas companhias possuem a capacidade de desenvolver internamente todas as tecnologias necessárias para prover uma consistente vantagem competitiva para o futuro. Por isso, a escolha da estrutura organizacional e do grau de descentralização por meio da qual a empresa atuará é muito importante para o seu sucesso.

Nesse sentido, Chesbrough e Teece (1996) discutem os determinantes fundamentais na escolha do desenho organizacional mais adequado para gerir a inovação. A recomendação consiste em primeiro determinar qual tipo de inovação é buscada e só então determinar se as capacidades requeridas pelo negócio foram desenvolvidas e já existem no mercado, ou se elas devem ser criadas. É o que mostra a Figura 4.5.

Figura 4.5 Estratégia e inovação

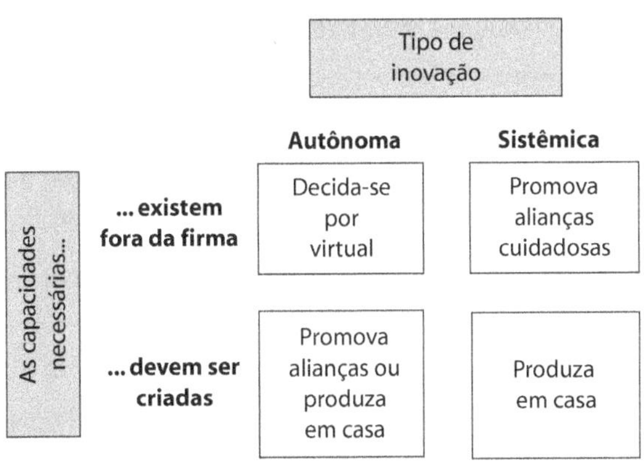

Fonte: CHEESBROUGH; TEECE, 1996.

Caso a inovação seja do tipo **autônoma** e as capacidades necessárias já existam à disposição no mercado, então recomenda-se o desenho organizacional virtual, ou seja, o máximo grau de descentralização. Se, no entanto, as capacidades necessárias não existirem ainda à disposição no mercado, recomenda-se que sejam buscadas parcerias ou que se criem tais capacidades no interior da firma.

Caso a inovação seja do tipo **sistêmica** e as capacidades necessárias no mercado já existam, recomenda-se a busca de parcerias com cautela. Contudo, se essas capacidades ainda não existirem, então deve-se produzi-las na própria empresa.

Uma situação particularmente importante é a que envolve indústrias em que foram estabelecidos de forma mais permanente (*lock in*) os padrões de tecnologia ou de processos, e nas quais o pioneirismo é muito importante na luta competitiva para a definição desses padrões.

Nessas circunstâncias, organizações virtuais podem passar por sérios problemas, pois as empresas virtuais têm grande dificuldade em controlar e manter em seu âmbito as inovações desenvolvidas em parceria com outras empresas. Assim, para ser bem-sucedida adotando-se a estratégia de descentralização extrema, é necessária uma eficiente coordenação das atividades e dos resultados obtidos pelas empresas parceiras. Além disso, é necessário manter as capacidades organizacionais internas para gerar competências, seja na competição, seja na cooperação (CHESBROUGH; TEECE, 1996).

O caso clássico foi o lançamento do *personal computer* (PC) pela IBM, em uma situação na qual o mercado-alvo era composto pelas grandes empresas (modelo mental *mainframe*). Na ocasião, o lançamento do PC poderia ser melhor entendido como uma estratégia deliberada para que as empresas competidoras encontrassem barreiras à entrada no mercado de computadores, não só pessoais, mas, principalmente, no segmento de *mainframes*. A IBM, evidentemente, optou pela terceirização de componentes, dado que a fabricação de PCs não era vista como uma competência essencial da empresa, o que favoreceu o crescimento de empresas líderes no fornecimento de componentes e acessórios, como Microsoft e Intel.

4.5 INOVAÇÃO TECNOLÓGICA: PRODUTOS, SERVIÇOS E PROCESSOS

No ambiente de negócios contemporâneo, a tecnologia consiste na aplicação sistêmica de conhecimentos científicos para a produção de bens e serviços. Pode-se entender a tecnologia como o conjunto de conhecimentos científicos, de engenharia, gerenciais e/ou empíricos que contribuem para a criação, produção, distribuição e comercialização de bens e serviços. Do ponto de vista empresarial, a principal missão da tecnologia consiste em fazer com que a empresa seja viável no mercado, permitindo a ela uma fabricação eficaz e eficiente de produtos para os segmentos escolhidos de consumidores finais.

A tecnologia é derivada de uma invenção. Segundo Barbieri e Álvares (2004), a invenção é uma idéia elaborada ou uma concepção mental de algo que se apresenta na forma de planos, fórmulas, modelos, protótipos, descrições e outros meios de registrar idéias. Ela é o resultado de uma ação deliberada para criar algo que atenda a uma finalidade específica. Uma invenção refere-se a algo até então inexistente ou que apresente novidades comparativamente ao que já é conhecido. Ainda que tenha características inovadoras, nem toda invenção se transformará em inovação, pois esta só será efetivada se for implementada e se for aceita pelo mercado. Assim, a inovação tecnológica pode ser entendida como uma invenção efetivamente incorporada aos sistemas produtivos.

Barbieri e Álvares (2004) mostram, na Figura 4.6, um tipo de inovação conhecida como modelo linear (*science push model*), em que é concebida como o resultado de um processo de geração de conhecimentos que vai desde a pesquisa básica, que é um modo de produzir conhecimentos científicos, até a sua aplicação prática.

Figura 4.6 Modelo linear de inovação (*science push model*)

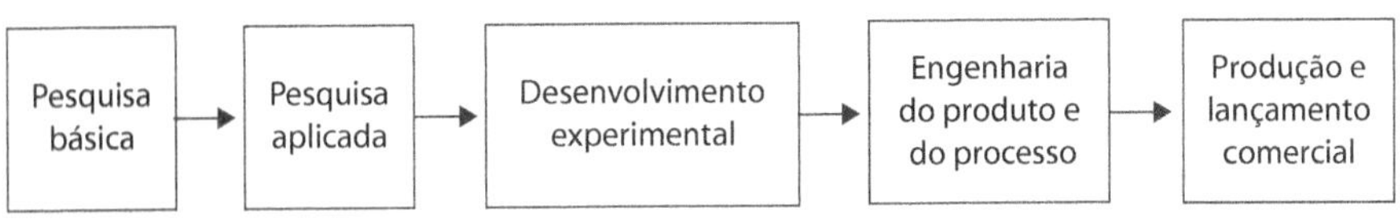

Fonte: BARBIERI; ÁLVARES, 2004.

Na Figura 4.7, Barbieri e Álvares (2004) mostram um modelo de inovação diferente do primeiro, denominado modelo linear reverso, no qual a inovação é induzida pelas necessidades de mercado ou problemas operacionais observados nas unidades produtivas, sendo, por isso, conhecido como *demand pull* ou *need pull*.

Figura 4.7 Modelo linear reverso (*demand pull*)

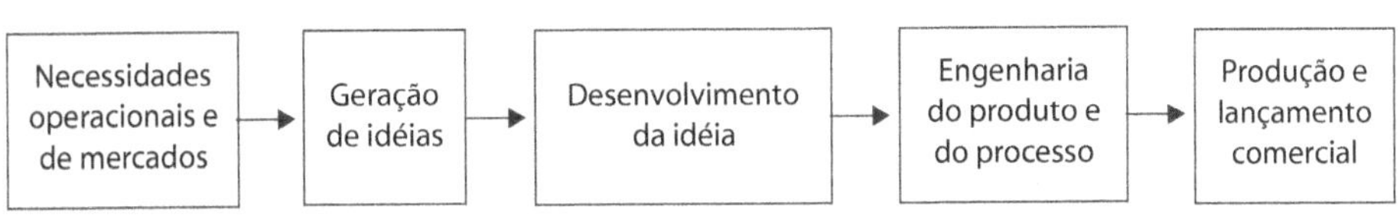

Fonte: BARBIERI; ÁLVARES, 2004.

O que ambos os modelos de inovação mostram é que o conhecimento contido em uma tecnologia vincula-se não somente aos meios materiais e aos procedimentos, mas também às formas organizacionais para sua produção, distribuição e consumo. A reorganização completa de uma empresa pode, assim, ser considerada uma **inovação organizacional**, enquanto a reorganização de recursos de produção é uma **inovação tecnológica de produto e processo**.

A Figura 4.8 faz uma representação de como esses diferentes tipos de inovação podem ocorrer de forma simultânea, e como podem ser organizados a partir de um sistema formal para a gestão da inovação.

Figura 4.8 Inovação e desenvolvimento de produtos e serviços

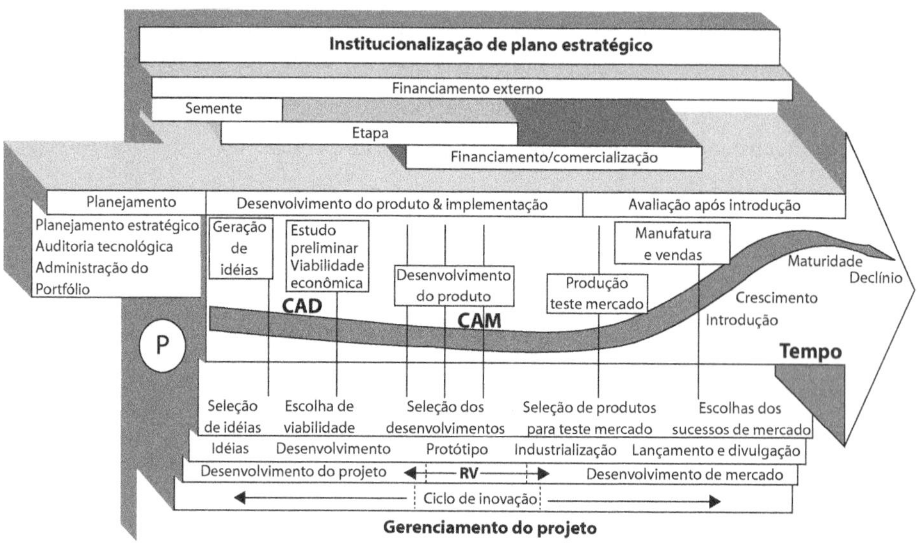

Fonte: Elaborada pelos autores.

A Figura 4.8 mostra que a estrutura de informação e o desenvolvimento tecnológico podem ser fatores críticos de sucesso de uma organização, pois o nível de cultura tecnológica das empresas terá significativos impactos no custo, flexibilidade e tempo das operações.

Contudo, nas últimas duas décadas, dentre as inovações no sistema de gestão do projeto, ocorreu o desenvolvimento de metodologias de engenharia simultânea. Em outras palavras, muitas atividades executadas ao longo de todo o processo de desenvolvimento, implantação, lançamento e retirada de produtos no mercado passaram a ser feitas de forma simultânea – ou paralela –, o que trouxe impacto significativo na competitividade das empresas em razão do aumento de confiabilidade nos prazos, da redução do ciclo global e da possibilidade de ampliar a variedade de produtos ofertados ao mercado consumidor.

É válido ainda ressaltar que um ambiente organizacional criativo pode levar à produção de um grande número de idéias, que, estruturadas em um sistema de informação, podem gerar mudanças profundas na empresa e, assim, devem ser planejadas (ALBERTIN, 1996).

Além disso, deve-se considerar que o conhecimento nada mais é que a aplicação produtiva da informação (DAVIS, 1994). Dessa forma, a implementação de práticas como "banco de idéias", pré-testes em realidade virtual (RV), entre outras, podem atribuir maior flexibilidade às organizações para atender às demandas do mercado.

Um caso bastante conhecido no Brasil é o sistema de gestão de desenvolvimento integrado de produtos (DIP) da Embraer. O projeto do produto é concebido com a participação dos parceiros de risco e dos clientes, e consiste na existência de uma infra-estrutura flexível de tecnologia da informação capaz de melhorar macroprocessos como o projeto do produto (CAE e CAD), manufatura (CAM), prototipagem eletrônica ou realidade virtual (RV) e Testes Assistidos por Computador (CAT).

Apesar do forte apelo técnico, o DIP foi desenvolvido na Embraer com uma **estratégia** para a execução de desenvolvimento de produtos. Essa decisão foi decorrência do fato de o desenvolvimento de um novo produto no setor aeronáutico requerer um ciclo mínimo de 36 meses e um investimento de várias centenas de milhões de dólares. Adicionalmente, a flexibilidade e a rapidez da empresa no desenvolvimento de novos produtos são fatores críticos para seus clientes. Projetar e fornecer um avião que atenda às expectativas dos clientes antes da concorrência pode ainda permitir que a empresa "capture" uma fatia do crescente segmento de mercado da aviação regional (FURTADO, 2000).

Logo, faz-se necessário também que a estratégia dos sistemas de informação (SIs) reflita a estratégia da empresa. Quando isso não ocorre, a empresa segue para um lado e o seu SI para o outro, o que acarreta, no mínimo, o fracasso do SI, ou até mesmo o fracasso da empresa. Para que isso não aconteça, é de suma importância o envolvimento da alta gerência, assim como dos técnicos e dos usuários. Os sistemas de informação precisam refletir os negócios da empresa. A TI pode permitir a integração dos sistemas legados aos novos SIs, criando infra-estruturas mais flexíveis para o processo decisório.

Conforme mostra a Figura 4.9, o uso de solução de TI de forma estratégica (como a Embraer fez) torna não apenas os macroprocessos flexíveis, mas o negócio como um todo. Empresas cujas trajetórias envolveram a aquisição de sistemas com pouca flexibilidade, bem como adequação de processos a esses sistemas, tornaram-se não somente menos flexíveis, mas também diminuíram sua capacidade de inovar em produtos, processos e formas de gestão.

A tecnologia da informação pode ainda influenciar de maneira significativa o tempo necessário para que os benefícios da inovação tecnológica estejam amplamente disponíveis ao mercado consumidor. Esse período é chamado *time to market* e pode variar muito entre alguns produtos, como é mostrado no Quadro 4.3.

Figura 4.9 Eficiência e flexibilidade

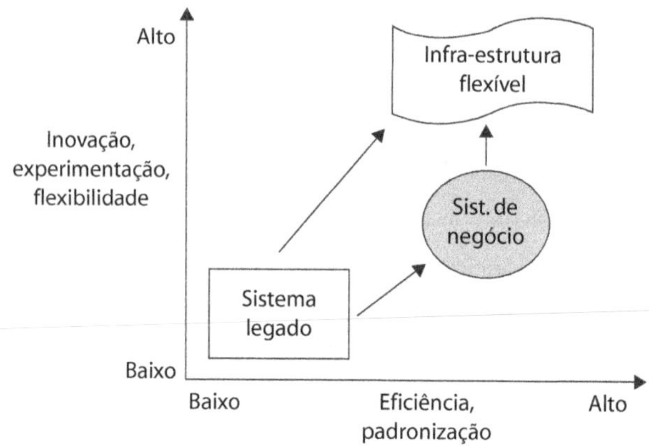

Fonte: PRAHALAD; KRISHNAN, 2002.

Quadro 4.3 *Time to market* de alguns produtos

	Produto	***Time to market***
1	Fotografia	112 anos
2	Lâmpada fluorescente	79 anos
3	Telefone	56 anos
4	Motores de reação	14 anos
5	Radar	13 anos
6	Rádio	8 anos
7	Bomba atômica	6 anos
8	Transistores	3 anos
9	Bateria solar	2 anos
10	*Software*	dias

Fonte: Elaborado pelos autores.

A inovação tecnológica pode ser caracterizada a partir do seu nível de amadurecimento, como observado no Gráfico 4.1. Considerando os ganhos econômicos provenientes da inovação (eixo "rendimento") e o tempo em que a tecnologia está disponível (eixo "tempo"), há quatro fases distintas a serem consideradas:

- fase de emergência;
- fase de crescimento;
- fase de maturidade;
- fase de saturação.

A **fase de emergência** é o período de desenvolvimento incipiente de uma tecnologia. Esta surge da invenção recente, independentemente da fonte, e percorre uma fase de inserção na vida econômica. É um período em que, geralmente, os rendimentos técnicos dessa tecnologia são menos fortes que os de tecnologias mais antigas.

A **fase de crescimento** é o período mais intenso da nova tecnologia, no qual há confiança suficiente para desenvolver algumas grandes aplicações que permitam concretizar as potencialidades da tecnologia. Denomina-se fase de crescimento, pois existe um forte crescimento dos rendimentos.

Gráfico 4.1 Etapas do amadurecimento da tecnologia

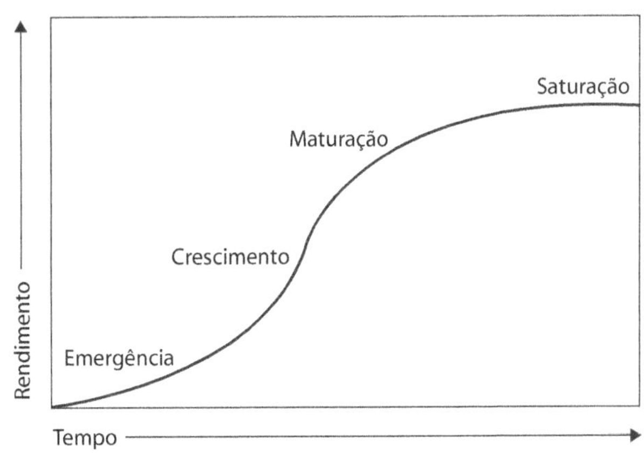

Fonte: Adaptado de Adizes (1993) e Land e Jarman (1990).

A **fase de maturidade** é o período em que a tecnologia se estabiliza. A experiência adquirida nos campos em que se tenha implantado e desenvolvido possibilita resolver os principais problemas que estabelecem suas aplicações e estabilizar os procedimentos de usos. Além disso, tornam-se estáveis os rendimentos.

A **fase de saturação** é o período em que a tecnologia chega a seus limites. Isso se manifesta no plano econômico por uma diminuição progressiva dos ganhos de produtividade e pelo crescimento dos custos.

A inovação tecnológica é, antes de tudo, uma atitude, uma capacidade de aperfeiçoamento do próprio produto, mediante a adaptação dos processos existentes e da organização dos novos desenvolvimentos tecnológicos que lhes sejam de aplicação. A melhoria proveniente desse tipo de inovação pode ser direta (por acrescentar novas qualidades aos produtos) ou indireta (por meio da redução de custos, proveniente de melhorias nos processos). É importante que, submetida a uma concepção de desenvolvimento, a inovação tecnológica resulte da interação entre pesquisadores, agentes econômicos, grupos sociais, indivíduos e órgãos estatais, configurando um ponto de convergência entre as potencialidades científicas e as necessidades econômicas e sociais do País (MATIAS-PEREIRA; KRUGLIANSKAS, 2005).

A capacidade de mudar de antigas competências tecnológicas para novas, que podem ser fundamentalmente diferentes, sustenta a vantagem competitiva organizacional (TUSHMAN; ANDERSON; O'REILLY, 1997). A natureza dos ciclos tecnológicos, gerados mediante a criação de fluxos de inovação, é explorada a seguir.

4.6 CICLOS TECNOLÓGICOS DE INOVAÇÃO

Os ciclos tecnológicos são períodos que se iniciam com o surgimento de uma descontinuidade tecnológica, dando início a um período de fermento competitivo e tecnológico, o qual só é finalizado quando emerge um padrão na indústria, chamado desenho dominante. Em seguida, há um período de desenvolvimento incremental do desenho dominante, que só será descontinuado com o aparecimento de uma nova tecnologia de ruptura, iniciando novamente o ciclo. A Figura 4.10 e o Gráfico 4.2 ilustram as mudanças que configuram um ciclo tecnológico.

Figura 4.10 Ciclos tecnológicos

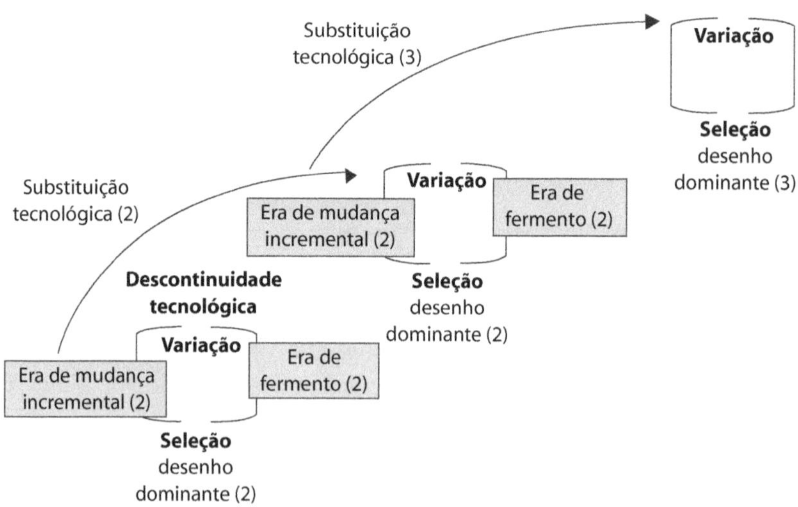

Fonte: TUSHMAN; ANDERSON; O'REILLY, 1997.

Os ciclos tecnológicos são compostos por períodos alternados de variação, seleção competitiva e retenção ou convergência. As inovações radicais, que são eventos raros e imprevisíveis, iniciam esses ciclos.

Gráfico 4.2 A curva "S"

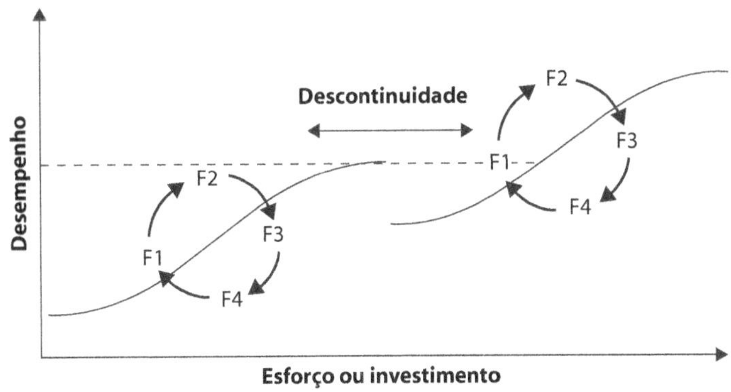

Fonte: CHANDY; TELLIS, 1998.

Essas inovações radicais interrompem o desenvolvimento incremental dos padrões vigentes e iniciam um período em que variações dessa nova tecnologia competem para se firmar como novos padrões de mercado. Nessa fase, também verifica-se a competição entre o padrão existente e o emergente.

Dessa competição emerge o desenho dominante que passa a ser o novo padrão de mercado, sofrendo, então, modificações e melhorias características de um período de inovações incrementais. Procura-se, assim, obter vantagens competitivas mediante a redução no tempo de lançamento de novos produtos, criando famílias desses produtos que permitam grande variedade em um tempo muito reduzido (MEYER; UTTERBACK, 1993).

Conforme mostrado por Farrell (2003), a dinâmica dos ciclos tecnológicos, quando gerida efetivamente pelas empresas, pode resultar em um "ciclo virtuoso". É o que indica a Figura 4.11.

A competição na indústria é a primeira fase do ciclo. Competição elevada implica busca de eficiência e, por conseqüência, de processos e produtos que sejam mais "competitivos". No entanto, o acirramento da competição pode acarretar a comoditização dos produtos e serviços (por exemplo, os veículos 1.0 das montadoras brasileiras). A baixa diferenciação gera queda das margens e preços e, com isso, o ciclo virtuoso continua gerando redução de custos. O ciclo virtuoso é definido a partir das inovações radicais no setor. A dinâmica competitiva pode gerar incentivos para a inovação, principalmente a partir da ação de empresários empreendedores, que alocam os recursos disponíveis em novos negócios e novas tecnologias.

Figura 4.11 Ciclo virtuoso

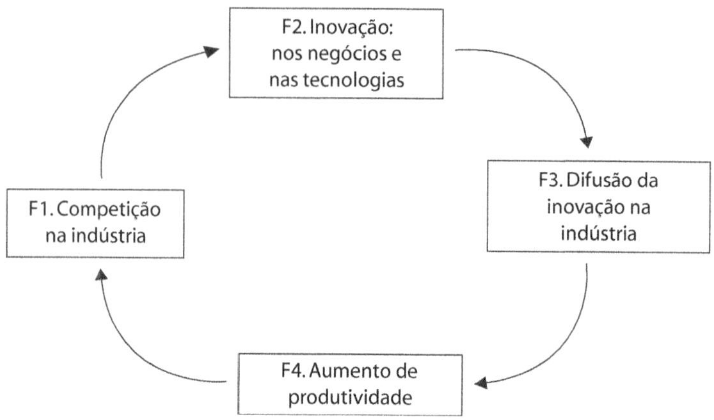

Fonte: Adaptada de Farrell (2003).

Uma vez definido o sucesso da nova alocação de recursos, estará definido um novo contorno da "fronteira tecnológica", a linha divisora que separa as empresas inovadoras em termos tecnológicos das demais empresas do setor. Figueiredo (2003) assinalou que a acumulação de competência tecnológica interna é crucial para que as empresas de países emergentes consigam alcançar a fronteira tecnológica. Nesse sentido, o esforço das organizações para se apropriarem da inovação passará a ser um importante vetor para a difusão da nova tecnologia na indústria, o que caracteriza a terceira fase do ciclo – a consolidação do desenho dominante.

O estabelecimento do desenho dominante dar-se-á a partir dos processos de aprendizagem, os quais, segundo Ariffin e Figueiredo (2003), podem ocorrer por meio de:

- fluxos de conhecimento por intermédio de vínculos tecnológicos interorganizacionais;
- processos de aprendizagem intra-organizacionais.

O desenho dominante é o divisor de águas entre o período de mudanças incrementais e o de radicais, uma vez que antes dele há descontinuidades que causam as variedades de desenhos que competem entre si e, em seguida, tem-se a era de melhoria do desenho dominante, marcada pelo processo de inovação incremental (por exemplo, o carro híbrido da Honda, o Prius).

Os fluxos de inovação são dirigidos pelas mudanças no ciclo tecnológico. Os ciclos tecnológicos chamam a atenção da gerência para a importância dos padrões de mercado, bem como para as descontinuidades tecnológicas – pontos críticos na evolução do mercado

(TUSHMAN; ANDERSON; O'REILLY, 1997). O desenho dominante e as descontinuidades tecnológicas são, portanto, pontos demarcatórios entre arenas competitivas fundamentalmente diferentes.

As inovações radicais podem exigir transformações de diferentes impactos nas competências da empresa. Essas mudanças podem ser classificadas quanto ao seu "grau de radicalidade", representado pelo tamanho da ruptura existente entre as competências desses padrões. Para Christensen (2003), as inovações podem ser:

- **sustentadoras** – visam aos clientes exigentes e sofisticados, por meio de desempenho superior ao até então disponível;
- **disruptivas** – rompem e redefinem os modelos vigentes, lançando novos produtos e serviços não tão bons quanto poderiam ser.

Do ponto de vista gerencial, há diferentes formas de gerenciar estrategicamente a inovação, conforme indicado no Quadro 4.4.

Quadro 4.4 Gestão do processo de estratégia

Inovações sustentadoras: planejamento deliberado	**Inovações disruptivas: planejamento movido a descobertas**
Desenvolva os pressupostos sobre o futuro	Elabore as projeções financeiras almejadas
Defina uma estratégia baseada nesses pressupostos e elabore projeções financeiras	Quais pressupostos devem ser verdadeiros para que tais projeções se convertam em realidade?
Tome decisões de investir com base nessas projeções	Implemente um plano de aprendizado - para testar se os pressupostos críticos são razoáveis
Implemente a estratégia para alcançar os resultados projetados	Invista na implementação da estratégia

Fonte: CHRISTENSEN, 2003.

Conforme nota-se no quadro anterior, há diferentes maneiras de gerir o processo de inovação, dependendo delas o resultado que se deseja obter. Ainda assim, armadilhas podem existir, principalmente se o foco gerencial for por demais estreito, enfatizando aquelas atividades que a empresa vem desenvolvendo de forma cômoda. De fato, as mesmas habilidades que determinam o sucesso de uma organização em circunstâncias sustentadoras podem comprometer as melhores idéias de crescimento disruptivo. Dessa forma, capacidades convertem-se em incapacidades quando se trata de disrupção (CHRISTENSEN, 2003).

As tecnologias disruptivas facilitam a emergência de novos mercados, que são ainda pequenos e, portanto, não trazem grandes lucros. As empresas estabelecidas, ao crescerem para atender ao mercado atual, ficam sem poder justificar o atendimento do mercado emergente dessa tecnologia e, portanto, apesar de serem capazes, desistem da inovação.

Projetos envolvendo tecnologia disruptiva, mesmo que sejam tecnologicamente simples, devem ser realizados por empresas organizadas de forma autônoma (CHESBROUGH, 1996).

Christensen e Bower (1997) afirmam que se deve comercializar tecnologias disruptivas em pequenas organizações, ágeis o suficiente para alterar a estratégia em resposta ao *feedback* do mercado e que sejam apropriadas ao tamanho desse mercado emergente.

Cole (2001), por sua vez, afirma que a melhoria contínua é mais aplicável quando há uma estratégia de chegar à fronteira tecnológica, ao passo que a inovação descontínua é necessária quando se trabalha na fronteira tecnológica.

4.7 O DESENHO ORGANIZACIONAL MAIS ADEQUADO PARA A INOVAÇÃO

O trabalho de Sawhney e Prandelli (2000) sobre desenhos organizacionais e inovação mostra a existência de *trade-offs* entre o grau de abertura para o ambiente externo – empresas parceiras, clientes, e mesmo concorrentes – e o grau de estabilidade do sistema (ver Figura 4.12).

Figura 4.12 Formas organizacionais e inovação

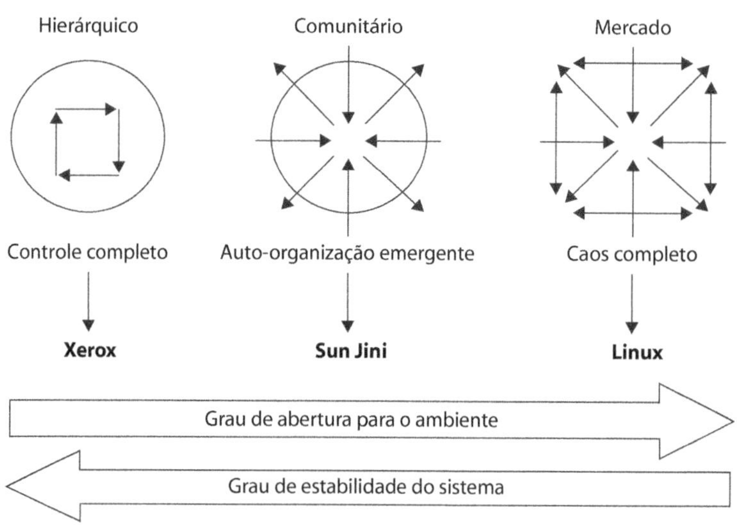

Fonte: SAWHNEY; PRANDELLI, 2000.

O modelo de controle completo da inovação parece mais adequado para grandes empresas em que os investimentos em P&D resultem em inovações radicais, cujo sigilo da inovação pode garantir vantagens associadas ao *first mover* do mercado. Por sua vez, empresas que estabelecem parcerias abrem-se para o ambiente, mas a "permeabilidade organizacional" permite apenas o acesso dos parceiros. Finalmente, empresas com grande abertura para o ambiente enfrentam reduzido grau de estabilidade, o que não permite ganhos superiores provenientes de *lock in* ou a consolidação de setores complementares (SHAPIRO; VARIAN, 1999).

Chesbrough e Teece (1996) argumentam que as virtudes das empresas virtuais tiveram um aumento nos últimos anos em razão de seu sucesso. Segundo esses autores, as empresas que estão fazendo alianças e terceirizando muitas atividades, em vez de desenvolver e manter suas capacidades internas, podem estar arriscando seu futuro.

As empresas virtuais coordenam grande parte de seus negócios por meio do mercado, padecendo de menor controle que as empresas integradas, mas se beneficiam dos incentivos de mercado para se movimentar velozmente e aceitar maiores riscos. Essas empresas podem acessar com rapidez os recursos técnicos que necessitam para trabalhar, se esses recursos estiverem disponíveis. Os incentivos que contribuem para que a empresa virtual seja eficaz também podem torná-la vulnerável. Conforme os incentivos e os riscos aumentam, a coordenação mediante os diversos parceiros no mercado fica cada vez mais difícil, precisamente porque muitas recompensas estão em jogo, uma vez que cada parceiro em uma atividade de desenvolvimento conjunto age em seu interesse próprio. Ao longo do tempo, a inovação pode gerar surpresas inesperadas, que consistirão em vantagens para alguns e desvantagens para outros. O resultado final é que os parceiros que se ajustaram em uma aliança podem não querer continuar nela, ou se tornam incapazes de se alinhar estrategicamente, e a atividade de desenvolvimento coordenado acaba não se realizando de acordo com o planejado.

Em contraste, as companhias integradas e altamente centralizadas, em geral, não oferecem grandes recompensas a seus funcionários para que assumam grandes riscos. Contudo, essas empresas têm processos estabelecidos para resolver conflitos e coordenar todas as atividades necessárias para a inovação. Em ambientes de alta velocidade evolutiva, no entanto, as empresas integradas que tentarem realizar todas as atividades internamente irão encontrar grandes dificuldades ao competir com empresas pequenas, capazes de responder de forma mais imediata ao mercado.

De acordo com Chesbrough e Teece (1996), esse compromisso entre incentivos e controle é o centro da questão de como se organizar para a inovação (Figura 4.13). Os incentivos para aceitar e tomar riscos são muito maiores em uma empresa virtual do que em uma empresa integrada, por conseqüência de mecanismos já explicados neste capítulo. Porém, a empresa integrada tem vantagens comparativamente à empresa virtual no que tange à habilidade para resolver conflitos e coordenar as atividades. Esse é um ponto muito importante e, para entender em que essa habilidade pode ser proveitosa para a empresa integrada e ser uma desvantagem para uma empresa virtual, é necessário estudar alguns tipos de inovação.

Figura 4.13 Incentivos e controle

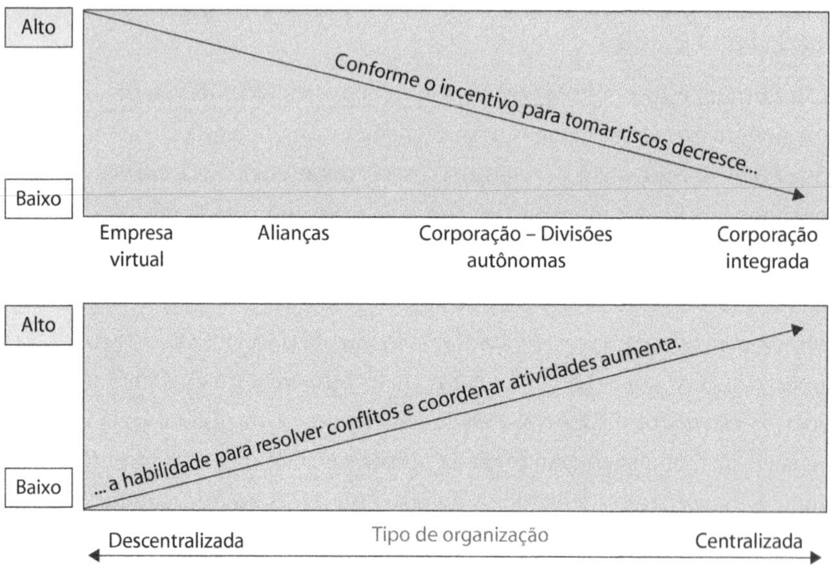

Fonte: CHESBROUGH; TEECE, 1996.

Outra forma de analisar o desenho organizacional mais adequado para a inovação consiste em ver as firmas como um pacote de recursos heterogêneos. Isso significa dizer que as capacidades organizacionais podem ser avaliadas em termos de alguns poucos fatores, chamados por Christensen (2003) de:

- **recursos** – consistem em tecnologia, pessoas, marca, relacionamentos com os clientes e fornecedores e tudo o que possa ser adquirido ou transferido;
- **processos** – envolvem não somente a transformação dos *inputs* em produtos, mas também comunicações, interações, coordenação e tomadas de decisão que a viabilizem;
- **valores** – são os critérios que norteiam o estabelecimento de prioridades e a tomada de decisões.

Esses fatores podem ser buscados no mercado, via aquisição de outras empresas e por meio do desenvolvimento interno. Na aquisição de novos **recursos** é possível integrar o conjunto adquirido à empresa original, para ganhos em escala/escopo. A aquisição de

processos e/ou valores, por sua vez, deve ser separada da empresa original, de modo que não se diluam ou se percam.

É também possível o desenvolvimento interno desses fatores geradores de competência. Trata-se não apenas da disponibilização de novos recursos, mas também de mudanças nos processos e valores internos que tornem a nova organização distinta da original, de modo a vencer as batalhas competitivas. É o que ilustra o Quadro 4.5.

Quadro 4.5 Elementos das batalhas competitivas

Elementos	Definição	O que é necessário observar
Recursos	Coisas que a companhia pode dispor ou ter acesso	Ativos tangíveis (tecnologia, equipamentos etc.) Ativos intangíveis (capital humano, marca etc.)
Processos	Modos de fazer negócios (habilidades)	Processos típicos: desenvolvimento do produto, treinamento, manufatura etc.
Valores	Determinante da priorização	Modelo de negócio (como a companhia faz dinheiro, expectativas etc.) Histórico das decisões de investimento

Fonte: CHRISTENSEN, 2004.

O redesenho da firma pode ser visto como decorrente do aumento da competição, o qual exige que as empresas desenvolvam novos produtos e, ao mesmo tempo, as tecnologias necessárias para produzi-los (DREJER, 2000). De modo similar à inovação, Christensen (2003) afirma que as tecnologias podem ser classificadas em:

- **tecnologias incrementais** – são aquelas que melhoram a *performance* dos produtos nas mesmas dimensões historicamente valorizadas pelos clientes;
- **tecnologias de ruptura** – caracterizam-se por trazer ao mercado uma nova proposição de valor. Em geral apresentam, no seu nascimento, *performance* inferior à da tecnologia dominante. Possuem alguns atributos secundários valorizados por alguns poucos – e em geral novos – clientes.

As tecnologias de ruptura podem ser responsáveis pelo redesenho não somente da firma, mas também da cadeia produtiva em que esta está inserida. Esse assunto será abordado na próxima seção.

4.8 A DINÂMICA DA INOVAÇÃO EM REDES E CADEIAS

Fine (1998) conceitua uma cadeia de suprimentos como uma cadeia de competências necessárias à entrega de valor ao cliente. O autor considera que a competência mais importante de uma empresa é a habilidade de desenhar sua própria cadeia de suprimentos, ou seja, ter a capacidade de julgar, para cada uma das competências necessárias à entrega de valor, se investimentos ou desinvestimentos devem ser feitos sobre ela, se deve ser terceirizada ou tratada como uma *commodity*.

Em seu modelo, afirma que cada indústria tem uma *clockspeed* que se caracteriza pela velocidade com que mudanças acontecem nos seus produtos, processos e organizações. Como exemplo, compara a indústria aeronáutica, cujos produtos sofrem mudanças com uma freqüência de duas por década (baixa *clockspeed*), com a indústria de processadores para microcomputadores, modificando seus produtos a cada dois anos (alta *clockspeed*).

Como resultado da aceleração das *clockspeeds* causadas pela evolução tecnológica, Fine afirma que uma situação de obtenção de vantagem competitiva sustentável é um conceito ultrapassado, e que toda vantagem competitiva seria temporária. As empresas deveriam constantemente repensar suas redes de suprimento avaliando quais competências poderiam estar presentes no futuro e que alianças deveriam ser estabelecidas para garantir o acesso a elas e, portanto, buscar uma vantagem competitiva ou manter uma vantagem existente.

Fine (1998) apresenta ainda um modelo de hélice dupla como um padrão de mudanças cíclicas nos desenhos de produtos e, conseqüentemente, nos desenhos das redes de suprimentos. A partir, por exemplo, de uma estrutura de produto integral e, portanto, de rede integral, forças agiriam no sentido da modularização do produto e, por conseqüência, na horizontalização da sua rede (por exemplo, a IBM, partindo da estrutura de produtos integral representada pelos *mainframes* para a estrutura modular adotada nos seus PCs).

O modelo da hélice dupla setorial esclarece como as fases verticais e horizontais determinam o destino das empresas e de diversos setores da indústria. Segundo Fine (1999), as forças internas e externas, como a competição pelos nichos, a necessidade de atualização, de manter a liderança no mercado e a paridade tecnológica a ser desenvolvida em uma gama muito grande de produtos, assim como a lentidão que em geral acomete os líderes de mercado, conduzem as empresas integradas verticalmente na direção da desintegração e da estrutura setorial horizontal. Quando um setor apresenta estrutura horizontal, no entanto, as forças exercidas pelos fornecedores de componentes e pela motivação das diferentes empresas no sentido de promover as suas próprias tecnologias, que podem ser patenteadas, exercem fortes pressões em direção à integração vertical. Em particular, se determinada empresa inicia a dominação da cadeia de fornecimento, ela tende a começar a explorar seu poder de mercado via expansão vertical.

O modelo da hélice dupla apresenta uma inter-relação da organização do setor com a arquitetura do produto. Quando o setor está organizado de forma horizontal, a arquitetura do produto tende a ser modular, mas se o setor estiver organizado de forma vertical, esta provavelmente será integral. Christensen (1997) também notou a existência dessa inter-relação. Conforme pode ser observado na Figura 4.14, por um lado, quando a estrutura do setor é vertical e a arquitetura do produto é integral, as forças de desintegração atuam no sentido da obtenção de uma estrutura horizontal com produtos de arquitetura modular e, por outro, quando o setor é horizontal e modular, existem também forças que empurram em direção à integração vertical e à arquitetura integral do produto. Segundo Fine (1999), há, além disso, um estreito relacionamento entre a arquitetura de produto e a da cadeia de fornecimento, as quais tendem a alinhar-se no espectro integração/modularidade.

Figura 4.14 O modelo da hélice dupla

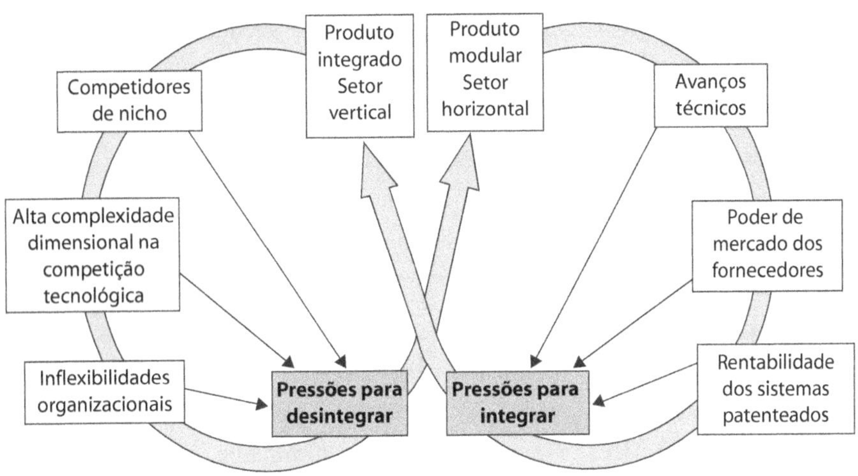

Fonte: FINE, 1999.

Quando a estrutura do setor está se movendo de vertical para horizontal, ou seja, quando o produto integrado começa a se tornar modular, novas empresas surgem no mercado, em virtude da criação de novos mercados e nichos. Esse é o momento ideal para empreendedores constituírem empresas. Já no momento em que a estrutura do setor se move de horizontal para vertical, pode-se dizer que esse setor da indústria está maduro e não é mais tão interessante para a formação de novas empresas.

Christensen (1997), por sua vez, propôs um modelo para a análise das empresas em face das inovações de ruptura. Segundo o autor, dois tipos de inovação impõem demandas diferentes sobre o comportamento das organizações: as inovações de sustentação e as de ruptura. As inovações de sustentação são aquelas que as empresas adotam, geralmente, em resposta às demandas dos clientes por melhoramentos contínuos dos produtos ou processos. As inovações de ruptura são aquelas que ocorrem com pouca freqüência, via de regra originadas pela junção de tecnologias existentes e disponíveis, resultando em um novo produto que, com seu desenvolvimento, acaba por obter a preferência do mercado.

Ainda segundo esse autor, os clientes que sustentam as empresas com suas compras demandam determinada taxa superior no desempenho. Em resposta, as empresas aprimoram seus produtos. No entanto, as taxas com que as empresas promovem essas melhorias é, em geral, maior que a demandada pelo mercado, o que resulta em um "superfornecimento". Em algum momento, um novo entrante pode apresentar um produto inovador, que de início não atinge as demandas mínimas do mercado principal, mas que tem características (em geral custo) atraentes para um mercado inferior anteriormente não existente (pois em regra o custo dos produtos com "superfornecimento" lhes era proibitivo ou havia outras inconveniências).

Como esses novos mercados costumam ser pequenos, não despertam o interesse das empresas que fornecem aos mercados principais. Os novos entrantes, por sua vez, angariando os clientes desse novo mercado, passam a ter o incentivo para promover o melhoramento dos produtos inovadores.

Com taxas de melhoramento mais elevadas, os produtos inovadores acabam por atingir, em determinado momento, as demandas de desempenho mínimo do próprio mercado principal e passam a angariar os clientes desse mercado. Os novos entrantes acabam por substituir os antigos *players* na posição de dominância e estes, evidentemente, reagem tentando adotar a inovação, porém um longo caminho tem que ser percorrido no melhoramento contínuo e eles estão atrasados.

Nos países emergentes, isso pode ser um poderoso entrave ao desenvolvimento econômico. Vedovello e Figueiredo (2006) mostraram que as interações entre as empresas e as organizações de apoio à inovação podem variar, o que significa diferentes relações no sistema nacional de inovação. No Brasil, grande parte das empresas foca não somente nos seus esforços internos de P&D, mas também, e principalmente, nos órgãos governamentais responsáveis pela criação e difusão de resultados de pesquisas científicas. Como prática, isso é muito diferente do que ocorre nos países desenvolvidos; como modelo mental, é ainda mais perigoso.

De fato, De Meyer e Garg (2005) apontaram que um dos entraves à inovação entre companhias asiáticas era justamente a percepção de que não dispunham de capacidade para inovar. A sugestão dos autores, com base em diversos estudos de casos conduzidos em empresas asiáticas, é que cabe às empresas assumir os riscos para colher os resultados positivos da inovação – o que as coloca no centro das atividades de P&D e os órgãos do governo como aquilo que efetivamente são: meios de apoio aos sistemas de inovação.

4.9 INOVAÇÃO EM SERVIÇOS

Uma abordagem recente para a construção de novas vantagens competitivas é a inovação em serviços.[2] No atual cenário competitivo, a importância dos serviços no produto interno bruto (PIB) dos países mostra-se inegável. A Tabela 4.3 registra a participação dos serviços no PIB de alguns países selecionados.

A importância dos serviços nas economias desenvolvidas ou em vias de desenvolvimento se manifesta no peso que estes exercem na economia (percentual do produto naciona bruto – PNB), bem como no alto percentual utilizado da mão-de-obra disponível (PALMER; COLE, 1995).

Tabela 4.3 O setor de serviços em países selecionados

	País	PIB (US$ bilhões)	Setor de serviços (% do PIB)
África	Egito	258	56
	África do Sul	412	45
	Nigéria	105	28
	Quênia	31	63
Américas	Estados Unidos	10.082	80
	Brasil	1.340	59
	Canadá	923	71
	México	920	69
	Argentina	391	66
Ásia	China	6.000	33
	Japão	3.550	68
	Índia	2.660	50
	Indonésia	687	39
	Austrália	538	71
	Hong Kong	180	86
Europa	Alemanha	2.184	68
	França	1.540	71
	Reino Unido	1.520	74
	Itália	1.438	68
	Holanda	434	73
	Finlândia	136	62

Fonte: GOFFIN; MITCHELL, 2005.

2 Também no setor de serviços são encontrados estudos sobre inovação, propondo classificações genéricas, principalmente, a partir das mudanças tecnológicas e/ou integradoras.

Ainda que seja essencialmente diferente da inovação em produtos, a inovação em serviços não deve ser menosprezada. Como apontaram Bean e Radford (2002), ela constitui uma forma lucrativa de negócios. De fato, os autores mostraram que historicamente ocorreram inovações associadas a serviços que tornaram as empresas ofertantes prósperas por longos períodos. O exemplo citado por Bean e Radford (2002) é elucidante: a "corrida do ouro" norte-americana, na qual enriqueceram não apenas alguns mineiros, mas também – e principalmente – os operadores logísticos e os comerciantes que tornavam disponíveis aos compradores *commodities* de primeira necessidade.

Compreender melhor a inovação em serviços é, portanto, necessário. Berry et al. (2006) apontaram que a inovação em serviços difere da inovação em produtos em três diferentes quesitos:

- as pessoas da empresa que executam os serviços são parte da experiência do consumidor e, portanto, parte da inovação;
- como serviços requerem a presença física do consumidor, as empresas deverão possuir "capacidade produtiva" descentralizada;
- a entrega dos serviços não está associada, em geral, a um produto tangível que possa carregar a marca da empresa.

Outras diferenças importantes entre aspectos da manufatura e serviços, relacionados à inovação, são indicadas por Goffin e Mitchell (2005) e apresentadas no Quadro 4.6.

Quadro 4.6 Inovação em manufatura e serviços

Termo	Uso em manufatura	Uso em serviços
Inovação em produto (ou produtos)	Refere-se a produtos tangíveis desenvolvidos pelos departamentos de P&D	Quando usado no setor de serviços, este termo é sinônimo de inovação em serviços
Inovação em processos	Novos ou melhorados modos de manufatura em produtos	Novos ou melhores modos de produzir ou entregar "produtos de serviços"
Inovação em serviço ou "produtos de serviços"	Novos ou melhorados serviços associados com os produtos manufaturados	Novos ou melhorados "produtos de serviços"
Desenvolvimento de novos produtos	O processo de desenvolver produtos novos ou melhorados	Algumas vezes usado para se referir a novos ou melhorados "produtos de serviços"
Desenvolvimento de novos serviços	O processo de desenvolver serviços para que os consumidores obtenham máximo valor dos produtos	O processo de desenvolver novos ou melhorados "produtos de serviços"

Fonte: GOFFIN; MITCHELL, 2005.

Os fatores críticos de sucesso para a inovação em serviços apoiada na tecnologia é a sinergia interna entre a atividade de inovação e a estratégia de recursos humanos da empresa (ATUAHENE-GIMA, 1996) e a sinergia externa com os clientes (MARTIN; HORNE, 1995).

O exemplo da Gol Transportes Aéreos, ilustrado no Quadro 4.7, é elucidativo.

Quadro 4.7 O caso da Gol Transportes Aéreos

O crescimento da Gol no mercado brasileiro em 2003 significou uma expansão de 49% na oferta de assentos, com utilização da frota 52% superior ao ano anterior. Com esses resultados, o índice de aproveitamento das aeronaves (*load factor*) foi de 64% e a companhia registrou média de 19,2% de participação de mercado em 2003.

Para fins de comparação, a tabela a seguir apresenta os resultados dos principais competidores do setor no Brasil.

Os resultados das quatro grandes empresas aéreas brasileiras em 2003
(valores em reais)

	GOL	TAM	VARIG	VASP
Faturamento	1,4 bilhão	3,7 bilhões	7,9 bilhões	1,1 bilhão
Resultado	113 milhões	174 milhões	-1,8 bilhão	-15,9 milhões
Participação no mercado doméstico[1]	20,2 %	33,1%	30,5%	13,8%

[1] Dados de abril de 2004.

Fontes: Departamento de Aviação Civil (DAC) e Sindicato Nacional das Empresas Aeroviárias (SNEA).

Com apenas três anos de existência, a Gol tornou-se um fator novo em um mercado abatido por sucessivas crises. A raiz desse sucesso é uma estratégia criada em 1971 pela norte-americana Southwest e batizada de *low cost, low fare* (custos baixos, tarifas baixas). Trata-se de uma engrenagem delicada, que pode ser rompida ao menor descuido. É justamente aí que o sinal amarelo acende para a empresa. Nos últimos meses, os preços da Gol vêm se aproximando dos praticados pela concorrência. Em 2003, as tarifas da companhia tiveram um aumento médio real de 10%. No mesmo período, suas duas maiores concorrentes – Varig e TAM – baixaram os preços de seus bilhetes em 6%.

Um dos principais pilares da filosofia *low cost, low fare* é a inovação constante. A Gol acelerou seu ritmo de desenvolvimento de novas soluções tecnológicas, de novas práticas e de novas facilidades aos clientes, aprimorando experiências comprovadas internacionalmente ou mesmo apresentando inovações de âmbito mundial na indústria da aviação brasileira. A estratégia de TI da empresa reside em usar a tecnologia como fator-chave da inteligência e inovação. Exemplo disso é o *Web Check-in*, ferramenta que possibilita aos passageiros que viajam apenas com bagagem de mão realizar o *check-in* de qualquer computador conectado à internet.

Continua

Continuação

A mais recente solução tecnológica adotada pela Gol foi a implementação do sistema *Flight Timeline Board*, que permite a análise do desempenho operacional para automatizar a coleta e apresentação de dados de seu diagrama de rotação de aeronaves, o que aprimorou substancialmente a capacidade de tomada de decisões na companhia. Além de ser uma ferramenta tática, o *Flight Timeline Board* desenvolve uma nova competência essencial da Gol: a agilidade nos processos decisórios, permitindo visualizar rapidamente os principais indicadores de desempenho de cada etapa de cada vôo. Assim, *Rask* (*Revenue per Avaliable Seat-Kilometer*), *Yield* (receita por passageiro-quilômetro transportado) e *Load Factor* (aproveitamento da etapa do vôo) são apresentados ao analista de forma sintética e imediata.

Com metas claramente definidas, relacionadas à qualidade, produtividade, redução de custos e aumento de receita, a empresa optou por terceirizar grande parte de suas operações. Um extenso projeto de redesenho dos processos de relacionamento com as operações terceirizadas foi desenvolvido com a missão de reorganizar os processos internos, estabelecer indicadores de *performance* e reestruturar os acordos de níveis de serviços, produzindo a redução imediata e consistente dos custos de operação. Por meio do controle da gestão do relacionamento com terceiros, e da definição clara dos seus requisitos e políticas operacionais, a Gol pôde alinhar expectativas, reduzir riscos e elevar a qualidade final dos serviços prestados aos seus clientes.

Fonte: Adaptado de Petrini (2003).

Em suma, o setor de serviços pode ser inovador, apesar de as inovações apresentarem, em geral, caráter menos tecnológico, comparando-se com o que se observa na indústria.

4.10 IMPLEMENTAÇÃO DA INOVAÇÃO

A implementação da inovação ocorre quando um produto é introduzido no mercado, quando um processo passa a ser operado pela empresa ou quando uma nova forma de gerir o negócio é colocada em prática. Inovação é, assim, uma nova idéia implementada com sucesso, que produz resultados econômicos (idéia + ação = resultado). Mais do que isso, implementar a inovação significa gerar valor mediante uma nova solução para um problema, reescrevendo as regras do jogo ou negócio. Como mostra a Figura 4.15, o modelo da 3M para a inovação é separado em três partes distintas: novo mercado ou indústria, mudança na base da competição e extensão da linha de produto (GUNDLING, 2000).

O primeiro tipo de inovação permite à empresa obter potencial de aumento de receitas a partir do acesso a novos mercados (KIM; MAUBORGNE, 2005). O segundo tipo resulta em mudar as regras da competição e influenciar o mercado, por meio de alterações no produto existente (HAMEL; PRAHALAD, 1997; PRAHALAD; RAMASWAMY, 2004).

Por fim, a terceira forma consiste em melhorar incrementalmente o produto, visando ao aumento do seu ciclo de vida. Importa ressaltar que nesta última forma as contribuições não são provenientes das pesquisas de ruptura do departamento de P&D, mas, sim, do conhecimento preexistente acerca das operações e do uso do produto. Essas contribuições são, portanto, mais propícias de ocorrer a partir das funções marketing e operações.

Figura 4.15 O modelo 3M de inovação

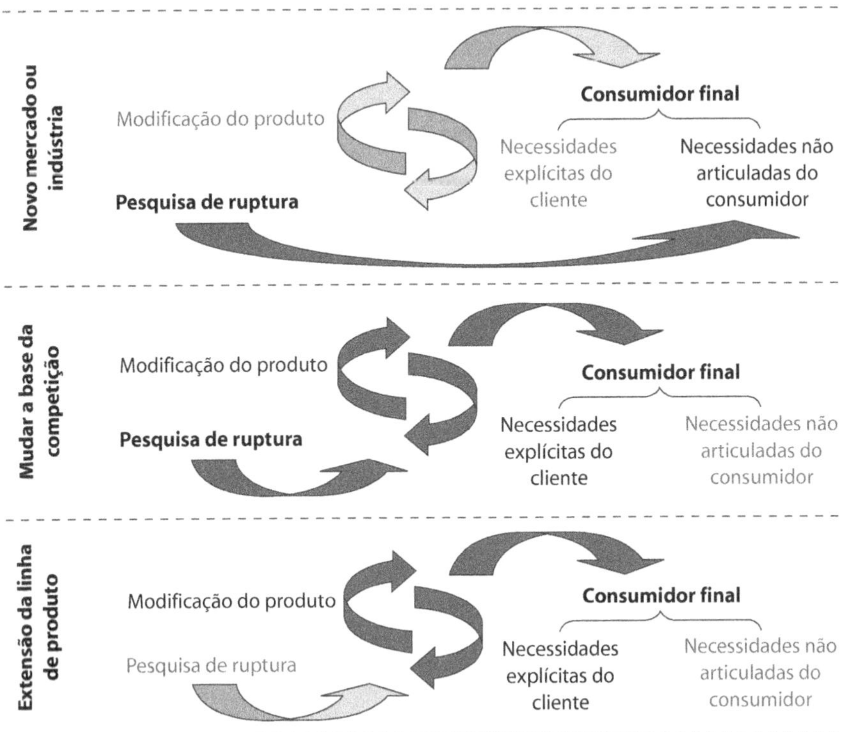

Fonte: Adaptada de Gundling (2000).

Morris e Brandon (1994) argumentam que a implementação da inovação abrange as cinco fases a seguir:

- **a definição do posicionamento da organização** – a análise do ambiente externo, com o fim de detectar oportunidades e ameaças para o negócio, e o confronto dessa análise com a atual situação do ambiente interno da organização permitem identificar os seus pontos fortes e fracos, bem como definir objetivos, estratégias e prazos para que a empresa aumente sua competitividade no mercado;
- **a definição de um novo ambiente na empresa** – identificação das mudanças a serem implementadas, tendo em vista o novo posicionamento estratégico da organização e a substituição dos atuais paradigmas que não se adequam ao novo posicionamento por outros que possibilitem à empresa obter uma vantagem competitiva sustentável;
- **o mapeamento dos processos atuais** – levantamento de informações sobre os processos existentes na empresa para compreender suas funcionalidades, os níveis

de desempenho e as interligações internas e externas, além da identificação dos processos vitais para o negócio;

- **redesenho do processo** – o mapeamento dos processos atuais (item anterior) fornece as bases para que o processo-alvo da inovação seja analisado em detalhes e um novo modelo de processo seja desenhado;
- **implantação e monitoramento da inovação** – tomadas as medidas mencionadas nos itens anteriores, deve ser providenciada a infra-estrutura necessária para que o novo produto ou processo entre em operação, abrangendo aspectos como aquisição dos recursos de *hardware* e *software*, modificações em *layouts* e treinamento das pessoas envolvidas na estrutura organizacional.

As diferentes fases da implementação apontadas são, na realidade, períodos de transição. A gestão da inovação deve atribuir ênfase a algumas questões-chave, conforme delineado na Figura 4.16.

Figura 4.16 Gestão dos períodos de transição

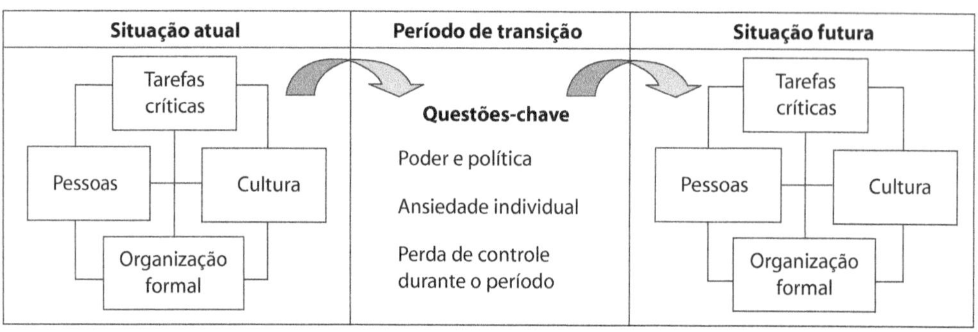

Fonte: Adaptada de Tushman e O'Reilly (1997).

Entre o estado atual da empresa e o desejado existe o período de transição, concretizado com a implementação da mudança. Os aspectos apontados na Figura 4.17 são mecanismos de "resposta à mudança", traduzidos em instabilidade, estresse e incertezas. Os problemas advindos dessas barreiras são caracterizados da seguinte maneira:

- poder e política – grupos, departamentos e pessoas iniciam uma disputa pelo poder, gerando intensas atividades políticas improdutivas;
- ansiedade e estresse em demasia podem resultar em uma dramática redução de *performance;*

- a perda de controle é sentida quando tarefas, em geral executadas pelas pessoas da organização, simplesmente são paralisadas em períodos de transição.

As empresas, tanto brasileiras como estrangeiras, de modo geral ainda não possuem formas sistematizadas de gestão de fontes externas de inovação tecnológica, o que minimiza os esforços inovadores, sobretudo quando se constata que essas empresas também não dispõem de mecanismos capazes de mensurar os resultados da atividade tecnológica (GOMES, 2007).

A próxima seção avança no entendimento de como a mensuração da inovação poderia ser feita nas organizações.

4.11 MENSURAÇÃO E DIAGNÓSTICO DA INOVAÇÃO

Os CEOs de muitas companhias reconhecem a importância da inovação, mas poucas empresas são capazes de avaliar com objetividade a forma e os resultados da gestão da inovação. Isso porque a inovação, com freqüência, é vista apenas como sinônimo de desenvolvimento de novos produtos ou mesmo como esforços tradicionais de P&D.

Essa visão estreita acerca da inovação esconde as complexidades associadas ao seu processo de gestão. Birkinshaw e Mol (2006) assinalaram que a gestão da inovação não deve focar apenas os processos que ocorrem nos limites da firma, mas também os resultados obtidos por outras firmas inovadoras. É o que indica a Figura 4.17.

Figura 4.17 O processo de gestão da inovação

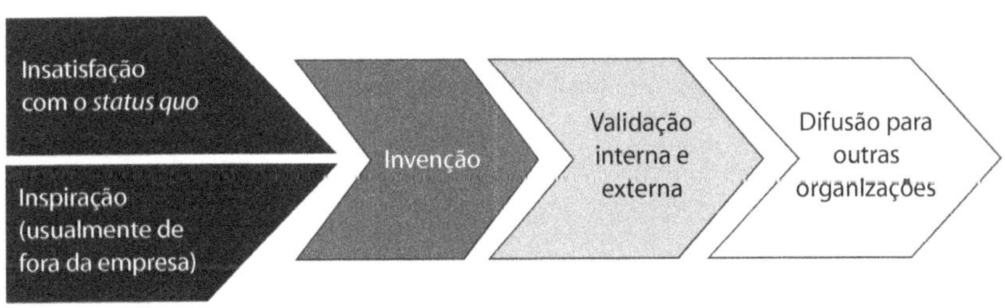

Fonte: BIRKINSHAW; MOL, 2006.

Ao gerir o processo de inovação, as empresas devem compreender os diferentes estágios que estão a ele associados.

O estágio inicial consiste na insatisfação, por parte das pessoas na firma, causada pela percepção de que mudanças são necessárias para lidar com: uma ameaça futura, um problema atual e uma crise iminente. O segundo estágio é a inspiração proveniente de "fora da firma", que se traduz em exemplos do que funciona bem em certos setores, analogias de diferentes sistemas sociais ou mesmo idéias cujo valor não foi provado, mas que se mostram bastante promissoras. Desses dois estágios iniciais é gerada a invenção, que ocorre no terceiro estágio. A invenção é uma idéia inovadora que ainda não foi utilizada com alguma finalidade comercial. O próximo estágio é, conseqüentemente, a validação interna e externa da invenção, daquilo que será a partir de então tratado como inovação. Por fim, outras empresas poderão se inspirar nos resultados da inovação e, assim, o ciclo tem seu recomeço em outra companhia (BIRKINSHAW; MOL, 2006).

Ao incorporar esses elementos mais intangíveis nas suas práticas de gestão, algumas empresas contemporâneas têm cada vez mais abordado a inovação a partir de um amplo escopo, naquilo que se convencionou chamar de *business innovation*. Sawhney, Wolcott e Arroniz (2006) definem *business innovation* como a criação de novo e substancial valor para os consumidores e para a firma, a partir da mudança criativa em uma ou mais dimensões do negócio. Essa definição é o ponto de partida dos autores para a construção de um *framework*, denominado radar da inovação, que mostra as 12 dimensões de inovações no negócio de forma integrada. Essas dimensões são apontadas no Quadro 4.8.

Quadro 4.8 As 12 dimensões da inovação no negócio

Dimensão	Definição	Exemplo
Ofertas	Desenvolvimento de novos produtos e serviços inovadores.	Apple iPod *music player*
Plataforma	Uso de componentes comuns ou elementos intercambiáveis para criar novas ofertas derivadas da original.	Filmes animados da Disney
Soluções	Criação de ofertas integradas e customizadas que resolvam problemas dos consumidores finais.	Soluções de *Supply chain* da UPS serviços logísticos
Consumidores	Descoberta de necessidades não atendidas dos consumidores ou identificação de novos segmentos de consumidores não atendidos anteriormente.	Foco na "energia verde" pela Green Mountain Energy
Experiência com os consumidores	Redesenho das interações com os consumidores em todos os pontos de contato durante todos os momentos em que ocorre o contato.	Conceito de banco de varejo do Washington Mutual Occasio
Captura de valor	Redefinição de como a companhia obtém ou cria formas inovadoras de fluxos de renda.	Serviço de busca paga do Google
Processos	Redesenho dos processos operacionais *core* para melhorar eficiência e efetividade.	Sistema de produção da Toyota
Organização	Mudança de forma, função ou escopo de atividades da firma.	Organização em rede virtual da Cisco e seus parceiros

Continua

Continuação

Supply chain (cadeia de suprimentos)	Pensamento de forma diferenciada sobre compras e terceirização.	Uso de fornecimento integrado e vendas on-line para o Celta da GM
Presença	Criação de novos canais de distribuição ou pontos inovadores de presença, incluindo os lugares em que a oferta pode ser comprada ou utilizada pelos consumidores.	Venda de CDs musicais nas lojas da Starbucks
Networking	Criação de redes inteligentes, nas quais a companhia assume o papel central e disponibiliza ofertas integradas.	Serviço de monitoramento remoto da Otis Elevadores
Marca	Alavancagem da marca em novos setores.	Yahoo! como uma marca associada a um estilo de vida

Fonte: SAWHNEY; WOLCOTT; ARRONIZ, 2006.

As 12 dimensões podem ser alinhadas no radar da inovação, ferramenta que Sawhney, Wolcott e Arroniz (2006) desenvolveram para ajudar as firmas a determinarem como sua estratégia atual de inovação pode ser melhor desenhada para superar a dos concorrentes. O radar é mostrado na Figura 4.18.

Figura 4.18 O radar da inovação

Fonte: FINE, 1999.

Tradicionalmente, a maioria das estratégias de inovação das firmas é simplesmente derivada da inércia ("isso é o que sempre fizemos para inovar") ou de processos miméticos de práticas de inovação difundidas na indústria ("é assim que todos fazem"). O radar da inovação permite que as companhias identifiquem e persigam dimensões negligenciadas da inovação e, com isso, consigam superar os esforços de inovação das empresas concorrentes a partir de uma nova vantagem competitiva gerada com a inovação.

Outro quadro de referência para a gestão efetiva da inovação, baseado na avaliação da *performance* obtida com esse esforço, é proposto por Tidd, Bessant e Pavitt (2001). Esses autores estabelecem cinco questões fundamentais que devem ser avaliadas em uma organização, para que possa ser posteriormente categorizada no que se refere à sua capacidade de inovação:

- A organização tem uma abordagem estratégica para gerir a inovação?
- A organização tem relacionamentos externos efetivos já estabelecidos?
- Os mecanismos de implementação são efetivos?
- A inovação ocorre em um contexto organizacional que a suporte?
- A organização pode ser considerada uma *learning organization* no que se refere à gestão da inovação?

Após responder a essas questões (e às subquestões associadas) e ter confrontado os resultados com a necessidade de mudança, é possível avaliar a capacidade de inovação da firma e, assim, categorizá-la. A Figura 4.19 indica os diferentes tipos de firmas, categorizadas a partir de sua capacidade de inovação.

Figura 4.19 Distribuição da capacidade de inovação

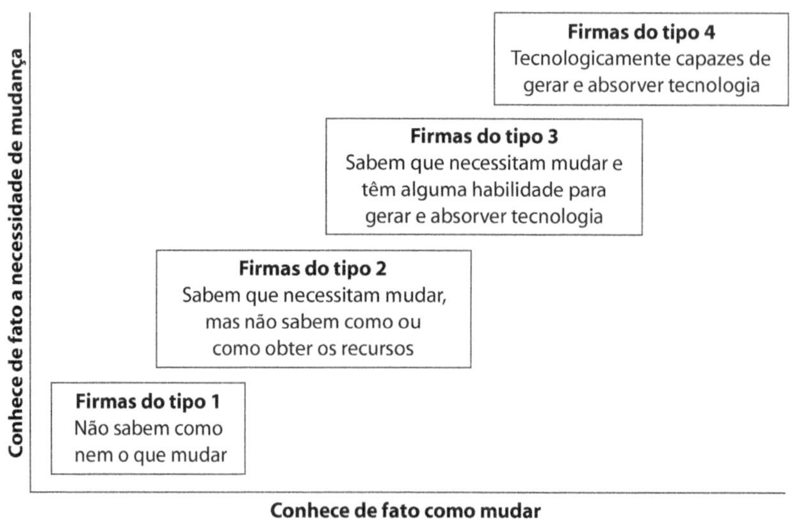

Fonte: TIDD; BESSANT; PAVITT, 2001.

Ainda que a gestão da inovação possa ser uma tarefa complexa e de difícil mensuração – dado que as organizações realmente inovadoras sempre aproveitarão oportunidades para a experimentação e a melhoria contínua –, esses *frameworks* de diagnóstico e avaliação podem ser bastante úteis, pois permitem o planejamento e o estabelecimento de ações prioritárias de inovação em um verdadeiro sistema de gestão da informação – prática pouco disseminada nas organizações nacionais (GOMES, 2007).

4.12 BOX

4.12.1 Google

Em agosto de 1996, dois estudantes norte-americanos iniciaram um serviço de buscas na web da Universidade de Stanford, utilizando espaço e equipamentos emprestados da instituição e de seus professores. Em 2005, esse empreendimento havia se tornado a empresa de mídia mais valiosa da Bolsa de Valores de Nova York: a Google.

Atuando com base em um modelo de negócios que utiliza computadores baratos em rede e *software* aberto (Linux), a empresa é hoje líder do movimento Web 2.0, uma maneira totalmente nova de produzir e distribuir *softwares*. A Google tornou-se o carro-chefe dessa nova geração de tecnologias: a sofisticada tecnologia de seu serviço de buscas está acessível via internet e disponível como serviço bancado por publicidade, o que representa imensa diferença com relação à maneira pela qual empresas tradicionais fazem negócios.

Nesse sentido, os concorrentes da empresa passam a não ser mais apenas os outros mecanismos de busca, mas também empresas como a Microsoft, além de jornais e agências.

As empresas da chamada "Nova Economia", como a Google, têm formalizado o tempo livre entre seus funcionários, a partir da regra "70/20/10". Essa regra consiste na indicação aos funcionários de que somente 70% de seu tempo deve ser utilizado para as atividades previstas em seu trabalho, a partir da descrição do cargo. Os 30% restantes correspondem a projetos particulares (20%) e tempo livre (10%).

Chamada de "a memória do mundo" e "o barômetro da humanidade", por abrigar e ter acesso a tantas informações internautas, a Google é uma das 20 companhias mais valorizadas do mundo, com taxa média de crescimento de 437.000% (até 2003) e 3.400 empregados.

O provedor Google oferece todo tipo de busca, e-mail, blogs, fotos de satélite, comparação de preços, notícias, comunidades on-line, vídeo, classificados e dezenas de outros serviços em seu pacote de valor, como mostra a figura a seguir.

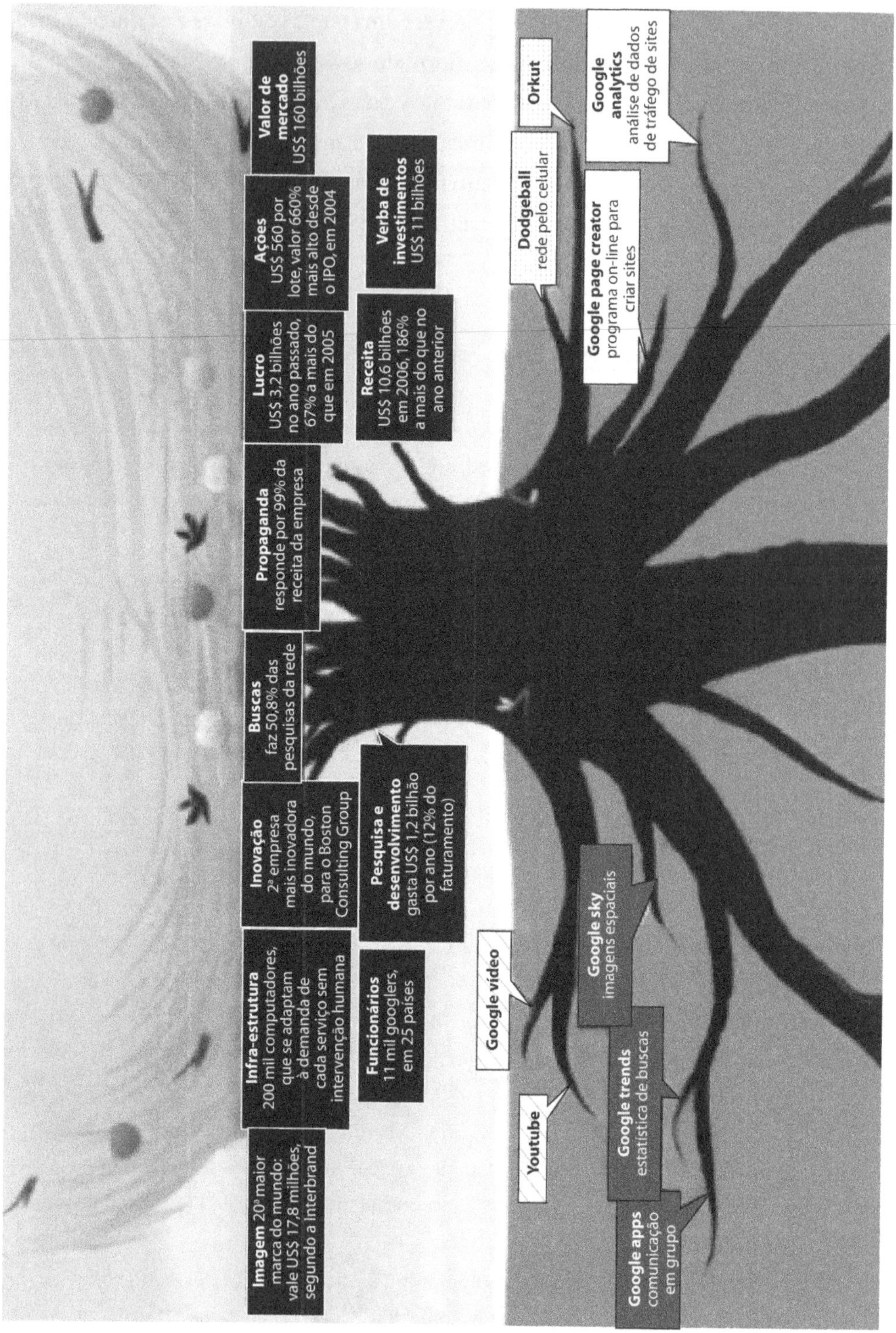
Imagem 20ª maior marca do mundo: vale US$ 17,8 milhões, segundo a Interbrand
Infra-estrutura 200 mil computadores, que se adaptam à demanda de cada serviço sem intervenção humana
Inovação 2ª empresa mais inovadora do mundo, para o Boston Consulting Group
Buscas faz 50,8% das pesquisas da rede
Propaganda responde por 99% da receita da empresa
Lucro US$ 3,2 bilhões no ano passado, 67% a mais do que em 2005
Ações US$ 560 por lote, valor 660% mais alto desde o IPO, em 2004
Valor de mercado US$ 160 bilhões
Funcionários 11 mil googlers, em 25 países
Pesquisa e desenvolvimento gasta US$ 1,2 bilhão por ano (12% do faturamento)
Receita US$ 10,6 bilhões em 2006, 186% a mais do que no ano anterior
Verba de investimentos US$ 11 bilhões
Google vídeo
Youtube
Google sky imagens espaciais
Google trends estatística de buscas
Google apps comunicação em grupo
Dodgeball rede pelo celular
Orkut
Google page creator programa on-line para criar sites
Google analytics análise de dados de tráfego de sites

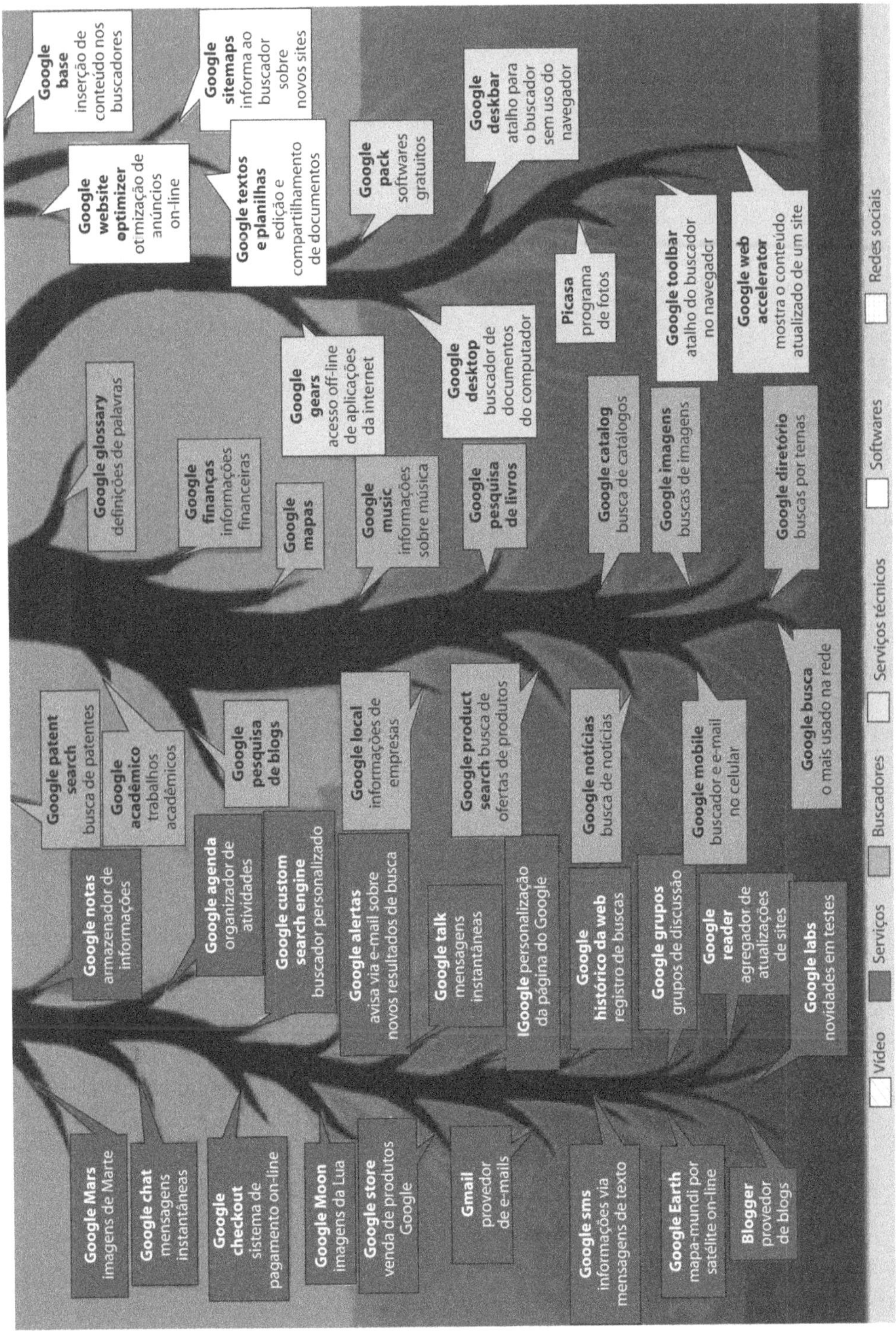
Google base inserção de conteúdo nos buscadores
Google sitemaps informa ao buscador sobre novos sites
Google website optimizer otimização de anúncios on-line
Google textos e planilhas edição e compartilhamento de documentos
Google pack softwares gratuitos
Google deskbar atalho para o buscador sem uso do navegador
Google glossary definições de palavras
Google gears acesso off-line de aplicações da internet
Google desktop buscador de documentos do computador
Picasa programa de fotos
Google toolbar atalho do buscador no navegador
Google web accelerator mostra o conteúdo atualizado de um site
Google finanças informações financeiras
Google mapas
Google music informações sobre música
Google pesquisa de livros
Google catalog busca de catálogos
Google imagens buscas de imagens
Google diretório buscas por temas
Google patent search busca de patentes
Google acadêmico trabalhos acadêmicos
Google pesquisa de blogs
Google local informações de empresas
Google product search busca de ofertas de produtos
Google notícias busca de notícias
Google mobile buscador e e-mail no celular
Google busca o mais usado na rede
Google notas armazenador de informações
Google agenda organizador de atividades
Google custom search engine buscador personalizado
Google alertas avisa via e-mail sobre novos resultados de busca
Google talk mensagens instantâneas
IGoogle personalização da página do Google
Google histórico da web registro de buscas
Google grupos grupos de discussão
Google reader agregador de atualizações de sites
Google labs novidades em testes
Google Mars imagens de Marte
Google chat mensagens instantâneas
Google checkout sistema de pagamento on-line
Google Moon imagens da Lua
Google store venda de produtos Google
Gmail provedor de e-mails
Google sms informações via mensagens de texto
Google Earth mapa-múndi por satélite on-line
Blogger provedor de blogs
Vídeo
Serviços
Buscadores
Serviços técnicos
Softwares
Redes sociais

Seu principal produto é o AdWords, o carro-chefe de vendas do Google mundial, que vincula as palavras-chave das buscas a anúncios. É o mecanismo que faz que anunciantes cujos produtos tenham a ver com os termos buscados pelo internauta apareçam no canto superior direito da tela de resultados.

Esse mecanismo baseia-se em um modelo chamado *Pay-Per-Click*, em que o cliente apenas paga pelo número de exibições que realmente deram origem a um clique no anúncio que levou o navegador a visitar a sua página. A taxa de ativação do serviço gira em torno de R$ 20,00, enquanto o custo por clique pode ficar entre R$ 0,03 e R$ 270,00.

O modelo é bastante diferente do tradicional, em que o anunciante paga pelo número de vezes que o anúncio será exibido. E não é só isso. A empresa busca proporcionar a melhor experiência ao usuário, por meio de um *layout* limpo, propaganda com conteúdo relevante, e sendo carregada rapidamente. O faturamento vem da busca e propaganda e não há venda de *mailling* ou informações de busca. A informação é apresentada em dezenas de línguas diferentes, e os funcionários trabalham com a premissa de entregar sempre mais que o esperado. O compromisso dos funcionários é construído por meio de práticas como tempo livre, lista de idéias, promoção de *brainstorms* e implementação das boas idéias.

Fonte: BARIFOUSE, Rafael; SILVEIRA, Gabriel. A árvore do Google. *Época Negócios*. Edição 8, out. 2007. Disponível em: <http://epocanegocios.globo.com>; Battelle (2006).

4.13 CONSIDERAÇÕES FINAIS

A sociedade vive hoje uma revolução profunda com transformações em diversos setores. Na medicina, por exemplo, avançam as drogas comportamentais (como Viagra e Prozac) e o uso intensivo de tecnologia em exames e tratamentos. Na área da informática, os computadores estão cada vez menores e mais ágeis; computadores de bordo sem fio utilizam satélites de posicionamento global que reconhecem comandos de voz para dar direções para qualquer destino que se escolha. Os avanços nessa área também têm reflexos importantes, por exemplo, na telefonia celular. Assim, a tecnologia da informação permitiu a distribuição digital de produtos e serviços, e a extensão de produtos além do nível básico, a partir da utilização de informações.

Essas transformações possibilitam o surgimento de novos setores e determinam a necessidade de se estar preparado para enfrentar novos desafios, antecipar e aproveitar as oportunidades para perpetuar e fazer evoluir as empresas. Nesse sentido, a estratégia das empresas precisa considerar a alavancagem das competências essenciais atuais, bem como a identificação daquelas necessárias para competir pelo futuro, em um cenário de mudança permanente e radical (HAMEL; PRAHALAD, 1997).

As competências podem ser entendidas como os amplos conjuntos de conhecimentos referentes ao negócio, setor, mercado, à organização, tecnologia, cadeia de valores e aos indivíduos, que se tornam específicos ao se definir a estratégia (SANTOS, 2004). Se no passado as empresas demitiam para reduzir custos, sem analisar os níveis de competência em relação ao mercado, atualmente as novas empresas (*spin-offs*) exploram as competências de ex-funcionários que se tornam essenciais ao *core business*. Assim, surgiram a Visteon, um *spin-off* da Ford, e a Delphi, um *spin-off* da General Motors, ambos explorando a criatividade, cujo papel é fundamental para a inovação.

Neste capítulo, é relevante a discussão do conceito de velocidade evolutiva setorial, um parâmetro útil para medir as diferentes velocidades dos setores da economia. A idéia não é nova; ela já foi abordada por outros autores, como Day (1997). Inovação é introduzir o conceito de velocidade evolutiva de produtos, processos e organizações. A velocidade evolutiva setorial impulsiona o modelo da hélice dupla, que permite compreender como os setores se movimentam entre estruturas verticais e horizontais e quais são as forças que impulsionam essa movimentação.

As diferentes estruturas dos setores impõem às empresas um compromisso entre os incentivos para tomar riscos e o controle das atividades, um dos fatores a serem considerados no gerenciamento da inovação tecnológica. Foram identificados dois tipos de inovação tecnológica – sistêmica e autônoma – e também dois tipos de tecnologia – sustentável e disruptiva. Esses tipos de inovação e de tecnologia requerem formas organizacionais específicas para que se obtenha sucesso.

Nos ambientes em rápida evolução, o conhecimento técnico essencial é mantido no interior da empresa, onde se pode exercer forte controle sobre seu uso e direcionamento, de acordo com as necessidades estratégicas da organização. Em setores com alta velocidade evolutiva, verifica-se a utilização de uma estrutura organizacional híbrida. Independentemente da velocidade evolutiva do setor, existe uma tendência comum nas empresas no sentido de terceirizar a atividade de manufatura; a terceirização desta parece não estar mais confinada a partes e subsistemas, chegando também a produtos completos. A manufatura de produtos completos por terceiros deve se tornar o próximo passo das empresas na incessante busca por vantagens competitivas.

5

TECNOLOGIA DA INFORMAÇÃO

Desde o início dos anos 1970 do século XX, com o crescimento da importância dos serviços e da informação, os executivos enfrentam grandes desafios para poder entender e justificar como a Tecnologia da Informação (TI) pode ser efetivamente utilizada para aprimorar a competitividade empresarial, em um mundo cujo valor intangível dos serviços vem aumentando com muito mais rapidez do que o valor dos bens tangíveis (DAVIS; MEYER, 1999).

A abordagem da TI neste trabalho, enquanto elemento que permite à firma tornar-se mais competitiva, é ilustrada no esquema a seguir. O impacto da TI em gestão, tecnologia e pessoas (GTP), analisado no Capítulo 10, ocorre principalmente no sistema de gestão (forma organizacional) e na tecnologia do produto e processo.

Estrutura do Capítulo 5

Capítulo 1 – Introdução		
Justificativa	Objetivos	Desenho da pesquisa

Capítulo 2 – Modelos mentais e organizações		
Pontos de ruptura na história humana	Paradigmas pós-fordistas	Evolução dos modelos de gestão

Capítulo 3 – A criação de valor		
A noção de valor	Valor para o cliente	A cadeia de valor

Integrando diferentes perspectivas na criação de valor

Capítulo 4 – Inovação			
Criatividade	Incremental	Disruptiva	Mensuração

Capítulo 5 – Tecnologia da Informação	
Evolução e conceitos de TI	Conectividade nas empresas
Aplicações de TI nos negócios	TI e vantagem competitiva

Capítulo 6 – Competitividade	
Globalização e competitividade	Competitividade do Brasil
Competitividade empresarial	Diagnóstico da competitividade

Capítulo 7 – Estratégia	
Evolução histórica do campo	Escolas de pensamento
Estratégia de operações	Inovação de valor (*Value innovation*)

Capítulo 8 – Teorias da firma e estratégia empresarial	
A firma como função de produção	A firma como nexo de contratos
A firma como recursos heterogêneos	A decisão de fazer *versus* comprar

Capítulo 9 – Gestão, Tecnologia e Pessoas (GTP)		
Vantagem competitiva	Ambiente competitivo	Capacidades organizacionais

Integração: evolução nas empresas

Capítulo 10 – Competitividade empresarial: diagnóstico e planejamento	**Capítulo 11** – Estudo de casos	**Capítulo 12** – Conclusões e limitações

As aplicações da TI devem estar alinhadas à estratégia da empresa, e essa aderência está relacionada à forma pela qual o uso da TI pode afetar de maneira significativa a competitividade nos negócios.

Algumas das várias decisões na aplicação da TI, que estão intimamente ligadas à questão de alinhamento estratégico, são: mapeamento e identificação dos elos da rede de valor dos negócios da empresa a fim de proporcionar uma melhoria na sincronia e conectividade entre eles, bem como um aumento de seu valor como um todo; foco nas competências essenciais; melhoria do relacionamento e troca de informações entre os elos; melhoria da acuracidade das previsões da demanda e perfil dos clientes; e opção por terceirizar ou não os sistemas e processamento das aplicações de TI.

5.1 A EVOLUÇÃO DA TI NO SÉCULO XX

Segundo Nolan (2001), a evolução da tecnologia da informação divide-se em três grandes períodos e, em cada um deles, ocorreram diferentes estágios evolutivos: processamento de dados, microcomputadores e redes de trabalho. As primeiras aplicações de computadores consistiam no processamento de grandes massas de dados, principalmente para o uso científico e militar. A característica principal dessa geração de computadores era o uso de válvulas. Esse lento processo de desenvolvimento tecnológico, que levaria à construção do primeiro computador comercialmente viável, culminou com a produção em escala comercial do Universal Automated Computer (Univac), em 1951.

Os transistores substituíram as válvulas em fins dos anos 1950, proporcionando maior velocidade. As grandes empresas passaram a utilizar computadores para realizar tarefas transacionais, como o processamento de folha de pagamento e lançamentos contábeis. Em 1950, a IBM lançou o computador 650, que consolidou a família 600, a qual ficou conhecida no mercado como o "modelo T" da computação.

O lançamento da série de computadores 360 pela IBM ocorreu em 4 de abril de 1964, com a substituição dos transistores pelos circuitos integrados, uma tecnologia que proporcionava redução dos custos e de tamanho dos equipamentos, bem como maior velocidade de processamento. Esse foi o marco do início da terceira geração de computadores. A receita de processadores de dados que em 1963 havia sido de US$ 1,2 bilhão saltou para US$ 8,7 bilhões em 1973 (CHANDLER JR., 2003).

Na época, a indústria de TI era vertical, considerando-se o fato de que os fabricantes de *hardware* desenvolviam e comercializavam o *software*, oferecendo todos os serviços correlatos. Esse modelo de negócios durou até o início da década de 1980, com o advento dos microcomputadores pessoais.

Em outubro de 1981, a IBM, ao lançar o *personal computer* (PC), adotou uma estratégia horizontal modular de comercialização de seus produtos, ou seja, deixou de fabricar todos os componentes necessários e entregou os demais componentes para terceiros, como Intel, Microsoft, Epson, entre outros (NOLAN, 2001).

O desenvolvimento da filosofia de sistemas de TI do tipo cliente-servidor, em que os dados são armazenados e processados em um *mainframe* enquanto são acessados diretamente pelos PCs clientes, proporcionou maior confiabilidade e integridade de dados, emergindo como a arquitetura de TI que mais satisfazia às necessidades das organizações.

No final da década de 1980 e início da de 1990, as empresas de software desenvolviam produtos que visavam melhorar ainda mais o desempenho e a produtividade das redes de trabalho, aprimorando a arquitetura cliente-servidor. Nesse contexto, a internet desempenhou um papel fundamental para a transformação da capacidade de trabalho das organizações.

Inicialmente desenvolvida em 1969 para compartilhar informações entre as universidades norte-americanas participantes do projeto e o governo norte-americano (ARPANET), essa arquitetura que conectava máquinas umas às outras foi adotada pelas organizações, a partir de arquiteturas cliente-servidor com base na internet, o que potencializou a conexão entre as intranets de outras empresas.

A conexão entre pessoas, com o desenvolvimento do primeiro correio eletrônico já em 1972, e, tempos depois, com o desenvolvimento dos primeiros navegadores da internet (*browsers*), possibilitou avançar para a conexão entre pessoas e informações dispersas geograficamente. Em um momento posterior, a tecnologia de *web services* permitiu a automatização dos processos de conexão entre aplicativos e dados, sem que houvesse a intervenção humana (HAGEL III, 1998).

A partir de 1995, quando as tecnologias que viabilizavam a internet passaram a ser comercialmente suportadas, quebrou-se o paradigma de TI, e o objeto de análise passou da gestão das tecnologias de TI *per se* para a gestão das informações, proporcionada pela TI (NOLAN, 2001).

A ampla utilização da internet nos negócios tem proporcionado uma extensa gama de serviços on-line. Ao padronizar a comunicação e os procedimentos descritivos, os *web services* cuidam do transporte mais básico, deixando para os fornecedores e as integrações de aplicações empresariais (*Enterprise Application Integration* – EAI) desafios como integridade transacional distribuída, *workflow* e automatização de regras.

A tecnologia de *web services* marcará a transferência do foco da integração, da atual ênfase em conectividade para o desenvolvimento de componentes funcionais distribuídos e fundamentados em interfaces padronizadas (CAMPOS, 2002).

5.2 O CONCEITO DE TI EM NEGÓCIOS

A TI engloba as disciplinas que estudam os equipamentos (*hardware*), os programas (*software*) para os equipamentos e, ainda, programas aplicativos. Ela consiste na captura, armazenagem, seleção, escolha, transmissão ou apresentação da informação para dar suporte ao processo decisório nas empresas (COHEN, 2003).

Alguns dos processos que têm recebido investimentos com base na TI são:

- Planejamento e controle da produção, com base nos ERPs (*Enterprise Resource Planning* – Sistemas de Gestão Empresarial).
- Cadeia de suprimentos, compras (*e-procurement*) e vendas pela internet.
- Estratégia de vendas, relacionamento e marketing pela internet, como o CRM (*Customer Relationship Management* – Gerenciamento do Relacionamento com o Cliente).
- Processo decisório sobre o negócio, como BI (*Business Intelligence* – Inteligência Empresarial), que utiliza ferramentas de TI para mineração e análise de dados (*Data Warehouse* – Depósito de Dados – e *Data Mining* – Exploração de Dados).

A TI geralmente redefine estruturas e processos de trabalho, alterando modos de operação, relações de poder e formas de acesso à informação mediante os sistemas de informações instalados. De fato, em muitas empresas a TI assumiu uma posição relevante na direção estratégica do negócio. A área de TI não é somente um local para processamento e apoio de transações. Literalmente, suas ferramentas incorporam algoritmos para tomadas de decisões que influenciam de maneira estratégica os rumos das empresas (PADOVANI, 2007) e seus relacionamentos no ambiente de negócios (BASTOS, 2006). Ferramentas estratégicas de TI refletem em sistemas de informações estratégicos.

Assim, a TI passou a desempenhar papel de destaque como um recurso para os executivos na gestão estratégica da organização. Com essa visão, as organizações começam a aumentar seus investimentos em TI, mas, ainda assim, nem sempre essa intensidade de investimentos é capaz de determinar seu sucesso no negócio.

5.3 SISTEMAS DE INFORMAÇÕES (SIs)

Um sistema de informação (SI) é o conjunto de tecnologias da informação que executa desde as tarefas rotineiras de processamento de dados até os sistemas orientados para análise e suporte ao processo decisório nas empresas (ROBSON, 1997). A Figura 5.1 traz um exemplo de como os sistemas de informação se disseminam pela organização e em quais níveis operam. As informações geradas no nível transacional possuem um grau de estruturação maior, uma vez que dependem de procedimentos programados para lidar com uma grande massa de dados no curto prazo.

Figura 5.1 A pirâmide de sistemas de informação

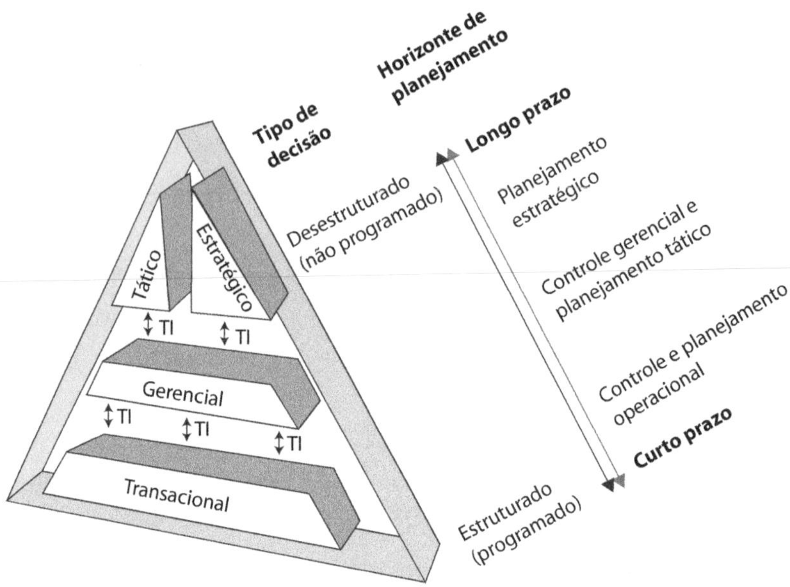

Fonte: WEILL; BROADBENT, 1998; ROBSON, 1997.

À medida que se caminha para o topo da pirâmide organizacional, o grau de estruturação diminui, uma vez que a tomada de decisões passa a contar com o auxílio de sistemas arquitetados para controle gerencial e operacional do negócio, fornecendo informações táticas às diversas áreas da empresa.

O topo da pirâmide representa os sistemas táticos e estratégicos do SI, em que o processo de tomada de decisões é mais desestruturado, contando com diferentes fontes de informações, e visando ao planejamento estratégico no longo prazo, o que requer flexibilidade do sistema a fim de que os executivos possam obter respostas rápidas às necessidades de decisão para o negócio (WEILL; BROADBENT; SUBRAMANI, 2002).

O Quadro 5.1 resume os objetivos, conceitos e tecnologias que permeiam cada nível da pirâmide de sistemas de informações, além de demonstrar exemplos de tecnologias.

Percebe-se, assim, que existe uma hierarquia entre os tipos de sistemas de informação, que são interligados pela TI. A necessidade de informação é diferente para cada nível organizacional, mas é cumulativa, ou seja, a tomada de decisão em cada nível depende da qualidade da arquitetura de TI desenvolvida para esse nível, além da dos níveis inferiores.

Quadro 5.1 Gerenciamento da estratégia e das informações

Sistemas	Objetivo	Conceitual	Tecnologia	Exemplo
Transacionais	Aumentar a **produtividade** do **trabalho**	Integração e melhoria de processos	ERP (*Enterprise Resource Planning*) e sistemas departamentais	Folha de pagamento, contabilização de notas fiscais
Gerenciais	**Monitorar o desempenho** das áreas e atividades no nível de detalhe adequado	Indicadores de *performance* gerenciais e operacionais e suas dimensões de análise	Ambientes de suporte à decisão, ferramentas de consulta e exploração de dados	Posição diária da carteira de clientes
Táticos	Planejar o alcance dos objetivos estratégicos e determinar qual é a responsabilidade de cada área e atividade	Projeção de metas gerenciais e operacionais para as áreas e atividades, baseados em indicadores inter-relacionados	Ferramentas de simulação e construção de orçamento	Elaboração de previsões orçamentárias
Estratégicos	**Planejar** e monitorar o **posicionamento estratégico** da corporação	Monitoramento com indicadores-chave de *performance* inter-relacionados	Sistema de indicadores de desempenho como o *Balanced Scorecard* (BSC)	Pesquisa dos concorrentes (*Benchmarking*)

Fonte: WEILL; BROADBENT, 1998; ROBSON, 1997.

5.4 O PAPEL DA INTERNET NA CONECTIVIDADE NOS NEGÓCIOS

O melhor posicionamento que a empresa pode ter em um mercado alavancado pelas *web services* passa necessariamente por três estágios de criação e captação de valor: a promoção da rentabilidade em curto prazo, a convergência do foco e a aceleração do crescimento (HAGEL III, 2003).

Conforme Hagel III (2003), as primeiras implementações de tecnologias de *web services* tendem a concentrar-se nas "bordas" da empresa, em funções como vendas e compras. Em uma cadeia de suprimentos, o aumento da conectividade evita problemas entre os fornecedores, que geralmente transmitem informações em seus próprios formatos técnicos e exclusivos. Para o autor, atacar as ineficiências nos processos de negócios entre as empresas da cadeia de valor resulta em expressivas economias operacionais no curto prazo.

Outra questão importante no contexto das tecnologias *web services* é a manutenção e convergência do foco no negócio. Diante das inúmeras informações disponibilizadas via web, a capacidade de discernir aquelas que realmente serão úteis à rede de processos do negócio pode ser a diferença entre o sucesso ou o fracasso empresarial.

Por último, os serviços web podem promover a aceleração do crescimento da empresa. Para que isso ocorra, esta deve desenvolver novas habilidades gerenciais, tornando os gerentes funcionais verdadeiros gerentes de negócio, para que consigam explorar as oportunidades de sua área, avaliar desempenho, bem como desenvolver e promover o conhecimento.

5.5 A TI E A RECONFIGURAÇÃO DO NEGÓCIO

O modelo apresentado por Venkatraman (1994) apresenta vários patamares, que representam as possíveis transformações que podem ocorrer em uma empresa; porém, esses diversos níveis não devem ser considerados estágios de sua evolução. A empresa deve identificar em sua estratégia o estágio que trará o nível de transformação desejado e, então, estruturar-se para atingi-lo.

No modelo de cinco níveis, apresentado na Figura 5.2, os dois primeiros níveis são considerados evolucionários, causando pequeno impacto nos processos da empresa. Os três níveis superiores são considerados no âmbito das mudanças radicais ou revolucionárias, demandando alterações estruturais nas rotinas organizacionais.

O nível de exploração localizada não requer transformação organizacional, uma vez que a tecnologia será utilizada localmente para reduzir ciclos locais, melhorar as comunicações, como é o caso do CAD (projeto assistido por computador), CAM (manufatura assistida por computador), código de barras, entre outros. Nesse nível não há alteração sensível do processo atual, os benefícios são baixos e podem facilmente ser imitados.

Figura 5.2 Transformação organizacional e TI

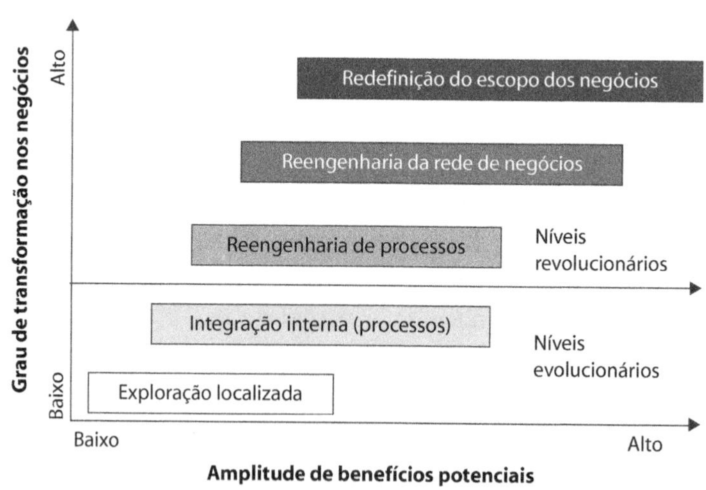

Fonte: VENKATRAMAN, 1994.

O nível de integração interna é uma extensão do nível anterior, uma vez que o propósito é expandir o uso da TI ao longo de toda a empresa, encurtando os ciclos de comunicação, processos, fluxo de dados e decisão. Como exemplo, pode-se citar a tecnologia CIM (manufatura integrada por computador), que interliga diretamente o projeto com o planejamento de processos e com a operação propriamente dita, as máquinas operatrizes.

Os dois primeiros níveis são a utilização da TI em níveis evolutivos, em que os benefícios são baixos ou moderados e as transformações organizacionais são poucas. Nesses níveis, os inibidores e os impulsionadores são apresentados no Quadro 5.2.

Quadro 5.2 Inibidores e impulsionadores nos estágios evolutivos

	Tecnológicos	**Organizacionais**
Impulsionadores	Melhor conectividade favorece a *performance* de custos	Liderança e comprometimento
Inibidores	Obsolescência e ausência de padrões	Resistência gerencial, riscos e limitações financeiras

Fonte: VENKATRAMAN, 1994.

Os níveis seguintes de adoção tecnológica, segundo Venkatraman (1994), são chamados níveis revolucionários, uma vez que os benefícios são maiores. No terceiro nível, a empresa deve repensar a forma como conduz seu negócio, fazendo o redesenho de processos com foco em sua visão de negócio e seus objetivos estratégicos. Nesse estágio, não se consegue extrair todos os benefícios da TI, caso sua implantação seja feita sobre os processos vigentes. As empresas devem, portanto, estudar e compreender a razão desses processos, seus pontos fortes e fracos, bem como proceder ao redesenho racional e sistemático dos processos de negócio.

No quarto nível, verifica-se uma mudança externa à empresa, com redesenho da forma de troca de informações com clientes e fornecedores. Esse redesenho é visto como estratégico, uma vez que possibilita o conhecimento dos negócios dos parceiros, o aumento da eficiência administrativa e operacional e a utilização de competências compartilhadas. Tal reestruturação do relacionamento da rede pode gerar produtos superiores, permitindo a extensão do negócio, que é o quinto nível.

No quinto nível, a empresa explora as funcionalidades da TI no mercado ou nos seus produtos. Surgem, assim, empreendimentos conjuntos, alianças, sociedades e redes de negócios virtuais mais flexíveis e fluidas. Algumas tarefas podem ser terceirizadas, fortalecendo a rede e tendo a TI como suporte para controle do processo da rede como um todo.

Conforme assinalado neste capítulo, segundo entendimento de Hagel III (2003), esse processo de conexão das empresas passa por três estágios de criação e captação de valor: a promoção da rentabilidade no curto prazo, a convergência do foco e a aceleração do crescimento. Em cada estágio a migração para a tecnologia da informação deve considerar o valor econômico ao longo da cadeia.

Os serviços de rede (ou serviços web – *web services*) oferecem maior flexibilidade e menor custo de implementação, a despeito de grande parte das empresas já possuir suas próprias plataformas personalizadas de tecnologia. A expansão dessa tecnologia de conectividade acaba passando por processos de negócios básicos, processos administrativos, unificação de plataformas entre empresas e adoção de aplicativos operacionais.

Em relação ao foco do negócio, o maior envolvimento dos parceiros da rede decorre da configuração dos relacionamentos entre muitas empresas para respaldar as necessidades de um cliente específico, ao longo de muitos níveis de atividade, ou seja, ao longo de um processo específico de negócio.

À medida que as empresas se tornam mais capazes de gerar rapidamente valor adicional para os clientes, é possível recorrer a outras formas de agregação de recursos, ampliando seu potencial de inovação e reduzindo o tempo de desenvolvimento de novos produtos e serviços, ou seja, conquistando maior flexibilidade em suas operações. A Figura 5.3 identifica os estágios da conectividade correlacionados aos fatores críticos de sucesso que preponderam ao longo dos diversos processos existentes na cadeia.

Figura 5.3 Os estágios da conectividade e os fatores críticos de sucesso

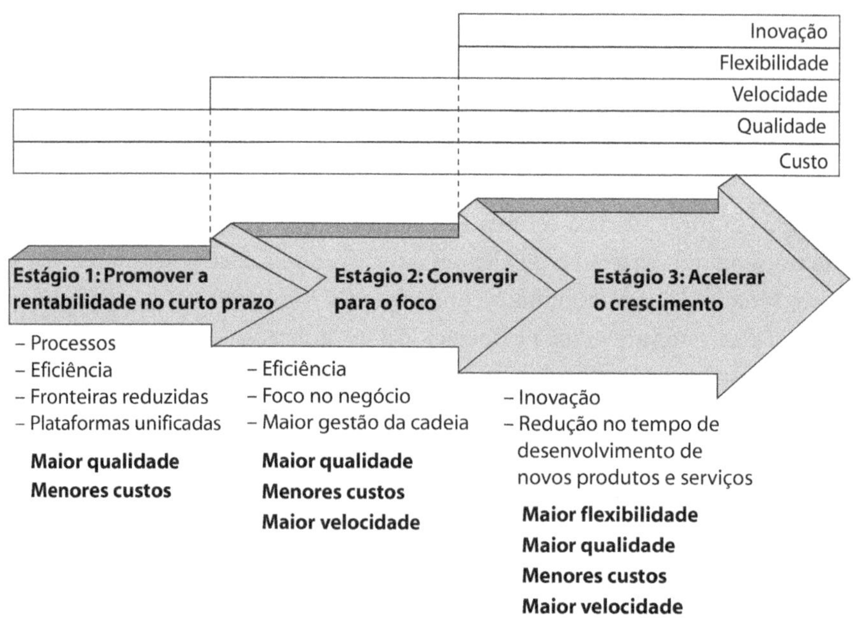

Fonte: Adaptada de Slack (1996) e Hagel III (2003).

No estágio 1, ocorre a experimentação ou a busca da rentabilidade no curto prazo. Nesse estágio, as primeiras implementações tendem a concentrar-se nas "bordas" da empresa, em que os processos de negócios precisam interagir com os de muitas empresas, principalmente para realizar atividades de compra e venda, as quais apresentam tecnologias com limitações mais evidentes.

Ainda nesse estágio, as empresas conseguem expressivas economias operacionais de curto prazo, ao superar as ineficiências nos processos de negócios que envolvem várias empresas. Embora a conexão comece nas bordas da empresa, ela se difunde inexoravelmente para o núcleo da organização, que realizará suas atividades baseadas em tecnologia de serviços web, que talvez se convertam na plataforma dominante para todas as atividades de negócios.

O estágio 2, por sua vez, representa a expansão ou convergência para o foco do negócio. Nesse estágio, a tecnologia de serviços web está difundida por toda a empresa, conferindo aos gerentes o desenvolvimento de suas atividades com muita flexibilidade.

Os processos organizacionais e as práticas gerenciais são aprimorados de maneira sistemática, gerando maior valor. Os vetores principais desse estágio são a busca de eficiências operacionais e a orquestração da rede, que possibilitam o gerenciamento dos processos de negócios, fomentando, assim, oportunidades de especialização e de rápida melhoria do desempenho dos participantes, dado que os negócios da empresa não são mais caracterizados pelas fronteiras tradicionais e se projetam para fora, abrangendo e mobilizando um conjunto de empresas altamente diversificado.

No estágio 3, Hagel III (2003) assinala que a empresa tem uma gama de opções para desenvolver suas atividades. O Quadro 5.3 resume as principais opções com exemplos de empresas em cada situação.

Quadro 5.3 Plataformas alternativas de crescimento

Papel	Agregador		Orquestrador		Modelador
Plataforma de crescimento alavancado	Portfólio de serviços de valor agregado	Comunidades patrocinadas por fornecedores	Redes de processos		Redes econômicas
			Fechada	Aberta	
Exemplos	Schwab	IBM/Oracle	Cisco/ Nike	Li&Fung	Microsoft/ Intel

Fonte: HAGEL III, 2003.

Nesse estágio, as empresas são capazes de gerar rapidamente valor adicional expressivo para os clientes, e as estratégias de crescimento podem ser desenvolvidas com base na rede de processo – no entanto, também é possível recorrer a outras formas de agregação de recursos. A empresa pode ainda desenvolver um processo de mudança organizacional por camadas, consistindo de novas habilidades e novas funções, como orquestrador de processos e arquiteto de serviços web.

5.6 OTIMIZANDO O USO DA TI

Pesquisa elaborada em 2002 pelo Center for Information Management Studies (CIMS), perante 60 CIOs nos Estados Unidos, identificou dez questões-chave para que a gerência de operações possa obter vantagem competitiva a partir do alinhamento das estratégias de TI com a estratégia de negócios. Os fatores críticos de sucesso destacados nessa pesquisa são:

- **comércio eletrônico** – a cobertura de produtos tangíveis e intangíveis proporcionada pela internet promove uma alteração na competição entre as empresas;
- **colaboração interna e externa via serviços web** – a padronização de linguagens viabilizará os conceitos de conectividade rápida das aplicações e a colaboração dentro e fora da empresa;
- **foco no cliente** – o desenvolvimento de interfaces amigáveis (*user-friendly*) promove estreitamento de laços entre as empresas e os seus clientes, via melhor atendimento e resposta às necessidades do mercado;
- **gerenciamento de projetos com recursos internos e externos** – o novo desafio gerencial é a coordenação de múltiplos projetos em um prazo específico e com escassos recursos;
- **cadeia de valor** – as novas tecnologias de serviços web, exploração de dados (*data mining*), entre outras, são responsáveis pela ampliação da cadeia de valor de produtos e serviços;
- **segurança e comunicação na infra-estrutura de TI** – um planejamento ruim de infra-estrutura pode tornar custosas e morosas futuras expansões e integrações;
- **gerenciamento do conhecimento** – as novas tecnologias devem servir para aprimorar a geração e difusão de informação dentro das empresas;
- **posicionamento do papel da TI** – a cultura organizacional tem forte influência do posicionamento da TI dentro das organizações, desde que não as tornem inflexíveis;
- **alinhamento estratégico da TI** – o alinhamento entre a estratégia de TI e a de negócios das empresas depende da qualidade do trabalho das equipes envolvidas no projeto, a fim de promover flexibilidade e eficiência na empresa;
- **recursos humanos hábeis e motivados** – o perfil das pessoas envolvidas em processos de TI deve contemplar aspectos técnicos e funcionais.

5.7 ALINHAMENTO DAS POLÍTICAS DE TI AO NEGÓCIO

Weill e Broadbent (1998) e Weill, Broadbent e Subramani (2002) conduziram pesquisas em várias empresas a fim de analisar como os executivos entendem suas necessidades em TI. O Quadro 5.4 apresenta os resultados obtidos na pesquisa de 1988, quando foram analisadas 54 unidades de negócio em 27 empresas de diversos países.

Nesse caso, o nível de investimento em TI comparado com a média da indústria foi de 4,1% da receita e 7,7% das despesas. O desmembramento desse investimento no portfólio de TI foi: 58% em infra-estrutura, 12% em transacional, 16% em informacional e 14% em estratégico.

Quadro 5.4 Infra-estrutura de TI e níveis de investimento

Tipo de TI	Características			Perfil dos executivos	Nível de investimento
		Risco/Retorno	Criação de valor		
Estratégico	Aumento de risco (↑)	Alto risco, imenso potencial e 50% de taxa de fracasso	Inovação, flexibilidade, alto valor agregado, interação entre pessoas e/ou clientes, aumento de vendas, vantagem competitiva, posicionamento de mercado	CEO/BDM	14%
Infra-estrutura		Risco moderado em razão da longa vida e de incertezas técnicas e de negócio	Integração e flexibilidade do negócio, redução do custo marginal da TI por unidade de negócio, redução dos custos de TI, padronização, produtividade de TI, segurança	CIO/CTO	58%
Informacional (Tático)		Risco moderado em razão da dificuldade de atuar na informação para criar valor para o negócio	Aumento de controle, melhor informação e integração, melhor qualidade, ciclos mais rápidos	BDM	16%
Transacional (Gerencial)		Baixo risco com retorno sólido de 25% a 40%	Corte de custos e agilidade (redução do ciclo do negócio)	CFO/CIO/LOB	12%

Fonte: WEILL; BROADBENT, 1998.

Após analisar cerca de 250 empresas em diversos países do mundo, Weill e Ross (2004) concluíram que o valor agregado pelos investimentos em TI resulta de uma política de TI efetiva e correta, em que o planejamento de investimentos ocorre mediante três mecanismos de decisão, indicados na Figura 5.4. Nessa figura, os três mecanismos de decisão são: quais decisões devem ser tomadas, como fazer e monitorar as decisões e quem deve tomá-las.

Assim, as empresas que souberam adotar uma política de implantação de TI eficiente e coerente obtiveram lucros cerca de 20% superiores aos de empresas em que a TI foi implantada de maneira precária. Mesmo assim, apenas 38% dos gestores seniores souberam descrever de forma precisa sua política de TI.

Figura 5.4 Processo trifásico de tomada de decisões em TI

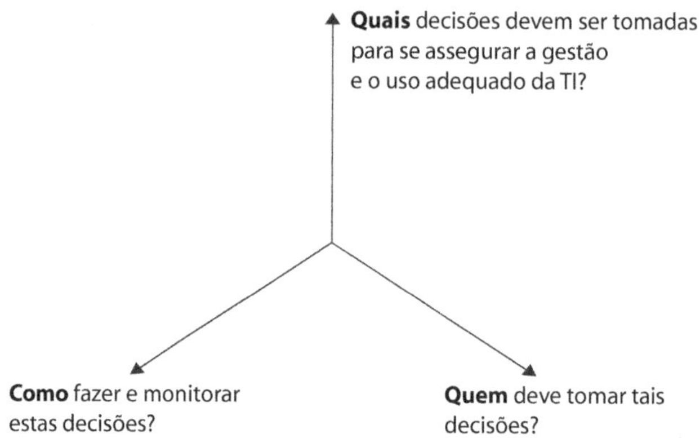

Fonte: WEILL; ROSS, 2004.

Portanto, a pesquisa realizada por Weill e Ross responde à pergunta de muitos executivos sobre o porquê de seus investimentos em TI não gerarem uma contribuição financeira proporcional aos altos investimentos decorrentes da caríssima tecnologia instalada. A inadequação das políticas de TI, em razão da miopia no que tange às reais necessidades de informações e processos das empresas, acaba gerando frustrações decorrentes dos resultados obtidos em contrapartida aos altos investimentos em TI.

5.8 CASOS DE APLICAÇÕES EMPRESARIAIS DA TI NO MUNDO

A Cisco Systems é uma empresa cuja tecnologia dominante é a de roteadores, essenciais para o funcionamento da internet, pois são capazes de conectar várias redes de computadores, de diferentes tecnologias, em uma única rede.

Em 1992, a Cisco concluiu que suas competências essenciais (*core competences*) eram os processos de desenho e atendimento de pedidos de produtos, em vez da transformação física do produto. A empresa terceirizou várias fases de fabricação de seus produtos, ficando com a parte final de montagem e testes, iniciando um processo de conexão dos elos da cadeia de suprimentos.

A Cisco automatizou o processo de coleta de dados sobre produtos, reduzindo o ciclo de mais de 24 horas para apenas 15 minutos. Mediante a simulação do desenho do produto antes de enviá-lo à fábrica, a empresa atacou 98% dos problemas de sua fabricação, bem como reduziu o número de interações com fornecedores de 5 para 2,5. O uso de tecnologias reduziu os custos de desenvolvimento e lançamento de produtos para US$ 49 milhões em 1999.

Por sua vez, a Zara, empresa espanhola do setor de varejo de confecções, tem uma estratégia de ditar padrões no mercado via inovações em custos, atendimento e pedidos. De todas as lojas pertencentes ao grupo Zara, seus gerentes enviam informações confiáveis no que tange às necessidades do mercado para os criadores da matriz, antecipando as últimas tendências e evitando mercadorias menos desejáveis.

Como resultado, a empresa apresenta uma gestão de estoques enxuta, mediante estreita conexão entre a oferta e a demanda, reduzindo custos de obsolescência. Dessa forma, a Zara consegue entregar novos estilos de mercadorias em um prazo de três a seis semanas, comparativamente aos cinco meses que os concorrentes levam para apresentar inovações no mercado. Também se explica o fato de a empresa ter apresentado um crescimento de 20% em vendas por mais de uma década, com uma margem de lucro de 10% na indústria.

A rápida introdução de novos produtos conseguida pela Nokia é também um bom exemplo de eficiência na gestão da cadeia de suprimentos com o uso da TI. A Nokia alcançou agilidade e flexibilidade mediante VMI (*Vendor Managed Inventory* – Estoque Gerenciado pelo Fornecedor) e planejamento colaborativo com os fornecedores. A empresa conquistou margens de 20% nos lucros, participação de mercado de 35% e um custo marginal de venda de telefones cerca de 18% inferior ao dos concorrentes.

5.9 CASOS DE TI NO BRASIL

A FGV-EAESP realiza pesquisa anual, por meio do Centro de Informática Aplicada (CIA), a respeito de custos no setor de informática. A tendência de investimentos é crescente (como mostra o Gráfico 5.1), ao passo que o custo por usuário tem decaído, ano após ano.

Observa-se que o investimento cresceu de 3% para 6% ao ano, entre 1997 e 2003. O custo por usuário diminuiu de US$ 14 mil para US$ 6 mil no mesmo período. Nas empresas, o custo anual marginal por usuário tem decrescido, enquanto os gastos com TI têm aumentado.

Gráfico 5.1 Histórico e tendências de gastos, investimentos e custos em TI

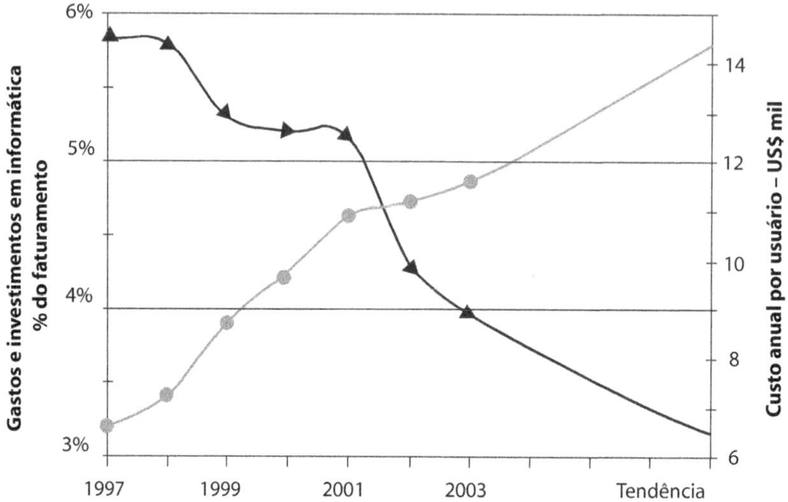

Fonte: Centro de Informática Aplicada (CIA) da FGV-EAESP (2004).

Em 2003, o setor de serviços representa aquele que mais investiu em informática, apresentando gastos de 7,3% em relação ao faturamento líquido, acima da média de mercado, que foi de 4,3% do faturamento líquido (Gráfico 5.2). Os demais setores investiram menos que a média do mercado, ficando a indústria com investimentos de cerca de 3,2% de seu faturamento líquido, ao passo que o comércio investiu 2,2%.

No Brasil, os bancos foram pioneiros do uso da internet para que os clientes pudessem acessar serviços disponibilizados, bem como serviços de aplicações financeiras. Logo, a tecnologia bancária no País atingiu um grau de excelência reconhecida em âmbito internacional. Essa é, provavelmente, a única área em que o desenvolvimento de uma tecnologia local se igualou aos equivalentes estrangeiros, chegando até a suplantá-los. Diniz (2004) identifica quatro períodos distintos, a saber:

- Fase da Centralização e dos primeiros anos (de 1962 a 1975) – dos primeiros computadores instalados até a consolidação do uso da tecnologia de informática em bancos no País.
- Fase do Marketing e da criação da indústria nacional (de 1976 a 1985) – do início das restrições às importações até a consolidação de uma indústria nacional de tecnologia bancária.
- Fase da Racionalização e do crescimento do auto-atendimento (de 1986 a 1995) – do início do período da tecnologia como ferramenta de racionalização de

custos, queda dos preços dos equipamentos, início da automação bancária e entrada de novas empresas nacionais no mercado.

- Era da Internet (a partir de 1996) – das primeiras experiências de *Internet Banking* até os dias atuais.

Gráfico 5.2 Gastos e investimentos em informática

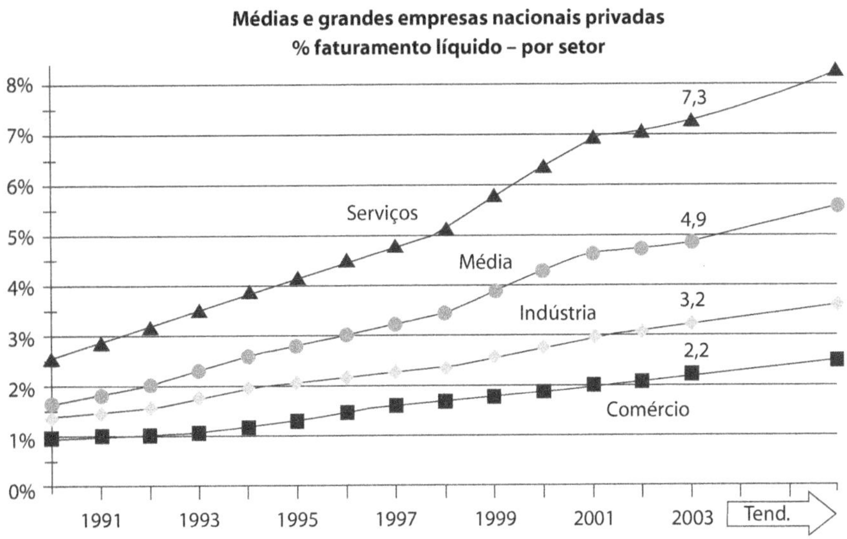

Fonte: Centro de Informática Aplicada (CIA) da FGV-EAESP (2004).

Na segunda metade da década de 1990, com a internet, o banco virtual, acessado por milhões de clientes de suas casas ou escritórios, decolou no mercado, principalmente com a adesão de um crescente número de usuários de internet. Entre 1998 e 2002, o ritmo de crescimento da internet foi significativo, com o aumento das transações por meio desta a uma taxa de 180% ao ano, ou seja, um ritmo quase dez vezes acima do volume total de transações. Segundo a Federação Brasileira dos Bancos (Febraban), em 2000 existiam cerca de 8,3 milhões de usuários de *Internet Banking* no Brasil. Em 2001, esse número já era de 13 milhões, e em 2002 saltou para 14,9 milhões. Em contraste, percebeu-se uma redução de 94% do uso do número de usuários de software proprietário de *home/office banking*, no mesmo período.

No varejo brasileiro, uma empresa que se destaca pelas constantes inovações tecnológicas é a Companhia Brasileira de Distribuição (CBD), do Grupo Pão de Açúcar. Em 2001, a CBD concluiu a implantação do pd@net, um sistema que permite a integração on-line de 6.000 fornecedores. O sistema permitiu a agilidade na substituição de processos manuais por eletrônicos, seguida pela conseqüente eliminação de erros e burocracia na operação. Houve uma redução de 30 para 10 minutos na emissão de pedidos, e de 10 para 1 minuto na conferência de notas fiscais, resultando na economia de 17 mil horas mensais nesse processo. Na logística, estão previstos significativos investimentos em *Warehouse Management System* (WMS) que permitirá otimizar o gerenciamento da operação dos centros de distribuição, proporcionando agilidade e flexibilidade nas operações.

No setor automobilístico, a General Motors (GM) do Brasil foi a primeira empresa nacional a apresentar um modelo inovador de vendas de automóveis. A empresa iniciou sua presença na internet em 1997 pelo web site <http://www.chevrolet.com.br>, uma espécie de primeiro contato entre a empresa e seus *stakeholders* eletronicamente. Em 2000, após a inauguração de sua nova fábrica em Gravataí (RS), a GM passou a produzir o modelo Celta, que seria vendido somente pela internet.

O modelo foi lançado em setembro de 2000 e possuía duas modalidades de vendas: a via tradicional, nas concessionárias, e a via comércio eletrônico (*e-commerce*). A diferença de preços era cerca de 6%, atribuída ao diferencial de imposto e a ganhos de eficiência na cadeia de suprimentos.

As vendas via internet aumentaram de forma significativa desde seu lançamento. Em 2000, as vendas virtuais representaram cerca de 4% do total de vendas. Em 2001, saltaram para 18% do total de vendas da empresa, 25% nos anos subseqüentes, sendo 80% das vendas do Celta efetuadas pela internet. O resultado desse esforço da GM é que a venda direta pela internet aumentou o faturamento da empresa e o número de clientes no segmento de veículos populares.

No setor aéreo, a Gol Transportes Aéreos S.A. se destaca pelos resultados obtidos a partir de um novo modelo de negócio do tipo *low cost, low fare*, viabilizado com o uso de TI. Essa política de custos baixos e tarifas baixas é viabilizada pelo comércio eletrônico, com o qual a venda de passagens aéreas pela internet representa 58% do faturamento, sem intermediação de agentes de viagem, os quais cobram até 10% de comissão.

Outra ferramenta bastante utilizada pela empresa é o *Web Check-in*, que possibilita aos passageiros que viajam apenas com bagagem de mão realizar o auto-atendimento por meio de qualquer computador conectado à internet. A mais recente solução tecnológica adotada pela Gol foi a implementação do sistema *Flight Timeline Board*, que permite a análise do desempenho operacional para automatizar a coleta e apresentação de dados de seu diagrama de rotação de aeronaves, o que aprimorou substancialmente a capacidade de tomada de decisões na companhia (para saber mais sobre o modelo de negócios adotado pela Gol, ver Quadro 4.7, no Capítulo 4).

5.10 TI E VANTAGEM COMPETITIVA

De acordo com Mata, Fuerst e Barney (1995), a TI pode adicionar valor a uma firma. Porém, a adição de valor feita pela TI mediante a redução de custos e/ou o aumento de receitas não é o mesmo que a TI como fonte de vantagem competitiva para uma empresa. Compreendendo a firma como um pacote de recursos heterogêneos, pode-se avançar no entendimento dos recursos – entre eles ativos e conhecimento gerido e acumulado em TI – como fontes de vantagem competitiva. Nesse sentido, dois elementos da teoria dos recursos emergem: a heterogeneidade e a imobilidade dos recursos.

A condição de heterogeneidade dos recursos está conectada à vantagem competitiva sustentável, dado que se uma firma detém um recurso ou capacidade exclusivos em relação aos demais competidores, essa condição de heterogeneidade dos recursos gera, pelo menos, uma vantagem competitiva temporária (MATA; FUERST; BARNEY, 1995).

A condição de imobilidade dos recursos, por sua vez, geraria ao menos uma vantagem competitiva temporária se uma firma sem o recurso ou capacidade tivesse uma significativa desvantagem de custos em obter, desenvolver e usar esses recursos em relação à firma que já o possui.

A síntese desses argumentos é apresentada na Figura 5.5.

Figura 5.5 Um modelo de vantagem competitiva com base em recursos

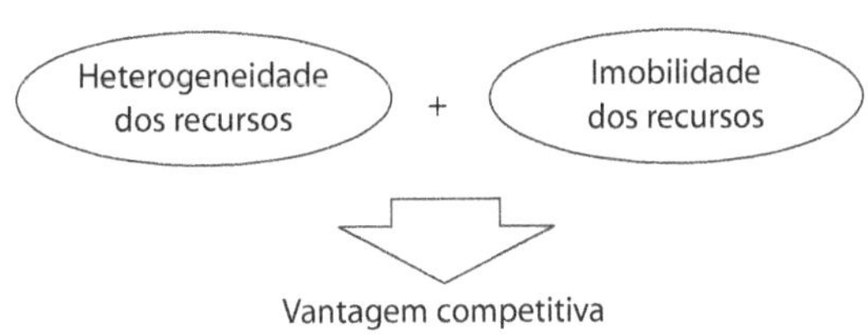

Fonte: MATA; FUERST; BARNEY, 1995.

Para Mata, Fuerst e Barney (1995), cinco elementos são fundamentais para a obtenção de vantagem competitiva baseada na TI:

- **custos de troca pelos consumidores** (*lock in*) – este é um fator consideravelmente incomum de vantagem competitiva, só ocorrendo quando um fornecedor é, e tende a continuar sendo, um monopolista de determinado bem de TI absolutamente essencial para as atividades de negócios dos consumidores;
- **acesso ao capital** – há duas razões para isso: a primeira é que investimentos em TI podem ser bastante arriscados, sendo o capital exigido para isso muito

custoso; além disso, investimentos em TI podem requerer grandes montantes de capital de risco. Dois também são os principais riscos envolvidos em investimentos de TI: o risco tecnológico (que concerne ao fato de o investimento não atingir a *performance* esperada dentro de um limite de tempo específico) e o risco de mercado (que diz respeito ao fato de o novo produto ou serviço de TI estar efetivamente adaptado ao uso dos consumidores);

- **propriedade da tecnologia** – a tecnologia pode ser também vista como fonte de vantagem competitiva, pois, apesar da possibilidade de proteção por patentes, há evidências de que ela pode ser pouco protegida por estas. Logo, o segredo é a única forma de proteger uma propriedade de tecnologia, gerando, assim, uma fonte de vantagem competitiva;
- **habilidades técnicas de TI** – referem-se ao conhecimento necessário para construir aplicações de TI usando tecnologia disponível e operá-las de modo a fabricar produtos ou produzir serviços. Essa não é uma fonte de vantagem competitiva sustentável, pois ela não está, de modo heterogêneo, distribuída pelas empresas (e mesmo quando estão, elas são altamente copiáveis);
- **habilidades de administração de TI** – incluem a habilidade de conceber, desenvolver e explorar aplicações de TI para suportar e alcançar outras funções de negócios. As habilidades de administração de TI são, em sua maioria, desenvolvidas no decorrer de longos períodos de tempo, acumulando experiências por tentativa e erro. Se as habilidades de administração de TI são valiosas e distribuídas de forma heterogênea por meio das empresas, elas podem ser fontes de vantagem competitiva, desde que esses relacionamentos sejam desenvolvidos ao longo do tempo e socialmente complexos, e não passíveis de imitações de baixo custo.

Logo, apenas as habilidades de administração de TI podem provavelmente ser fonte de vantagem competitiva sustentável. As habilidades de gerência de TI são quase sempre distribuídas de forma heterogênea por meio das empresas, pois tais habilidades fazem parte da história e da rotina da corporação, o que torna difícil a sua replicação pela concorrência.

5.11 BOX

5.11.1 TI e convergência digital

A convergência digital está alterando a forma como as pessoas lidam com lazer e entretenimento e, assim, também está mudando a indústria do entretenimento e de ele-

Continua

Continuação

troeletrônicos. Essa convergência vai além da comunicação entre diferentes aparelhos e a integração de funções diversas em um único equipamento, como celulares com câmera fotográfica e MP3. A convergência digital é um processo de integração de tecnologias antes distintas, em um mesmo ambiente digital, permitindo não apenas a integração de diferentes funções de *hardware*, mas uma completa integração entre *hardware*, *software* e serviços, viabilizada pela conectividade.

Com a relevância do entretenimento na sociedade e a convergência digital, produtos de entretenimento doméstico passaram a ter maior importância na indústria de consumo, e o entretenimento se torna tema central na estratégia de diversas empresas. Essa nova realidade leva empresas como a Microsoft a terem competidores antes impensados, como a Sony e o Google, tornando as empresas mais competitivas entre si e ao, mesmo tempo, mais inter-relacionadas, sendo cada vez mais difícil distinguir as fronteiras dos diversos mercados e empresas.

Nesse contexto, uma guerra está sendo travada pela sala de estar digital, na qual existirá uma central de entretenimento integrando todas as necessidades do indivíduo. Uma peça importantíssima nessa batalha são os consoles de *videogames*, que passam a ter papel-chave na estratégia da Microsoft e Sony.

A indústria do *videogame* apresenta uma receita mundial superior a US$ 26 bilhões anuais, atrai alguns diretores como Spielberg e John Woo e, segundo relatório da The Entertainment Software Association (www.theesa.com), nos Estados Unidos, 69% dos chefes de família se divertem com jogos de computador ou com *videogames*, e a média de idade dos jogadores é de 33 anos. Isso demonstra um mercado muito mais amplo do que crianças e adolescentes, firmando o *videogame* como opção de entretenimento para todas as idades. Como exemplo desse alcance, o PlayStation2 (Sony) vendeu mais de 100 milhões de unidades desde 2000 em todo o mundo, o XBox (Microsoft) vendeu cerca de 22 milhões desde 2001 e o Game Cube (Nintendo) cerca de 19 milhões.

Com essa base instalada, Sony e Microsoft querem utilizar seus consoles de *videogames*, graças à convergência digital, como um "Cavalo de Tróia" para conquistar a sala de estar, levando o computador para a sala da casa, fornecendo *games*, filmes, música, internet, *chat on-line* etc., tendo como alvo todos os usuários de entretenimento doméstico.

A conectividade e a multimídia são o coração dessas plataformas, que passam a competir com os PCs e outros eletroeletrônicos, e como são um ponto de convergência, competem também com outras formas de entretenimento, como a TV ou cinema. As duas empresas iniciaram essa abordagem com suas plataformas anteriores, que tocavam DVDs, tinham internet e MP3, mas a tecnologia e os usuários não estavam prontos para essa revolução. Com a nova geração de consoles, acredita-se que esses problemas tenham sido solucionados. O XBox 360, da Microsoft, e o PlaySatation3, da Sony, são compatíveis com HDTV (aparelhos de televisão de alta definição), CDs, DVDs (inclusive novos padrões, conforme será visto), MP3, fotos e internet, entre outras funcionalidades, com potencial para ser o centro da diversão doméstica.

Continua

Continuação

Os impactos começam a ser sentidos em toda a indústria de eletrônicos e do entretenimento. Por exemplo, esses consoles trabalham com o formato *wide screen* de alta definição e som *surround* Dolby Digital, o que ajudará as vendas de HDTVs. Prova disso é que, para incentivar essas vendas, a Microsoft e a Samsung realizaram uma promoção conjunta, expondo jogos do XBox 360 no lançamento do console, em HDTVs da Samsung em 25 lojas ao redor do mundo.

O papel central do *videogame* na estratégia da Sony e da Microsoft representa uma mudança de modelo mental que tem um impacto importante desde a definição de seu *core business* até as formas de geração de receita. Para a Microsoft, essa mudança foi mais radical, já que seu console, o XBox, foi seu primeiro *hardware* produzido com sucesso para venda em massa.

Fonte: DI SERIO, L. C.; TOMASELLI, F. C. Entretenimento digital. *GV Executivo*, v. 6, n. 2, 2007.

5.12 CONSIDERAÇÕES FINAIS

É inquestionável a vigorosa competição entre *players* de um mesmo mercado, a complexidade crescente das demandas dos clientes, a demanda por flexibilidade de processos e customização de produtos, entre outras muitas variáveis que contribuem para o aumento da competição no ambiente de negócios.

Nesse contexto, houve a construção de vantagem competitiva sustentável para as empresas que de maneira hábil – e estratégica – geriram a TI. Idealmente, a boa gestão de TI otimiza os processos de negócio já implantados, sustenta aqueles que serão desenvolvidos como resposta às demandas do mercado e facilita o trabalho colaborativo, tudo isso reduzindo os custos operacionais.

Espera-se que a estratégia de TI tenha sintonia fina com a estratégia corporativa, seja no lançamento de produtos, na prestação de serviços diferenciados ou na expansão para novos mercados. Em conseqüência do corpo tomado pela área de TI dentro das empresas, sua gestão acabou por vezes sendo um fim em si mesmo, no sentido de que pouco considerava o planejamento estratégico da companhia para definição de suas próprias metas e plano de desenvolvimento. Nos dias atuais, percebe-se que tal cenário é cada vez menos freqüente e enfaticamente desaconselhável.

6

COMPETITIVIDADE

Este capítulo explora o conceito de competitividade e, a partir dele, será possível observar como a competitividade pode residir em uma região ou em uma empresa. Além disso, serão explorados os fatores que afetam a competitividade, a influência da região no desempenho da firma, as diversas facetas do perfil competitivo do Brasil e, ainda, como as empresas nacionais podem incrementar seus níveis de vantagem competitiva.

Estrutura do Capítulo 6

Capítulo 1 – Introdução		
Justificativa	Objetivos	Desenho da pesquisa

Capítulo 2 – Modelos mentais e organizações		
Pontos de ruptura na história humana	Paradigmas pós-fordistas	Evolução dos modelos de gestão

Capítulo 3 – A criação de valor		
A noção de valor	Valor para o cliente	A cadeia de valor

Integrando diferentes perspectivas na criação de valor

Capítulo 4 – Inovação			
Criatividade	Incremental	Disruptiva	Mensuração

Capítulo 5 – Tecnologia da Informação	
Evolução e conceitos de TI	Conectividade nas empresas
Aplicações de TI nos negócios	TI e vantagem competitiva

Capítulo 6 – Competitividade	
Globalização e competitividade	Competitividade do Brasil
Competitividade empresarial	Diagnóstico da competitividade

Capítulo 7 – Estratégia	
Evolução histórica do campo	Escolas de pensamento
Estratégia de operações	Inovação de valor (*Value innovation*)

Capítulo 8 – Teorias da firma e estratégia empresarial	
A firma como função de produção	A firma como nexo de contratos
A firma como recursos heterogêneos	A decisão de fazer *versus* comprar

Capítulo 9 – Gestão, Tecnologia e Pessoas (GTP)		
Vantagem competitiva	Ambiente competitivo	Capacidades organizacionais

Integração: evolução nas empresas

Capítulo 10 – Competitividade empresarial: diagnóstico e planejamento	**Capítulo 11** – Estudo de casos	**Capítulo 12** – Conclusões e limitações

Para que as empresas possam competir com sucesso são necessários ganhos crescentes de produtividade, derivados principalmente de inovações tecnológicas. O conjunto das empresas em competição, angariando maiores níveis de produtividade, contribui para que se elevem o padrão de vida das pessoas e o bem-estar da região ou nação em que essas empresas se localizam.

Para que isso ocorra, as organizações e instituições devem estar estrategicamente alinhadas, o que resulta em maior eficiência econômica. Sendo a produtividade das empresas o fator que determina a prosperidade de uma nação, é papel do Estado criar um ambiente institucional que alavanque e fomente o aumento da produtividade. As empresas, por sua vez, devem buscar aperfeiçoar suas competências *(capabilities)*, como forma de produzir bens diferenciados e de alto valor agregado.

Empresas e governo devem buscar, juntos, o aprimoramento do macroambiente, a fim de torná-lo mais favorável aos negócios das empresas no país. Dessa perspectiva, o aumento da competitividade nacional ocorre na base, nas firmas individuais. Contudo, as firmas não atuam sozinhas; elas carecem de fornecedores de matéria-prima, mão-de-obra e serviço. Além disso, outros fatores são necessários para uma nação apresentar vantagens competitivas. No Modelo Diamante, apresentado na Figura 6.1, são mostrados os quatro determinantes principais da vantagem competitiva de uma nação – ou mesmo unidades políticas e geográficas menores que um país.

As **condições de fatores** representam a presença de fatores de produção, como trabalho especializado ou infra-estrutura, necessários à competição em determinada indústria. São relevantes a quantidade, o custo e a qualidade dos recursos.

As *condições da demanda*, por sua vez, representam a natureza da demanda interna para os produtos ou serviços da indústria.

As *indústrias correlatas e de apoio* demonstram a existência ou não, no país, de indústrias fornecedoras e correlatas que sejam competitivas.

Por fim, a *estratégia*, a *estrutura* e a *rivalidade das empresas* representam as condições que, no país, determinam a maneira como as empresas são criadas, organizadas e dirigidas, aliadas ainda à natureza da rivalidade interna ou competição local.

O *acaso* também pode condicionar o ambiente competitivo, por surtos de demanda, guerras, entre outros fatores que podem promover interrupções ou mudanças nas condições apresentadas no modelo. O *governo* também influencia os determinantes do sistema e pode ser influenciado, no que tange às políticas governamentais.

De fato, as empresas precisam de associações que representem seus interesses perante a sociedade e outras organizações de empregadores ou de empregados. As firmas estão relacionadas a diversas outras organizações, e essas relações são importantes quando as firmas procuram vantagens competitivas.

Figura 6.1 O Modelo Diamante

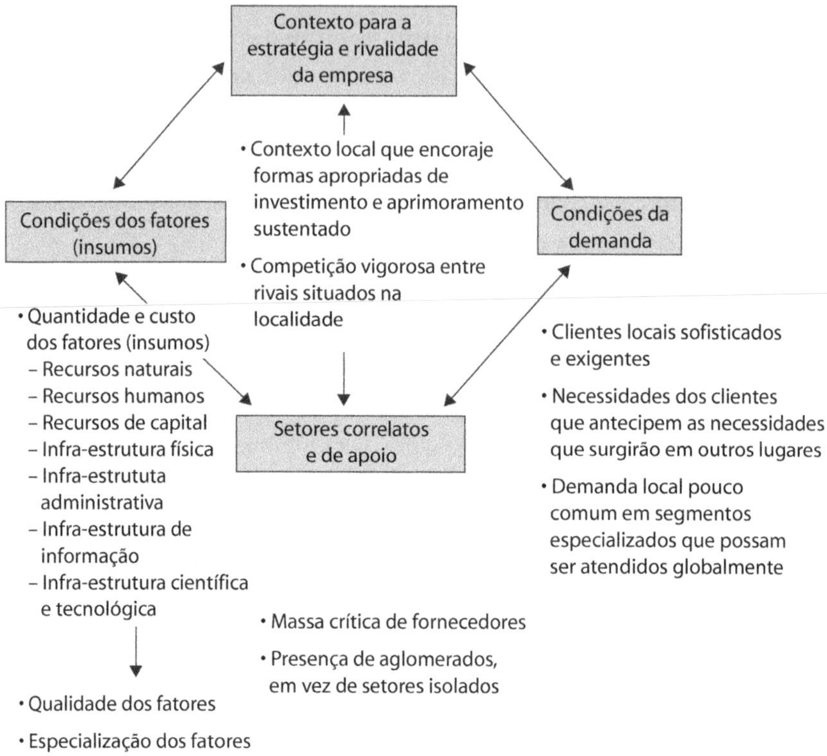

Fonte: PORTER, 1990.

A definição mais intuitiva de competitividade é a participação do mercado mundial que um país tem para seus produtos, o que torna a competitividade um jogo em que os ganhos de cada país ocorrem em detrimento de outros países. Tal visão de competitividade é usada para justificar a intervenção do Estado na economia, com o objetivo de desviar os resultados do mercado mundial a favor da economia interna (PORTER, 1990).

Na verdade, ainda é bastante comum dizer que a desvalorização cambial "torna uma nação mais competitiva". Entendendo a taxa de câmbio como o indicador pelo qual se pode converter a moeda de um país em moeda estrangeira, fica evidente que uma desvalorização cambial indica que será necessária mais quantidade de moeda local, para adquirir a mesma unidade de moeda estrangeira. A desvalorização cambial significa, portanto, um encarecimento "artificial" dos bens e serviços comercializados pelos outros países, o que favorece os bens produzidos internamente.

Nos países em que tal pensamento está impregnado, ele pode se tornar a principal razão do insucesso da nação em progredir na área econômica no longo prazo. Com o objetivo de encontrar as razões econômicas e empresariais para a elevada desigualdade de renda no mundo todo, em que apenas 2% da população mundial detêm metade das riquezas do globo (GILES, 2006), nas seções a seguir serão explorados o fenômeno globalizante e o cenário competitivo recente no Brasil.

6.1 GLOBALIZAÇÃO E COMPETITIVIDADE

O período que se estendeu do fim da Segunda Guerra Mundial até as crises do petróleo da década de 1970, que representam os anos que os franceses chamam de *les trente glorieuses* ("os trinta gloriosos"), coincidiu com a reconstrução e recuperação das economias européias e asiáticas, que haviam sofrido uma destruição generalizada durante o conflito. Houve, durante esse período, muito entusiasmo por parte dos analistas econômicos. Até que ponto eles estavam conscientes de que, poucos anos depois, essa fase chegaria a um fim, e que os "trinta anos gloriosos" eram a exceção, e não a regra na longa evolução da economia mundial?

Essa pergunta, formulada por Ricúpero (2004), encontra eco no trabalho de Stiglitz (2003). Para esse autor, a contradição tomou forma e acentuou-se nos anos 1990, a partir, principalmente, de práticas empresariais e políticas do governo norte-americano que tiveram forte impacto na opinião pública e na vida de parte da população mundial.

No começo do século XXI, a economia dos Estados Unidos havia atingido um estágio em que ela precisava de contínuos e massivos estímulos monetários e fiscais para evitar a deflação, bem como para registrar taxas de crescimento erráticas e instáveis.

Isso implica um elevado déficit para o governo norte-americano, mas é esse déficit que mantém o sistema funcionando. Os Estados Unidos tornaram-se o "déficit de última instância", e a necessidade de financiá-lo drena anualmente cerca de 10% do total da poupança mundial. Enquanto outros países se esforçam para eliminar seus déficits, os Estados Unidos têm capacidade para gerar enormes déficits. E aí está a grande contradição: o sistema financeiro internacional permite que os Estados Unidos vivam além dos seus meios, enquanto o Tesouro norte-americano prega aos outros países a necessidade de não adotarem tal prática na condução de suas políticas macroeconômicas (STIGLITZ, 2003).

A condição que tornou possível essa grande influência do governo norte-americano nas políticas dos países do globo não foi apenas a sua concentração do poder após o colapso dos soviéticos e do sistema bipolar. Em um nível mais profundo, havia algo mais – algo que apenas aparece naquelas raras fases históricas, quando o sistema internacional aumenta significativamente seu grau de homogeneidade ideológica. A expressão de homogeneidade crescente foi a convergência dos países em direção a princípios semelhantes e compatíveis de organização política, econômica e social, consolidados no Consenso de Washington (RICÚPERO, 2004).

Alguns desses princípios, como a crença sem reservas no poder do mercado para equilibrar as forças econômicas, mostraram-se equivocados, e os princípios neoliberais, aplicados em larga escala na formulação e implementação de políticas durante a década de 1990, em diversos países do globo, revelaram-se insuficientes para garantir o acesso da população ao desejado progresso econômico e social.

De fato, todas as experiências de liberalização econômico-financeira, sem que houvesse um período de ajustamento interno, diante da futura realidade dos mercados, terminaram por demonstrar as vulnerabilidades do modelo. Esse tipo de abertura aumenta a instabilidade econômica, a qual contribui para a insegurança e a pobreza.

Entre outros motivos do fracasso, verifica-se que, em um cenário de instabilidade e incerteza, os países que abriram sua economia não conseguiram ofertar, por meio de organizações públicas e privadas, crédito suficiente para aquecer a produção. Assim, setores anteriormente protegidos foram incapazes de competir com seus concorrentes internacionais.

A China e outros países do leste asiático não seguiram o Consenso de Washington. Eles recorreram a políticas industriais e de comércio exterior para promover as exportações e as transferências mundiais de tecnologia, contrariando os conselhos das instituições econômicas internacionais, como o Fundo Monetário Internacional (FMI). Talvez ainda mais importante, contrariando o Consenso de Washington, diretrizes de promoção do capital eram parte explícita de suas estratégias de desenvolvimento.

A mesma situação talvez se aplique ao mais bem-sucedido dos países latino-americanos, o Chile, que nos seus anos de alto crescimento, no começo da década de 1990, chegou a impor um tributo sobre os influxos de capital de curto prazo. Essa "euforia" dos capitais, exibida pelo mercado na década de 1990, somente foi possível graças à globalização, em especial no que tange aos ativos financeiros.

Por globalização entende-se a integração mais estreita dos países e dos povos do mundo, que tem sido ocasionada pela enorme redução de custos de transporte e de comunicações e pela derrubada de barreiras artificiais aos fluxos de produtos, serviços, capital, conhecimento e, em menor escala, de pessoas por intermédio das fronteiras nacionais (STIGLITZ, 2002).

A globalização permitiu um crescente aumento do relacionamento entre empresas e clientes, rompendo as barreiras geográficas. Os consumidores ficaram cada vez mais expostos ao assédio de produtos de empresas localizadas em várias partes do planeta, fazendo com que houvesse cada vez mais concorrentes disputando um mesmo cliente, o que aumentou significativamente a competitividade.

A globalização financeira ocorreu suportada pelos sistemas de informação digitais, que possibilitaram que grandes quantias ultrapassassem distâncias continentais em instantes de segundos e, da mesma forma, retornassem aos países de origem ou convergissem para mercados mais promissores ao menor risco de crise financeira.

Se, por um lado, países em vias de desenvolvimento puderam receber com menor dificuldade um maior volume de capital estrangeiro, Stiglitz (2003) mostrou que, por outro, como resultado desse movimento globalizante, alguns países perderam muito mais quando os capitais saíram do que foi ganho com a chegada desses capitais.

6.2 ANÁLISE DA COMPETITIVIDADE DO BRASIL

Ainda que as condições macroeconômicas sejam necessárias, elas não são suficientes para a criação de valor nos negócios empresariais. Analisadas de forma isolada, tais condições falham ao demonstrar a competitividade de um país. O uso de dados agregados de variáveis-chave, como educação e renda *per capita*, tem permitido aos analistas a construção de índices de competitividade mais apurados. Um desses índices é elaborado pelo Institute for Management Development (IMD).

O *ranking* do IMD ocorre a partir da definição de **competitividade mundial**, entendido como um campo da teoria econômica, o qual analisa os fatos e políticas que determinam a habilidade de uma nação de criar e manter um ambiente que propicie maior criação de valor para suas empresas, e mais prosperidade para sua população (IMD, 2005).

Quatro pilares determinam a *performance* dos países no cenário competitivo mundial, segundo essa definição. O primeiro é a *performance* econômica, que corresponde à macroavaliação da economia doméstica; o segundo é a eficiência do governo, entendida como a extensão na qual as políticas governamentais são voltadas para o incremento da competitividade; o terceiro corresponde à eficiência dos negócios, que revela quão inovadoras e lucrativas são as empresas; e, por fim, o quarto, intitulado infra-estrutura, revela quão alinhados estão os recursos – básicos, tecnológicos, científicos e humanos – às necessidades das organizações no país.

Muito da discussão da competitividade tem sido focado nos aspectos macroeconômicos, políticos e jurídicos que permeiam uma economia de sucesso. Um conjunto estável de instituições políticas, arcabouço legal confiável e políticas monetária e fiscal contribuem de maneira decisiva para uma economia saudável (NORTH, 1990). Nesse sentido, o risco é um fator limitador aos negócios no Brasil, como indica o Quadro 6.1.

Quadro 6.1 Classificação de risco para países selecionados

AAA	Austrália, Canadá, França, Espanha e Cingapura
AA+	Bélgica
AA	
AA-	Portugal, Itália, Taiwan e Hong Kong
A+	
A	Coréia do Sul, Chile e Arábia Saudita
A-	China e Malásia
BBB+	África do Sul, Tailândia e Polônia
BBB	México
BBB-	Rússia
BB	Colômbia, Peru e Costa Rica
BB-	Brasil e Turquia
B+	Indonésia e Venezuela
B	Uruguai
B-	Paraguai, Bolívia e Argentina
CCC+	Equador

Fonte: *Revista Exame*, ed. 860, ano 40, n. 2, 1° fev. 2006.

O IMD, em seu Anuário (2005), tem apontado séries históricas que reafirmam a importância das instituições na *performance* da economia, o que é representado na Tabela 6.1.

Tabela 6.1 *Ranking* de competitividade: Brasil (2001-2005)

	Ano e posição no *ranking*				
	2001	**2002**	**2003**	**2004**	**2005**
Performance da economia	42	35	46	53	33
Eficiência do governo	46	40	54	57	57
Eficiência dos negócios	23	25	32	33	31
Infra-estrutura	41	41	51	54	52
Competitividade do Brasil	40	37	52	53	51

Fonte: IMD, 2005.

A *performance* econômica do Brasil no período compreendido entre 2001 e 2005, em termos de posicionamento no *ranking* mundial de competitividade, é bastante similar à eficiência obtida pelo governo, traduzida em melhorias – de uma perspectiva internacional comparativa – das finanças públicas, da política fiscal, do arcabouço institucional, da legislação de negócios e do amplo contexto das ações sociais no País.

O Brasil está entre os países mais competitivos, quando a eficiência de seus negócios é analisada. A flexibilidade e a adaptabilidade das pessoas na economia, em face de mudanças, é considerada alta, fato que coloca o País na sexta posição em relação a esse quesito (IMD, 2005). Além disso, o empreendedorismo é largamente difundido no Brasil, e as grandes corporações são eficientes, quando comparadas com suas similares, sediadas no exterior – em ambos os critérios, o País ocupa a 8ª posição.

Ainda assim, estudo realizado pela Federação das Indústrias do Estado de São Paulo (Fiesp) mostra que no Brasil, apesar da boa *performance* em exportação (balança e exportação de *high tech*) e de tecnologia (gastos em P&D e aumento de patentes), o crescimento da competitividade foi comprometido pelos fatores capital e governo, destacando as taxas de juros, o *spread* e a carga tributária. O *ranking* da Fiesp é mostrado na Figura 6.2.

Figura 6.2 Competitividade internacional

Q1	Estados Unidos	1
Elevada	Suécia	2
	Suíça	3
	Japão	4
	Cingapura	5
	Noruega	6
	Holanda	7
	Irlanda	8
	Alemanha	9
	Reino Unido	10
	Finlândia	11

Q3	Itália	23
Média	República Tcheca	24
	Malásia	25
	Grécia	26
	Hungria	27
	China	28
	Portugal	29
	Rússia	30
	Argentina	31
	África do Sul	32

Q2	Dinamarca	12
Satisfatória	Canadá	13
	Hong Kong	14
	Bélgica	15
	Austrália	16
	Coréia do Sul	17
	França	18
	Israel	19
	Áustria	20
	Nova Zelândia	21
	Espanha	22

Q4	Tailândia	33
Baixa	Chile	34
	Polônia	35
	México	36
	Filipinas	37
	Venezuela	38
	Brasil	**39**
	Colômbia	40
	Índia	41
	Turquia	42
	Indonésia	43

Fonte: FIESP, 2006.

O quadro do *ranking* mostra no canto superior esquerdo os países com maior competitividade (Q1), como Estados Unidos e Suécia. No canto inferior esquerdo estão os países com níveis satisfatórios de competitividade (Q2), como Dinamarca e Canadá. Países com média competitividade são indicados no canto superior direito (Q3) – por exemplo, Itália e República Tcheca. Finalmente, os países com baixa competitividade (Q4) são mostrados no canto inferior direito – o Brasil ocupa a 39ª posição.

6.2.1 Contexto para a estratégia e rivalidade empresarial

Nos anos 1980, a economia brasileira foi caracterizada por um planejamento ineficaz, em decorrência da superposição de distintos planos governamentais que não se compatibilizavam. De fato, três planos nacionais coexistiram quase *pari passu*: o I Plano Nacional de Desenvolvimento da Nova República (I PND-NR), de 1985, o Plano de Consistência Macroeconômica (PCM), de 1987, e o Programa de Ação Governamental (PAG), também de 1987.

Esses planos tinham objetivos bastante similares (Quadro 6.2), mas suas linhas de ação diferiam sobremaneira, o que gerou um efeito subótimo na economia brasileira, pois os recursos foram alocados em práticas que mostraram pouca efetividade.

Quadro 6.2 Planos nacionais do Governo Federal

	I PND-NR (1985)	PCM (1987)	PAG (1987)
Foco	■ Crescimento acelerado da economia e do emprego ■ Melhoria da distribuição de renda ■ Redução das disparidades regionais ■ Contenção da inflação ■ Equilíbrio da balança de pagamentos e controle do endividamento externo ■ Desenvolvimento do setor energético ■ Aperfeiçoamento das instituições políticas	■ Crescimento econômico ■ Combate à pobreza, às desigualdades e ao desemprego ■ Educação, alimentação, saúde, saneamento, habitação, previdência e assistência social ■ Justiça e segurança pública	■ Geração de empregos ■ Efetivação de programas de gastos públicos em infra-estrutura social (principalmente setores de saúde e saneamento) ■ Preservação dos salários reais dos trabalhadores e concessão de aumentos reais para as classes mais baixas dos assalariados ■ Facilitar o acesso do progresso técnico e o desenvolvimento econômico aos menos favorecidos

Fonte: MATOS, 2002.

Com a nova Constituição, promulgada em 1988, o governo do presidente Fernando Collor de Mello encontrou as bases para promover uma forte ruptura da estrutura econômica do Brasil, sob a forma de "choque", com a abrupta abertura da economia. Com isso, abandona-se o modelo de industrialização para substituição de importações, fundamentado em reservas de mercado, regulação, intervencionismo e forte presença do Estado na economia.

Os efeitos da abertura econômica não tardaram a se revelar. Houve um crescimento acelerado das importações – propiciado pela valorização cambial, pelo desmantelamento do aparato de proteção tarifária e não-tarifária – e a perda do ritmo das exportações. Na indústria manufatureira, setor mais afetado pelas reformas implementadas, a penetração das importações duplicou em apenas cinco anos, saltando de 5,5%, em 1990, para 10,7%, em 1995 (ARBACHE, 2002).

Algumas indústrias foram mais afetadas que outras, a exemplo da têxtil e de vestuário. Em conjunto, esses ramos e as indústrias mecânica e de calçados e artefatos de couro correspondiam a 16,1% do valor da produção industrial, no período 1985-1989. No quadriênio 1993/1996, essa proporção havia diminuído para 13,3%. Como a produção industrial média praticamente não aumentou entre esses períodos, o nível médio de produção desse grupo diminuiu entre os dois períodos considerados, implicando sensível redução da sua produção (Funcex, 2005).

A fragilidade competitiva brasileira estava expressa não apenas nas indústrias de alto valor agregado e de sofisticado conteúdo tecnológico, mas também nas de bens de consumo tradicionais. O aprofundamento das reformas na economia, a partir de 1994, expôs ainda mais a fragilidade da estrutura produtiva e comercial brasileira.

Os formuladores de política se depararam com o grande desafio de compatibilizar as necessidades de crescimento do País, que apresenta baixos indicadores sociais, com as de aceleração da modernização e da competitividade da economia, em vista da crescente integração econômica mundial e em meio a complexas negociações comerciais.

Uma das ações governamentais foi a criação, em 1990, do Programa Brasileiro da Qualidade e Produtividade (PBQP), cujo objetivo era estimular, articular, orientar e apoiar os esforços da sociedade brasileira na busca de maior competitividade internacional. O Programa consistia, em linhas gerais, na promoção de ações de melhoria da qualidade e aumento da produtividade dos bens e serviços produzidos e oferecidos no País.

Na década seguinte, o Brasil parece haver obtido relativo sucesso, ao menos na questão do incremento de seu desempenho exportador. O País obteve, em 2004, um superávit comercial recorde de US$ 33,7 bilhões, equivalentes a cerca de 5% do PIB, o que representa um crescimento de 35% em relação ao saldo de 2003 (Funcex, 2005). Tal cenário positivo significa muito, não só pela grandeza do número, mas também pelo fato de ter sido a primeira vez desde a década de 1970 – quando houve o chamado "milagre brasileiro" –, que o Brasil obtinha um aumento substancial do saldo comercial ao mesmo tempo em que manifestava um forte aumento das importações, cerca de 30% em relação a 2005.

Contudo, no que diz respeito aos demais países do mundo, verifica-se que o Brasil pode avançar ainda mais em suas relações com a economia mundial.

Tabela 6.2 Indicadores econômicos em perspectiva comparada

	Superávit primário	**Crescimento econômico**	**Comércio exterior em relação ao PIB**	**Reservas em relação à dívida externa**
Nível ideal (para agências de risco)	5%	4%	50%	30%
Nível do Brasil	4,8%	2,9%	22%	27%

Fonte: *Revista Exame*, ed. 860, ano 40, n. 2, 1º fev. 2006.

Os resultados positivos obtidos pelo País nos últimos anos estão relacionados a duas variáveis: uma estrutural e outra conjuntural. Do ponto de vista estrutural, há os sensíveis ganhos de produtividade obtidos nos anos 1990, tanto na indústria quanto na agricultura.

O Brasil enfrenta dois graves problemas: a corrupção e a ineficiência administrativa. Segundo informações do Instituto Brasileiro de Planejamento Tributário (IBPT), disponíveis em <http://www.ibpt.com.br>, a arrecadação total de impostos em 2005 foi de R$ 732,867 bilhões. Desse montante, houve um desvio de 32%. Em outras palavras, R$ 234,517 bilhões foram desviados, o equivalente necessário para restaurar toda a malha rodoviária estadual e federal (são 156 mil quilômetros) e ainda garantir a manutenção dessa conservação por 60 anos consecutivos.

Como se não bastasse o ultrajante volume desviado, ainda tem-se o elevado peso da carga tributária. De acordo com o IBPT, o contribuinte brasileiro trabalha até o dia 25 de maio somente para pagar os tributos (impostos, taxas e contribuições) exigidos pelos governos federal, estadual e municipal. Isso significa que 145 dias por ano são trabalhados apenas para pagar impostos, o que representa, ainda segundo o IBPT, 39,72% do rendimento bruto do contribuinte brasileiro.

6.2.2 Condições dos fatores

Um dos principais problemas de longo prazo do Brasil, segundo o World Economic Forum (2002), são os baixos níveis de investimento em educação. Há uma grande lacuna entre os níveis de qualidade da educação nas escolas públicas e privadas brasileiras. Porter (2003) apontou esta como uma das cinco desvantagens competitivas do País, o que é evidenciado na comparação regional: mesmo quando confrontados com os de outros países da América Latina, os níveis educacionais do Brasil são baixos.

Esse fator também inibe o empreendedorismo dos cidadãos brasileiros. De acordo com o Global Entrepreneurship Monitor (2003), o sistema educacional brasileiro desfavorece o desenvolvimento do empreendedorismo por dois motivos principais. Primeiro, por se caracterizar pela baixa qualidade da educação, principalmente nos níveis mais elementares – o que produz resultados negativos para a formação da força de trabalho em geral –, e segundo, porque os currículos escolares não prevêem a necessidade de conteúdos de ensino e promoção do empreendedorismo.

No que se refere à infra-estrutura, a precária posição brasileira no *ranking* da competitividade deve-se principalmente a fatores como a fraca estrutura de assistência médica voltada aos cidadãos – determinada pelo número de médicos e enfermeiros por habitante – e a ineficiente infra-estrutura de distribuição de bens e serviços à população (Tabela 6.3).

Tabela 6.3 *Ranking* de competitividade (infra-estrutura)

	Infra-estrutura geral	**Transporte de carga**	**Energia**
Estados Unidos	100	100	100
Coréia do Sul	78	68	92
China	63	61	63
Índia	56	63	58
Brasil	50	46	56

Fonte: IMD World Competitiveness Center. Disponível em: <http://www02.imd.ch/wcy>. Acesso em: 4 ago. 2007.

Apesar de ser um dos cinco países mais competitivos em termos de tamanho do mercado consumidor, o Brasil ainda não foi capaz de solucionar seus problemas estruturais. O País possui uma matriz de transportes desbalanceada, quando comparada com suas contrapartes internacionais (Figura 6.3). O transporte rodoviário é o principal meio de transporte brasileiro, mas as estradas e rodovias apresentam baixos níveis de manutenção e conservação. Além disso, há outras incoerências, como o déficit de capacidade em regiões desenvolvidas e a cobertura e extensão inadequada em regiões de fronteira agrícola.

Segundo a Associação Brasileira da Infra-estrutura e Indústrias de Base (ABDIB), o Estado, incluindo todas as esferas administrativas, não tem recursos orçamentários suficientes para investir sozinho ou de forma eminente em infra-estrutura. A solução passa pelo capital privado, alternativa que a legislação brasileira admite a partir dos anos 1990.

Figura 6.3 Matriz comparativa de transportes

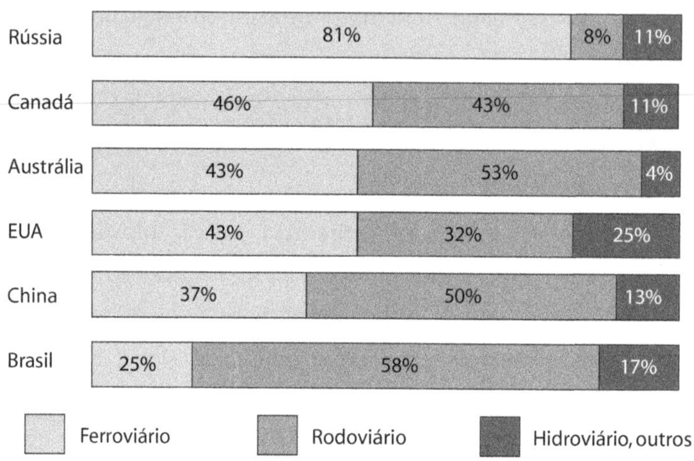

Fonte: PASSOS, 2006.

De fato, após o setor de telecomunicações se tornar mais competitivo, por meio das privatizações, houve um aumento considerável do acesso da população aos telefones fixo e móvel e, ainda, à internet. A Tabela 6.4 registra esse avanço.

Tabela 6.4 Telecomunicação e privatização

	Antes das privatizações (1997)	**Depois das privatizações (2005)**
Linhas fixas por 100 habitantes	12	27
Celulares por 100 habitantes	3	47
Pessoas com acesso à internet	480.000	35 milhões

Fonte: IMD World Competitiveness Center. Disponível em: <http://www02.imd.ch/wcy>. Acesso em: 3 mar. 2007.

Os ganhos provenientes da abertura – a despeito da reestruturação que causou em diversos setores – podem tornar-se ainda maiores, caso haja a redução de alíquotas de importação. De acordo com o Banco Mundial, antes da redução promovida pelo governo

Collor, a alíquota de produtos industrializados era de 31,6%; atualmente, ela é de 12,4%, um número que poderia ser reduzido para 7,4%, caso o atual governo investisse em um patamar mais elevado de ampliação da abertura da economia nacional ao mundo.

6.2.3 Condições da demanda

O Brasil registra uma elevada taxa de ilegalidade, decorrente, em grande parte, da alta carga tributária (equivalente a algo em torno de 40% do PIB nacional) e das dezenas de tributos (regidos por milhares de normas) incidentes. Alguns números da consultoria McKinsey apontam para o fato de 85% dos pequenos negócios brasileiros não recolherem todos os tributos exigidos pelo governo e de 60% dos trabalhadores brasileiros não terem registro em carteira.

Como se não bastasse o elevado percentual do PIB produzido de forma irregular, tem-se ainda o baixo PIB *per capita* do País. Nos últimos dez anos, o crescimento anual desse indicador foi de apenas 1,5%, maior apenas que o crescimento registrado na Alemanha, de 1,1% (Gráfico 6.1).

Gráfico 6.1 PIB *per capita*

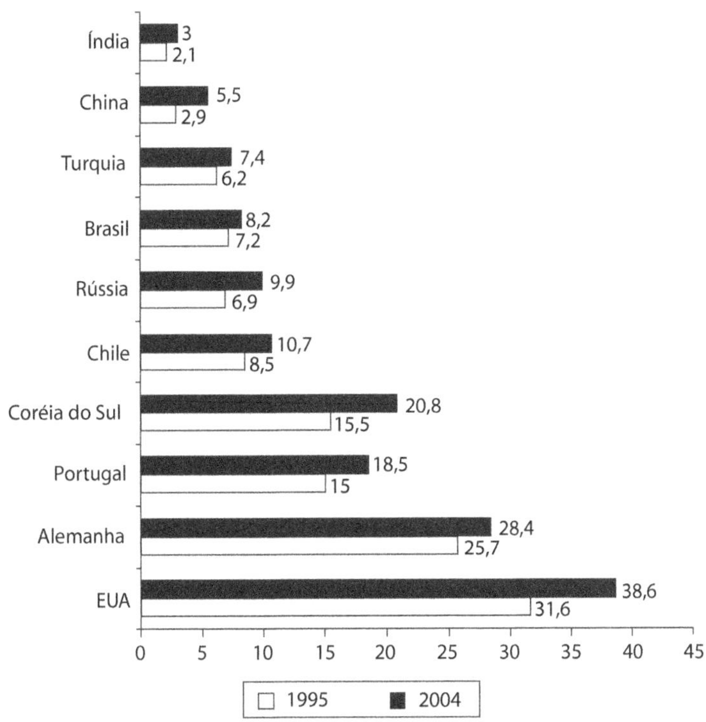

Nota: Em US$ mil.
Fonte: ELSTRODT et al., 2006.

Ainda assim, é necessário considerar que o Brasil pertence ao grupo de países com economias em rápido desenvolvimento, que tem sido chamado BRIC, um anagrama para Brasil, Rússia, Índia e China.

Usando as últimas projeções demográficas e modelos de acumulação de capital e crescimento de produtividade, o grupo Goldman Sachs mapeou as economias dos países integrantes do BRIC até 2050. Especula-se que esses países poderão se tornar a maior força na economia mundial.

Se os resultados correrem como esperado, em menos de 40 anos as economias do BRIC, juntas, poderão ser maiores que as dos G6 (Estados Unidos da América, Japão, Alemanha, Reino Unido, França e Itália) em termos de dólar americano (US$).

O estudo ressalta que cada um dos quatro enfrenta desafios diferentes para manter o crescimento na faixa desejável. Por isso, existe uma boa chance de as previsões não se concretizarem, por políticas ruins, simplesmente má sorte, ou por erro nas projeções.

No entanto, se os países do BRIC pelo menos se aproximarem das previsões, as implicações na economia mundial serão grandes. A importância relativa do BRIC como usina de novas demandas de crescimento e poder de gasto pode mudar mais sensível e rapidamente do que imagina a economia mundial.

De fato, prevê-se um elevado crescimento do PIB nacional, quando comparado a algumas economias desenvolvidas, como Estados Unidos, Alemanha e Reino Unido. O Gráfico 6.2 mostra, por meio de uma evolução em escala logarítmica, como o vigor do crescimento do PIB brasileiro é mais acentuado, quando confrontado com o crescimento estimado de outras economias.

Gráfico 6.2 Crescimento esperado do PIB brasileiro

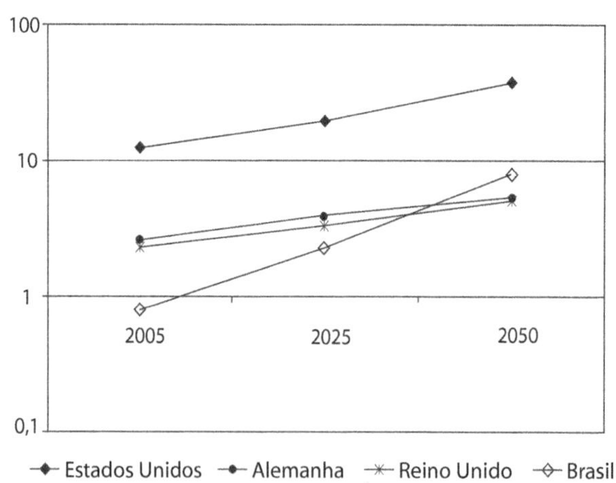

Nota: Em US$ trilhões.
Fonte: CAETANO, 2006.

De fato, segundo revelam os dados plotados no gráfico, o crescimento esperado do PIB brasileiro para os próximos 20 anos será de 5,4% ao ano, muito maior que o crescimento atual, da ordem de 2,3%.

Esse valor de crescimento anual do PIB brasileiro é menor que a taxa registrada em 2005 pelos demais países do mundo – considerando a média dessas taxas –, e muito menor que a taxa de crescimento do PIB do restante dos países do BRIC, como mostra a Tabela 6.5.

Tabela 6.5 Crescimento econômico

Países	China	Índia	Rússia	Brasil	Mundo
Variação do PIB em 2005	9,9%	8,3%	6,4%	2,3%	4,8%

Fonte: CAETANO, 2006.

A China lidera o *ranking* como economia com mais rápido crescimento entre os países do BRIC e com uma taxa de crescimento tão superior às demais economias que se aproxima do dobro da média mundial. Em razão disso, sua economia tem sido chamada de emergente.

Adicionalmente, outro grave problema no mercado brasileiro é o desrespeito às patentes e propriedades intelectuais. Algo em torno de 60% dos computadores vendidos no País em 2005 foram comercializados com algum tipo de ilegalidade, e cerca de 40% dos CDs colocados no mercado são piratas.

6.2.4 Setores correlatos e de apoio

O Brasil possui aproximadamente 8,5 milhões de quilômetros quadrados. Nesse território de dimensões continentais existem diversos agrupamentos empresariais (Figura 6.4).

Nessas áreas de especialização produtiva, fornecedores e compradores conseguem ampliar os ganhos conjuntos, por meio de uma dinâmica de negócios simultaneamente cooperativos e competitivos.

Entretanto, como fica evidente a partir dessa pequena amostra de aglomerados, predominam atividades associadas ao setor primário da economia, que agrega pouco valor, quando comparado aos setores secundário e terciário. Por conseqüência, as exportações, ainda que consideráveis, são de produtos sem valor agregado. De acordo com dados disponíveis no *data base* do Banco Mundial, o PIB nacional foi de US$ 794,1 bilhões, sendo as exportações de bens e serviços responsáveis por US$ 180,26 bilhões. As importações, por sua vez, foram de US$ 119,11 bilhões.

Figura 6.4 Arranjos produtivos locais (APLs) no Brasil

Fonte: DI SERIO, 2007.

Um entrave ao crescimento econômico nacional é a lentidão causada pela burocracia estatal no ambiente de negócios. Abrir uma empresa, registrar uma propriedade e cobrar uma dívida judicialmente, por exemplo, são atividades que demandam um tempo muito longo, quando comparadas às *benchmarks* internacionais (Quadro 6.3).

Quadro 6.3 *Ranking* de eficiência dos Estados brasileiros

Abrir uma empresa			Registrar propriedade		Cobrar na justiça	
1°	Minas Gerais	19 dias	Maranhão	27 dias	São Paulo	546 dias
2°	Bahia	25 dias	Amazonas	40 dias	Maranhão	690 dias
3°	Rondônia	30 dias	Mato Grosso	43 dias	Distrito Federal	730 dias
4°	Rio Grande do Sul	35 dias	São Paulo	47 dias	Mato Grosso do Sul	755 dias
5°	Mato Grosso	41 dias	Santa Catarina	51 dias	Rondônia	794 dias
6°	Mato Grosso do Sul	41 dias	Distrito Federal	57 dias	Rio de Janeiro	813 dias
7°	Santa Catarina	44 dias	Minas Gerais	58 dias	Amazonas	835 dias
8°	Ceará	44 dias	Ceará	63 dias	Bahia	873 dias
9°	Maranhão	47 dias	Rondônia	69 dias	Ceará	942 dias
10°	Distrito Federal	49 dias	Rio de Janeiro	75 dias	Santa Catarina	1 017 dias
11°	Amazonas	68 dias	Rio Grande do Sul	81 dias	Minas Gerais	1 068 dias
12°	Rio de Janeiro	68 dias	Mato Grosso do Sul	83 dias	Mato Grosso	1 157 dias
13°	São Paulo	152 dias	Bahia	88 dias	Rio Grande do Sul	1 473 dias
Referência mundial		Austrália 2 dias	Referência mundial	Noruega 1 dia	Referência mundial	Tunísia 27 dias

Fonte: WORLD BANK, 2006.

O ambiente de negócios é ainda enfraquecido, quando comparam-se os investimentos governamentais em educação do Brasil com os similares no estrangeiro. A Figura 6.5 mostra como a prioridade de gastos educacionais no Brasil é distinta dos demais países.

Figura 6.5 Comparação de gastos em educação

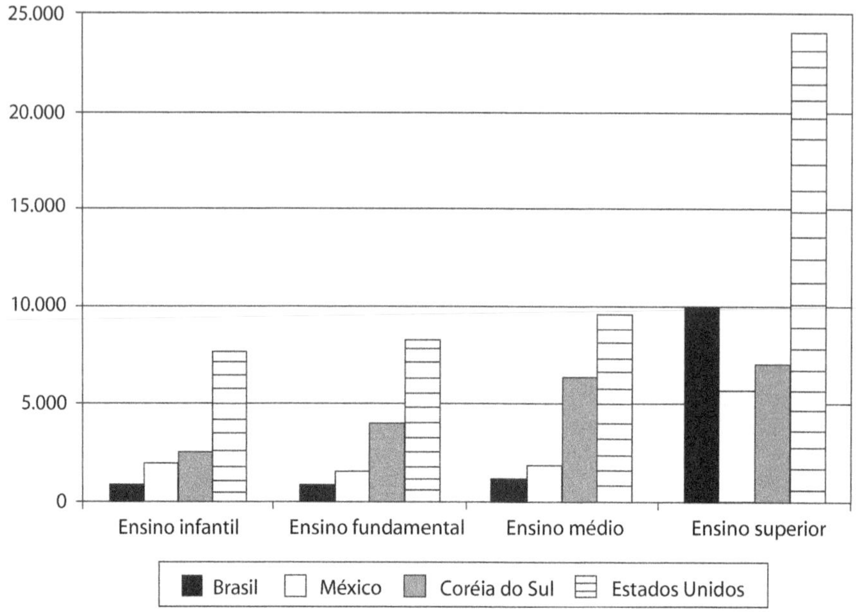

Nota: Gasto anual por aluno na rede pública, de acordo com o poder de compra em dólares.
Fonte: WORLD BANK, 2006.

Ainda que o Brasil gaste mais com o ensino superior, o retorno que poderia ser esperado desse investimento não ocorre. O jornal britânico *The Times* avaliou, em artigo publicado em 2006, que entre as 200 melhores universidades de todo o mundo, consta apenas uma universidade brasileira, na 196ª posição.

6.3 COMPETITIVIDADE EMPRESARIAL

Para entender de fato a competitividade, é necessário fugir da metáfora equivocada da intervenção governamental, relacionando competitividade às fontes de prosperidade de cada país. O padrão de vida de uma nação é determinado pela produtividade de suas empresas.[1]

A produtividade depende tanto do valor dos produtos e serviços de um país (medido pelo preço que eles podem alcançar em mercados abertos) quanto da eficiência com a qual eles são produzidos (PORTER, 1990). A verdadeira competitividade, portanto, baseia-se na produtividade, o que demonstra a falha essencial do pensamento alicerçado nas políticas macroeconômicas de curto prazo.

1 Para maiores informações sobre produtividade e padrão de vida, ver FONSECA, R. Inovação tecnológica e o papel do governo. *Parcerias Estratégicas*, n. 13, *Ministério de Ciência e Tecnologia*, dez. 2001.

A produtividade permite a uma nação suportar uma moeda forte e um alto padrão de vida para sua população. Além disso, ela é o objetivo, e não unicamente a exportação. Ao atingir maiores níveis de produtividade, as empresas não se tornam mais prósperas apenas em si, mas colaboram para a prosperidade de todos os setores da economia interna. Então, o desafio que se coloca para o desenvolvimento econômico é a criação das condições necessárias para o rápido e sustentado crescimento da produtividade.

Os fundamentos da produtividade residem na esfera tanto macroeconômica quanto microeconômica. Esta última, no entanto, tem maior potencial para o aumento da prosperidade nacional. Afinal, é no nível microeconômico que avaliamos a habilidade que as empresas têm de criar bens e serviços valiosos, aplicando seus recursos produtivos.

A produtividade pode ser entendida como a eficácia com que são utilizados os recursos. A tradicional definição de produtividade consiste na avaliação dos resultados gerados, a partir da entrada de um dado conjunto de insumos. Quanto maior e melhor for o nível de resultados obtidos, com o mesmo conjunto de insumos, maior será a produtividade. Uma síntese das práticas relacionadas ao aumento da produtividade é mostrada na Figura 6.6.

Figura 6.6 Determinantes do desenvolvimento pela produtividade

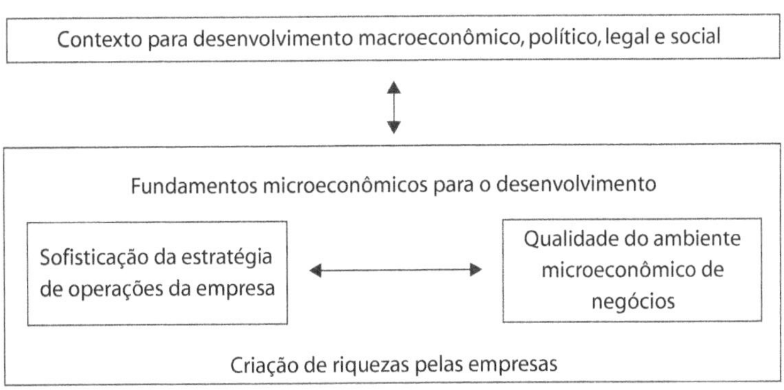

Fonte: Adaptada de Porter (1990).

Competitividade e produtividade estão intimamente relacionadas. Não há como separar os conceitos um do outro. Maior competitividade usualmente significa um nível mais elevado de produtividade. Paul Krugman (1994) afirma que, para uma economia, produtividade é a chave subjacente à noção de competitividade. Isso significa que um nível maior de produtividade deveria ajudar no crescimento da nação e ocasionar um aumento no padrão de vida.

Compartilhando do mesmo ponto de vista, Elstrodt, Lewis e Lopetegui (1984) afirmam que quanto maior a produtividade de uma nação, mais elevado o padrão de vida de sua população. No âmbito da companhia, produtividade é um dos fatores-chave que impulsionam a competitividade. O crescimento da produtividade é a força propulsora do crescimento econômico e de rendas *per capita* mais altas. Prowse (1994), Porter (1990), Scott (1989) e Thurow (1990) julgam a produtividade como o determinante primário do padrão de vida de um país no longo prazo.

Por sua vez, Balls e Goodhart (1994), e Buckley, Pass e Prescott (1988) vinculam competitividade à produtividade do trabalho (Figura 6.7). Em termos de competitividade internacional, uma medida fundamental tem sido o custo do trabalho, pois ele tem crescido ao longo das últimas décadas nas economias industrializadas. Assim, há um grande interesse em aumentar a produtividade do trabalho para que o nível de competitividade possa também crescer e, por conseqüência, manter elevados os padrões de vida dos trabalhadores dos países desenvolvidos.

Figura 6.7 Práticas gerenciais e aumento da produtividade

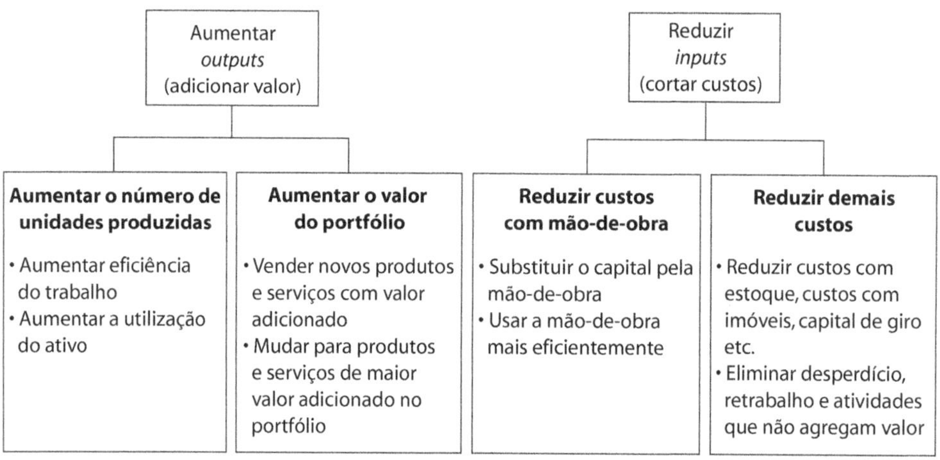

Fonte: FARRELL, 2003.

Outros autores avaliam que a competitividade é a capacidade da empresa para formular e implementar estratégias concorrenciais que lhe permitam ampliar ou conservar, de forma duradoura, uma posição sustentável no mercado (FERRAZ; KUPFER; HAGUENAUER, 1996).

A competitividade pode ser vista como desempenho, sendo chamada de competitividade revelada, e é expressa na participação alcançada por uma firma em um mercado, em um dado momento no tempo. Além disso, sintetiza os fatores preço e não-preço, sendo os últimos a qualidade de produtos e de fabricação e similares, a habilidade de servir ao mercado e a capacidade de diferenciação de produtos, fatores esses parciais ou totalmente subjetivos.

A competitividade pode ser vista também como eficiência econômica, denominada de competitividade potencial. Nessa perspectiva, busca-se traduzir a competitividade mediante a relação insumo-produto, ou seja, pela capacidade da empresa de converter insumos em produtos com o máximo de rendimento e ao menor custo. O domínio de técnicas mais produtivas, nessa ótica, determinaria se uma empresa poderia concorrer com maior ou menor competitividade (FERRAZ; KUPFER; HAGUENAUER, 1996).

Os fatores que influenciam na competitividade de uma empresa, caso sejam classificados, podem se apresentar como internos à empresa, relativos à indústria em que a empresa está inserida, ou podem ser fatores macroeconômicos. Na Figura 6.8 são sumarizados os fatores determinantes da competitividade da indústria e as características relacionadas à sua origem.

Figura 6.8 Fatores determinantes da competitividade da indústria

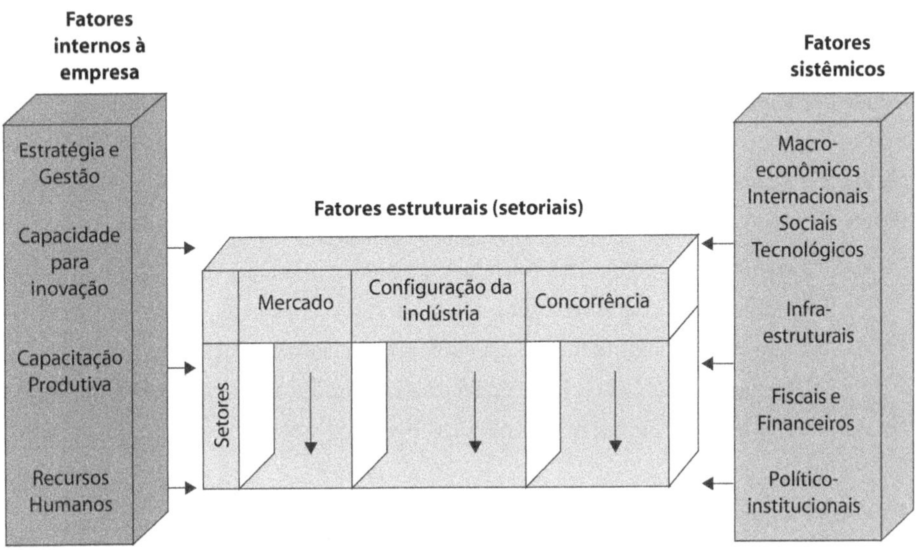

Fonte: COUTINHO; FERRAZ, 1994.

Os fatores internos estão sob o controle da empresa, podendo esta modificá-los conforme suas necessidades. Decisões sobre estratégias a serem adotadas, sistemas de gestão, políticas de capacitação e treinamento, investimentos em novas plantas e tecnologia são, portanto, fatores internos sob total controle da empresa.

Os fatores estruturais são representados pelas condições reinantes na indústria ou setor em que a empresa atua. As condições da concorrência, do mercado consumidor, o grau de verticalização, as escalas de operação, a propriedade dos meios de produção e o sistema fiscal e tributário são fatores estruturais inerentes à indústria e afetam-na sem que ela tenha controle direto sobre eles, podendo apenas se posicionar de forma estratégica diante deles.

Os fatores sistêmicos são aqueles cuja influência vai além do setor ou indústria, por exemplo, condições macroeconômicas, taxa de câmbio, taxas de juros, bem como políticas tributárias, regulatórias, ambientais, de incentivo ao desenvolvimento de novas tecnologias etc.

Esse modelo apresenta a noção de competitividade sistêmica, em que o resultado da empresa é dependente não apenas de fatores internos, mas também de fatores estruturais externos a esta.

Porter (1999) centra seu modelo na conquista de patamares de eficácia operacional como fator de alavancagem para implementação de estratégias vencedoras, por meio da busca de posicionamento único e sustentável, o que pode ser de liderança de custo, diferenciação ou enfoque. As estratégias globais consistem em um desdobramento das estratégias genéricas, porém considerando as oportunidades surgidas com uma rede global de atividades, integrando a rede com as vantagens da localidade. Porter propôs um modelo de análise que foi uma das grandes contribuições para a compreensão das estratégias de negócios. Esse modelo é sintetizado na Figura 6.9 e pressupõe que o **posicionamento estratégico** de uma organização resulta da combinação de cinco forças competitivas.

- **Concorrentes** – refere-se à rivalidade existente entre a organização em questão e as demais empresas que atuam no setor, variando conforme o fato de a competição ser menos ou mais predatória. Qualquer distanciamento que se obtenha em relação aos concorrentes (seja por diferenciação dos produtos e serviços, seja por liderança em custo ou por foco) representa uma melhoria no posicionamento competitivo.

Figura 6.9 O modelo de Porter para análise das forças competitivas

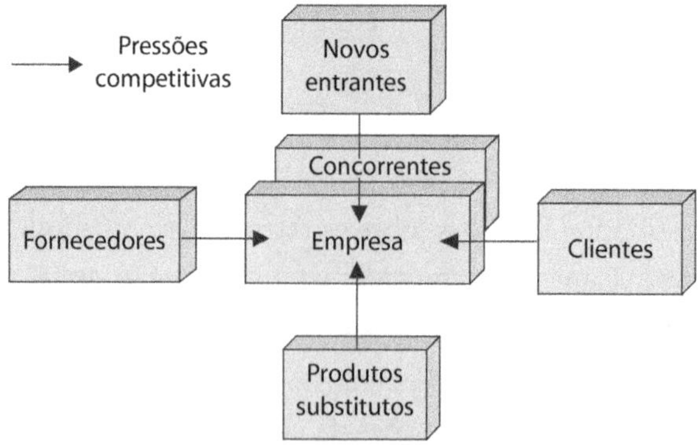

Fonte: PORTER, 1999.

- **Ingressantes** – diz respeito à possibilidade de que novas empresas venham a se interessar por atuar no setor. A criação de barreiras que dificultem entrada de novos concorrentes (por exemplo, pelo desenvolvimento de tecnologias não disponíveis para terceiros ou em razão da necessidade de elevado aporte de capital) leva ao fortalecimento da posição competitiva.
- **Fornecedores** – relaciona-se ao poder de pressão daqueles que antecedem a empresa no fluxo da cadeia produtiva. Por exemplo, quando existe um único ou poucos fornecedores de insumos essenciais, quando um fornecedor detém alguma tecnologia exclusiva, uma patente ou contrato de representação que lhe confira exclusividade no fornecimento de determinado item, a empresa tende a tornar-se fragilizada, pois lhe faltam opções. No sentido inverso, quando a empresa consegue criar laços de dependência nos fornecedores – isto é, quando estes se sentem inclinados a dar preferência àquela organização em detrimento de outros possíveis clientes para os quais poderiam vender, seja pelo seu porte, pelas facilidades que ela oferece ou por outro motivo qualquer –, ela fortalece a posição competitiva.
- **Compradores/clientes** – assim como os fornecedores, os compradores/clientes podem ter menor ou maior poder de pressão. Por exemplo, se há um ou poucos compradores para aquilo que a empresa analisada produz, ela tem uma posição competitiva mais fragilizada. No outro extremo, a criação de laços de dependência nos compradores/clientes – isto é, a introdução de facilidades exclusivas e outros mecanismos para que eles prefiram adquirir produtos/serviços daquela empresa, em detrimento de outros possíveis fornecedores – também fortalece a posição competitiva.
- **Substitutos** – conforme a organização produza bens e serviços menos ou mais facilmente substituíveis, altera-se a ameaça de substitutos. O uso de tecnologia é, ao mesmo tempo, uma arma para evitar produtos substitutos, assim como consiste também em um instrumento para gerar produtos substitutos àqueles oferecidos pela concorrência.

A chave para um desempenho superior em meio a essas forças é a empresa encontrar, dentro da indústria, uma posição em que possa influenciar a seu favor as cinco forças competitivas ora citadas ou, até mesmo, defender-se contra elas. A análise subjacente às cinco forças é a do poder dos diversos agentes que competem com ou complementam as atividades das empresas.

Nesse sentido, Bowersox e Cooper (1992) identificam cinco tipos distintos de poder, em uma perspectiva de sistemas complexos, como os canais de distribuição. Os diferentes tipos de poder são:

- *poder de recompensa* – capacidade de dar algo a outros membros do sistema para facilitar o alcance de objetivos;
- *poder coercivo* – capacidade de gerar punições futuras caso algum membro do sistema não coopere;
- *poder legítimo* – capacidade de fazer que os outros membros acreditem que cabe legitimamente à empresa a tomada de decisões;
- *poder de referência* – capacidade de fazer que os outros membros se identifiquem com os objetivos da empresa;
- *poder de* expertise – fundamentado no conhecimento superior da empresa.

Enquanto Porter (1986) utiliza uma análise do setor em que a empresa atua para avaliar as ações estratégicas, Hamel e Prahalad (1997) afirmam que a *performance* superior é um fenômeno principalmente derivado das características internas da organização.

De fato, Hamel (2000) focaliza seu conceito de negócios em aspectos ligados ao domínio de competências essenciais, com desdobramento para a busca de novos negócios, por intermédio não apenas da inovação de produtos, mas também de novos modelos como chave para a vantagem competitiva sustentada e para a fuga da convergência competitiva. O outro fator-chave é o desdobramento de estratégias para construir essas competências por meio das pessoas, capilarizando o conhecimento corporativo.

No conceito de modelo de negócios, a competição não se desenvolve entre produtos e empresas, mas, sim, entre os diversos modelos de negócios existentes. Os quatro grandes componentes a serem considerados são: a interface com o cliente, a estratégia essencial, os recursos estratégicos e a rede de valor (Figura 6.10).

Para Prahalad e Hamel (1997), as raízes da vantagem competitiva podem ser encontradas nas competências essenciais da empresa, que permitem que esta se diversifique em novos mercados, por meio da reaplicação e reconfiguração daquilo que faz de melhor. As competências essenciais também podem ser definidas como a capacidade de harmonização de múltiplas tecnologias, a posse de um profundo conhecimento sobre o cliente, a intuição mercadológica e a capacidade de gerenciar o conjunto de forma a se obterem sinergias.

Segundo Albrecht (1995), os fatores-chave do sucesso precisam ser descobertos pela empresa, sempre que ela for atingida por novas "ondas de choque". É uma metáfora para definir as grandes mudanças econômicas, sociais, tecnológicas e políticas que ocorrem no ambiente competitivo. O fundamento essencial da empresa é a sua visão clara e bem definida da razão de existir, capaz de direcioná-la rumo ao sucesso.

Figura 6.10 O modelo conceitual de negócios de Hamel

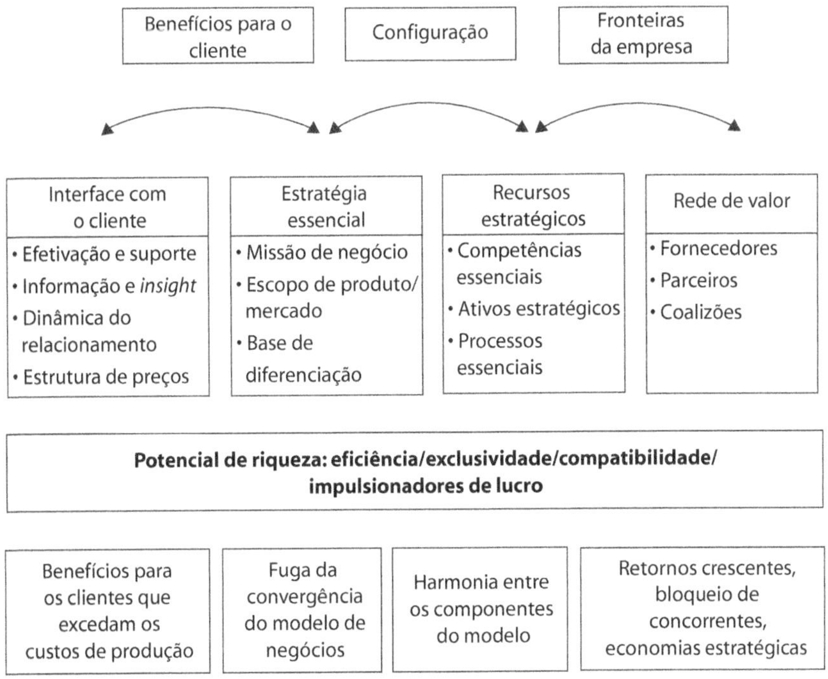

Fonte: Adaptada de Hamel (2000) por Rebelo (2004).

A visão deve ser o resultado de um processo de raciocínio exploratório chamado de projeção futura, no qual são abordados o domínio das ondas de choque, a exploração de tendências, a gestão dos acontecimentos e os indicadores críticos. Em outras palavras, a visão é uma imagem compartilhada pelo pessoal da empresa sobre o que se aspira que a empresa seja ou se torne, definindo a razão de existir desta, sendo capaz de direcioná-la rumo ao sucesso.

Albrecht (1995) sugere como aspectos-chave o alinhamento de toda a empresa em torno de uma razão clara e bem definida de existir, proporcionado pela comunicação eficiente de sua visão e missão a todos os colaboradores. Em decorrência disso, valoriza o "Pacote de Valor", que consiste na definição de como a empresa entrega valor aos clientes.

Slack (2002) sugere um processo evolucionista da competitividade, partindo de uma base de qualidade e incorporando os fatores de confiabilidade, velocidade, flexibilidade e, finalmente, custo, como fundamentais para a sobrevivência e para o crescimento. Esse é o modelo do "cone de areia", representado na Figura 6.11.

Figura 6.11 O modelo do "cone de areia"

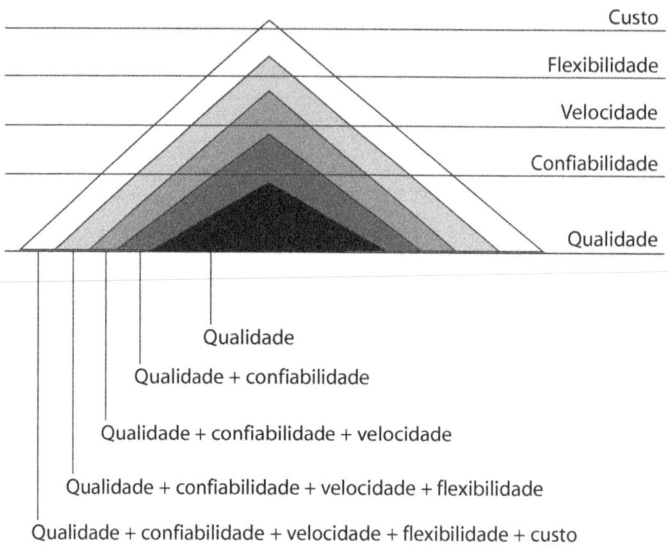

Fonte: SLACK, 2002.

A vantagem competitiva em manufatura, segundo Slack (1993), significa fazer melhor do que fazem os concorrentes aquilo que é importante para o consumidor. Em outras palavras, fazer certo (vantagem de qualidade), fazer rápido (vantagem da velocidade), fazer pontualmente (vantagem da confiabilidade), mudar o que está sendo feito (vantagem da flexibilidade) e fazer ao menor preço (vantagem de custo). Em resumo, o modelo de Slack considera os aspectos internos e externos dos cinco objetivos de desempenho da manufatura: qualidade, velocidade, confiabilidade, flexibilidade e custos.

Nesse modelo, a qualidade está na base de tudo. As contínuas melhorias de qualidade são essenciais para que se possa assegurar a confiabilidade do processo. A confiabilidade, por sua vez, possibilita que se assumam compromissos em termos de redução de ciclos – chamada de "velocidade" nesse modelo. Já a redução de ciclos possibilita maior flexibilidade, a qual traz vantagens em termos de redução real de custos.[2]

Outro aspecto a destacar é que, nesse modelo, qualquer falha em um estágio automaticamente comprometerá todos os posteriores. Por conseguinte, se não houver quali-

[2] Para maiores informações sobre integração de produtos e processos, ver MAIA, M. C.; DI SERIO, L. C.; CAMPOS, R. J. F. *Tecnologia para integração de projeto de produtos e processos.* Enanpad, 2000.

dade – definida como a base de todo o processo –, é impossível trabalhar qualquer outro tipo de ganho, pois ele não será sustentável.

Para Slack (2002), deve-se acompanhar o desempenho dos concorrentes em relação ao desempenho da própria empresa, sendo esse processo de comparação responsável por definir o desempenho da empresa. O desafio da empresa consiste em atingir níveis de desempenho que a torne proeminente aos olhos de seus consumidores. Para tanto, não é contra os padrões dos consumidores que o desempenho deva ser julgado, mas, sim, contra o desempenho dos concorrentes. Segundo Slack (2002), a mais significativa arrancada para a competitividade virá quando o desempenho dos fatores "ganhadores de pedidos" for elevado acima do nível do dos concorrentes.

Todos os critérios de desempenho do "cone de areia" são importantes para os consumidores, mas diferem em grau de importância entre si. Slack (2002) propõe a seguinte distinção entre os graus de importância desses critérios:

- *critérios ganhadores de pedidos* – são aqueles que direta e significativamente contribuem para o ganho de negócios, sendo vistos pelos consumidores como fatores-chave da competitividade, e aqueles que mais influenciam as decisões de quantos negócios o cliente irá fazer com a empresa. Melhorar o desempenho em objetivos "ganhadores de pedidos" aumenta as chances da empresa em conquistar novos negócios no futuro;
- *critérios qualificadores* – não são os principais determinantes do sucesso competitivo, mas o desempenho da operação nesses critérios deve estar acima de um nível mínimo para que a empresa seja inicialmente considerada pelos consumidores como uma possível fornecedora. Abaixo desse nível mínimo, a empresa provavelmente não irá sequer entrar na concorrência. Dessa forma, qualquer melhoria adicional nos fatores qualificadores de pedidos, em geral, representará poucos benefícios competitivos;
- *critérios pouco relevantes* – são os menos importantes dentre os fatores de desempenho, pois os consumidores dificilmente baseiam suas decisões de compra neles.

Conforme indicado na Figura 6.12, a zona adequada é limitada por uma linha inferior chamada de "fronteira de mínimo desempenho", na qual a empresa não deve permitir que a operação se localize. Os objetivos de desempenho que se localizam nessa zona devem ser considerados satisfatórios, pelo menos no curto e médio prazos, e atingir essa zona consiste no primeiro objetivo de qualquer programa de melhoria.

Figura 6.12 A matriz de importância *versus* desempenho

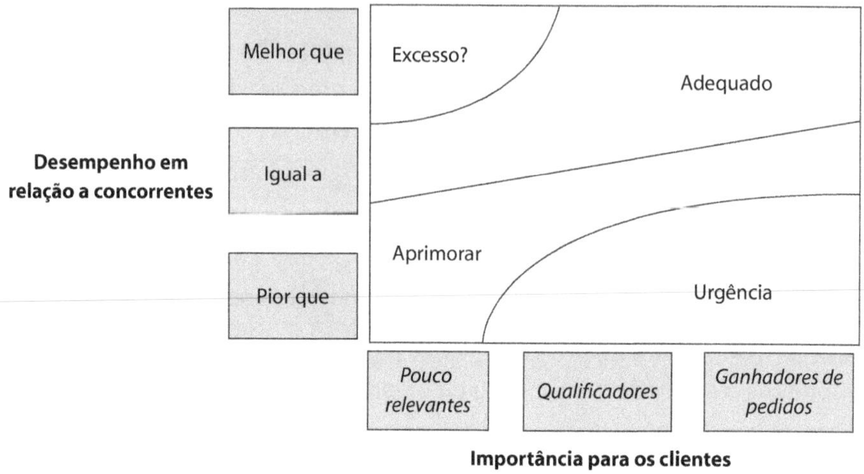

Fonte: SLACK, 2002.

A zona de "aprimoramento" indica que qualquer objetivo que esteja abaixo do limite inferior será um candidato à melhoria. Aqueles que se localizem exatamente abaixo do limite ou no canto inferior esquerdo serão considerados casos não-urgentes.

A zona de "ação urgente" revela aspectos do desempenho que estão em um patamar abaixo do qual deveriam estar, dada sua importância para o cliente. Seu melhoramento consiste em uma prioridade de curto prazo, pelo menos até a "zona de melhoria".

Na zona do "excesso?" verificam-se os aspectos que possuem desempenho superior ao que parece necessário, talvez levando ao desperdício de recursos. Tais recursos poderiam ser usados na melhoria de outros aspectos, como aqueles situados na zona de "ação urgente".

Outro ponto central na abordagem da estratégia de operações é o conceito de *trade-offs*. Porter (1999) salienta que o posicionamento estratégico não é sustentável sem que haja *trade-offs* com outros posicionamentos, o que leva à necessidade de escolhas. A lógica que norteia o conceito é que uma operação não pode exceder simultaneamente todas as dimensões competitivas. Assim, cabe à gerência definir os parâmetros de *performance* que são críticos ao sucesso da empresa e, então, concentrar os recursos desta em tais características.

Os *trade-offs* ocorrem quando as atividades são incompatíveis, de forma que mais de uma coisa signifique menos de outra. Slack (2002) utiliza a metáfora de uma gangorra para ilustrar o conceito, em que a única forma de se elevar um dos lados é abaixando o outro.

6.4 DIAGNÓSTICO DA COMPETITIVIDADE

A noção de *trade-offs* e a de fatores de desempenho competitivo são essencialmente úteis para diagnosticar uma empresa em competição. Em outras palavras, permitem identificar em quais aspectos a empresa é excelente, em quais ela pode melhorar e os sacrifícios inerentes à mudança organizacional.

Para ilustrar esse raciocínio, recorre-se à análise de Di Serio e Leite (2003), que avaliaram os níveis de competitividade de empresas de diversos setores, a partir do *framework* de Slack (2002).

As dimensões analisadas, portanto, foram:

- **custo/preço** – a introdução de novas tecnologias pode resultar em significativas vantagens em termos de redução de custos, em geral com reflexos nos preços cobrados ao cliente. Isso proporciona à empresa uma vantagem em relação a seus concorrentes, na medida em que amplia, do ponto de vista do cliente, a relação entre o valor percebido e o que foi pago;
- **qualidade** – os ganhos de qualidade, seja em aspectos mensuráveis ou não, também oferecem à empresa um diferencial em relação a seus competidores. Note-se que por qualidade subentende-se aquilo percebido, explícita ou implicitamente, pelo cliente de seus produtos e serviços. A qualidade nos processos é vista como um pré-requisito para se alcançarem mudanças nas três próximas dimensões, uma vez que, sem qualidade, não é possível garantir prazos, pois não há como aumentar a velocidade e reduzir o ciclo de produção, sendo igualmente impossível assegurar a personalização dos produtos e serviços;
- **prazo de entrega** – essa dimensão está fortemente ligada à confiabilidade do processo produtivo, uma vez que qualquer instabilidade em alguma de suas etapas tende a comprometer o todo. Assegurar prazo de entrega significa, entre outras coisas, eliminar todo e qualquer desvio que obrigue a retrabalhos – o que, de certa forma, tende também a se refletir em termos de redução nos custos;
- **velocidade ou ciclo de produção** – o encurtamento dos ciclos de produção também está associado à qualidade e à estabilidade do processo. Esse aspecto é particularmente importante em segmentos mais dinâmicos, nos quais pequenas diferenças tendem a ser bastante significativas;
- **flexibilidade** – conquanto haja diversas formas de se analisar a questão da flexibilidade, esta análise considerará a capacidade da empresa em termos de personalização em larga escala, ou seja, sua competência para criar produtos e serviços cada vez mais segmentados, voltados a nichos específicos. Com base nesse aspecto, a flexibilidade é o oposto da produção em massa.

Uma das empresas analisadas no estudo de Di Serio e Leite (2003) foi a Burti, a qual estava em uma situação aparentemente desvantajosa. Após ter implantado uma inovação – um amplo conjunto de novas práticas denominado "TransBurti" –, a empresa apresentou um posicionamento relativo bem abaixo do de seus concorrentes na dimensão custo/preço, conforme ilustrado na Figura 6.13.

Figura 6.13 O "radar da competitividade" da Gráficos Burti

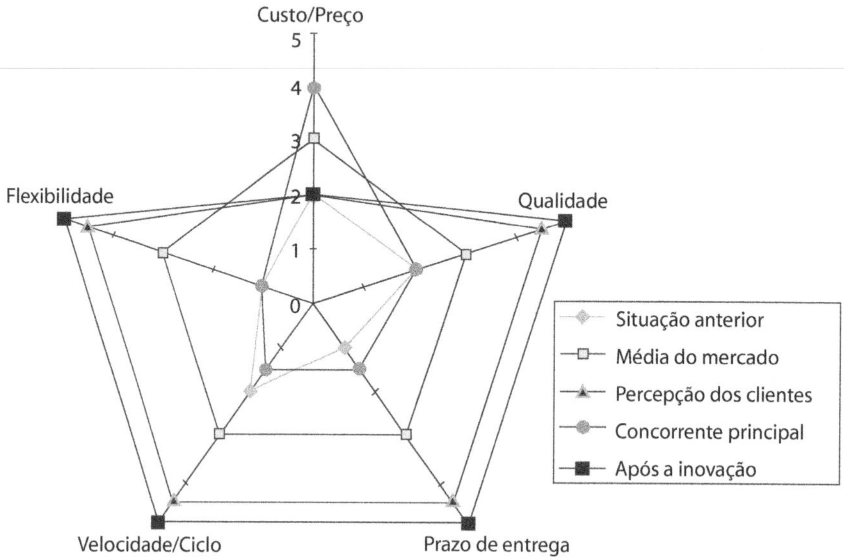

Fonte: DI SERIO; LEITE, 2003.

Na verdade, isso não é desvantagem nenhuma, mas, sim, a constatação de que, graças às barreiras aos novos entrantes, aliada à dependência de seus parceiros na cadeia produtiva, a Burti conseguiu impor preços substancialmente mais altos, e, embora os clientes identifiquem isso, ainda assim estão dispostos a pagar um preço *premium*, em razão da qualidade percebida dos serviços prestados pela empresa.

O caso Burti será explorado no Capítulo 10, oportunidade em que, como aqui, serão realçados os fatores competitivos que determinaram vantagem para a empresa em competição.

6.5 *OPEN INNOVATION*

Tradicionalmente, o processo de desenvolvimento de novos produtos estava imerso em um sistema fechado de inovação. Assim, a inovação era função exclusiva dos recursos internos da organização, que buscava ao máximo protegê-los da exposição aos "inimigos" externos. As empresas se apoiavam em patentes, segredos industriais e outras formas de extrair o maior valor possível de seus esforços para inovar.

Entretanto, as pressões relacionadas ao ambiente competitivo tornaram esse modelo obsoleto. O conhecimento não está mais concentrado em poucos centros – universidades, governos ou seletos grupos de empresas, grandes o bastante para suportar os esforços em pesquisa e desenvolvimento (P&D). Atualmente, existem várias fontes de conhecimento.

Com base nessas premissas, o professor Henry Chesbrough, da Universidade da Califórnia propõe o conceito de Inovação Aberta (*Open Innovation*). Em sua obra, o autor ressalta que as empresas deveriam utilizar idéias e tecnologias externas, bem como compartilhar suas idéias não utilizadas com outros (CHESBROUGH, 2003; 2006). Isso requer que as empresas abram seus modelos de negócio no sentido de facilitar o fluxo de idéias e tecnologias.

A necessidade de compartilhar competências tem suas raízes nos aspectos negativos que o processo de inovação vem apresentando nas organizações, com custos crescentes e limitado potencial de receitas. Para Chesbrough (2006), um modelo de negócio aberto à inovação soluciona esses dois problemas. No lado dos custos, as economias advêm das fontes externas de P&D, que geram economias em tempo e investimentos. Um exemplo pode ser encontrado em Huston e Sakkab (2006), que relatam a experiência da Procter & Gamble (P&G), a qual buscou em uma padaria de Bologna, na Itália, uma solução para impressão de mensagens em bolos e biscoitos. Isso possibilitou o desenvolvimento de chips de impressão a um custo extremamente reduzido.

No lado das receitas, o modelo aberto de inovação contribui para o alcance de novos mercados. A P&G está criando novas marcas a partir do licenciamento de tecnologias para outras empresas ao redor do mundo. As novas receitas são oriundas dos novos produtos, que acessam novos mercados, bem como do próprio licenciamento da tecnologia.

Tal combinação de economia de redução de custos com o processo de inovação e as novas oportunidades de geração de receitas é apresentada na Figura 6.14. Nesta, percebe-se que a empresa não se restringe aos mercados que serve diretamente. Ela pode participar de novos segmentos por meio de licenciamentos, alianças estratégicas (*joint ventures*), *spin-offs* ou outros meios. Em suma, explora-se mais o produto da inovação. Da mesma forma, o custo da inovação é reduzido pelo grande uso de tecnologias externas no processo interno de P&D, o que poupa tempo e recursos. O resultado do modelo é um processo inovador economicamente mais atrativo, mesmo em indústrias com produtos com pequenos ciclos de vida.

Figura 6.14 Um novo modelo de negócio de inovações abertas

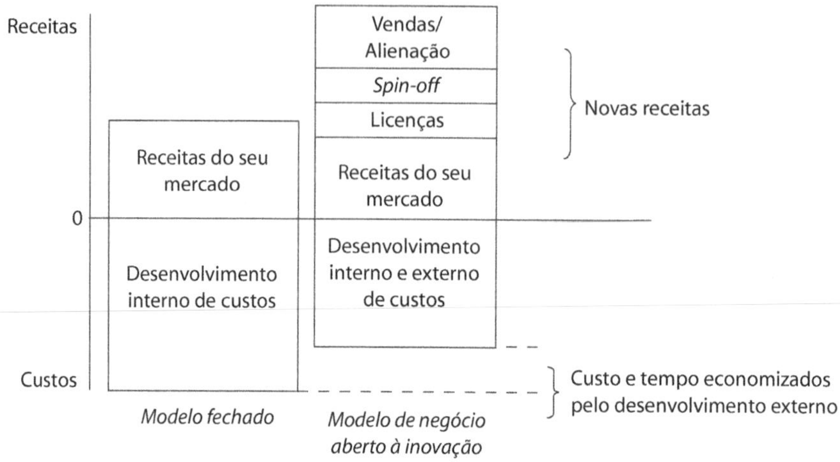

Fonte: Adaptada de Chesbrough (2006).

Um aspecto não presente na figura, mas abordado por Chesbrough (2006) é a questão do risco. Segundo o autor, o modelo aberto proporciona não só o compartilhamento de competências, mas também o compartilhamento dos riscos inerentes aos investimentos em P&D.

Se considerarmos as definições de inovação, em muitos casos ela é utilizada como sinônimo de invenção, o que a torna uma atividade exclusivamente ligada ao setor de P&D das empresas. Nesse novo modelo, discute-se comercialização e novos mercados, o que torna o processo de inovação um papel de toda a organização.

Para Chesbrough (2006), o modelo de negócios pode ter seis estágios:

- Negócios indiferenciados – *commodity*, precificado pelo custo.
- Negócios diferenciados – algo único, precificado com base no valor, não somente no custo. Mundo perfeito, mas não sustentável.
- Negócios segmentados – pode servir vários mercados ao mesmo tempo. Altos volumes, mas com altos custos.
- Externo – aproveita as fontes externas para complementar a tecnologia interna.
- Integrado – fontes externas, idéias internas, parcerias.
- Plataforma – envolvimento contínuo de outras empresas.

Uma questão possível em relação a esse modelo seria quem na organização poderia propor tal mudança no modelo de negócio. Para Chesbrough (2006), essa mudança deve ser proposta pelo setor de P&D, uma vez que este tem os processos capazes de viabilizar experiências. Em geral, o processo inovador é deixado de lado por organizações que tentam aperfeiçoar a sua capacidade de explorar os processos de eficiência. Ao adotar modelos abertos, as organizações podem trazer inovações para o mercado de forma mais rápida e menos onerosa, garantindo, assim, uma vantagem competitiva em uma economia global cada vez mais dinâmica.

6.6 BOX

6.6.1 Skycar

A capacidade de carga de automóveis em grandes centros está quase no limite. Como resolver o problema dos engarrafamentos e tráfego lento? Os aviões pessoais VTOL (*vertical takeoff and landing* ou, literalmente, pouso e decolagem verticais) podem ser uma alternativa.

O protótipo desenvolvido pela Moller International (www.moller.com), o M400, alcança velocidade entre 550 e 650 km/h a quase 8 km do solo, utiliza álcool ou gasolina comum como combustível e tem autonomia de vôo de oito horas. Os modelos iniciais alcançavam altura máxima de 3 m do chão e velocidade de até 161 km/h.

Com pouco mais de 5 m de comprimento e 3 m de largura, ele é prático porque cabe em qualquer lugar. Um avião Cessna, por exemplo, tem 12 m de asa a asa. O Skycar pesa 1 t – menos do que um Gol – e tem dois tanques de combustível em que cabem 227 l de gasolina comum. O protótipo custou US$ 1 milhão. A produção em escala poderia reduzir o preço para US$ 60.000.

Se o carro voador fosse autorizado a decolar amanhã, seria necessário ter brevê para pilotá-lo. O computador que tornaria o vôo automático ainda está sendo desenvolvido para as Forças Armadas dos Estados Unidos. Vários anos vão se passar até chegar à aviação civil. Outro requisito básico é o controle de tráfego aéreo por satélites, que pressupõe uma rede de centrais em órbita conectada aos computadores de todos os carros voadores.

Isso significa que mesmo o sistema de direção poderia ser diferente do conhecido volante dos automóveis. Ao colocar em órbita um conjunto de satélites que cubra toda a superfície do planeta, seria possível que cada Skycar enviasse um sinal constante para o espaço. O satélite receberia a informação e a devolveria à aeronave, indicando posição, altitude, velocidade e rota adequadas. O computador de bordo apenas obedece. O dono só precisaria ligá-lo e dizer para onde quer ir.

O Skycar parece ser uma interessante idéia, mas as autoridades dos setores que regulam a aviação norte-americana ainda não encontraram respostas para uma série de questões trazidas pela inovação. Estaríamos diante do que será o novo paradigma da indústria aumotobilística ou teremos que continuar a recorrer a soluções como rodízios e bicicletas?

Fonte: Adaptado de *Superinteressante*, ed. 142, jul.1999.

6.7 CONSIDERAÇÕES FINAIS

O Brasil precisa tornar-se competitivo no cenário internacional para crescer. O comércio internacional permite ao País aumentar a riqueza nacional, focando na exportação de bens e serviços que este pode produzir de forma mais eficiente, enquanto importa bens cuja vantagem competitiva seja fraca.

Para que o País possa tornar-se competitivo, as suas empresas precisam compreender como agem seus competidores em outras nações, a fim de atrair e reter consumidores com produtos e serviços superiores. Nesse sentido, os modelos de análise de competitividade aqui apresentados constituem um valioso instrumento para o planejamento de competitividade. Por meio deles, pode-se fazer um diagnóstico e traçar as grandes linhas que definirão a estratégia do negócio, de forma integrada, conforme apontado no Quadro 6.4.

Quadro 6.4 Fatores críticos de sucesso identificados na literatura

	Fatores críticos de sucesso	Porter	Hamel	Albrecht	Slack
1	Domínio da qualidade e produtividade a baixo custo	●			●
2	Domínio da flexibilidade a baixo custo				●
3	Transformação organizacional como base para a competitividade	O	●		O
4	Valor gerado ancorado em estruturas baseadas em cadeia de valor (processos) e redes	●	●	●	
5	Capacidade de inovar em produtos e processos	●	●		O
6	Comunicação eficaz horizontal e vertical		●	●	
7	Capilarização do conhecimento corporativo		●	O	
8	Domínio e uso pleno de ferramentas de tecnologia da informação		O		
9	Capacidade de gerar produtos diversificados e customizados	●		●	O
10	Capacidade de gerar novos negócios	●	●	O	
11	Capacidade de gerar produtos inovadores	●	O		
12	Criação de competências individuais		●	O	
	Legenda: ● Alta importância O Moderada importância				

Fonte: DI SERIO; OLIVEIRA; REBELO, 2006.

Conforme apontado no Quadro 6.4, síntese deste capítulo, as abordagens de avaliação da competitividade são mais complementares do que concorrentes entre si, uma vez que cada uma delas é fruto de um aprendizado contínuo, ao qual são incorporadas críticas à luz de novos estudos empíricos.

A natureza dos problemas expostos envolve mais do que disposição política, compromisso de longo prazo. Apesar das críticas sobre a competitividade das nações – vista como uma metáfora de países competindo uns com os outros, ao modo das empresas em concorrência –, é necessário enfatizar a importância da atuação dos setores público e privado na elucidação de fatores limitantes ao desempenho competitivo do país e, por conseqüência, de suas empresas.

Há, porém, um outro aspecto por vezes ignorado: a identificação dos *drivers* de melhoria, ou seja, os principais focos nos quais se devem concentrar os esforços para viabilizar a estratégia de negócio. A análise dos *gaps* – isto é, das diferenças entre aquilo que a empresa é, comparada ao que dela esperam os clientes e, principalmente, *vis-à-vis* à concorrência – indicará as principais defasagens, possibilitando o direcionamento de ações para reduzir as lacunas, reposicionando a empresa diante de seus concorrentes.

Isso é essencialmente verdadeiro em ambientes dinâmicos. Fine (1999) avaliou a inexorável perda de competitividade em um mercado de alta velocidade evolutiva, constatando que, quanto mais rápida a evolução de um setor – ou seja, quanto mais alta sua velocidade evolutiva –, mais temporária é a vantagem competitiva de uma empresa. A chave consiste em escolher a vantagem certa de forma reiterada.

Em igual sentido, Christensen (2003) constata que qualquer vantagem competitiva tende a ser, com menor ou maior facilidade, copiada pelos concorrentes. Por isso, Prahalad e Hamel (1990) afirmam que, no longo prazo, a competitividade será derivada da habilidade empresarial de construir competências que gerarão novos produtos no futuro. O processo de deterioração, evidentemente, é tanto mais rápido quanto maior for a facilidade de se reproduzir a inovação: caso não haja nenhuma barreira a novos entrantes – seja via patente, necessidade de altos investimentos ou complexidade tecnológica –, a vantagem competitiva tenderá a ser efêmera e fugaz. Dessa maneira, volta-se aos conceitos de Porter (1999), que define a necessidade da criação de barreiras de entrada como uma das formas de assegurar a vantagem competitiva.

7

ESTRATÉGIA

Estratégia é um termo derivado do grego *strategós*, que indicava o general acima de todos, e *strategía* significava a arte que esse general dominava, ou seja, sua estratégia. De acordo com Sun Tzu (1998), as manobras estratégicas significavam escolher os caminhos mais vantajosos, e Clausewitz (1968), um reconhecido estrategista militar prussiano, ao definir táticas e estratégia, afirmou que as táticas se referem ao planejamento e à condução de batalhas, enquanto a estratégia é o uso das batalhas na guerra. Portanto, estratégia é a arte originariamente militar, de planejar e executar movimentos e operações visando alcançar ou manter posições favoráveis ao alcance de objetivos previamente definidos.

Nesse sentido, Mintzberg, Ahlstrand e Lampel (2005) mostram que, após a Segunda Guerra Mundial, os gestores adaptaram idéias militares para "atacar" mercados e "se defender" dos concorrentes. Já nos anos 1960, a estratégia se transformou em planos bastante específicos e meticulosos para as atividades da empresa, elaborados com base em previsões detalhadas de insumos necessários para a produção. Nos anos 1970, o sucesso das empresas japonesas, que não usavam planejamento detalhado, gerou questionamentos sobre a utilidade da estratégia. Nos anos 1980, Porter (1986) introduziu a idéia de posicionamento estratégico, que, apesar de brilhante, gerou pouco impacto efetivo nas grandes empresas, pois sua teoria tinha forte caráter descritivo, e não prescritivo.

Na atualidade, o tema "estratégia" continua dominando a atenção de gestores, consultores e acadêmicos. Interessante destacar que nem consultores nem teóricos chegam a um consenso sobre a pergunta mais básica: o que, afinal, é estratégia? De fato, nas últimas três décadas foram construídas tantas teorias alternativas que as empresas começam a se questionar sobre os reais benefícios de se adotar e implementar uma estratégia.

Contudo, e apesar das evidências, décadas de teorização não foram de todo inúteis. O modo como uma empresa vê estratégia depende, em grande parte, das circunstâncias internas e de seu ambiente de negócios. Para cada organização empresarial, uma determinada teoria poderá ser mais adequada que a outra. Assim, existem diversas maneiras de abordar o futuro (MINTZBERG; AHLSTRAND; LAMPEL, 2005).

Diante dessa situação, o presente capítulo tem por objetivo identificar o aspecto central das definições apresentadas por autores de escolas de pensamento no campo da estratégia empresarial, bem como alinhar os pontos principais dessas escolas aos desenvolvimentos mais recentes no campo da estratégia de operações. Conforme mostra a estruturação apresentada no esquema a seguir, este capítulo encerra-se com a análise do valor como elemento fundamental da estratégia competitiva.

Estrutura do Capítulo 7

Capítulo 1 – Introdução		
Justificativa	Objetivos	Desenho da pesquisa

Capítulo 2 – Modelos mentais e organizações		
Pontos de ruptura na história humana	Paradigmas pós-fordistas	Evolução dos modelos de gestão

Capítulo 3 – A criação de valor		
A noção de valor	Valor para o cliente	A cadeia de valor

Integrando diferentes perspectivas na criação de valor

Capítulo 4 – Inovação			
Criatividade	Incremental	Disruptiva	Mensuração

Capítulo 5 – Tecnologia da Informação	
Evolução e conceitos de TI	Conectividade nas empresas
Aplicações de TI nos negócios	TI e vantagem competitiva

Capítulo 6 – Competitividade	
Globalização e competitividade	Competitividade do Brasil
Competitividade empresarial	Diagnóstico da competitividade

Capítulo 7 – Estratégia	
Evolução histórica do campo	Escolas de pensamento
Estratégia de operações	Inovação de valor (*Value innovation*)

Capítulo 8 – Teorias da firma e estratégia empresarial	
A firma como função de produção	A firma como nexo de contratos
A firma como recursos heterogêneos	A decisão de fazer *versus* comprar

Capítulo 9 – Gestão, Tecnologia e Pessoas (GTP)		
Vantagem competitiva	Ambiente competitivo	Capacidades organizacionais

Integração: evolução nas empresas

Capítulo 10 – Competitividade empresarial: diagnóstico e planejamento	**Capítulo 11** – Estudo de casos	**Capítulo 12** – Conclusões e limitações

De fato, o Capítulo 7 é fundamental como subsídio para o Capítulo 8, relacionado à Teoria da Firma, mais conceitual e aprofundado.

7.1 SOBRE A EVOLUÇÃO HISTÓRICA DO CAMPO

De acordo com Ghemawat (2002), a idéia de gestão estratégica iniciou-se com um esforço por parte das organizações em identificar as forças e fraquezas de seus concorrentes, e em dar maior atenção aos fatores de seus negócios que dependiam de ações dos indivíduos ou de outras organizações.

Na década de 1960, a análise de forças e fraquezas, oportunidades e ameaças, denominada análise *SWOT*,[1] ganhou popularidade. Porém, esse mecanismo ainda não resolvia a questão do que realmente definia as competências distintivas de uma organização.

Levitt (1960) teceu, nessa época, uma crítica às organizações que parecem se preocupar intensamente em como suas competências distintivas mostram-se importantes no desenvolvimento e entrega de produtos quando, para esse autor, seria o consumidor quem deveria ser alvo dessa preocupação.

Ansoff (1965) argumenta exatamente no outro sentido: uma preocupação excessiva com o consumidor pode provocar a tomada de riscos desnecessários por uma organização. Para esse autor, qualquer orientação ao cliente deveria partir das competências distintivas.

As consultorias aparecem ainda na década de 1960 e enfatizam uma perspectiva lógica e quantitativa à estratégia. A curva de experiência[2] e a análise de portfólio[3] despontam como duas ferramentas estratégicas e ganham popularidade entre as organizações. Enquanto a Boston Consulting Group enfatizou o uso dessas ferramentas, a McKinsey preferiu enfatizar uma abordagem mais orientada às expectativas de futuro, a partir de uma orientação mais externa do que interna à organização. Ao analisar atratividade do mercado e forças associadas ao negócio, essa consultoria procurou estabelecer algumas métricas de retorno sobre o investimento. No entanto, seu ponto de partida ainda eram os resultados passados (GHEMAWAT, 2002).

---

1 O acrônimo *SWOT* é empregado para indicar os pontos Fortes (***S**trenghts*) e Fracos (***W**eaknesses*) do cliente, as Oportunidades (***O**pportunities*) para o cliente na indústria e as Ameaças (***T**hreats*) dos concorrentes ou do ambiente econômico ou setorial. O Serviço Brasileiro de Apoio às Micro e Pequenas Empresas (Sebrae) aportuguesou esse acrônimo para FOFA (Forças, Oportunidades, Fraquezas e Ameaças).

2 A curva de experiência supõe que o dobro de experiência reduz em 20% a 30% os custos associados a determinada atividade ou processo. Isso porque há economias de escala, uma aprendizagem por parte da organização, e uma possível inovação tecnológica.

3 A análise de portfólio, por sua vez, evidencia a relação existente entre produtos e mercados considerando a participação dos produtos e a taxa de crescimento dos mercados. Dependendo da posição dos produtos nesses mercados, eles receberiam uma atenção diferenciada.

O que se pode identificar até esse ponto é uma preocupação intensa com decisões racionais que demandavam, na maioria dos casos, uma análise acurada de situações que precisariam, para tanto, ser estáveis. A estratégia parecia estar sempre vinculada a alguma redução de custos.

Uma análise que, além da atratividade do mercado, considerasse sua competitividade, foi então proposta. Isso implicava um estudo sobre as possíveis barreiras de entrada que poderiam, de uma forma ou de outra, definir a conduta dos participantes dessa indústria.

Apesar dos desenvolvimentos nesse sentido terem começado na primeira metade do século XX, no campo da Economia, foi Porter (1986) quem tornou conhecida a idéia de que existem mercados mais rentáveis que outros. Ele identificou cinco forças como responsáveis pela atratividade de mercado: concorrentes, fornecedores, novos entrantes, compradores e substitutos.

No entanto, havia uma diferença ainda maior de rentabilidade dentro da mesma indústria. O posicionamento de organizações que competem por um mesmo mercado, portanto, pareceria ainda mais relevante do que o mercado no qual estão inseridas. Ficou conhecido, então, o conceito de que uma vantagem competitiva só poderia ser compreendida a partir de uma análise de toda a cadeia de valor de uma organização.

A dinâmica competitiva fez emergir uma outra questão: como as organizações poderiam criar e manter suas vantagens competitivas na presença de outros concorrentes e em ambientes cada vez mais turbulentos? Algumas teorias foram desenvolvidas e aperfeiçoadas para responder a essa pergunta, como a **Teoria dos Jogos** (que considera uma interação de soma zero entre os participantes de um mesmo mercado), a **visão baseada em recursos** (que ressalta a dificuldade envolvida na reprodução de competências de terceiros), e a **Teoria das Capacidades Dinâmicas**[4] (que enfatiza a maneira pela qual as organizações desenvolvem suas competências, principalmente a partir dos processos de aprendizagem).

Apesar de prevalecerem em diferentes momentos da história recente, tais escolas de pensamento continuam tendo suas contribuições inseridas no esforço estratégico das empresas contemporâneas. De fato, Mintzberg e Lampel (1999) afirmam que não está claro se as diferentes escolas representam diferentes processos da formação da estratégia ou se são apenas diferentes partes de um mesmo processo. A próxima seção avança nos vasos comunicantes e pontos de afastamento entre as diferentes escolas de pensamento estratégico.

[4] Para Teoria das Capacidades Dinâmicas, ver também Barney (1999), Barney e Hansen (1994), Nohria (1992), Lorenzoni e Lipparini (1999).

7.2 ESCOLAS DE PENSAMENTO NO CAMPO DA ESTRATÉGIA

O processo de formulação da estratégia pode ser analisado a partir de diferentes perspectivas. Cada uma dessas perspectivas (ou escolas) indica as diferentes visões a respeito do processo de formação da estratégia.

A estratégia empresarial floresceu não somente no contexto gerencial, mas também a partir de contribuições de áreas co-irmãs, como a Sociologia e a Economia. De fato, Whittington (2001) aponta o fato de existirem quatro escolas de pensamento em estratégia e de que todas foram influenciadas por outros campos do conhecimento (Quadro 7.1).

Quadro 7.1 As quatro perspectivas no campo da estratégia empresarial

	Clássica	**Processual**	**Evolucionária**	**Sistêmica**
Estratégia	Formal	Artesanal	Eficiente	Imersa
Racionalidade	Maximização dos lucros	Vaga	Sobrevivência	Local
Foco	Interno (planos)	Interno (políticas/ cognições)	Externo (mercados)	Externo (sociedades)
Processos	Analítico	Barganha/ aprendizado	Darwiniano	Social
Influências-chave	Economia/militar	Psicologia	Economia/Biologia	Sociologia
Autores principais	Chandler; Ansoff; Porter	Cyert e March; Mintzberg; Pettigrew	Hannan e Freeman; Williamson	Granovetter; Whitley
Floresceu durante	Anos 1960	Anos 1970	Anos 1980	Anos 1990

Fonte: WHITTINGTON, 2001.

Para Mintzberg e Lampel (1999), dez escolas de formação de estratégia podem ser identificadas na literatura. Esses autores questionam se essas perspectivas representam processos fundamentalmente diferentes da estratégia ou partes de um mesmo processo. As características dessas escolas são apresentadas de forma sucinta, a seguir:

- **Escola do Design** (processo de concepção) – foi a principal visão estratégica dos anos 1970, baseada na obtenção da forma entre as forças e fraquezas internas, e as ameaças e oportunidades externas. Essa estratégia poderia ser implantada por qualquer pessoa em razão de sua simplicidade e clareza. Ainda assim, não houve desenvolvimento dessa escola no sentido de originar variantes, mas, sim, apenas sua combinação com outras visões em diferentes contextos.
- **Escola de Planejamento** (processo formal) – cresceu paralelamente à Escola do Design, na metade da década de 1970, e com retração na década de 1980. Dife-

rencia-se da Escola de Design por entender a estratégia como processo formal, decomposto em etapas distintas, delineadas por *checklists*, e suportadas por técnicas como objetivos claros, orçamentos, programas e planos operacionais.

- **Escola do Posicionamento** (processo analítico) – foi o *mainstream* nos anos 1980, impulsionada por Porter (1986) e outros autores. Essa escola de pensamento, proveniente da estratégia militar (Sun Tzu), define estratégia como a seleção de posicionamento mediante análises formalizadas da situação industrial.
- **Escola do Empreendedorismo** (processo visionário) – centrada nos processos levados a cabo pelo chefe executivo, semelhante à Escola do Design, mas enraizada nos mistérios da intuição, o que transforma as estratégias em vagas visões e amplas perspectivas e metáforas. Dessa forma, o líder mantém forte controle sobre a implementação de sua visão na empresa.
- **Escola Cognitiva** (processo mental) – particularmente na década de 1980, e até os dias atuais, foram desenvolvidas, de forma contínua, pesquisas sobre o processo cognitivo na formulação da estratégia. A cognição é usada na construção de estratégias como interpretações criativas de situações.
- **Escola do Aprendizado** (processo emergente) – o modelo de formulação da estratégia como aprendizado baseia-se na visão da estratégia como um processo emergente, que pode ser encontrado por toda a organização.
- **Escola do Poder** (processo de negociação) – considera o desenvolvimento da estratégia na organização como algo essencialmente político, um processo envolvendo barganha, persuasão e confronto entre os atores que dividem o poder. Outros autores também analisam a organização como uma entidade que usa seu poder entre seus pares em alianças, *joint ventures* e outras redes de relacionamentos para negociar estratégias coletivas em seu interesse.
- **Escola Cultural** (processo social) – a formação da estratégia é baseada em um processo social enraizado na cultura. A imersão das forças sociais nos interesses econômicos (*embeddedness*) é o ponto de partida dos autores dessa escola.
- **Escola Ambiental** (processo reativo) – os autores dessa escola procuram mostrar como as organizações decidem alternativas estratégicas, a partir do quadro de incentivos que emolduram as escolas organizacionais e individuais.
- **Escola de Configuração** (processo de transformação) – essa escola vê a organização como uma configuração de recursos, e integra os desenvolvimentos das outras escolas, de acordo com a característica da organização estudada.

Apesar de as escolas de estratégia terem suas características próprias, há possibilidade de aproximar seus pressupostos de acordo com o enfoque a ser abordado. Há variantes recentes que inserem pressupostos da Escola do Aprendizado com *insights* de outras correntes. Assim, a visão baseada em recursos (RBV) pode ser entendida como uma forma híbrida da Escola do Aprendizado com a Escola Cultural.

Outros autores, como Teece, Pisano e Shuen (2002), expandiram a análise dos desenvolvimentos recentes da estratégia ao mostrar que uma corrente de autores tem avançado, colocando ênfase no que é, de fato, a essência das competências e capacidades de uma empresa. Para os autores dessa corrente, conhecida como *dynamic capabilities* (competências dinâmicas), a competência essencial está cristalizada em processos organizacionais. Como as competências são construídas internamente na empresa, não podem ser compradas.

Um esforço de caracterização, na forma de síntese, é apresentado por Teece, Pisano e Shuen (2002), conforme ilustrado no Quadro 7.2. Esses autores sugerem que os quatro paradigmas identificados são complementares, mas que existem situações em que cada um deles é mais adequado, dados os objetivos e interesses de estudo.

Quadro 7.2 Paradigmas de estratégia: características principais

	Forças competitivas	**Conflito estratégico**	**Visão baseada em recursos**	***Dynamic capabilities***
Autores seminais	Mason, Bain	Machiavelli, Schelling, Cournot, Nash, Shapiro	Penrose, Selznick, Christensen, Andrews	Schumpeter, Nelson, Winter, Teece
Autores relevantes no campo gerencial	Porter (1986)	Ghemawat (1986), Shapiro (1989)	Rumelt (1984), Wernerfelt (1984)	Prahalad e Hamel (1990), Porter (1990)
Natureza das rendas	Chamberlianas	Chamberlianas	Ricardianas	Schumpeterianas
Racionalidade assumida dos gestores	Racional	Hiper-racional	Racional	Racional
Unidade de análise	Indústrias, firmas, produtos	Firmas, produtos	Recursos	Processos, posições, trajetórias
Capacidade de reorientação estratégica no curto prazo	Alta	Freqüentemente infinita	Baixa	Baixa
Papel da estrutura da indústria	Exógeno	Endógeno	Endógeno	Endógeno
Preocupação fundamental	Condições estruturais e posicionamento dos competidores	Interações estratégicas	Fungibilidade dos ativos	Acumulação de ativos, replicabilidade e inimitabilidade

Fonte: TEECE; PISANO; SHUEN, 2002.

Os paradigmas de estratégia que enfatizam a exploração do poder de mercado são as "forças competitivas" (posicionamento competitivo) e o "conflito estratégico". O primeiro pressupõe que uma firma deve encontrar uma posição na indústria, na qual ela pode defender-se melhor contra as forças competitivas ou mesmo influenciá-las a seu favor. Isso significa que a estrutura da indústria influencia fortemente as regras competitivas do jogo, bem como as estratégias disponíveis para as firmas.

A abordagem do "conflito estratégico" utiliza as ferramentas da Teoria dos Jogos para analisar a natureza da interação competitiva entre firmas rivais. Assim, ela busca determinar como uma firma pode influenciar o comportamento e as ações das firmas rivais. Tal abordagem, ao exemplo da primeira, parece adotar a visão de que o fluxo de rendas é proveniente de uma posição privilegiada de mercado.

As outras duas perspectivas em estratégia enfatizam a eficiência econômica. A Resource Based View (RBV) enfatiza as competências e os ativos específicos à firma, focando na investigação dos recursos escassos específicos a ela, mais do que na exploração de melhor posicionamento no mercado. Portanto, o que uma firma pode fazer não é apenas uma função das oportunidades com que ela se confronta, mas também depende dos recursos escassos, valiosos e difíceis de serem imitados, que ela pode utilizar. Tais recursos podem incluir patentes, fontes exclusivas de suprimento e uma competência tecnológica essencial.

A *dynamic capabilities (process)*, por sua vez, parte do pressuposto de que as atividades da organização são dispostas de modo distinto do de outras empresas, e as características de suas competências não podem ser prontamente encontradas no mercado. Assim, as competências da firma não devem ser compreendidas em termos de seu balanço financeiro, mas em razão de sua estrutura organizacional e dos processos administrativos que dão suporte à atividade produtiva.

7.3 A ESTRATÉGIA DE OPERAÇÕES E O SEU IMPACTO NO DESEMPENHO DA FIRMA

Em seu clássico artigo, Skinner (1969) argumentou que a manufatura, enquanto função empresarial, poderia ser usada estrategicamente como fonte de vantagem competitiva. Por sua vez, Roth e Velde (1991) propuseram que não apenas a manufatura, mas as operações da empresa (manufatura, serviços, aquisições, logística etc.) poderiam se tornar fontes de vantagens competitivas. Assim, a estratégia de operações envolve decisões relacionadas ao desenho de processos (tais como a definição das tecnologias apropriadas a serem usadas e o papel dos estoques) e de infra-estrutura (como sistemas de planejamento e controle, controle de qualidade, estruturas de pagamento e organização da função de produção), que são necessárias para dar suporte aos processos organizacionais.

De um modo formal, a estratégia de operações pode ser definida como o conjunto de políticas e planos de uso dos recursos de uma firma, com a finalidade de melhor apoiar sua estratégia competitiva de longo prazo (CHASE; AQUILANO; JACOBS, 2001). A estratégia de operações deve ser consistente e integrada com a estratégia corporativa, podendo ser vista como a parte do processo de planejamento que coordena os objetivos operacionais com os objetivos maiores da organização.

Nesse mesmo sentido, Slack et al. (1996) afirmam que a estratégia de produção tem basicamente dois propósitos: contribuir diretamente para os objetivos estratégicos do nível imediatamente superior na hierarquia e auxiliar outras partes do negócio a fazer sua própria contribuição para a estratégia (Figura 7.1).

Figura 7.1 Contribuição da estratégia de operações

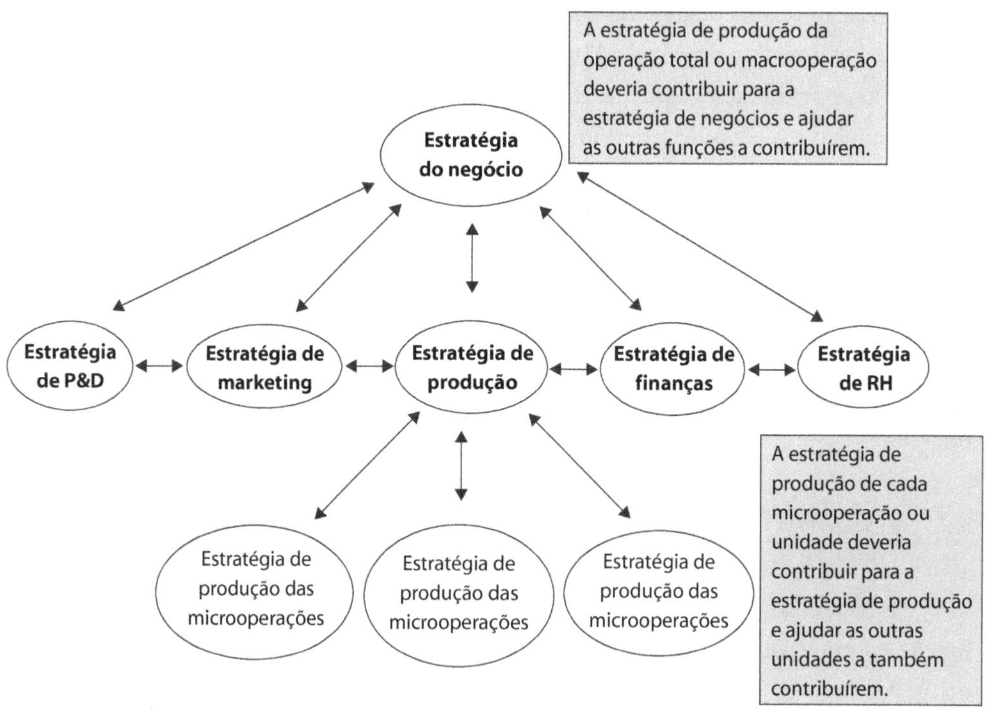

Fonte: Adaptada de Slack et al. (1996).

Para Slack et al. (1996), a estratégia de operações deve considerar dois conjuntos separados de questões: as relacionadas ao conteúdo, ou seja, as estratégias específicas que orientam a tomada de decisões cotidianas de operações; e aquelas relacionadas ao processo real de determinação dessas estratégias na organização.

Assim, enquanto o conteúdo da estratégia de operações é o conjunto de políticas, planos e comportamentos que a produção escolhe, o processo exige que se compreenda a gestão da produção em um nível mais amplo.

Conforme salientado no Capítulo 6, um ponto central na abordagem da estratégia de operações é o conceito de *trade-offs*. Porter (1996) ressalta que o posicionamento estratégico não é sustentável sem que haja *trade-offs* com outros posicionamentos, o que leva à necessidade de escolhas. A lógica que norteia o conceito é que uma operação não pode exceder simultaneamente todas as dimensões competitivas.

Assim, cabe à gerência definir os parâmetros de *performance* que são críticos ao sucesso da empresa e, então, concentrar os recursos em tais características. A posição estratégica não é sustentável sem que haja compromissos com outras posições. Os *trade-offs* ocorrem quando as atividades são incompatíveis, de forma que mais de uma coisa signifique menos de outra. Slack (2002) utiliza a metáfora de uma gangorra para ilustrar o conceito, em que a única forma de se elevar um dos lados é baixando o outro.

Ainda que alguns autores reconheçam a importância dos *trade-offs*, outros irão afirmar que as escolhas estratégicas – que implicam a melhoria de um critério à custa da piora de outro – não são estáticas. Esse conceito de mudança, quando analisado da perspectiva da inovação, torna-se dinâmico, pois ao se mudar a fronteira tecnológica por meio de inovações radicais, muda-se também a relação custo-benefício (HAYES; PISANO, 1996).

Uma representação da dinâmica desse conceito é exibida na Figura 7.2, em que, por meio da movimentação do pivô da balança, é possível aumentar uma competência da empresa sem prejudicar a outra.

Figura 7.2 Critérios de desempenho

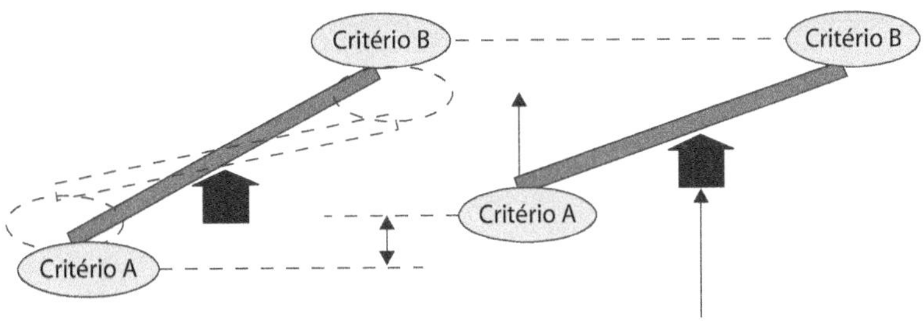

Fonte: Elaborada pelos autores.

Enquanto defensores da cumulatividade de competências afirmam que, por exemplo, o custo e a flexibilidade não são conflitantes (FERDOWS; DE MEYER, 1990), outros, como Hayes e Pisano (1996), afirmam que sempre existirá o conflito entre esses dois objetivos, pois se a empresa decide oferecer uma faixa maior de produtos que seus competidores, terá de fazer algumas escolhas entre objetivos conflitantes, como a adoção de equipamentos de produção mais flexíveis, elevando seus custos acima dos custos dos concorrentes que oferecem menor variedade de produtos.

Esse argumento, que defende o *trade-off* entre custo e flexibilidade, é ilustrado esquematicamente no Gráfico 7.1 e mostra que escolhas entre alocações de recursos existirão mesmo que a fronteira tecnológica seja mudada.

Gráfico 7.1 Compromisso entre custo e nível de serviço

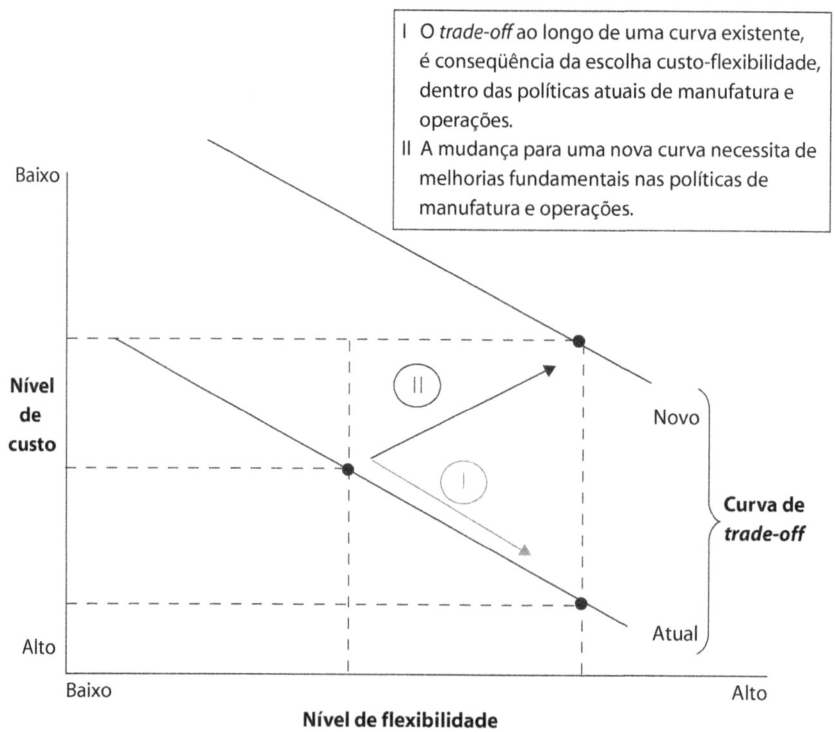

Fonte: Adaptado de Hayes e Pisano (1996).

Isso indica que, no aspecto relacionado ao conteúdo da estratégia, deve-se determinar a prioridade dos objetivos de desempenho da empresa. Em outras palavras, quais objetivos de desempenho são importantes para ela. Em termos de avaliação estratégica pautada em fatores críticos de sucesso, Muscat e Fleury (1993) revelaram que é possível elaborar um sistema de medição de desempenho em torno dos critérios competitivos que a estratégia da empresa prioriza, ou seja, a decisão final de *trade-offs* da organização.

Ainda assim, abordagens de estratégia que solapam a força dos *trade-offs* podem se apresentar muito promissoras, ainda mais quando incorporam a inovação como componente estratégico. A próxima seção explora esse assunto.

7.4 CRIAÇÃO DE VALOR POR MEIO DA INOVAÇÃO

No entendimento de Kim e Mauborgne (1997), a ênfase do pensamento estratégico com vistas à competitividade deve estar centrada nos atributos explícita ou supostamente valorizados pelos consumidores da firma. De acordo com esses autores, dirigir a estratégia com base principalmente no que os competidores realizam conduz à imitação, e não à inovação; conduz a um curso reativo, e não proativo e, provavelmente, a empresa não será sensível às mudanças em seu mercado ou em outros mercados nos quais eventualmente poderia atuar.

A abordagem de Kim e Mauborgne (1997) revela que, na economia atual, idéias e conhecimento devem ser tratados como ativos tão valiosos quanto o capital e os recursos naturais eram até a década de 1970. Não se trata apenas de enfatizar uma estratégia de preços baixos ou diferenciação, mas de obter ambos os fatores simultaneamente: o valor ao cliente obtido por meio da tecnologia deve chegar a ele a um preço adequado (Gráfico 7.2).

Gráfico 7.2 A visão de inovação de valor

Fonte: KIM; MAUBORGNE, 1997.

Importante mencionar o que Kim e Mauborgne chamam de "inovação de valor aos clientes". A empresa não precisa necessariamente ser a primeira a fazer determinada inovação tecnológica ou ser apenas um seguidor rápido, mas, sim, usar a tecnologia de forma criativa para gerar valor a seus clientes. A Figura 7.3 resume a visão de Kim e Mauborgne.

A estratégia competitiva da empresa deve migrar seu foco, deslocando-o da questão de superar seus concorrentes diretos para a expansão e/ou criação de novos mercados para seus produtos e serviços. Essa discussão a respeito das relações entre estratégia de negócios e competitividade permeia todo este trabalho. Assim, a ênfase do pensamento estratégico com vistas à competitividade deve estar centrada nos atributos explícitos ou supostamente valorizados pelos consumidores da firma.

A inovação de valor (*value innovation*) pressupõe que, em vez de o foco centrar-se na vitória sobre a concorrência, por meio da construção de posições defensáveis, no setor em que a empresa atua, ele deve voltar-se para os meios que tornam a concorrência irrelevante, pela oferta de maior valor aos consumidores potenciais, o que se traduz em galgar novos espaços de mercado até então inexplorados.

Figura 7.3 A busca simultânea de alto valor e baixo custo (clientes ou mercados)

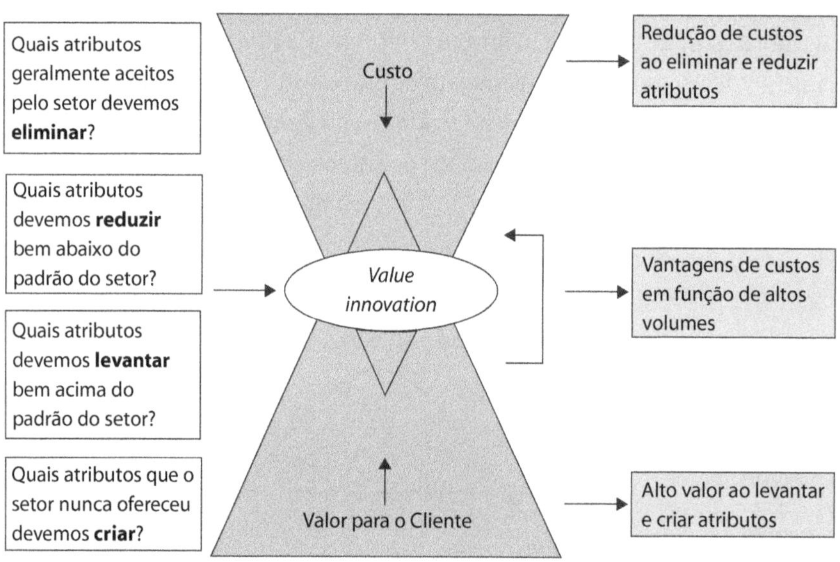

Fonte: KIM; MAUBORGNE, 1997.

A inovação de valor atribui a mesma ênfase ao valor e à inovação. Valor sem inovação tende a concentrar-se na criação de valor em escala incremental, algo que aumenta o valor, mas não é suficiente para a empresa sobressair no mercado. Inovação sem valor, por sua vez, tende a ser movida apenas pela tecnologia, promovendo pioneirismos ou futurismos que talvez se situem além do que os compradores estejam dispostos a aceitar e a comprar.

Somente ocorre a inovação de valor quando as empresas alinham inovação com utilidade, com preço e com ganhos de custo – como a Nissan fez no começo de 2000 (Quadro 7.3). Isso significa a busca, *pari passu*, de diferenciação e de liderança de custos. Nesse sentido, a curva de valor da Barnes & Noble é ilustrativa (Figura 7.4).

Quadro 7.3 O plano 180 da Nissan

Plano Nissan 180

A reestruturação da operação da Nissan partiu da concepção de um plano trienal. Esse plano, focado em crescimento com aumento da rentabilidade, foi batizado de Nissan 180. O número se refere a três compromissos: 1) a venda global de um milhão de carros a mais no ano fiscal de outubro de 2004 a setembro de 2005, em comparação com o volume de 2001; 2) a obtenção de margem de lucro operacional de 8% sobre a receita; e 3) a anulação da dívida líquida do negócio de automóveis. Dos três compromissos, todos foram cumpridos.

A Nissan começou pelo básico: com pesquisas para identificar o público-alvo e os valores que precisariam ser transmitidos aos clientes. Motores potentes e linhas esportivas mais agressivas, demandas dos consumidores americanos, começaram a sair das pranchetas. Enquanto o orçamento para pesquisa e desenvolvimento foi reforçado em 40% em quatro anos, outras áreas enxugavam os quadros. De acordo com o executivo da Nissan, Carlos Ghosn, "não podíamos trabalhar primeiro para reduzir os custos e deixar para crescer depois. Era preciso fazer as duas coisas simultaneamente". O resultado: saindo de um prejuízo de US$ 5,6 bilhões, no ano de 1999, a Nissan conseguiu alcançar um lucro de US$ 3 bilhões, após apenas dois anos.

Fonte: CAETANO, José Roberto. O superpresidente. *Revista Exame*, ed. 793, 28 maio 2003.

Sabendo que todos os produtos se enquadram em algum tipo de processo, a Barnes & Noble analisou o processo por meio do qual o produto é especificado pelo pessoal técnico, comprado, instalado, mantido e descartado.

Figura 7.4 Curva de valor da Barnes & Noble

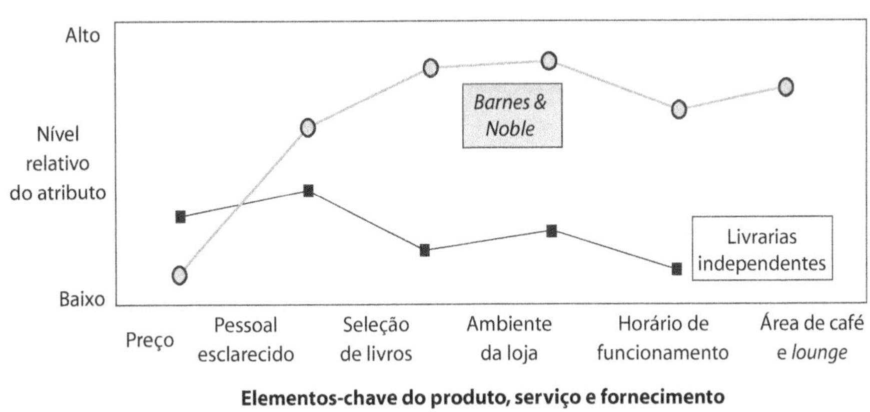

Fonte: Adaptada de Kim e Mauborgne, 1997.

Da análise do "pacote de valor", resultou o incremento dos produtos complementares da empresa. A Barnes & Noble compreendeu todo o processo de utilização do produto e identificou que as pessoas gostam de tomar café, ler trechos do livro e, posteriormente, comprar o produto.

7.5 BOX

7.5.1 Cirque du Soleil: criando oceano azul

Guy Laliberté, ex-acordeonista, ex-equilibrista em pernas-de-pau e ex-engolidor de fogo, é hoje CEO de uma das principais empresas exportadoras do Canadá, o Cirque du Soleil, criado em 1984 por um grupo de artistas de rua.

O Cirque du Soleil conseguiu o que todas as empresas sonham, mas muito poucas conseguem: dar a cada público o mesmo, sem que pareça o mesmo; diversificar os seus recursos ao máximo para otimizá-los; captar milhões de clientes por todo o planeta e, o que é mais difícil, fidelizá-los a preços relativamente altos. A empresa conseguiu ligar-se a um público global, esforçando-se por conhecer as suas necessidades locais.

Nesse sentido, a empresa abandonou a estrutura convencional dos circos, tirando os animais de cena. Há alguns anos, eram mais de 3.500 circos com animais espalhados pelo Brasil. Hoje, após anos de luta de entidades de proteção ao meio ambiente, esses circos estão se extinguindo. Não se sabe ao certo quantos animais ainda são mantidos nesse tipo de espetáculo.

O uso de animais para entretenimento é uma das áreas da defesa animal onde se encontra mais consenso. Tanto para o pessoal que defende o bem-estar dos bichos quanto para os mais radicais ativistas do direito animal, usar elefantes, cavalos, ursos, cães, leões, tigres ou bois para divertir humanos é coisa cruel e ultrapassada. O Cirque du Soleil, ao enfatizar os artistas, e não os animais, solapou a controvérsia e eliminou uma das maiores despesas de um circo.

Outras mudanças ocorreram. O circo mudou o foco para o público adulto (o que antes era uma diversão para crianças, se tornou uma paixão para gente grande) e baseou seus espetáculos na linguagem corporal, na sofisticação intelectual do teatro e do balé, e na utilização de tecnologia. Esses elementos surpreendem o público em todos os seus espetáculos. Ao fazer isso, o Cirque diferenciou-se dos concorrentes, podendo cobrar um preço *premium* pelo ingresso.

A figura a seguir mostra a matriz de avaliação de valor do Cirque du Soleil. Essa matriz permite a comparação gráfica de sua curva de valor com a dos principais concorrentes. A matriz mostra com nitidez a extensão em que o Cirque du Soleil se afastou da lógica convencional dos circos. A figura deixa claro que a curva de valor do Ringling Bros. and Barnum & Bailey apresenta a mesma forma básica dos circos regionais menores. A principal diferença é que os circos regionais oferecem menos atributos de valor, em face das restrições de recursos.

Em contraste, a curva de valor de Cirque du Soleil se destaca das outras duas, pois incorpora novos atributos não-circenses, como tema, várias produções, ambiente refinado para os espectadores, além de músicas e danças artísticas. Esses atributos, inéditos na indústria circense, são oriundos do teatro, alternativa de entretenimento. Dessa maneira, observamos com clareza os atributos tradicionais que regem a competição entre os participantes do setor, assim como novos atributos que levam à criação de novo espaço de mercado e que alteram a matriz do setor.

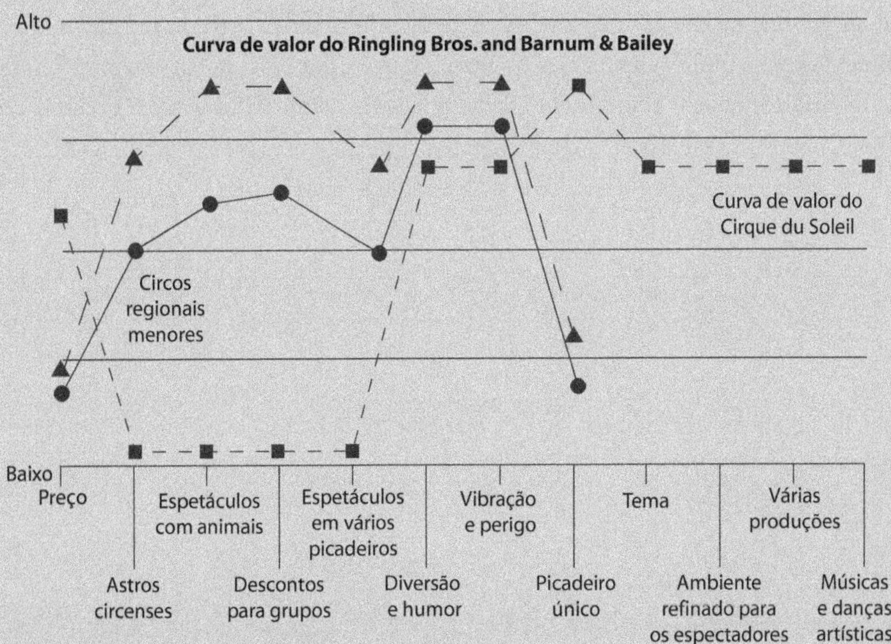

Finalizando, esse é um caso de inovação de valor que ocorre quando a empresa alinha inovação com utilidade, com preço e com ganhos de custo. A inovação de valor possibilita eliminar o *trade-off* valor x custo. Assim, a estratégia é criar mercados não existentes, bem como procurar a diferenciação e a liderança de custos ao mesmo tempo.

Fonte: KIM; MAUBORGNE, 2005.

7.6 CONSIDERAÇÕES FINAIS

A forma clássica de obtenção da vantagem competitiva passa pela elaboração e implementação de uma estratégia que defina um posicionamento claro e diferenciado a ser adotado pela empresa, que inclua ainda *trade-offs* e que possibilite ajustes (*fits*) entre as diferentes atividades para reforçar a cadeia de valor. Em tese, essas ações conjuntas dificultariam a ação dos concorrentes na competição.

No entanto, a essa equação devem ser acrescidos outros elementos. De fato, modelos de negócios que buscam simultânea diferenciação e baixos custos vêm proliferando, como Kim e Mauborgne (2005) têm encontrado nos setores de entretenimento (por exemplo, Cirque du Soleil), nas indústrias criativas (por exemplo, Barnes & Noble) e mesmo nos tradicionais, como o setor de transporte aéreo (por exemplo, Southwest Airlines). Essa visão de inovação de valor relaciona o mercado consumidor com as operações empresariais, em um claro movimento de supressão de *gaps*. Considerando que a identificação e a eliminação de *gaps* no modelo de negócio passa necessariamente pelo reconhecimento do nível atual de desempenho das operações da firma, o próximo capítulo apresentará uma proposta de diagnóstico e melhoramento da *performance* competitiva de uma organização.

8

TEORIAS DA FIRMA E ESTRATÉGIA EMPRESARIAL

A estratégia empresarial pode ser entendida como um elemento componente da firma. Milgron e Roberts (1992) afirmam que a escolha do desenho organizacional, do tipo de gestão e da estratégia adotada são todas atividades interdependentes. Assim, é necessário compreender conceitualmente os fundamentos que caracterizam a firma, para que o tratamento das questões organizacionais correlatas, como a formulação e a implementação da estratégia, possa ser eficaz.

Neste capítulo, conforme indicado no esquema a seguir, serão exploradas as teorias da firma em relação a: "função de produção", "nexo de contratos", "conjunto de recursos heterogêneos" e, ainda, no que diz respeito à "decisão de fazer ou comprar".

Estrutura do Capítulo 8

Capítulo 1 – Introdução		
Justificativa	Objetivos	Desenho da pesquisa

Capítulo 2 – Modelos mentais e organizações		
Pontos de ruptura na história humana	Paradigmas pós-fordistas	Evolução dos modelos de gestão

Capítulo 3 – A criação de valor		
A noção de valor	Valor para o cliente	A cadeia de valor

Integrando diferentes perspectivas na criação de valor

Capítulo 4 – Inovação			
Criatividade	Incremental	Disruptiva	Mensuração

Capítulo 5 – Tecnologia da Informação	
Evolução e conceitos de TI	Conectividade nas empresas
Aplicações de TI nos negócios	TI e vantagem competitiva

Capítulo 6 – Competitividade	
Globalização e competitividade	Competitividade do Brasil
Competitividade empresarial	Diagnóstico da competitividade

Capítulo 7 – Estratégia	
Evolução histórica do campo	Escolas de pensamento
Estratégia de operações	Inovação de valor (*Value innovation*)

Capítulo 8 – Teorias da firma e estratégia empresarial	
A firma como função de produção	A firma como nexo de contratos
A firma como recursos heterogêneos	A decisão de fazer *versus* comprar

Capítulo 9 – Gestão, Tecnologia e Pessoas (GTP)		
Vantagem competitiva	Ambiente competitivo	Capacidades organizacionais

Integração: evolução nas empresas

Capítulo 10 – Competitividade empresarial: diagnóstico e planejamento	**Capítulo 11** – Estudo de casos	**Capítulo 12** – Conclusões e limitações

O estudo das teorias da firma, neste capítulo, terá enfoque fundamentado não nas diferenças das teorias que explicam a firma, mas, sim, em como essas teorias influenciam o planejamento e a execução das estratégias empresariais, e em quais pontos as teorias existentes poderiam ser aperfeiçoadas.

Compreender a firma é um ponto de partida bastante adequado para o objetivo maior de determinar, analiticamente e de modo útil aos gestores, como podem ser elaboradas, executadas e reavaliadas estratégias empresariais que conduzam a firma ao sucesso na competição.

8.1 A FIRMA COMO UMA FUNÇÃO DE PRODUÇÃO

A teoria microeconômica neoclássica[1] compreende a firma como uma função de produção. Isso significa que a firma é basicamente uma relação entre insumos e produtos, associados por uma determinada tecnologia.

De fato, nos trabalhos de Porter (1979, 1981) – fortemente influenciados pela economia industrial norte-americana que floresceu na primeira metade do século XX – a empresa pode ser vista como um agente em competição com outras empresas, e isso é o que em essencial importa. O pressuposto fundamental é que a *performance* da firma no mercado depende criticamente das características da indústria na qual ela compete.

A estrutura da indústria determina o comportamento ou conduta das firmas, cuja conduta agregada determina a *performance* coletiva das firmas no mercado. *Performance* é definida de modo amplo, no sentido dado pelos economistas de *performance* social, incorporando dimensões tais como eficiência alocativa (lucratividade), eficiência técnica (minimização dos custos) e inovação. Conduta são as escolhas da firma nas variáveis-chave como preço, propaganda, capacidade e qualidade. Por fim, a estrutura da indústria é definida como as dimensões econômicas e tecnológicas relativamente estáveis que moldam o contexto no qual a competição irá ocorrer.

Para Porter (1979), uma vez que o estrategista conheça as forças que afetam a competição no mercado em que a sua empresa atua, ele poderá identificar as forças e fraquezas da companhia. O conhecimento da capacidade empresarial orienta o estrategista em quais áreas a firma deve enfrentar a competição e em quais áreas o confronto deve ser evitado. O embate de forças competitivas será definido pela ameaça de novos entrantes e de produtos e serviços substitutos, pelo poder de negociação de consumidores e de fornecedores e pelas manobras de reposicionamento entre os competidores estabelecidos.

---

[1] A Teoria Neoclássica caracteriza-se por uma forte ênfase nos aspectos práticos da Administração, pelo pragmatismo e pela busca de resultados concretos e palpáveis, embora não se descuide dos conceitos teóricos. Os neoclássicos desenvolvem seus conceitos de forma prática e utilizável, visando à ação administrativa. A teoria somente tem valor quando operacionalizada na prática. Quase todos os neoclássicos referem-se a essa prática da Administração ou a essa ação administrativa, enfatizando aspectos instrumentais da Administração.

Dessa perspectiva, o balanço de forças é parcialmente resultante de fatores externos e parcialmente controlado pela companhia. Assim, o aspecto final crucial desse paradigma é a visão de que a estrutura determina a conduta da firma, a qual, por sua vez, irá determinar a *performance*. Dessa forma, seria possível ignorar a conduta e olhar diretamente a estrutura da indústria ao tentar explicar a *performance*. A conduta meramente refletiria o ambiente (PORTER, 1981). Nesse contexto, a chave para o crescimento, e até a sobrevivência da empresa, é definir um posicionamento que seja menos vulnerável a ataques de competidores ou novos entrantes, e que seja menos vulnerável a disputas com compradores, fornecedores e produtos substitutos.

Isso não quer dizer que a indústria seja tomada como unidade de análise, mas, sim, a firma, enquanto entidade única com forças e fraquezas singulares. Além disso, Porter (1981) afirma que o campo da estratégia empresarial tem uma longa tradição de enfatizar o *insight*, a criatividade e mesmo a visão de que algumas firmas encontram modos únicos de mudar as regras do jogo em suas indústrias. Ainda assim, firmas não podem sempre mudar a estrutura da indústria e, dessa forma, conhecer a estrutura industrial seria uma tarefa crucial para o estrategista.

Em paralelo ao trabalho de Porter, Williamson (1975) avançava em sua concepção de custos de transação. Porter preferiu adotar apenas os pressupostos mais tradicionais da heterodoxia econômica, deixando a questão institucional de lado. Esta, por sua vez, evoluiu e atualmente ocupa importante espaço na teoria organizacional.

8.2 A FIRMA COMO UM NEXO DE CONTRATOS

O economista Coase (1991) desenvolveu uma fértil teoria sobre a integração vertical – a Teoria dos Custos de Transação,[2] que considera vários outros importantes fatores. A economia do custo de transação, aperfeiçoada por Williamson (1975, 1991), estuda como os agentes em uma transação se protegem dos riscos associados a essas relações de troca. Esses riscos se referem à possibilidade de que os elementos não acordados entre as partes ocorram. A minimização dos riscos implica a redução dos custos de transação, representando um elemento de eficiência na concorrência entre empresas.

No trabalho seminal de Coase (1991), elaborado sob a justificativa de que havia uma lacuna entre as teorias da firma e a realidade observável, este se propõe a tentar acabar com a lacuna da teoria econômica formada pelos seguintes pressupostos: os recursos são alocados por meio do mecanismo de preços ou pelo "empreendedor" coordenador.

Assim, são lançadas as bases para uma teoria da firma cuja unidade analítica é a transação, bem como manifestam-se, em um ou outro ponto do trabalho, aqueles que vi-

[2] Para saber mais sobre a Teoria dos Custos de Transação, ver PESSALI, H. F. *Teoria dos custos de transação:* uma avaliação à luz de diferentes correntes do pensamento econômico. Dissertação, Universidade Federal do Paraná, Curitiba, 1998.

riam a ser os pressupostos comportamentais dos agentes e as características das transações, conforme propostas por Williamson posteriormente.

O desenvolvimento das idéias de Coase permitiu um avanço na compreensão do porquê da existência das firmas e do motivo de as transações serem regidas por estruturas de governança distintas. Tal desenvolvimento está relacionado à noção de especificidade de ativos, tratada com rigor na análise de formas de governança. Essas estruturas de governança, segundo Williamson (1991), são o mercado, a estrutura hierárquica ou, ainda, as formas híbridas.

À medida que bens e serviços se diferenciam em termos tecnológicos e aumentam as incertezas contratuais, esses mecanismos de governança são introduzidos pelos agentes de modo a controlar as incertezas e, assim, aumentar a eficiência econômica nas transações. Dessa forma, a teoria dos custos de transação gera como conseqüência lógica o argumento de que a melhor estratégia para as empresas em competição é a economia dos custos envolvidos nas suas transações.

O pressuposto central da teoria diz respeito aos padrões de racionalidade. Como assinala Williamson (1975), para os contratos de maior complexidade os custos de monitoramento e controle serão maiores, pois a racionalidade dos gestores contratantes é limitada. A impossibilidade de obtenção de informações completas e, ainda, do processamento mental adequado de todas as informações disponíveis, coloca em relevo os mecanismos de governança das transações.

Conforme assinalado, a complexidade ambiental está associada a maiores custos de monitoramento e controle dos contratos. No entanto, a incerteza e a instabilidade se tornaram comuns às empresas contemporâneas (LEI; SLOCUM JR., 1992). Uma teoria da firma que incorpora o aspecto dinâmico do ambiente de negócios e a possibilidade de adaptação das empresas é discutida a seguir.

8.3 A FIRMA COMO UM CONJUNTO DE RECURSOS HETEROGÊNEOS

As teorias da firma anteriores geram estratégias com base em duas premissas:

- as organizações controlam igualmente os recursos estratégicos para atuarem em uma determinada indústria;
- qualquer mudança nesses recursos pode ser facilmente adquirida ou desenvolvida pelas demais firmas em um curto intervalo de tempo.

Uma visão alternativa é sugerida por Barney (1991), ao afirmar que o controle de recursos estratégicos poderia ser heterogêneo por parte das empresas e que esses recursos não possuiriam uma completa mobilidade entre as firmas.

De fato, Peteraf (1993) assevera que firmas com recursos superiores – entendidos como aqueles heterogêneos na indústria – irão adquirir maior volume de rendas. Os recursos, enquanto limitados no curto prazo, podem ser renovados e expandidos apenas incrementalmente na firma que os utiliza. Assim, a competição ocorre por meio de dois fatores críticos limitadores: a imitabilidade imperfeita e a substitutibilidade imperfeita. A conseqüência disso é que esses elementos geram ativos não negociáveis desenvolvidos e acumulados na própria firma. Tais ativos tendem a impedir a imitação por terem forte dimensão tácita e serem socialmente complexos.

As conseqüências da noção de recursos para a estratégia são apresentadas por Barney (1991) ao concluir que:

- um sistema de planejamento estratégico formal pouco acrescenta à manutenção de vantagens competitivas sustentáveis, uma vez que a formalidade implicaria a possibilidade de imitação;
- a verdadeira contribuição dos sistemas de informação da empresa deve ser voltada para a inter-relação entre pessoas e tecnologias, e não apenas para a área tecnológica, pois esta não se constitui em fonte de vantagens competitivas;
- uma reputação positiva, por caracterizar-se essencialmente a partir de condições históricas particulares, e construir-se a partir de relações sociais e psicológicas, poderia constituir-se em uma das formas de alcançar vantagens competitivas sustentáveis.

Para Barney (1991), os recursos da firma podem ser entendidos como capital físico, humano e organizacional, estrategicamente relevantes para a firma, e que oferecem valor ao mercado e proporcionam eficiência e eficácia para a firma. Quatro atributos são necessários para que um recurso seja estratégico:

- ser valorizado, por explorar oportunidades e neutralizar ameaças;
- ser raro;
- ser difícil de imitar;
- não concorrer com substitutos.

Todas as estratégias que requerem a aquisição de recursos para implementação têm mercados de fatores associados à estratégia (BARNEY, 1986; AMIT; SCHOEMAKER, 1993). É nesses mercados que as firmas compram e vendem os recursos necessários para essa implementação. Assim, em estratégia de baixo custo de produção, esses recursos incluem, entre outros aspectos, ampla fatia de mercado. Para estratégias de baixo volume, elevadas margens de vendas e qualidade da reputação podem ser um relevante recurso, e um importante mercado de fator estratégico pode ser o mercado de reputações corporativas. Em estratégias de inovação de produtos, outro importante recurso poderiam ser as habilidades de pesquisa e desenvolvimento, e essenciais fatores estratégicos de mercado incluem o mercado de trabalho de pesquisadores.

8.4 A FIRMA E A ESCOLHA DE FAZER *VERSUS* COMPRAR

Na década de 1990, autores como Prahalad e Hamel (1990), Quinn e Hilmer (1994), e Venkatesan (1992), propuseram uma modelagem da firma baseada na decisão fazer *versus* comprar. A abordagem estratégica da firma consiste em focar um pequeno grupo de habilidades, denominadas competências essenciais, que devem ser o foco de todos os esforços e investimentos futuros da companhia.

Essa metodologia consiste em classificar todas as habilidades de uma companhia segundo dois aspectos básicos: sua importância estratégica e sua competência relativa no mercado.

Essa classificação possibilita selecionar o tipo de relacionamento adequado a cada competência do negócio, conforme pode ser visualizado na matriz da Figura 8.1. No que tange à importância estratégica, é feita a análise das competências da empresa, questionando se a atividade poderá diferenciá-la em relação aos concorrentes, aumentar o valor percebido pelo cliente, consolidar sua estratégia e melhorar a vantagem competitiva em custo. A análise da competência relativa é mediante comparações entre as habilidades da empresa e as habilidades dos fornecedores "classe mundial" em termos de custos, qualidade e processos.

Figura 8.1 Análise estratégica da decisão fazer *versus* comprar

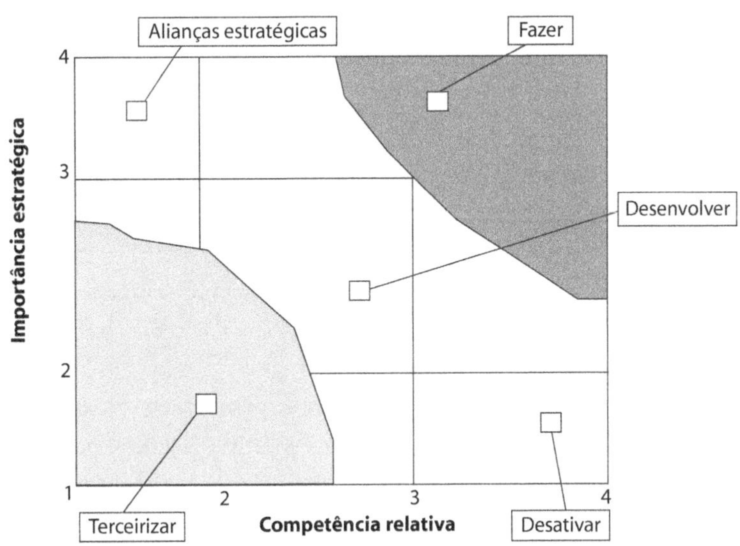

Fonte: DI SERIO; SAMPAIO, 2001.

Seguindo esses princípios, a terceirização ocorreu de forma exaustiva e indiscriminada durante a década de 1990, começando por atividades periféricas e migrando gradualmente para atividades próximas da competência central das organizações. Assim, líderes empresariais distribuíram as atividades de fabricação e engenharia, entre outras, para contratados externos, em um implacável esforço para redução de custos.

O que fundamenta a terceirização é a abordagem estratégica de focar um pequeno grupo de habilidades, denominadas competências centrais, que devem ser o foco de todos os esforços e investimentos futuros da companhia.

8.5 ALTERNATIVAS ESTRATÉGICAS PARA AMBIENTES DINÂMICOS

Pode-se associar algumas críticas a cada perspectiva da firma apresentada neste capítulo, como mostra o Quadro 8.1. Contudo, a crítica comum a todas elas é a visão estática do mercado, ou seja, todas consideram que as empresas buscam eternas vantagens competitivas sustentáveis.

Quadro 8.1 Os modelos de fazer *versus* comprar e suas principais críticas

	Análise econômica	**Análise dos custos de transação**	**Análise estratégica**
Origem	Finanças	Economia	Administração
Enfoque	Custo	Transação	Estratégia
Críticas específicas	Ignora custos ocultos de transação Ignora a obsolescência da Contabilidade de Custo (Goldratt, 1984) Ignora a presença de fornecedores oportunistas	Não considera os ativos intangíveis nas equações econômicas Não considera os fatores estratégicos do negócio Competição baseada unicamente em custos	A arquitetura do conhecimento de uma atividade terceirizada não é preservada As competências de hoje não necessariamente serão as competências do amanhã
Crítica geral	Visão estática do mercado: consideram que as empresas buscam eternas vantagens competitivas sustentáveis		

Fonte: DI SERIO; SAMPAIO, 2001.

Fine (1998) fundamenta-se em uma década de pesquisas na Sloan School of Management para introduzir o conceito de velocidade evolutiva, essencial para a compreensão da dinâmica das empresas inseridas em uma cadeia de fornecimento. Segundo o autor, cada setor produtivo possui seu próprio ciclo de vida evolutivo (*clockspeed*) medido pela velocidade que introduz novos produtos, processos e estruturas organizacionais. Como exemplo, pode-se indicar o setor de microprocessadores de computadores, que tem uma velocidade evolutiva alta (em torno de seis meses) comparada a outros setores, como o automobilístico (em torno de quatro a seis anos).

A principal conseqüência disso é a marginalização do conceito da vantagem competitiva sustentável. Quanto mais rápida a velocidade evolutiva de um setor, mais temporária é a vantagem competitiva das empresas. Segundo Fine (1998), no atual ambiente de negócios, hipercompetitivo, a empresa deve se concentrar em dois conjuntos de prioridades:

- explorar as atuais capacidades – e vantagens competitivas temporárias;
- construir de forma consciente e deliberada novas capacidades para o momento inevitável em que as antigas não mais se constituirão em fonte de vantagens competitivas.

O processo de planejamento estratégico deve, assim, basear-se em séries históricas de vantagens competitivas temporárias para a empresa. Mediante o exame da evolução histórica, mutação, sobrevivência e extinção de organizações em diferentes mercados, Fine (1998) apresenta o modelo da hélice dupla, um ciclo duplo infinito, que busca explicar as mudanças em cadeias de fornecimento (Figura 8.2).

Figura 8.2 O modelo da hélice dupla

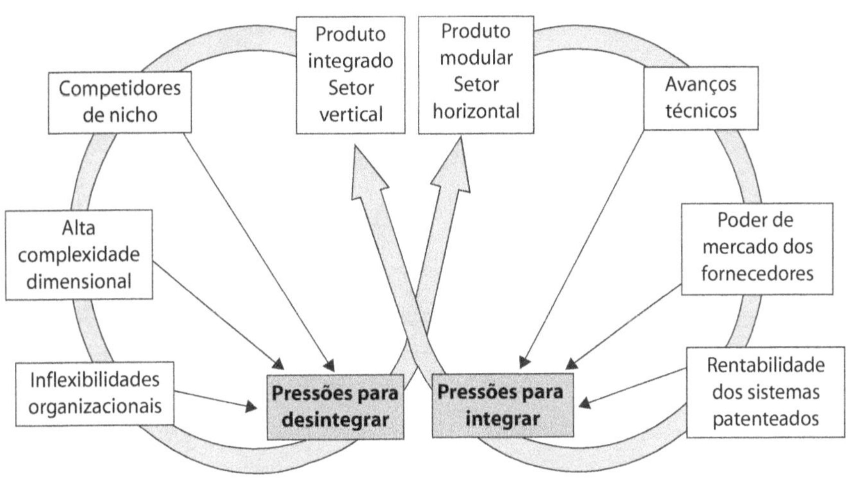

Fonte: FINE, 1999.

Segundo o autor, quando a estrutura do setor é vertical e a arquitetura do produto, integral, as forças competitivas atuam no sentido da configuração horizontal e modular – por exemplo, a antiga IBM. Quando, porém, o setor tem uma estrutura horizontal, outro conjunto de forças o impele rumo à integração vertical e à arquitetura integrada do produto – por exemplo, a atual Microsoft.

O modelo da hélice dupla é uma importante ferramenta para diagnóstico de um determinado setor produtivo. Antes de começar qualquer estratégia, a empresa deve localizar-se na hélice, identificar a tendência futura do negócio, procurando antecipar-se a movimentos abruptos do mercado. O segredo do negócio consiste em escolher a competência central correta, reiteradamente.

Esse modelo aborda a dinâmica da rede de fornecimento, que se movimenta entre setores integrados verticalmente e setores desintegrados horizontalmente. No entanto, Di Serio e Sampaio (2001) mostraram que o modelo pode ser alterado para representar o fenômeno do redesenho da firma (Figura 8.3). Os períodos de convergência e reorientação dos negócios das empresas são decorrentes da própria dinâmica da cadeia de fornecimento.

Figura 8.3 O modelo da hélice dupla para organizações individuais

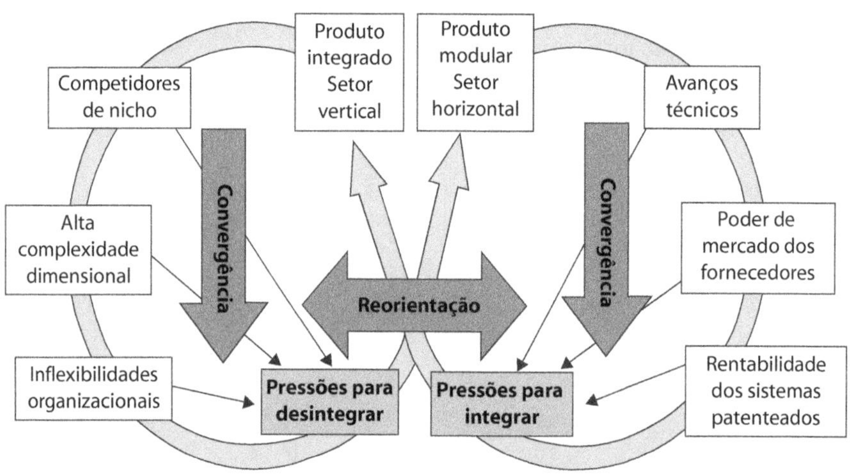

Fonte: DI SERIO; SAMPAIO, 2001.

Os períodos de reorientação correspondem aos momentos de inversão da curva da hélice dupla. Nesses momentos, a organização precisa abandonar competências tradicionais, conhecidas e dominadas, e desenvolver novas habilidades. Todo o setor industrial está provavelmente desintegrando-se. A organização precisa ainda ampliar suas competências, mantendo as anteriores já desenvolvidas. Todo o setor industrial está integrando-se verticalmente. Por sua vez, os períodos de convergência correspondem ao desenvolvimento das competências selecionadas.

Nesse sentido, o estudo da influência dos padrões tecnológicos no processo de inovação de produtos pode proporcionar importantes subsídios para a compreensão dos motivos pelos quais as empresas priorizam o desenvolvimento de determinadas capacidades (SANTOS JUNIOR; ALVES FILHO, 2000). Em um contexto dinâmico, a melhor estratégia para uma empresa não consiste necessariamente em se esforçar por uma condição de estabilidade, conforme o modelo estratégico de vantagem competitiva sustentável proposto por Porter (1996), mas em aprender a deslocar-se com fluência em tempos de turbulência, mesmo tendo que abandonar o que era uma competência considerada até então essencial. Assim, em vez de perseguir as capacidades essenciais como algo imutável, é preciso analisar sua duração como conseqüência da velocidade evolutiva de todo o setor ou da tecnologia relevante.

8.6 CONSIDERAÇÕES FINAIS

A vantagem competitiva sustentável deve ser considerada um conceito proveniente de mercados de baixa velocidade evolutiva. A vantagem temporária é o conceito predominante em mercados em evolução contínua. Quanto mais rápida a evolução de um setor, ou seja, quanto maior sua velocidade evolutiva, mais temporária é a vantagem competitiva. A chave para o sucesso na competição consiste em escolher a vantagem certa, reiteradamente.

Para isso, a empresa deve ser capaz não somente de identificar suas capacidades, mas também de realizar um balanço dos recursos que pode realocar na construção de novas capacidades. A realocação dos recursos identificados deve ainda ser eficiente e veloz, caso contrário a mudança da capacidade da empresa poderá ter menor impacto do que aquele originalmente previsto.

Um diagnóstico empresarial exigirá, portanto, que os gestores saibam, com antecedência, os recursos que possuem no momento e quais serão necessários no futuro. Contudo, duas questões surgem de imediato: "Como conhecer o futuro? E como saber qual combinação de recursos irá gerar os resultados desejados?". Ambas as perguntas serão respondidas no próximo capítulo.

9

GESTÃO, TECNOLOGIA E PESSOAS (GTP)

Todo homem pode alcançar o êxito se dirigir seus pensamentos numa direção e insistir neles, até que aconteça algo.
Thomas Edison (1847-1931)

Tradicionalmente, as estratégias têm sido formuladas com base na identificação de oportunidades e ameaças (ambiente) circundantes à empresa, e das forças e fraquezas da organização (metodologia conhecida como análise *SWOT*), abordada no Capítulo 7. Barney (1986) argumenta que as firmas podem obter retornos acima da média, por meio da aquisição dos recursos necessários para implementar uma estratégia, e isso decorre do maior alinhamento das expectativas de valor futuro da estratégia ou, ainda, da sorte, quando as empresas subestimam o verdadeiro valor futuro da estratégia.

Porém, a sorte não está sob controle da firma. Por isso, são necessários mecanismos para a firma poder determinar o valor da estratégia a ser implementada. De acordo com Barney (1986), isso pode ser feito de duas formas: por meio da análise do *ambiente competitivo* e da análise das *habilidades e capacidades organizacionais.*

A análise do ambiente competitivo gera menos vantagem competitiva do que a análise das habilidades, uma vez que as firmas poderão ter as mesmas conclusões sobre o potencial das estratégias, dada a ampla difusão de metodologias de coleta e análise das informações de mercado. No entanto, a análise das habilidades e capacidades da firma, por não ser conhecida pelos concorrentes, pode trazer vantagem na implementação das estratégias (BARNEY, 1986).

Essas duas perspectivas indicam pontos-chave para a estratégia. Nenhuma dessas abordagens pode explicar a vantagem competitiva isoladamente. A literatura está repleta de argumentos sobre a importância do posicionamento e da excelência operacional, porém não há qualquer consideração de como esses elementos devem ser combinados e alinhados (FUCHS et al., 2000).

Nesse sentido, Fuchs et al. (2000) integraram as diferentes perspectivas estratégicas e propuseram três elementos fundamentais no processo de formulação de estratégia: a identificação de temas estratégicos – que servirão de base para o alinhamento –, a comunicação e colaboração para assegurar o entendimento ao alinhamento almejado, e o limite demarcado para rever e renovar, continuamente, o alinhamento com o ambiente externo. A lógica é que obtêm maior êxito aquelas empresas que escolhem a combinação correta de recursos e posicionamento competitivo no mercado.

A noção de integração entre Gestão, Tecnologia e Pessoas (GTP) como fonte de vantagem competitiva é a base conceitual para a proposta deste trabalho. O desenho do capítulo é mostrado no esquema a seguir.

Estrutura do Capítulo 9

Capítulo 1 – Introdução		
Justificativa	Objetivos	Desenho da pesquisa

Capítulo 2 – Modelos mentais e organizações		
Pontos de ruptura na história humana	Paradigmas pós-fordistas	Evolução dos modelos de gestão

Capítulo 3 – A criação de valor		
A noção de valor	Valor para o cliente	A cadeia de valor

Integrando diferentes perspectivas na criação de valor

Capítulo 4 – Inovação			
Criatividade	Incremental	Disruptiva	Mensuração

Capítulo 5 – Tecnologia da Informação	
Evolução e conceitos de TI	Conectividade nas empresas
Aplicações de TI nos negócios	TI e vantagem competitiva

Capítulo 6 – Competitividade	
Globalização e competitividade	Competitividade do Brasil
Competitividade empresarial	Diagnóstico da competitividade

Capítulo 7 – Estratégia	
Evolução histórica do campo	Escolas de pensamento
Estratégia de operações	Inovação de valor (*Value innovation*)

Capítulo 8 – Teorias da firma e estratégia empresarial	
A firma como função de produção	A firma como nexo de contratos
A firma como recursos heterogêneos	A decisão de fazer *versus* comprar

Capítulo 9 – Gestão, Tecnologia e Pessoas (GTP)		
Vantagem competitiva	Ambiente competitivo	Capacidades organizacionais

Integração: evolução nas empresas

Capítulo 10 – Competitividade empresarial: diagnóstico e planejamento	**Capítulo 11** – Estudo de casos	**Capítulo 12** – Conclusões e limitações

Este capítulo é concluído com um resgate histórico da integração nas organizações, a partir de seus elementos mais visíveis, relacionados à tecnologia da informação (TI).

9.1 ALINHAMENTO E VANTAGEM COMPETITIVA

A noção de alinhamento pressupõe a existência de lacunas entre o que a empresa oferece e o que o mercado demanda. Essas lacunas ou *gaps* podem ser entendidas como:

- novos segmentos de consumidores ou segmentos existentes de consumidores que outros competidores têm negligenciado;
- novas necessidades de consumidores ou necessidades de consumidores existentes que não são plenamente atendidas pelos outros competidores;
- novos modos de produzir/distribuir produtos e serviços novos ou já existentes para segmentos de consumidores novos ou já existentes.

Os *gaps* aparecem em decorrência de inúmeras razões, como mudanças nos gostos ou preferências dos consumidores, avanços na tecnologia, mudanças na legislação e nas políticas governamentais, e assim por diante. Os *gaps* podem ser criados por (ou em razão de) mudanças externas, como tendências, alterações das leis e regulamentações etc., ou proativamente pela companhia (MARKIDES, 2002).

Evidentemente, a primeira exigência para que a firma obtenha sucesso na competição é que ela possa identificar *gaps* antes que seus competidores o façam. Contudo, apenas ser a primeira a identificá-los não garante o sucesso, ou seja, é preciso explorar estrategicamente esses *gaps*. Segundo Markides (2002), a maneira como as empresas identificam os *gaps* é variada, podendo ocorrer acidentalmente (ou por sorte), por experimentação, por meio de uma série de passos ou ações não diretamente relacionados, ou mediante um processo proativo. É este último modo de identificação de *gaps*, com base na proatividade, que fundamenta a proposta deste trabalho.

9.1.1 Análise do ambiente competitivo

Os estudos de construção de cenários foram impulsionados a partir da Segunda Guerra Mundial, em função de uma demanda maior por estudos de monitoramento das mudanças sociais. Esses estudos foram encomendados por empresas e governos, os quais buscavam entender o futuro do ambiente social e das empresas. Cenários, em estratégia, podem ser entendidos como uma descrição inteligível de uma situação possível no futuro, baseada em uma rede complexa de eventos (FINK; SCHLAKE, 2001).

9.1.1.1 Princípios da gestão por cenários

De acordo com Fink e Schlake (2001), três são os princípios que conformam a construção de cenários: o pensamento sistêmico (*systems thinking*), o pensamento aberto ao futuro (*future-open thinking*) e o pensamento estratégico (*strategic thinking*).

O **pensamento sistêmico** enfatiza que há uma grande diversidade e uma grande dinâmica na atividade empreendedora. Assim, organizações e gestores necessitam considerar o desenvolvimento e o comportamento de sistemas complexos.

O **pensamento aberto ao futuro** enfatiza que companhias e organizações necessitam "desaprender" a idéia de que existe um único futuro que pode ser previsto. Dessa forma, elas precisam incluir opções alternativas sobre quais fatores são necessários para que possam se desenvolver.

O **pensamento estratégico** ressalta a necessidade de criação e manutenção de elementos organizacionais que garantam os lucros no longo prazo. Em outras palavras, as ações relacionadas à maximização de lucros no curto prazo não são suficientes para garantir a sobrevivência das empresas. Em um ambiente turbulento e complexo, pensar estrategicamente constitui um pré-requisito para o sucesso organizacional.

Expostos esses princípios essenciais, apresenta-se, a seguir, um método de criação de cenários.

9.1.1.2 Processo de criação de cenários

As fases de um projeto de cenários, para Fink e Schlake (2001), são: preparação do cenário, análise de alcance do cenário, prognósticos do cenário, desenvolvimento do cenário e transferência do cenário.

A primeira fase é a **preparação do cenário.** Ela consiste na utilização de ferramentas gerenciais como as análises de portfólio e forças/fraquezas da firma. O resultado da preparação do cenário, chamado de cenário-base, é o ponto de partida para a criação deste e sua transferência.

A **análise de alcance do cenário** descreve o objeto de criação do cenário. Os mais freqüentes recortes são:

- cenários corporativos – o centro do cenário é a companhia ou uma unidade de negócios;
- cenários da indústria – a situação competitiva de uma indústria é o centro do cenário;
- cenários de mercado – o centro do cenário é um mercado específico;
- cenários globais – o foco está centrado nas questões de alcance mundial.

Os **prognósticos de cenário** são o coração da criação de cenários. Inicialmente, um horizonte de futuro é definido para a criação do cenário e, em seguida, são buscados e desenvolvidos fatores-chave, procurando identificar "janelas de oportunidades" a partir de projeções do futuro.

Uma vez que os cenários são representações de futuros possíveis, o **desenvolvimento de cenários** deve cuidar de combinações plausíveis e consistentes de projeções. Essas projeções são avaliadas a partir de uma análise de consistência, o que reduz em muito o número de projeções possíveis. Após isso, é feita a criação de prescrições, que são basicamente os conjuntos das diversas projeções restantes; e, por fim, é feita a descrição dos cenários obtidos.

A última fase consiste na **transferência do cenário.** Na gestão por cenários, as companhias podem planejar com base em cenários de referência, conforme ilustrado na Figura 9.1.

Figura 9.1 Nove abordagens para a transferência de cenários

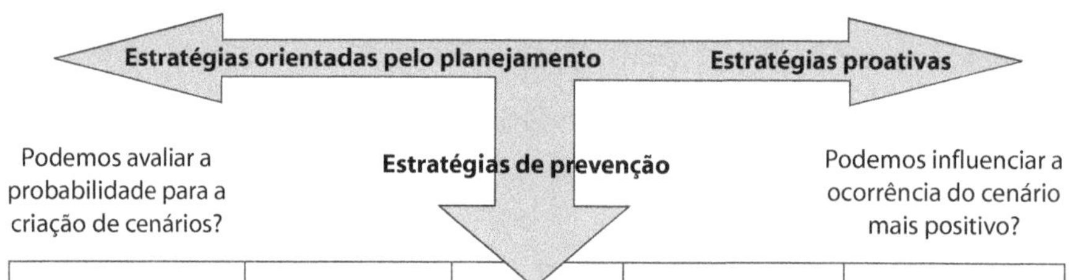

Estratégias focadas	Estratégia tradicional baseada no cenário de maior probabilidade. A vantagem é o uso de um cenário consistente de futuro.	Estratégia defensiva baseada no cenário com as maiores ameaças. Essa abordagem é usada como uma ferramenta de gestão de riscos.		Estratégia ofensiva baseada no cenário com a mellhor oportunidade para sucesso futuro. O risco é que este cenário não irá ocorrer.	Estratégia proativa baseada no cenário mais positivo. O objetivo é influenciar o futuro de modo que ocorra.
Estratégias robustas para o futuro	Estratégia tradicional baseada no cenário com a maior probabilidade, mas a estratégia será salvaguardada pelo eventual planejamento.	Estratégia concentra-se na minimização de riscos.	Estratégia preserva flexibilidade até se tornar mais aparente em qual cenário ocorrerá.	Estratégia concentra-se na maximização de oportunidades.	Estratégia proativa baseada no cenário mais positivo – mas a estratégia será protegida de outros cenários.
	Reaja a tendências previstas!	**Lide com riscos vindouros!**	**Preserve flexibilidade!**	**Use oportunidades para sucesso futuro!**	**Influencie o futuro! Crie sua visão!**

Fonte: FINK; SCHLAKE, 2001.

A tomada de decisão empresarial está envolta de incertezas e imprevistos, que são resultantes tanto da inabilidade de conhecer o futuro, proveniente da incerteza, quanto da complexidade existente nos diversos fenômenos de negócios. A utilização de cenários é, assim, uma ferramenta gerencial de extrema importância, mas somente quando afeta de fato os modelos mentais da organização. Nesse caso, o planejamento fundamentado na gestão de cenários desempenha um papel de laço de aprendizado institucional e, portanto, torna a organização um ator de adaptação eficaz em seu ambiente de mudança constante (VAN DER HEIJDEN, 2004).

Para cada cenário competitivo são elaboradas estratégias específicas. À medida que as variáveis relacionadas aos diferentes cenários vão se revelando aos formuladores da estratégia, as estratégias baseadas nos cenários mais prováveis passam a ser implementadas pela organização.

9.1.2 Análise das capacidades organizacionais

As companhias, ao planejarem sua mudança organizacional, poderão assumir uma representação sociotécnica de sua organização. Os sistemas sociotécnicos são compostos por três elementos. Primeiro, o componente humano lida com competências pessoais, definidas em termos de conhecimentos, habilidades, motivação e valores. Segundo, o componente organizacional inclui estratégia, estrutura organizacional, sistemas de tomada de decisão, sistemas de recompensa, sistemas de treinamento, cultura de liderança, entre outros elementos. Por fim, a tecnologia refere-se à infra-estrutura disponível em universidades, bem como ao amplo ambiente de capacitação e novos conhecimentos (LARSON; STREHLE, 2002).

A efetiva mudança organizacional deve alinhar os elementos humanos, organizacionais e tecnológicos, de acordo com o indicado na Figura 9.2.

Figura 9.2 Um sistema sociotécnico

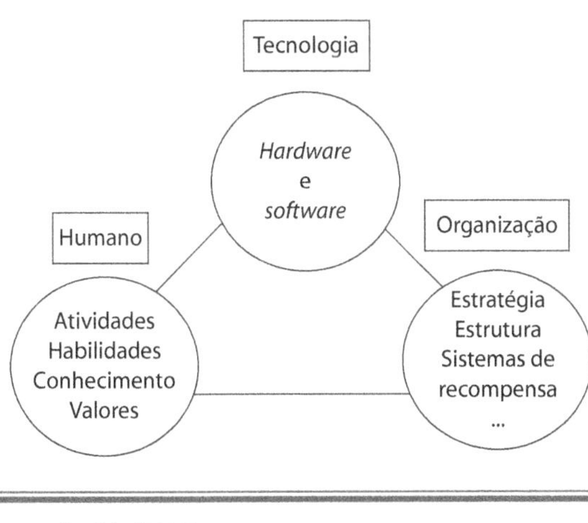

Fonte: Adaptada de Larson e Strehle (2002).

O princípio básico é que esses três fatores devem estar alinhados antes de a efetiva mudança organizacional ocorrer. O alinhamento desses fatores é uma parte crítica da mudança organizacional, que poderá definir o sucesso (ou não) da intervenção.

Outra abordagem para a mudança nas organizações é proposta por Bullinger e Lentes (1982) ao sugerirem que mudanças no ambiente de negócios das organizações podem afetar as estruturas vigentes do modelo organizacional. As novas estruturas são construídas a partir de fatores técnicos, econômicos e sociais.

Como mostra a Figura 9.3, cada companhia responderá às mudanças de forma diferenciada, a partir dos componentes de seus sistemas técnicos (máquinas, equipamentos, sistemas de transporte, *layout*, entre outros), sociais (indivíduos, relações, atitudes, motivação etc.) e organizacionais (objetivos e políticas, organização formal, planejamento e controle da produção, entre outros).

Figura 9.3 Interação dos sistemas técnico, social e organizacional

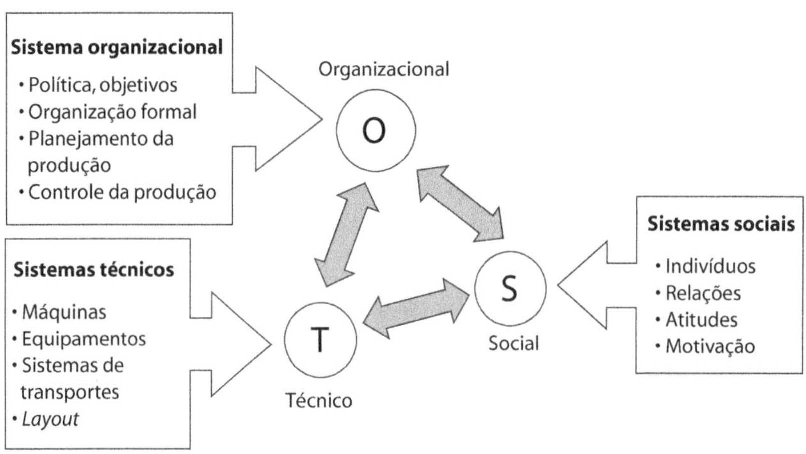

Fonte: BULLINGER; LENTES, 1982.

A crítica aos modelos sociotécnicos é que eles representam a estrutura da organização, mas não como as companhias podem lidar com as mudanças estrategicamente. Para fazer isso, Tushman, Anderson e O'Reilly (1997) afirmam que elas devem se tornar inovadoras. Se a vantagem competitiva é construída a partir da criação de diferentes tipos de inovações nas organizações, os gestores devem ser capazes de construir companhias que possam lidar estrategicamente com a diversidade e a inovação.

As organizações com múltiplas arquiteturas internas – nem sempre consistentes entre si – são chamadas de organizações ambidestras (TUSHMAN; O'REILLY, 1996). Esse tipo de organização consegue criar diferentes competências de modo veloz, pois seus times e equipes são estrategicamente capazes de modificar o *status quo*. Esse modelo de estrutura organizacional é exibido na Figura 9.4.

Nesse modelo, os gestores têm grande importância no sistema, pois no curto prazo devem aumentar o ajuste ou alinhamento entre estratégia, estrutura e cultura organizacional, visando à mudança evolucionária. Entretanto, isso não é o bastante para o sucesso sustentável. No longo prazo, é necessário que os gestores destruam o alinhamento que tornou suas empresas vitoriosas – o que significa operar uma parte do tempo em um mundo caracterizado por períodos de relativa estabilidade e inovação incremental, e a outra parte, em um mundo caracterizado pela mudança revolucionária (TUSHMAN; O'REILLY, 1996).

Figura 9.4 Organizações ambidestras

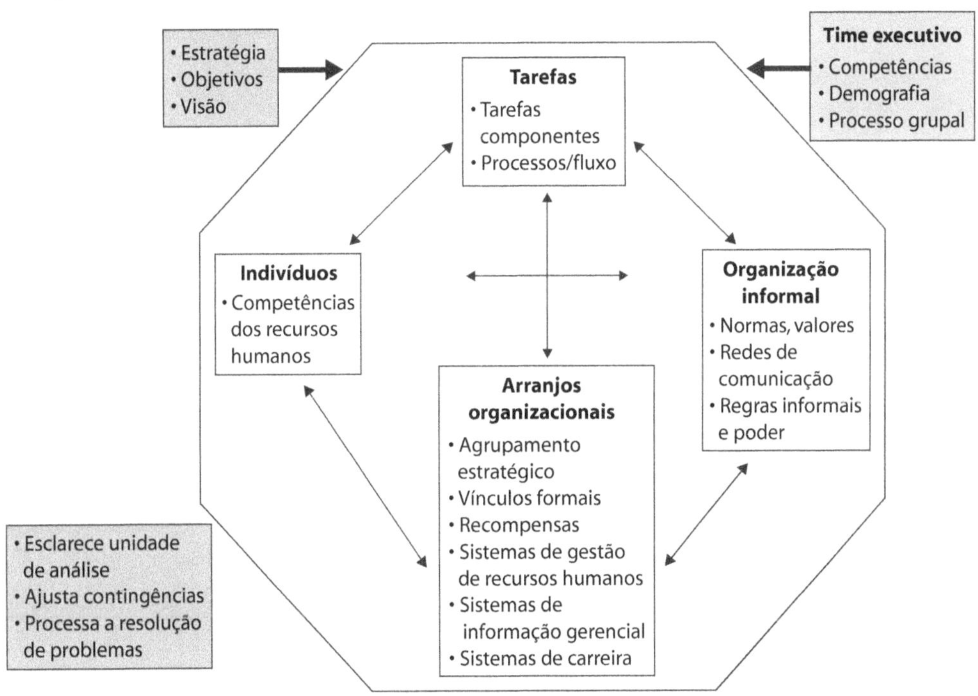

Fonte: TUSHMAN; ANDERSON; O'REILLY, 1997.

Em operações, o alinhamento estratégico é ressaltado por Chung e Chan (2001). Ambos os autores sugerem que os modelos de manufatura aptos para lidar com o complexo ambiente de negócios contemporâneo devem ter as características indicadas na Figura 9.5.

A idéia de alinhamento e realinhamento dinâmicos é também compartilhada por Baldwin e Clark (1997). Para esses autores, as rápidas mudanças do ambiente competitivo contemporâneo farão com que o sucesso de uma organização dependa da identificação do movimento dos concorrentes, do mapeamento das capacidades internas e identificação das capacidades externas necessárias para a competição, da definição das informações visíveis, da flexibilidade nas operações, de gestores com conhecimentos atualizados sobre os negócios da economia da informação e de empregados altamente habilitados e independentes.

Figura 9.5 O modelo de nova geração da companhia de manufatura

O novo modelo de empresa de manufatura

- Responsividade ao consumidor
- Responsividade da planta e equipamentos
- Responsividade dos recursos humanos
- Responsividade ao mercado global
- Times como uma competência essencial
- Práticas de responsividade e cultura

Fonte: CHUNG; CHAN, 2001.

Assim, o desafio para os executivos é compreender intimamente os recursos difundidos nas operações necessárias para a concepção, fabricação e distribuição de seus produtos.

9.2 INTEGRAÇÃO: EVOLUÇÃO NAS EMPRESAS

A busca de um alinhamento organizacional é fruto da mentalidade que acompanhou o mundo corporativo desde a Revolução Industrial, no século XIX. Ao contrário do artesão, que detinha o conhecimento necessário para realizar todas as etapas do processo produtivo, o operário industrial produzia o que era concebido por outra pessoa.

Esse procedimento resulta em uma mudança significativa, pois o complexo processo de representar o projeto por meio do desenho mecânico passou a ser necessário e, com ele, surge uma nova competência. Nesse mesmo sentido, cresceram a importância do planejamento e controle de produção, bem como os diferentes documentos para armazenar informação.

Surgem, então, dois mundos: produção e engenharia. O mundo da produção é orientado ao processo, em que o controle é essencial pelos altos custos envolvidos na mudança do maquinário e das etapas de produção. O mundo da concepção, da engenharia, é mais flexível – o produto ainda está na sua representação.

Para saber como esse sistema tornou-se mais sofisticado é importante ter uma visão histórica. Segundo Scheer (1993), nas décadas de 1950 e 1960, quando o computador passou a ser mais presente no ambiente de negócios, houve uma idéia inicial de substituir a contabilidade. Contudo, se o computador podia executar tarefas com documentos e cálculos, podia também ser um instrumento adequado para o controle de estoque e de planejamento de produção. Surgiu, assim, o planejamento de requisição de material, sistema desenvolvido para que o planejamento da produção atendesse à demanda verdadeira e não aos pedidos de reposição feitos pelos clientes – os quais eram lineares, fechados e presos a requisitos.

Na década de 1970 apareceram os minicomputadores. Os controles puderam então ser feitos pelos departamentos das grandes empresas e o sistema de planejamento de requisição foi refinado. Ainda nesse período, surgiu o conceito de manufatura integrada por computador (*Computer Integrated Manufacturing* – CIM), um modelo em que as unidades da empresa trocavam dados com o uso da tecnologia da informação, permitindo que emergisse o primeiro algoritmo para o planejamento e controle da produção (PCP), o *Manufacturing Resource Planning* (MRP).

Nos anos 1980, o planejamento evoluiu para o planejamento de recursos de manufatura, mais flexível que o anterior (por exemplo, considerava as interrupções nas operações). No chão de fábrica apareceram as redes locais e os sistemas de controle numérico. Surgiram as estações de trabalho, que eram velozes e possibilitaram a utilização de novos *softwares*, como o *software* de manufatura assistida por computador.

Para criar produtos mais leves, mais resistentes e com maior confiabilidade, o comportamento do produto em operação foi simulado com o *software* de engenharia auxiliada por computador. Nessa época surgiu um produto que substituiria as estações na década seguinte: os *personal computers* (PCs).

O primeiro PC foi lançado em outubro de 1981, pela IBM, que adotou uma estratégia horizontal modular de comercialização de seus produtos, ou seja, deixou de fabricar todos os componentes necessários e entregou os demais componentes para terceiros, por exemplo, as empresas Intel, Microsoft, Tandun, Epson, entre outras (NOLAN, 2001).

O desenvolvimento da filosofia de sistemas de TI do tipo cliente-servidor, em que os dados são armazenados e processados em um *mainframe* enquanto são acessados diretamente pelos PCs (clientes), proporcionou maior confiabilidade e integridade de dados e emergiu como a arquitetura de TI que mais satisfazia às necessidades das organizações.

No final da década de 1980 e início da de 1990, as empresas de *software* passaram a desenvolver produtos que visavam melhorar ainda mais o desempenho e a produtividade das redes de trabalho, aprimorando a arquitetura cliente-servidor.

Nos anos 1990 surgiram soluções para integrar finanças, contabilidade, compras, logística com *softwares* de manufatura e planejamento de produção. Apareceram os sistemas de gestão empresarial que integram essas funções de negócio, com compartilhamento de dados comuns com uma interface única. Houve a evolução do conceito de soluções de TI para o PCP, para soluções de TI para o negócio como um todo, a partir do *Enterprise Resource Planning* (ERP).

Outro evento importante nos anos 1990 foi o crescimento da internet. Ela cresceu muito porque obedecia a padrões que possibilitaram a comunicação entre qualquer tipo de computador. E o que alavancou esse crescimento foi o aparecimento da web, com uma interface simples que permite ao usuário ter acesso a informações de fontes situadas em todo o planeta a um custo baixo. Os fornecedores da Volkswagen podem conseguir informações do produto usando um *browser*. Uma solução com tecnologia web possibilita a extração dessa informação do sistema de gestão do ciclo de vida.

Nessa mesma década também surgiram sistemas para controlar o relacionamento com o consumidor (os *Customers Relationship Management* – CRMs) e para administrar a cadeia de fornecedores. Na área de engenharia surgiram os sistemas de gestão de dados do produto, que controlam os documentos de engenharia que vão para a produção, os quais evoluíram para sistemas de gestão de ciclo de vida do produto, que possibilitam, além desse controle, a inovação do produto e alimentam com informações atualizadas o serviço de pós-venda.

De fato, a ampla utilização da internet nos negócios proporcionou uma extensa gama de serviços on-line. Ao padronizar a comunicação e os procedimentos descritivos, os *web services* cuidam do transporte básico, deixando para os fornecedores e Integração de Aplicações Empresariais (*Enterprise Application Integration* – EAI) desafios como integridade transacional distribuída, *workflow* e automatização de regras.

Essas diferentes soluções foram se desenvolvendo, de forma nem sempre planejada, e o escopo de planejamento e controle dessas novas ferramentas cresceu com o passar dos anos. A integração dessas soluções ocorreu com centro na manufatura.

Existem duas abordagens para a manufatura integrada por computador – a que apresenta uma visão da organização focada no cliente e a que considera elementos tecnológicos.

No modelo CASA/SME (*Computer and Automated Systems Association of the Society of Manufacturing Engineers*), o cliente está em um círculo envolvido por uma série de anéis concêntricos (Figura 9.6). A Embraer usa esse conceito em um sistema de desenvolvimento integrado do produto, que possibilita um trabalho simultâneo de engenharia com produtos e processos. Nesse trabalho participam a própria Embraer e seus parceiros de risco.

Figura 9.6 O modelo CASA/SME

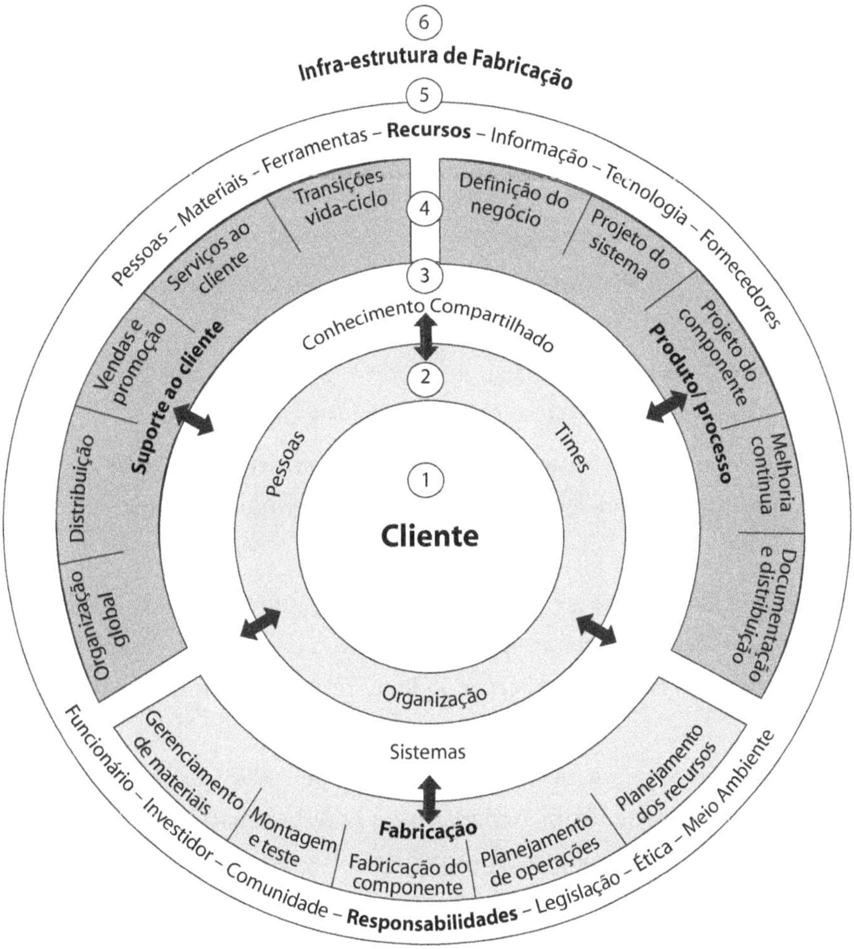

Fonte: CASA/SME, 1993.

A Embraer tem seus esforços centrados em atender às suas exigências e expectativas, os quais são representados nos anéis. No primeiro anel estão as pessoas e as equipes dentro da organização. Elas devem ter o maior contato possível com o cliente e saber como suas habilidades se transformam em valor para este.

No segundo anel há o conhecimento compartilhado e os sistemas, que são os recursos à disposição para transformar informação em produtos e serviços. Nessa camada, a comunicação pode ir em várias direções:

- de pessoas para pessoas – e-mail, *chat*, salas virtuais de discussão;
- de pessoas para máquinas – programação das máquinas de controle numérico;

- de máquinas para pessoas – apresentação de resultados na tela;
- de máquinas para máquinas – *software* de manufatura assistida por computador, controle de processo.

No terceiro anel aparecem os processos. Uma empresa de manufatura combina pessoas, ferramentas e máquinas com processos, adicionando valor aos materiais e componentes. Nesse anel, os processos são agrupados em três grupos:

- suporte ao cliente – organização global, distribuição, vendas e promoção, serviços ao cliente, etapas do ciclo de vida do produto;
- produto/processo – definição do negócio, projeto do sistema, projeto do componente, melhoria contínua, documentação e distribuição;
- fabricação – gerenciamento de materiais, montagem e teste, fabricação do componente, planejamento de operações, planejamento dos recursos.

Esses processos podem ser trabalhados em conjunto no desenvolvimento de um novo produto por meio da engenharia simultânea. Para cada fase do desenvolvimento do produto há uma etapa em que o processo pode ser reavaliado com participação de todos os envolvidos.

Em áreas como computadores e aparelhos eletrônicos, diferentes empresas desempenham o papel de grupos e, assim, é criada uma empresa virtual. Essa empresa tornou-se possível pela tecnologia de comunicação disponível e esse desenho organizacional torna-se fundamental quando ocorre a criação de um mercado globalizado, no qual há necessidade de uma grande escala de produção e de flexibilidade no que se produz.

No último anel estão os recursos. A fabricação transforma recursos e adiciona valor. Entra-se com capital, conhecimentos, habilidades, lideranças de pessoas, bem como materiais, ferramentas, informação, tecnologia e fornecedores. Os resultados são os bens acabados, e os recursos garantem que a empresa cumpra suas responsabilidades em relação aos empregados (salários, benefícios), investidor (retorno, estabilidade), comunidade (apoio ao bem-estar), legislação (normas e leis do governo), ética (responsabilidades morais) e meio ambiente (produção limpa).

Ainda é possível outra abordagem, mais tecnológica, para a manufatura integrada por computador. Existem os seguintes elementos:

- engenharia assistida por computador (CAE);
- projeto 3D assistido por computador (CAD);

- manufatura assistida por computador (CAM);
- programação das máquinas que fabricam o produto a partir do projeto 3D (*software* de manufatura assistida por computador, CAPP);
- robótica – os robôs são usados em tarefas repetitivas como soldagem;
- planejamento, controle e inspeção da produção;
- fluxo automático de materiais – garante que os insumos de produção sempre estarão em local e hora determinados;
- tecnologia de grupo – filosofia de manufatura que explora similaridade no projeto, manufatura e atributos de montagem do produto.

A integração de tecnologias que se relacionam com o produto é melhor visualizada com um cenário de apoio ao projeto e manufatura de um produto complexo. O *Computer Integrated Manufacturing* (CIM)[1] integra cada uma das tecnologias avançadas de manufatura usadas no projeto do produto e do processo, no planejamento e controle da produção, e no processo produtivo, utilizando a tecnologia de informação, sob controle unificado dos sistemas. Uma síntese da lógica do CIM é apresentada na Figura 9.7.

Figura 9.7 O sistema de manufatura integrada por computador (CIM)

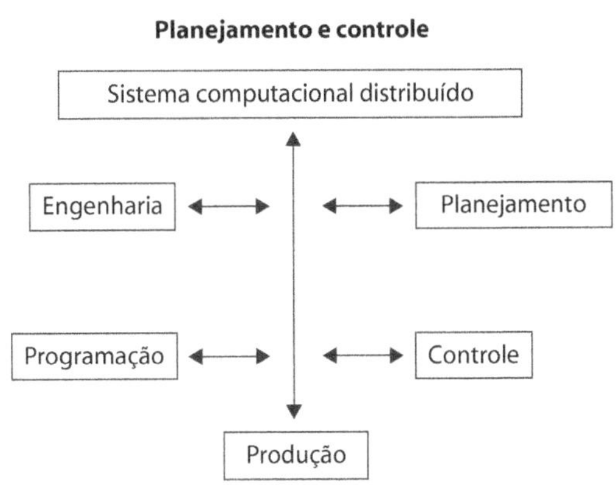

Fonte: Elaborada pelos autores.

Com o uso do sistema de gestão de ciclo de vida, os engenheiros podem simular a *performance* do produto com o computador no lugar de protótipos físicos, bem como

[1] Sobre CRM e CIM ver também TURBAN, E.; RAINER, J. R.; POTTER, R. E. *Adminstração de TI: teoria e prática*. Rio de Janeiro: Editora Campus, 2003.

desenvolver configurações predefinidas a serem oferecidas aos clientes. Esse sistema passa para o configurador de vendas do sistema de relacionamento com o cliente as configurações de produtos já desenvolvidas, as quais transformam-se em opções "preferidas" ou pacotes de opções a serem oferecidos aos clientes.

Por sua vez, o cliente usa o configurador de vendas do sistema de relacionamento para selecionar as opções do produto que lhe agradam, o qual pode ser capaz de apresentar configurações diferentes das enviadas pelo sistema de gestão de ciclo de vida; isso é uma característica provável, uma vez que o número de permutações pode ser exponencial. A configuração selecionada pelo cliente é enviada para o módulo de planejamento de requisitos do sistema de gestão da cadeia de fornecedores, no qual os requisitos específicos são desenvolvidos e gerenciados. Essa configuração pode ser uma das previamente definidas ou uma nova que deve ser projetada especificamente para esse cliente. Nesse segundo caso, o sistema de gestão da cadeia cria e gerencia os requisitos, transfere-os para o sistema de gestão de ciclo de vida no qual eles alimentam a fase inicial de projeto, o estágio de projeto conceitual da cadeia de desenvolvimento do produto.

Durante o projeto conceitual, a configuração final de engenharia é determinada. Os componentes são fornecidos com um sistema de gestão do fornecimento de componentes, o qual é parte do sistema de gestão da cadeia produtiva. Isso permite engajar os fornecedores preferenciais. O sistema de gestão de ciclo de vida pode integrar-se à web por meio de um navegador com acesso à internet, e, assim, os fornecedores podem participar do projeto, como é o caso dos fornecedores da Embraer. Com ele a configuração final é desenvolvida (a partir de *softwares* de realidade virtual, que simulam as configurações e o protótipo de forma eletrônica) e o ciclo de vida do produto é gerenciado nas diversas fases de maturidade do projeto. Verifica-se por meio de simulação avançada se a fabricação do produto é possível, e uma lista de peças de manufatura é criada. Essa lista, os documentos de descrição de processos e outros dados técnicos são passados para o sistema de gestão empresarial e de gestão da cadeia de fornecedores para gerenciar o estoque e agendar as etapas de produção. Alguns problemas de chão de fábrica podem gerar um requisito para mudança de engenharia. Os requisitos de mudança vão do sistema de gestão empresarial para o sistema de gestão do ciclo de vida, executa-se a adequação do produto e dos processos de fabricação a essa mudança e, por fim, liberam-se as novas informações para os sistemas de gestão empresarial e de gestão da cadeia de fornecedores.

O sistema de gestão de ciclo de vida e a manufatura integrada por computador são como focos de luz que nos fazem enxergar melhor o produto ou a produção. Na visão da manufatura encontramos os diferentes elementos que compõem a visão de gestão de ciclo de vida, como o projeto, a engenharia e manufatura assistidos por computadores.

A questão de gerenciamento dos documentos de engenharia é embutida no gerenciamento de informações em um banco de dados centralizado, ainda que toda a integração gire em torno do processo produtivo. A gestão dos documentos de engenharia e a gestão do processo de concepção do produto fazem parte de um banco de dados autônomo que independe do banco de dados utilizado pela produção. Ao integrar organização, engenharia e manufatura, tem-se um desenho organizacional como o representado na Figura 9.8.

Figura 9.8 Integrando organização, engenharia e manufatura

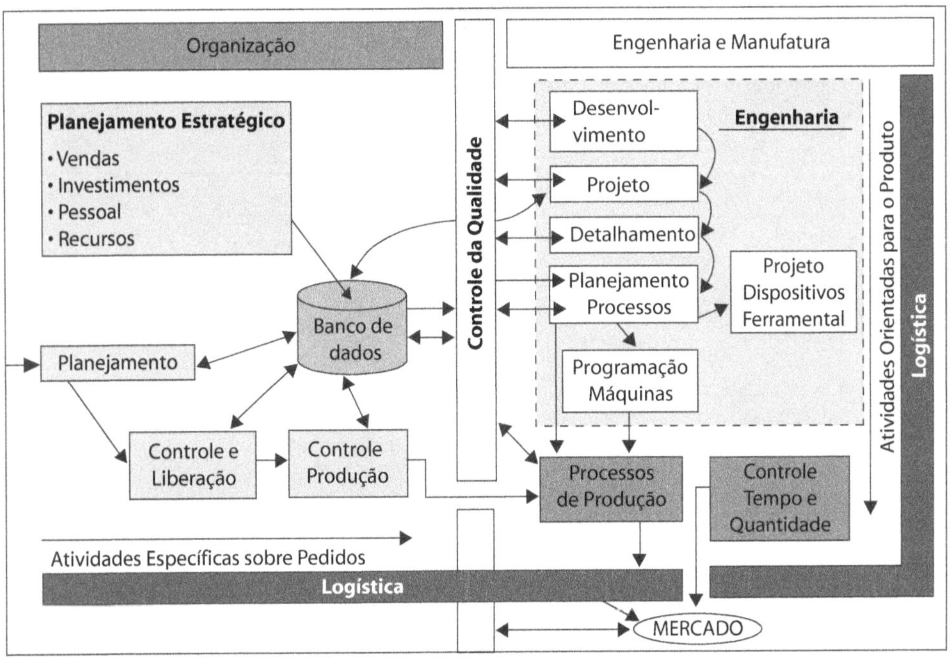

Fonte: Elaborada pelos autores.

A manufatura integrada por computador alinha engenharia e produção, seu objetivo maior, foi concebida em uma época em que os sistemas de informação e recursos computacionais ainda não estavam maduros. A integração dos sistemas de gestão, por sua vez, traz os benefícios da alta tecnologia, o que permitiu um maior alinhamento organizacional. Essa integração de maior escopo, bem como seu avanço no decorrer do tempo, é mostrada na Figura 9.9.

O desafio para uso de qualquer dos dois sistemas é entender a complexidade tecnológica e saber adequá-la aos negócios. A integração está diretamente ligada ao destino da empresa, em um mundo em que a velocidade das mudanças tecnológicas é alta, e com tendência a acelerar-se. A integração cria um ambiente propício à colaboração e à inovação, além de permitir à empresa responder mais rapidamente ao mercado e criar produtos adequados.

Figura 9.9 O avanço da integração

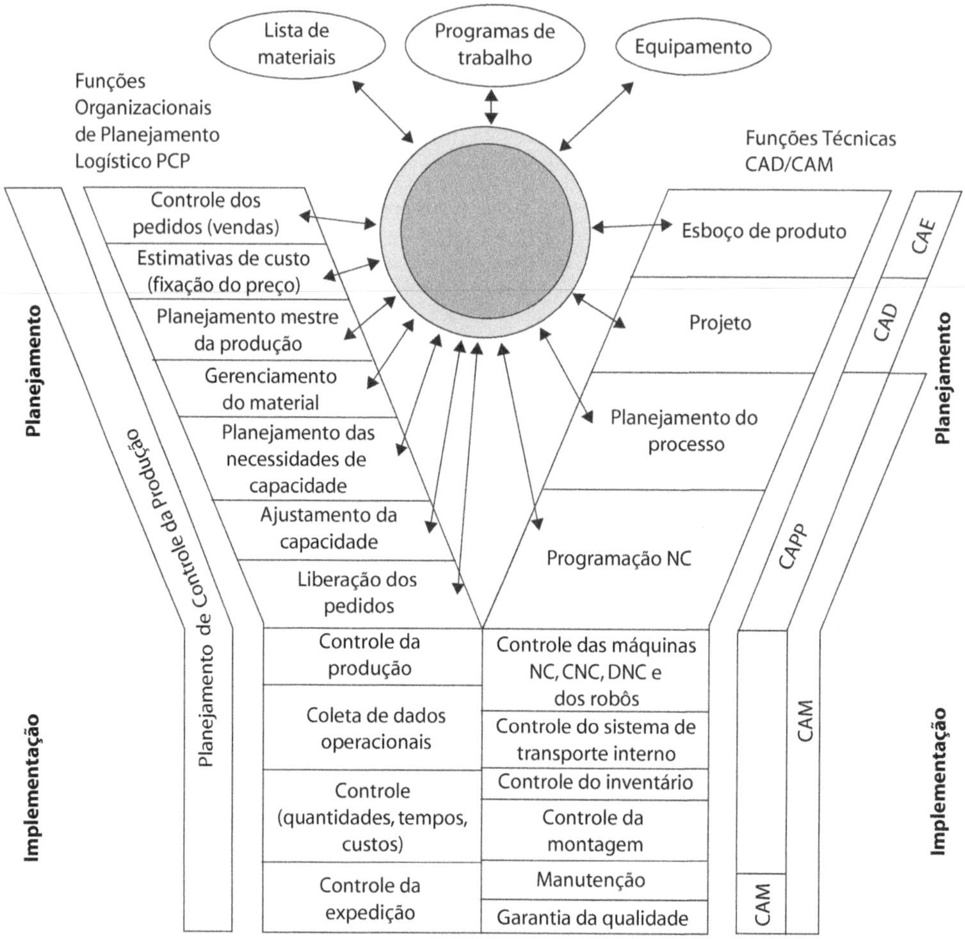

Fonte: SCHEER, 1993.

9.3 CONSIDERAÇÕES FINAIS: A IMPORTÂNCIA DA INTEGRAÇÃO

As capacidades organizacionais têm sido aceitas, na literatura de negócios contemporânea, como a base para vantagens competitivas sustentáveis. Mas Fuchs et al. (2000) argumentam que isso não basta. Esses autores argumentam que as empresas de sucesso integraram o posicionamento de mercado com suas capacidades.

Nesse sentido, Fuchs et al. (2000) enfocam o alinhamento de elementos pertencentes a cinco grandes grupos: direção, foco produto/mercado, recursos, cultura organizacional e capacidade operacional, conforme ilustrado na Figura 9.10. Nesse modelo, o grupo de **direção** representa a acurácia da visão de longo prazo e dos valores da empresa, e indica o ritmo adotado pela empresa para determinar a velocidade necessária para avançar em direção ao objetivo estratégico da mudança.

Figura 9.10 Modelo de integração estratégica

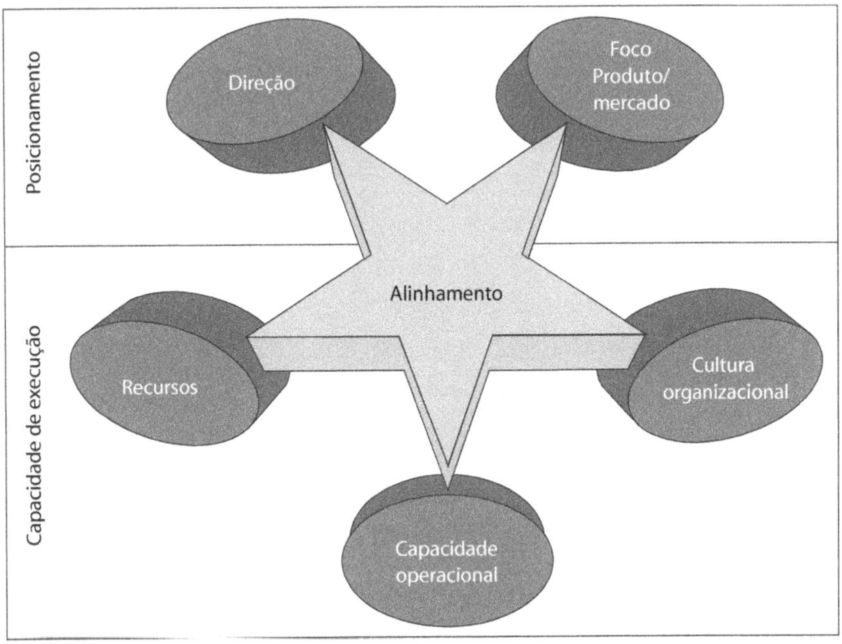

Fonte: Adaptada de Fuchs et al. (2000).

O **foco no produto/mercado** determina os mercados-alvos e os produtos ou serviços utilizados para atendê-los estrategicamente.

O grupo de **execução** da figura indica se a empresa tem a capacidade para executar efetivamente sua estratégia de posicionamento.

As **capacidades operacionais**, que exploram e aumentam os recursos, são as habilidades que uma organização desenvolve nas áreas funcionais e administrativas. Elas incluem as capacidades em geração de demanda e desempenho, engenharia de produtos e processos, produção, marketing, P&D, bem como o empreendedorismo corporativo e a gestão de riscos. Por sua vez, os recursos de uma empresa podem ser entendidos como sua reputação, seu capital intelectual, humano, tecnológico e financeiro, e até mesmo suas alianças vantajosas com outras organizações.

O último grupo de execução é **cultura organizacional.** Corresponde à infra-estrutura administrativa e ao clima de trabalho de uma organização, que garantem que todas as atividades de posicionamento e execução serão desempenhadas com criatividade, diligência e inteligência.

A noção de integração é importante para este trabalho, pois o esforço aqui empreendido pode gerar soluções para a integração do processo decisório (estratégico) com os outros processos necessários para a melhoria da competitividade.

10

COMPETITIVIDADE EMPRESARIAL:
DIAGNÓSTICO E PLANEJAMENTO

As origens da verdadeira diferença entre o êxito e o fracasso de uma empresa, na maioria das vezes, estão relacionadas à questão de como a organização traz à tona o que há de melhor em seus funcionários.
Thomas Watson Jr.

No Capítulo 8, foram exploradas diferentes abordagens para o diagnóstico organizacional, ficando evidenciado que uma organização pode ser representada, para fins de análise estratégica, por meio de elementos agregados em conjuntos temáticos. Conforme mostra o esquema a seguir, este capítulo avançará ainda mais na discussão da integração como fonte de vantagem competitiva.

Estrutura do Capítulo 10

Capítulo 1 – Introdução		
Justificativa	Objetivos	Desenho da pesquisa

Capítulo 2 – Modelos mentais e organizações		
Pontos de ruptura na história humana	Paradigmas pós-fordistas	Evolução dos modelos de gestão

Capítulo 3 – A criação de valor		
A noção de valor	Valor para o cliente	A cadeia de valor

Integrando diferentes perspectivas na criação de valor

Capítulo 4 – Inovação			
Criatividade	Incremental	Disruptiva	Mensuração

Capítulo 5 – Tecnologia da Informação	
Evolução e conceitos de TI	Conectividade nas empresas
Aplicações de TI nos negócios	TI e vantagem competitiva

Capítulo 6 – Competitividade	
Globalização e competitividade	Competitividade do Brasil
Competitividade empresarial	Diagnóstico da competitividade

Capítulo 7 – Estratégia	
Evolução histórica do campo	Escolas de pensamento
Estratégia de operações	Inovação de valor (*Value innovation*)

Capítulo 8 – Teorias da firma e estratégia empresarial	
A firma como função de produção	A firma como nexo de contratos
A firma como recursos heterogêneos	A decisão de fazer *versus* comprar

Capítulo 9 – Gestão, Tecnologia e Pessoas (GTP)		
Vantagem competitiva	Ambiente competitivo	Capacidades organizacionais

Integração: evolução nas empresas

Capítulo 10 – Competitividade empresarial: diagnóstico e planejamento	**Capítulo 11** – Estudo de casos	**Capítulo 12** – Conclusões e limitações

Para Bullinger e Lentes (1982) e Larson e Strehle (2002), a empresa pode ser vista como uma combinação do elemento humano, organizacional e técnico/tecnológico. Tushman, Anderson e O'Reilly (1997) analisam a mudança organizacional a partir de indivíduos, tarefas, arranjos organizacionais formais e informais. Fuchs et al. (2000) executam a mesma tarefa, mas baseiam suas análises no alinhamento entre direção, foco no produto/mercado, recursos, capacidade operacional e cultura organizacional.

O diagnóstico, planejamento e implementação de mudanças na firma, voltadas à melhoria do desempenho competitivo, são atividades que podem ser realizadas a partir da agregação de elementos da empresa em grandes grupos, ou eixos, de fatores estratégicos.

O objetivo deste trabalho consiste em avaliar o potencial analítico de três grandes grupos estratégicos – gestão (G), tecnologia (T) e pessoas (P) –, que juntos constituem uma abordagem para realizar o diagnóstico e planejamento da competitividade nas empresas, em uma perspectiva integrada ou de acordo com um enfoque sistêmico.

Para tanto, serão analisados os elementos que representam componentes críticos ao sucesso organizacional e que podem ser considerados pertencentes aos grupos estratégicos sugeridos. O conjunto desses grupos, a partir deste momento, será chamado de GTP, e sua representação gráfica será baseada em um eixo cartesiano triortogonal, conforme indica a Figura 10.1. A figura mostra como é possível empreender uma avaliação para diagnóstico, planejamento e implementação da melhoria da competitividade.

Cada companhia, a partir de seu ambiente de negócios específico, faz escolhas relativas aos elementos do eixo GTP. Assim, são definidas a alocação de recursos e as capacidades estratégicas da companhia. No decorrer do tempo, pode haver a realocação de recursos e a criação de novas capacidades empresariais. Uma empresa pode alterar suas escolhas anteriores. Ainda que a mudança organizacional dirigida e planejada seja muito difícil, ela não é impossível.

As escolhas e conseqüentes mudanças devem ser feitas a partir de constantes avaliações das condições de competitividade da empresa, interna e externa, relativa ao(s) seu(s) principal(is) concorrente(s). Os *gaps* decorrentes dessa avaliação sugerem as melhorias necessárias em cada dimensão. No entanto, isso pode ser necessário, de forma brusca, caso ocorra uma inovação disruptiva pela empresa ou pelo principal concorrente.

A premissa subjacente a esse argumento é que a mudança organizacional deve prever o efetivo alinhamento dos fatores estratégicos em GTP para que seja eficaz. Nesse sentido, os fatores estratégicos inseridos em GTP serão analisados separadamente nas próximas seções.

Figura 10.1 Análise estratégica de gestão, tecnologia e pessoas (GTP)

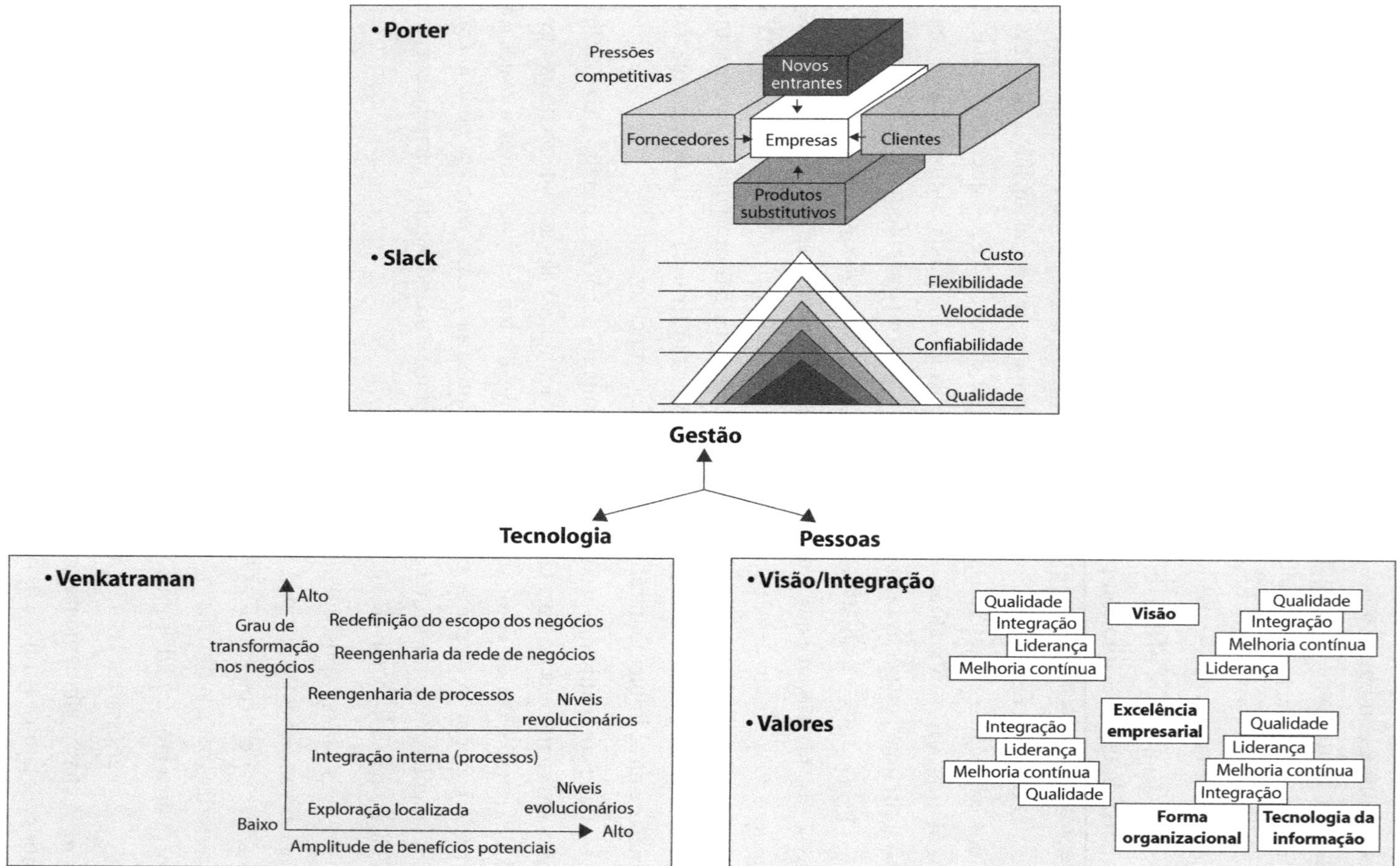

Fonte: Elaborada pelos autores.

10.1 GESTÃO

Um dos fundadores do pensamento econômico, Adam Smith (1979), já havia mencionado a necessidade de racionalizar a produção, por meio do desenvolvimento dos princípios da especialização e das vantagens da divisão do trabalho em tarefas específicas. Entretanto, no campo específico da administração de empresas, coube a Taylor e a outros notáveis engenheiros o lançamento dos fundamentos de uma Ciência da Administração, dando origem à chamada Abordagem Clássica da Administração.

O primeiro deles foi o norte-americano Frederick Winslow Taylor (1947), que, por meio de sua obra, difundiu as técnicas de racionalização do trabalho no âmbito operacional. No início do século XX, outro engenheiro, Henry Gantt (1910), desenvolveu estudos sobre o papel do trabalhador na produção, bem como um método de avaliação de múltiplas atividades que se sobrepõem em determinado período de tempo – a ferramenta conhecida como "Gráfico de Gantt". Além disso, Gantt focou a importância das qualidades de liderança e habilidades gerenciais no desenvolvimento efetivo de organizações industriais.

Ainda no começo do século XX, Frank Gilbreth (1919) desenvolveu estudos sobre tempos e movimentos e sobre a fadiga. Defendia o estudo de tempos e movimentos como forma de aumentar a produtividade paralelamente à necessidade de se racionalizar o trabalho.

Henry Ford (1926), fundador da Ford Motor Company, adotou um modelo de gestão administrativa com base nos seguinte preceitos:

- racionalização taylorista do trabalho;
- desenvolvimento da mecanização por meio de equipamentos altamente especializados;
- produção em massa de bens padronizados;
- passagem de um sistema de tempos alocados para um de tempos impostos;
- salários relativamente elevados e crescentes, incorporando ganhos de produtividade.

Entre todos esses preceitos fordistas, aquele que representava uma inovação no modo produtivo certamente foi o da passagem de um sistema de tempos alocados para um de tempos impostos. Em outras palavras, a criação da linha de produção móvel.

O europeu Henri Fayol (1920), ao publicar o livro *Administration industrielle et générale*, foi o precursor da Teoria Clássica, como ficou conhecida. Fayol abordava as mesmas idéias tayloristas com um viés mais organizacional, concebendo uma estrutura departamentalizada e hierarquizada nas empresas.

O controle formal nas organizações departamentalizadas e hierarquizadas foi profundamente analisado pelas teorias burocráticas funcionalistas, que obtiveram bastante aceitação no século XX, uma época em que as organizações cresciam demasiadamente e cujas relações intra-organizacionais não requeriam tanta atenção por parte da alta gestão.

Os primeiros trabalhos sobre burocracia moderna remontam às obras de Max Weber (1944). A teoria burocrática emergiu como paradigma de gestão, com enfoque nas normas, departamentalização e hierarquização, baseadas em critérios de racionalidade. A preocupação básica era tornar a empresa previsível e, para tal, deveria ser adotada uma série de comportamentos e estruturas de tal forma que houvesse máxima eficiência.

Um caso de sucesso da abordagem burocrática foi a gestão de Alfred Sloan (1963) na General Motors Corporation (GMC). A companhia, formada mediante a aquisição de pequenos empreendimentos, adotou uma estrutura de gestão departamentalizada por produto, dando autonomia administrativa a cada uma das divisões, de acordo com as diretrizes da empresa.

O problema do modelo burocrático é que ele considera as organizações como sistemas fechados, formais e mecanicistas, o que elimina a criatividade das pessoas, inibindo a livre-iniciativa e a inovação. Para proporcionar maior motivação no trabalho, Herzberg (1959) propõe o "enriquecimento de tarefas", que consiste em substituir tarefas rotineiras por outras mais complexas, acompanhando o crescimento profissional do indivíduo e oferecendo condições para executar tais tarefas.

Drucker (1954), ao abordar a gestão com "enriquecimento" de tarefas, sugeriu um processo democrático para o alcance de resultados na empresa. Cada departamento estabeleceria a melhor forma de atingir seus objetivos, mediante a definição de metas em conjunto com subordinados e chefes, as quais deveriam convergir com as metas da organização. Tratava-se de uma forma de descentralizar a tomada de decisões, bem como de avaliar o desempenho das pessoas com a finalidade de implementar uma política de remuneração variável.

A partir da década de 1960, o ambiente de negócios mudou de maneira drástica. Os mercados começavam a se internacionalizar, as atividades de marketing adquiriam importância crescente e inovações tecnológicas geravam novos produtos, provocando a rápida obsolescência dos produtos tradicionais e criando novos hábitos de consumo na população. Adicionalmente, houve o aumento das pressões ambientais por parte da sociedade e os reflexos dessas forças nas operações das empresas.

A visão simplista da organização como um sistema fechado, adotado por várias perspectivas em gestão, era, portanto, oposta à visão dinâmica da organização como um sistema que necessita de uma elevada capacidade de renovação para sobreviver. Se o ambiente de negócios fosse estável e previsível, não existiriam pressões para mudanças. Se os objetivos organizacionais e individuais fossem integrados, as necessidades de mudanças também seriam minimizadas.

Ainda no começo da segunda metade do século XX, o Oriente tornava-se berço de um novo modelo gerencial. A maior parte das modernas técnicas japonesas de administração de empresas nasceu com o chamado sistema Toyota de produção, criado por Eiji Toyoda (da família proprietária da Toyota) e Taiichi Ohno (1988), chefe de engenharia da empresa. Os dois princípios mais importantes do sistema são: eliminação de desperdícios e fabricação com qualidade.

O princípio da eliminação do desperdício, aplicado primeiro à fábrica, fez nascer a produção enxuta, ou seja, fabricar com o máximo de economia de recursos. Por sua vez, o princípio da fabricação com qualidade tem por objetivo produzir virtualmente sem defeitos.

Os japoneses concluíram que as indústrias norte-americanas desperdiçavam recursos de toda sorte ao mesmo tempo em que procuravam manter o controle sobre recursos abundantes para que não corressem riscos no que tange ao cumprimento do programa de trabalho.

Em vista de todas essas características do toyotismo, com suas técnicas básicas de eficiência e qualidade, ficou conhecido como sistema de produção enxuta. O objetivo da produção enxuta é fazer produtos de alta qualidade e baixo preço. Com o tempo, a idéia de produção enxuta alcançou as diferentes áreas da empresa: finanças, custos, recursos humanos, vendas, desenvolvimento de produtos e manufatura. O sistema Toyota deixou de ser simplesmente sistema de produção para tornar-se um paradigma gerencial de "empresa enxuta".

Uma breve síntese das práticas gerenciais e do foco da gestão é apresentada na Figura 10.2. Observa-se que uma preocupação com a redução dos custos cedeu lugar, gradativamente, a esforços constantes de mudança organizacional, traduzidos em uma maior flexibilidade.

Esse argumento é corroborado por Slack (1993), que considera a flexibilidade o "pulmão" das operações, pois as empresas têm operado em ambiente de incertezas. Flexibilidade é a capacidade de alterar prontamente o que está sendo feito ou de responder e adaptar com rapidez a empresa a situações imprevisíveis. A vantagem competitiva da flexibilidade é derivada da capacidade de variar e adaptar estratégias, e alterar processos, com velocidade.

Figura 10.2 Crescente complexidade gerencial

Antes de 1980	Década de 1980	Começo da década de 1990	Metade da década de 1990	Final da década de 1990
Redução de custos	Redução de custos	Redução de custos	Redução de custos	Redução de custos
	Ênfase na qualidade	Ênfase na qualidade	Ênfase na qualidade	Ênfase na qualidade
		Redesenho do trabalho	Redesenho do trabalho	Redesenho do trabalho
			Competição baseada em tempo	Competição baseada em tempo
				Mudança organizacional/ flexibilidade

Fonte: KOLODNY, [s.d.].

Algumas dimensões da flexibilidade são mostradas no Quadro 10.1.

Quadro 10.1 Dimensões da flexibilidade

Flexibilidade	Definição
Social	Capacidade da empresa em mudar e adaptar-se a legislações e regulamentações sociais e sindicais
Estratégica	Capacidade da empresa em mudar sua estratégia
De novos produtos	Capacidade de introduzir novos produtos ou modificar os existentes
De *mix*	Capacidade de mudar sua produção de acordo com a variedade de produtos
De volume	Capacidade de alterar o nível agregado de saídas de produção, acompanhando a sazonalidade das vendas
De entrega	Capacidade de mudar datas de entrega planejadas ou assumidas
Para suportar mau funcionamento do processo produtivo	Capacidade de resolver rapidamente problemas de variabilidade de matéria-prima, atrasos de recebimento, entre outros
De suportar erros de previsão	Capacidade de mudar a seqüência da produção em decorrência de problemas com previsão de vendas
De tecnologia do processo	Capacidade das tecnologias de suportarem mudanças de processos sem altos investimentos
De recursos humanos	Capacidade da força de trabalho de executar tarefas diferentes
Das redes de suprimento	Capacidade da rede de suprimentos de suportar as variações de demanda, minimizando o efeito "Forrester"

Fonte: SLACK, 1993.

Segundo Slack (1993), para se ter uma operação flexível é necessário que todos os seus recursos sejam flexíveis, isto é, a tecnologia, a mão-de-obra e a própria rede de suprimentos o sejam. A conseqüência da maior flexibilidade é uma maior atenção às economias de escopo. Alguns exemplos disso estão dispostos no Quadro 10.2.

Quadro 10.2 Exemplos de escala *versus* escopo

	Fornecedores	Informação	Pessoas	Instalações	Tecnologia
Escala	Fornecedores de componentes	Processamento central de dados	Especialização do trabalho	Equipamentos dedicados	Sistemas operacionais proprietários
Escopo	Fornecedores de sistemas	Processamento distribuído	Funcionários com diversas habilidades	Equipamentos flexíveis	Sistemas com arquitetura aberta

Fonte: NAYAK; DRAZEN; KASTNER, 1992.

As economias de escopo são derivadas da escolha de atividades que uma firma realiza, o que envolve definir os produtos, serviços e soluções ofertados pela empresa, as atividades ou funções executadas internamente e as funções subcontratadas, terceirizadas ou realizadas em conjunto com parceiros (SLYWOTZKY; MORRISON, 1999).

Outro paralelo semelhante é descrito por Bolwijn e Kumpe (1990), segundo os quais a ênfase nos critérios de *performance* empresarial mudaram no decorrer do tempo, com a flexibilidade e a inovação representando o atual desafio a ser superado pelas empresas (Figura 10.3).

Figura 10.3 Evolução dos critérios de *performance* para as empresas industriais

Exigências do mercado	Anos 60	Anos 70	Anos 80	Anos 90	Critério de *performance*
Preço					Eficiência
Qualidade					Qualidade
Linha de produtos					Flexibilidade
Produto único					Inovação

Fonte: Adaptada de Bolwijn e Kumpe (1990).

O argumento desses autores é que, para que uma organização possa de fato alcançar os patamares de inovação desejados pelo mercado, ela deve ter antes galgado os patamares da eficiência, qualidade e flexibilidade.

Contudo, o ambiente de negócios das duas últimas décadas trouxe aos gestores desafios como a busca global de oportunidades e recursos, a busca de eficiência econômica em todas as operações empresariais, o foco nas competências essenciais e o incremento das práticas de *outsourcing* (terceirização), que passaram a ter como fatores cruciais a rapidez, a eficácia e a eficiência (SNOW; MILES; COLEMAN JR., 1992).

Esses imperativos tiveram como conseqüência o esforço corporativo no desenvolvimento de novas habilidades, voltadas à construção de competências para a gestão profissional dos relacionamentos da empresa focal com seus fornecedores, clientes, e mesmo concorrentes (DYER; KALE; SINGH, 2001).

De fato, Prahalad e Ramaswamy (2000) mostraram que esse novo ambiente de negócios, também visto como uma "Nova Economia", é responsável pela redução da importância dos custos tradicionais na determinação do preço dos produtos. Os preços passam a ser determinados a partir do conhecimento da *performance* e uso do produto final, em uma diversa e crescente base de consumidores finais. A importância dessa rede de consumidores é ressaltada no Quadro 10.3.

Quadro 10.3 A mudança do *locus* e competências

	A companhia	**Família/rede de companhias**	**Rede ampliada**
Unidade de análise	A companhia	O negócio expandido – a companhia, seus fornecedores e seus parceiros	O sistema total – a companhia, seus fornecedores, seus parceiros e os consumidores
Recursos	Aqueles que estão disponíveis na companhia	Acesso a competências e investimentos das outras companhias	Acesso a competências e investimentos das outras companhias, bem como as competências dos consumidores e seus investimentos de tempo e esforços
Base para obter competências	Processos internos específicos à companhia	Acesso privilegiado às companhias dentro da rede	Infra-estrutura para o diálogo ativo com os consumidores
Valor agregado pelos gestores	Promoções e construção de competências centrais	Parcerias colaborativas em nível gerencial	Prover os consumidores de competências, gerir experiências personalizadas, e moldar as expectativas dos consumidores

Continua

Continuação

Criação de valor	Autônoma	A partir da colaboração com empresas parceiras	A partir da colaboração com empresas parceiras e consumidores em ação
Fontes de tensão gerencial	Autonomia da unidade de negócios *versus* ampliação das competências centrais	Parceiros são tanto colaboradores quanto competidores pelo valor gerado	Consumidores são tanto colaboradores quanto competidores pelo valor gerado

Fonte: PRAHALAD; RAMASWAMY, 2000.

Essa nova fronteira organizacional – a criação de competências para a gestão de uma rede ampliada que inclua os fornecedores – envolve a identificação de sinais difusos do mercado, a interpretação de suas conseqüências e a reconfiguração de recursos de maneira mais rápida que os concorrentes, visando lidar com as tendências de maneira mais lucrativa para a companhia (PRAHALAD; RAMASWAMY, 2004).

Esse contato mais próximo com os consumidores, evidentemente, encontra nos mais recentes desenvolvimentos tecnológicos as ferramentas que permitem gerir e desenvolver os relacionamentos com clientes e fornecedores.

A próxima seção mostra como a tecnologia pode influenciar o desempenho competitivo das organizações.

10.2 TECNOLOGIA

No atual ambiente de negócios, os fatores críticos de sucesso de uma organização irão depender fortemente de seu desenvolvimento tecnológico. Tais fatores são importantes, pois irão refletir em aspectos como custos, qualidade, flexibilidade, entre outros.

Isso condiz com a definição de tecnologia proposta por Fleury (1990) e adotada aqui. Segundo ele, a tecnologia pode ser entendida como um amplo pacote de informações organizadas de diferentes tipos – científicas, empíricas etc. –, e provenientes de várias fontes – descobertas científicas, patentes, livros, manuais, desenhos, entre outras. Tais informações, obtidas por intermédio de diferentes métodos – como pesquisa, desenvolvimento, cópia, espionagem –, são posteriormente utilizadas na produção de bens e serviços.

Os conceitos de tecnologia de produto, processo e informação são apresentados e discutidos a seguir.

10.2.1 Tecnologia de produto

A tecnologia deve ser entendida como um conjunto de conhecimentos aplicados a um determinado tipo de atividade. Em especial, a tecnologia de produto refere-se à mercadoria com função específica, seja esse produto de consumo (liqüidificador), de capital (máquina-ferramenta) ou intermediário de insumo (autopeça). O que define, assim, uma tecnologia como pertencente a uma classe ou categoria não é apenas seu conteúdo ou natureza, mas, principalmente, seu emprego, seu uso em um dado processo (FARIA, 1992).

As organizações reconhecem cada vez mais a necessidade e as vantagens do desenvolvimento contínuo de novos produtos e serviços. Os produtos mais maduros e em declínio devem ser substituídos por produtos mais novos. Existem três formas fundamentais de ver o processo de introdução de um novo produto (SCHROEDER, 1993):

- *Market pull* – novos produtos são determinados pelo mercado, dando pouca importância à tecnologia e aos processos produtivos existentes. As necessidades do consumidor são as bases principais para a introdução do novo produto e as necessidades de novos tipos de produtos são obtidas mediante pesquisa de mercado ou *feedback* de consumidores.
- *Technology push* – novos produtos devem ser derivados da tecnologia de produção, dando pouca importância ao mercado. É trabalho da área de marketing criar o mercado e "vender" os produtos que estão sendo feitos. Por intermédio de um agressivo processo de P&D, produtos superiores são criados com vantagem no mercado.
- *Interfunctional* – a introdução de novos produtos é interfuncional e precisa da cooperação das diversas áreas, como marketing, operações e engenharia. O processo de desenvolvimento de novos produtos é determinado pelos esforços coordenados das diversas áreas. O resultado serão produtos que vão ao encontro das necessidades do consumidor enquanto utilizam as melhores tecnologias.

10.2.2 Tecnologia de processo

Tecnologia de processo compreende o uso de técnicas que interferem no processo de trabalho/produção de maneira a modificá-lo, organizá-lo e racionalizá-lo (FARIA, 1992).

Nesse sentido, e considerando a importância do *time to market* para a maioria das empresas, cada vez mais ferramentas de CAD/CAM têm sido utilizadas como meios para ampliar a velocidade dos processos de desenvolvimento de produtos e, paralelamente, reduzir os custos associados. A adoção de prototipagem virtual (ou prototipagem rápida) entre parceiros comerciais pode trazer tais benefícios, como mostra a Figura 10.4. Isso é chamado *Collaborative Virtual Prototyping* (CVP).

Figura 10.4 CVP e custos associados ao produto

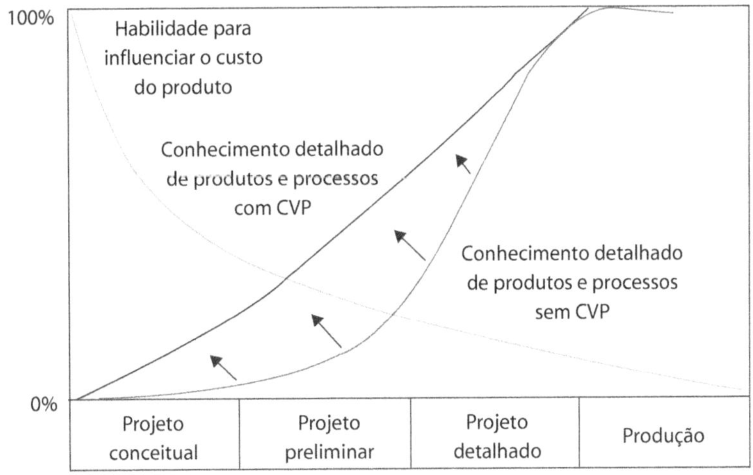

Fonte: Elaborada pelos autores.

Essa prática permite a criação de um "modelo virtual", em um prazo substancialmente menor – e com menos custos associados – do que aquele que seria necessário para os testes físicos de manufatura. De fato, isso é mostrado por Bowen et al. (1994), ao discutirem o tempo do projeto *versus* a representatividade de cada tipo de protótipo gerado (Figura 10.5).

Figura 10.5 Variedade de protótipos e tempo do projeto

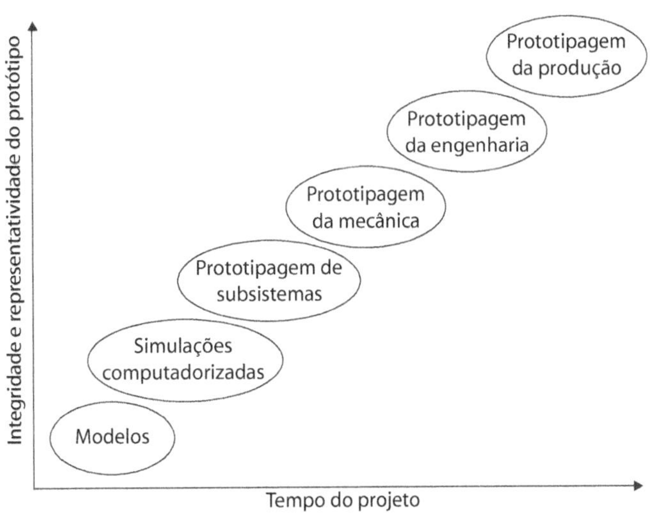

Fonte: BOWEN et al., 1994.

Já na fase de produção, podemos classificar os processos em quatro tipos: o fluxo contínuo, a produção em linha, a produção em lotes e os projetos específicos, ou produção sob encomenda (Figura 10.6). Os sistemas de produção fundamentados nos dois primeiros tipos são sistemas orientados a produtos. Os sistemas com base nos dois últimos, por sua vez, são primordialmente focados em processos.

Figura 10.6 Processos de produção

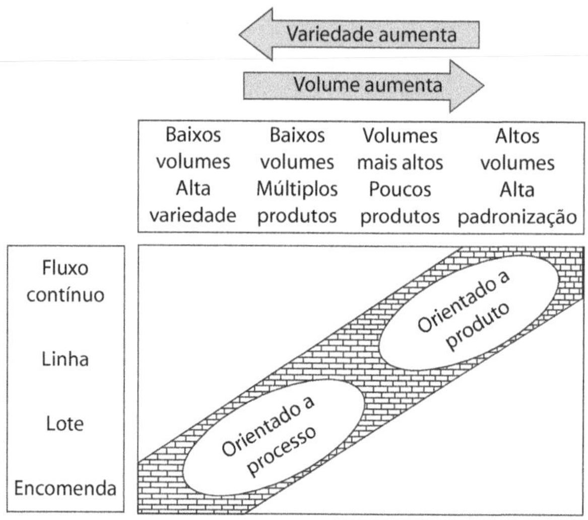

Fonte: Adaptada de Slack et al. (1996).

O fluxo contínuo (ou produção contínua) caracteriza-se por uma seqüência de trabalho padronizada, na qual as operações individuais estão intimamente ligadas umas às outras. Desse modo, espera-se que as operações individuais sejam balanceadas, de forma a evitar atrasos decorrentes de "gargalos" na linha de produção.

Por sua vez, o fluxo em linha pode ser entendido como uma organização de processos em que cada família de componentes é alocada a uma determinada linha de produção, seguindo todos os componentes a mesma seqüência de operações.

A produção por lote (ou fluxo intermitente) é um sistema de produção no qual o fluxo de material flui de maneira irregular, se comparado ao sistema anterior, havendo, assim, maior flexibilidade proporcionada pelas diferentes combinações de fluxo de materiais. Embora esse processo seja mais flexível, há perda da produtividade (Figura 10.7), causada por aumento de estoque em processo, e dificuldade de programação da produção com eventuais gargalos ocasionados pela necessidade momentânea do uso de um equipamento específico em mais do que um fluxo de produto.

Figura 10.7 Produção e flexibilidade

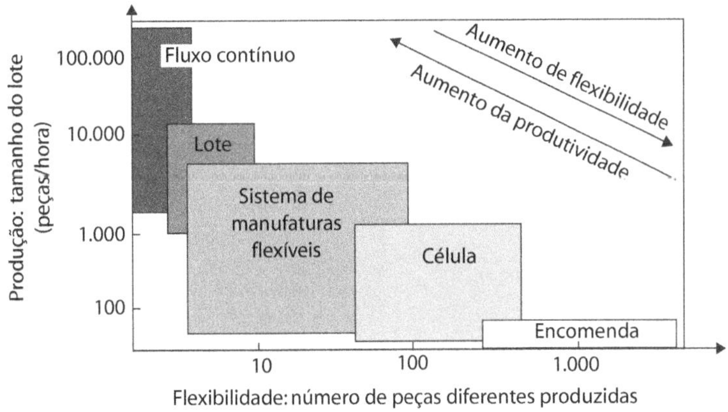

Fonte: Adaptada de Slack et al. (1996).

Na produção sob encomenda (ou projetos específicos), toda a produção é voltada a determinado projeto, não havendo um fluxo de produto bem definido. Esse sistema caracteriza-se pela dificuldade de planejamento e controle e pelo alto custo de produção.

Na manufatura, o fluxo da produção se assemelha ao fluxo dos materiais ou insumos que estão sendo transformados em produtos. Nos serviços, não há um fluxo físico de insumos, um fluxo dos clientes ou informações que definam as seqüências de operação. Ainda assim, haverá diferentes processos, a partir da mesma lógica empregada com a manufatura. Esses processos são mostrados na Figura 10.8.

Os três tipos de processos de serviços são os serviços profissionais (elevada ênfase em pessoas, com alto grau de personalização), a loja de serviços (como os bancos e restaurantes) e os serviços de massa (com baixo contato pessoal e ênfase em equipamentos). Essa classificação é apenas uma das possíveis, dado que as operações de serviços podem variar nas seguintes dimensões:

- ênfase dada a pessoas ou a equipamentos;
- grau de contato com o cliente;
- grau de participação do cliente no processo;
- grau de personalização do serviço;
- grau de julgamento pessoal dos funcionários;
- grau de tangibilidade do serviço.

Figura 10.8 Serviços e processos

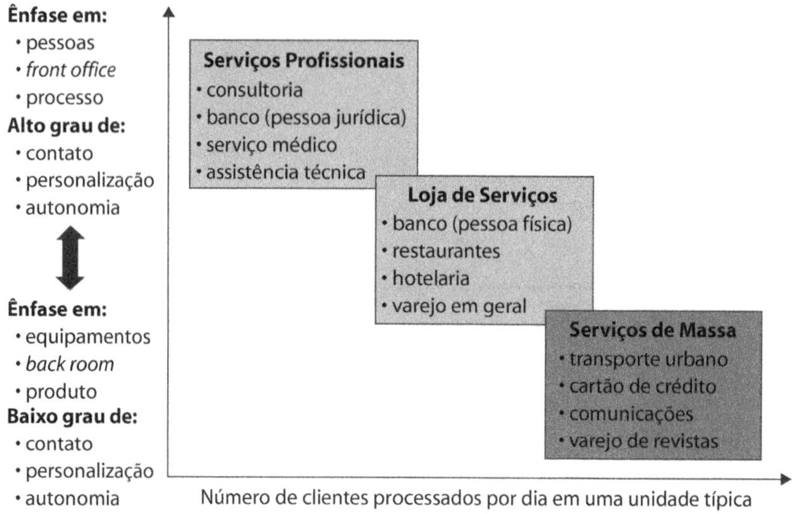

Fonte: Adaptada de Slack et al. (1996).

10.2.3 Tecnologia de informação

O fenômeno da competição global é resultado do surgimento de mercados que demandam produtos e serviços de forma cada vez mais rápida e flexível. Assim, as organizações têm recorrido à tecnologia como meio de se tornarem capazes de proporcionar a seus consumidores uma grande variedade de produtos em lotes cada vez menores, com simultânea redução de custos e alta qualidade.

Bullinger, Warnecke e Lentes (1986), ainda na década de 1980, pareciam apontar para essa mesma direção. Segundo esses autores, a "fábrica do futuro" seria capaz de oferecer produtos de baixo custo, variedade de tipos, lotes menores, curtos períodos de entrega e, adicionalmente, responder a flutuações nas quantidades, alta demanda por qualidade do produto final, bem como pela qualidade dos serviços pós-venda.

As conseqüências desse argumento, utilizando a produção industrial de máquinas-ferramenta como exemplo, são mostradas na Figura 10.9.

Como o esquema visual mostra, a tecnologia da informação (TI) passou a exercer um papel fundamental no sucesso empresarial em face das novas demandas do mercado. De fato, as tecnologias de informação vêm evoluindo sobremaneira, a tal ponto que, de simples coadjuvante das estratégias corporativas, têm passado a exercer um papel importante e fundamental na elaboração dessas estratégias.

Figura 10.9 Mudanças qualitativas no mercado de automação de fábricas

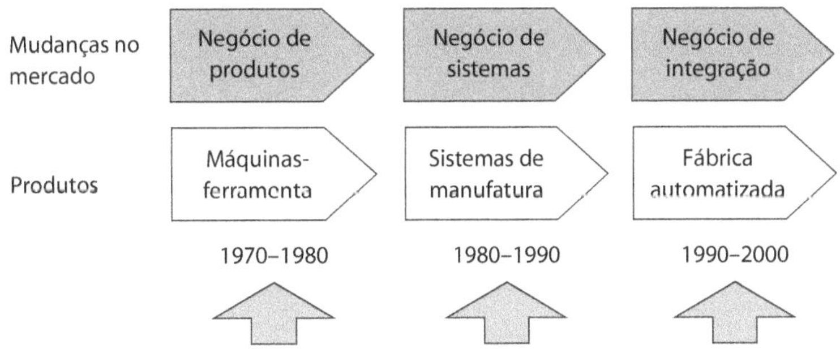

Característica do desenvolvimento de produtos	• Alta *performance* das máquinas-ferramenta • Mecanização	• Alta utilização da máquina-ferramenta • Automação	• Otimização do sistema • Informação • Organização
Características determinantes do sucesso	• Precisão, qualidade	• Eletrônica, preço	• Solução de problemas gerais

Fonte: BULLINGER; WARNECKE; LENTES, 1986.

A tecnologia tem assumido importante papel na transformação do ambiente competitivo ao influenciar diretamente na velocidade de surgimento de inovações, mediante a aceleração do fluxo de informações que contribuem de forma direta para a diminuição dos ciclos de concepção, produção e lançamento de novos produtos.

Tal é a importância da tecnologia da informação que atualmente ela pode chegar a ser utilizada como base para a redefinição do negócio das organizações, representando grande potencial para a criação de inovações estratégicas e gerenciais. O grande potencial da tecnologia da informação está, portanto, em utilizá-la alinhada às estratégias e aos processos da empresa, devendo ambos estar centrados na criação de valor para os clientes. O alinhamento da TI com as estratégias e os processos irá gerar benefícios potenciais para a empresa (MARCHAND; KETTINGER; ROLLINS, 2000; e CROSS; BAIRD, 2000). Nesse sentido, a próxima seção mostrará o papel das pessoas na melhoria da *performance* empresarial.

10.3 PESSOAS

Bartlett e Ghoshal (2002), após estudarem mais de 20 companhias em processo de mudança, propugnam que o capital humano, e não o capital financeiro, é o ponto de partida para qualquer estratégia de sucesso. Segundo esses autores, a acirrada competição empresarial contemporânea encontrou um novo campo de batalha: as mentes e os corações dos melhores talentos disponíveis no mercado.

O papel de crescente importância dos recursos humanos na estratégia competitiva pode ser observado no Quadro 10.4.

Quadro 10.4 O papel crescente dos recursos humanos

	Competição por produtos e mercados	**Competição por recursos e competências**	**Competição por talentos e sonhos**
Perspectiva acerca dos empregados	Pessoas vistas como fatores de produção	Pessoas vistas como recursos valiosos	Pessoas vistas como "investimento em talento"
Papel dos recursos humanos na estratégia	Implementação, suporte	Contribuidor	Central
Atividade-chave de recursos humanos	Administração de recrutamento, treinamento e benefícios	Alinhar recursos e competências para alcançar interesses estratégicos	Construção do capital humano como fonte central de vantagem competitiva

Fonte: BARTLETT; GHOSHAL, 2002.

Essa visão das pessoas como elemento central da estratégia é compartilhada por Vollman (1996), que defende um novo tipo de contrato psicológico entre empregado e empregador. Segundo ele, os funcionários precisam buscar aprimorar suas habilidades profissionais, angariar mobilidade baseada na excelência profissional, aceitar a responsabilidade pelo desenvolvimento de sua carreira e, nesse mesmo sentido, desenvolver conhecimento acerca do mercado de trabalho.

Por sua vez, os empregadores devem ser capazes de identificar os requisitos profissionais necessários para seus atuais funcionários e provê-los dessas competências faltantes. Tanto empregados quanto empregadores devem reconhecer que o desenvolvimento de competências está relacionado mais fortemente ao próprio funcionário do que à algo oferecido pela organização.

Em face de tais dinâmicas do ambiente de negócios, a mensuração do desempenho das pessoas na organização passa a ser mais complexa, principalmente por ser necessário mensurar – no amplo contexto organizacional – o desempenho individual e, mais ainda, do grupo em que o indivíduo está inserido.

Wenger e Snyder (2000) mostram que o indivíduo, em uma organização, pode estar inserido em um conjunto de arranjos, composto por redes informais de funcionários, times de projetos, grupos de trabalhos formais e comunidades de prática. Um sumário de características desses arranjos é apresentado no Quadro 10.5.

Quadro 10.5 Características da colaboração nas organizações

	Qual é o propósito?	Quem faz parte?	O que mantém a coesão?	Quanto tempo dura?
Comunidades de prática	Desenvolver as competências dos membros; construir e trocar conhecimento	Membros selecionados pelos membros preexistentes	Paixão, comprometimento e identificação com a *expertise* do grupo	Quão longo for o interesse em manter o grupo
Grupos de trabalho formais	Desenvolver um produto ou serviço	Qualquer um que se reporte ao gestor do grupo	Requisitos do trabalho e objetivos comuns	Até a próxima reorganização
Times de projeto	Alcançar uma tarefa específica	Empregados escolhidos pela alta gestão	Metas e objetivos do projeto	Até que o projeto seja concluído
Redes informais	Coletar e transmitir informações do negócio	Amigos e conhecidos na empresa	Necessidades mútuas	Até que não haja mais razões para a conexão

Fonte: WENGER; SNYDER, 2000.

Ainda que os aspectos relacionados à gestão de recursos humanos ou, mais adequadamente, à gestão de talentos, tenham como foco o indivíduo, o grupo também conta, e deve ser avaliado. Por conseqüência, o desempenho individual deve ser avaliado, assim como o desempenho da equipe.

Um modelo de avaliação do desempenho individual, inserido em um amplo contexto organizacional, é apresentado por Godley et al. (1992), para quem a avaliação de desempenho deve englobar tanto os fatores subjetivos quanto os objetivos, bem como ser flexível para acomodar as mudanças do mercado (Figura 10.10).

O que o modelo representado na Figura 10.10 mostra é uma relação de causa e efeito, baseada inicialmente na ênfase que a empresa coloca na satisfação de seus *stakeholders* (clientes, funcionários e acionistas) e nos conseqüentes resultados disso. Em um nível paralelo, ocorre o *feedback* dos clientes, consolidando os resultados da empresa. Assim, a mensuração da empresa e do desempenho individual tornam-se possíveis.

Por sua vez, o desempenho grupal tem sido medido com sucesso por Lynn e Reilly (2000). Ambos desenvolveram um instrumento denominado *Innovation Report Card*, que mensura a *performance* de uma equipe de desenvolvimento de novos produtos, buscando, assim, identificar meios de acelerar o processo de inovação e evitar erros na gestão da equipe.

Figura 10.10 Mensuração da *performance*

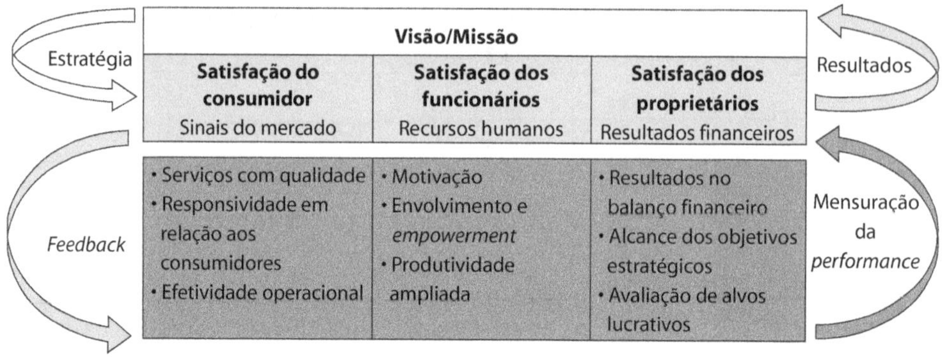

Fonte: GODLEY et al., 1992.

O modelo de Lynn e Reilly (2000) é composto pelos seguintes construtos:

- **registro e revisão** – consiste basicamente no processo organizado de arquivamento e revisão de informações, dados os benefícios potenciais dessas práticas;
- **arquivamento** – para que a revisão possa ser sistematizada e efetiva, a informação deve estar disponível de uma maneira que permita rápido e fácil acesso;
- **objetivos definidos** – registrar, arquivar e rever as informações não são os únicos processos que facilitam o aprendizado grupal. A existência de objetivos bem definidos pode melhorar a *performance* do grupo ao determinar uma motivação para a procura e o uso da informação na busca do alcance do objetivo;
- **estabilidade da equipe** – esse é um dos fatores críticos que determinam o sucesso ou fracasso de projetos corporativos;
- **processo de desenvolvimento de novos produtos** – enquanto objetivos podem indicar à equipe a direção que deve ser tomada, processos sistematizados podem fornecer ao grupo um amplo cenário de como as equipes podem alcançar objetivos predefinidos.

Esses construtos indicam os elementos-chave que perfazem times de sucesso. Obviamente, não haverá uma receita que possa ser aplicada com sucesso a todos os tipos de organização, mas a contribuição desse modelo é justamente mostrar quais elementos devem ser observados pelos gestores na condução de suas equipes. Nesse sentido, o papel do líder na organização é explorado a seguir.

10.3.1 Liderança

Bergamini (2002) afirma que a eficácia do líder repousa na percepção positiva que o seguidor tem dele. É essa percepção que conferirá ao líder credibilidade e culminará com o envolvimento espontâneo do seguidor. Ainda segundo a autora, os termos gerente, líder e administrador têm sido alvo de equívocos na literatura organizacional decorrentes da diversidade com que são usados. Em razão disso, Bergamini (2002) defende uma rediscussão do sentido de tais termos, a fim de clarificar os diferentes tipos de aproveitamento do potencial humano. Nesse contexto, Mills (1993) procurou identificar as características de gestores e líderes (Quadro 10.6).

Quadro 10.6 Gestores *versus* líderes

<table>
<tr><td rowspan="8">Gestor</td><td>▪ Solucionador de problemas (reagente)</td><td>▪ Ativo, não-reagente</td><td rowspan="8">Líder</td></tr>
<tr><td>▪ Orientado para objetivos, recursos, estrutura da organização, pessoas</td><td>▪ Molda idéias e metas, mas não é responsável por elas</td></tr>
<tr><td>▪ Precisa de desempenho, realismo, trabalho duro, inteligência, tolerância, boa vontade, capacidade analítica</td><td>▪ Precisa de genialidade, heroísmo, intuição, ênfase</td></tr>
<tr><td>▪ Impessoal, até mesmo atitudes passivas em relação às metas</td><td>▪ Atitudes muito pessoais em relação às metas</td></tr>
<tr><td>▪ Coordena e balanceia continuamente - limita escolhas</td><td>▪ Desenvolve novas abordagens – propõe novas opções</td></tr>
<tr><td>▪ Apaziguador</td><td>▪ Incitador (a tensão pode ser criativa)</td></tr>
<tr><td>▪ Indiferente</td><td>▪ Entusiasta</td></tr>
<tr><td>▪ Mantenedor</td><td>▪ Criativo</td></tr>
</table>

Fonte: MILLS, 1993.

As diferentes características de gestores e líderes têm implicações importantes, conforme apontado por Bennis (1994). Goffe e Jones (2000), por sua vez, mostraram que algumas das suposições vigentes no senso comum, tanto de executivos quanto de acadêmicos, estavam incorretas. Segundo eles:

- as pessoas que alcançam o ápice das empresas não são necessariamente líderes;
- raramente os líderes conseguem treinar de modo efetivo o desenvolvimento de seus liderados;
- nem sempre os líderes conseguem gerar resultados nos negócios;
- não é verdade que qualquer pessoa poderá vir a ser líder.

Líderes que realmente inspiram têm ao menos quatro qualidades, conforme apontado por Goffe e Jones (2000):

- mostram suas fraquezas de forma seletiva;
- confiam pesadamente na própria intuição para determinar o *timming* apropriado às suas ações;
- gerem seus empregados com base na empatia;
- revelam suas diferenças, capitalizando aquilo que possuem de único.

Ainda que a natureza da liderança e sua tipologia encontrem uma vasta discussão na literatura específica, a importância de líderes eficazes nas organizações parece ser inquestionável. Como Bergamini (2002) aponta, o líder eficaz consegue – ele mesmo e seus liderados – aceitar a mudança como uma superação pessoal, e não como uma ameaça. Essa característica é parte do fenômeno denominado liderança transformacional. Tracey e Hinkin (1998), citados por Bergamini (2002), apontam a existência de quatro dimensões que fazem parte da estratégia desse tipo de liderança:

- o líder transformacional exerce uma influência idealizada, conseguindo que os seguidores se identifiquem com a figura e a causa que ele representa, resultando daí admiração, respeito e confiança;
- o líder transformacional serve-se da motivação inspiradora, promovendo as noções de sentido e desafio naquilo que fazem seus seguidores. Isso inclui a preocupação de harmonizar os objetivos individuais dos seguidores com os objetivos organizacionais;
- o líder transformacional propicia estimulação intelectual, fazendo que os seguidores coloquem em dúvida o *status quo* vigente, mesmo quando este está funcionando bem. Assim, suscita novas idéias e soluções criativas para problemas diferentes, levando a novas formas de desempenho do trabalho;
- o líder transformacional dispensa consideração individualizada quando ouve atentamente cada um dos seguidores. Esse tipo de liderança presta especial atenção às realizações e à necessidade de crescimento de cada um deles.

No caso da liderança transformacional, o vínculo entre líder e seguidor é estabelecido quando as pessoas estão engajadas entre si por buscarem o atendimento de necessidades de nível mais elevado. Assim, surge uma situação de influência mútua na qual o líder e o seguidor estimulam um ao outro, pois ambos se identificam com a causa que perseguem (BERGAMINI, 2006). Mais do que isso, a liderança deixa de ser entendida como a ação de uma pessoa sobre a outra, como um processo de dupla direção entre o líder e o seguidor (BURNS, 1978).

10.3.2 Conhecimento e aprendizado

O processo de aprendizagem pode ser entendido como a alteração de conduta de um indivíduo, seja por condicionamento, experiência, seja por ambos, de uma forma razoavelmente permanente. As informações podem ser absorvidas por meio de técnicas de ensino ou até pela simples aquisição de hábitos. O ato ou vontade de aprender é uma característica essencial do ser humano, pois somente este possui o caráter intencional ou a intenção de aprender, é dinâmico, por estar sempre em mutação e procurar informações para a aprendizagem, e criador, por buscar novos métodos visando à melhoria da própria aprendizagem, por exemplo, pela tentativa e erro (SANTOS, 2004).

Outro conceito de aprendizagem é uma mudança relativamente durável do comportamento, de uma forma mais ou menos sistemática, ou seja, não adquirida pela experiência, pela observação e pela prática motivada. Na verdade, a motivação tem um papel fundamental na aprendizagem. Ninguém aprende se não estiver motivado, isto é, se não desejar aprender.

Na verdade, o ser humano nasce potencialmente inclinado a aprender, necessitando apenas de estímulos externos e internos (motivação, necessidade) para o aprendizado. Há aprendizados que podem ser considerados natos, como o ato de aprender a falar, a andar, necessitando que ele passe pelo processo de maturação física, psicológica e social. Contudo, a aprendizagem também ocorre no meio social e cultural em que o indivíduo convive. Logo, sua conduta muda por influência desses fatores, e também pela herança genética dos seus antepassados.

Esse argumento baseia-se na concepção vygotskyana de que o pensamento verbal não é uma forma de comportamento natural e inata, mas determinado por um processo histórico-cultural (VYGOTSKY, 1993), e no postulado piagetiano de que o pleno desenvolvimento da personalidade sob seus aspectos mais intelectuais é indissociável do conjunto das relações afetivas, sociais e morais que constituem a vida educacional (PIAGET, 1998).

De fato, Vygotsky (1994) afirma que a aprendizagem ocorre a partir de um intenso processo de interação social, por meio do qual o indivíduo vai internalizando os instrumentos culturais. Dessa maneira, pode-se supor que as experiências vivenciadas com outras pessoas é que vão determinar a qualidade do objeto internalizado e que tais experiências acumuladas, constituindo a história de vida de cada um, é que vão possibilitar a ressignificação social.

A visão pós-piagetiana do processo de aprendizagem utiliza os postulados de assimilação e acomodação clássicos, mas enfatiza que as dificuldades de aprendizagem podem estar relacionadas ao excesso ou à escassez de uma dessas características. Isso geraria as seguintes modalidades de aprendizagem sintomáticas (FERNÁNDEZ, 1991):

- a **hiperassimilação** – que é o processo de adaptação pelo qual os elementos do meio são alterados para serem incorporados pelo sujeito, de modo que o aprendiz não se resigna a aprender;
- a **hiperacomodação** – que leva a uma pobreza de contato com a subjetividade, conduzindo à submissão e à obediência acrítica;
- a **hipoassimilação** – que resulta da pobreza no contato com o objeto, de modo a não o transformar, não o assimilar de todo, mas apenas acomodá-lo;
- a **hipoacomodação** – a qual ocorre pela resistência em acomodar, ou seja, em uma dificuldade de internalizar os objetos.

Nas organizações contemporâneas, o conhecimento tem sido tratado como um valioso ativo estratégico, como mostram os trabalhos de Zack (1999), King (2001), Levine (2001) e Birkinshaw e Sheenan (2002). Desde o trabalho de Senge (1990), a expressão *learning organizations* passou a identificar aquelas organizações capazes de criar continuamente seu próprio futuro, ou seja, organizações capazes de aprender de maneira contínua.

Um grande esforço empresarial foi feito a partir dessa fase, na tentativa de gerir o conhecimento, seja tácito ou explícito. Com base nessas naturezas do conhecimento, pode-se classificar as aplicações gerenciais do conhecimento (ZACK, 1999) em:

- **aplicações integrativas** – as aplicações integrativas envolvem um fluxo seqüencial de conhecimento explícito dentro e fora de um repositório. A idéia de repositório é justamente uma decorrência da natureza explícita do conhecimento;
- **aplicações interativas** – focam primordialmente na interação entre pessoas e conhecimento tácito. Em contraste com as aplicações integrativas, o repositório é um subproduto da interação e colaboração entre pessoas, mais o foco principal da aplicação.

Outras abordagens avançam ainda mais na operacionalização de estratégias para a gestão do conhecimento organizacional. O trabalho de King (2001) mostra como diferentes práticas de gestão devem ser aplicadas a diferentes objetivos estratégicos, envolvendo conhecimento, aprendizado e inovação (Quadro 10.7).

Quadro 10.7 Estratégias para a aprendizagem organizacional

	Infra-estrutura de sistemas de informação	Propriedade intelectual	Aprendizagem individual	Aprendizagem organizacional	Gestão do conhecimento	Inovação
Base conceitual	A importância da informação para melhoria da gestão	Conhecimento codificado como um ativo de capital	Tanto o treinamento formal como o informal são necessários para o aprendizado	Aumentar a habilidade organizacional para responder à mudança	A *expertise* profissional pode ser ampliada por meio do compartilhamento	A criatividade pode ser ampliada
Foco	Dados e informação	Ativos intelectuais tangíveis; patentes, *copyrights*, marcas e outros conhecimentos explícitos	Criação de mais capital humano valioso	Criação de capital social; desenvolvimento de competências e capacidades gerais, tais como trabalho em equipe, antecipação à mudança e melhoria contínua	A *expertise* específica à missão profissional que é primordialmente tácita	Criação de novos produtos, processos e soluções de problemas
Objetivo	Prover suporte à decisão, ao controle e dados da *performance* aos participantes da organização	Maximizar retornos da propriedade intelectual	Ampliar o valor do capital humano por meio da educação e do treinamento	Facilitar o aprendizado e as capacidades do grupo para lidar com mudanças	Adquirir, explicar e comunicar a *expertise* profissional	Criar máximo potencial de retorno das novas idéias
Processos	Aquisição, armazenamento, disseminação e aplicação de dados e informações; processos de desenvolvimento de sistemas	Licenciamento; uso de corretores para vender direitos de propriedade	Programas de treinamento formal, bem como aprendizes e treinamento *on-the-job*	Desenvolvimento organizacional, trabalho em equipe, *empowerment*, programas de qualidade e foco no desenvolvimento de carreiras	*Benchmarking*, *best practices*, redes de especialistas, grupos autogeridos e comunidades de prática	Definição de objetivos de receita relacionados a novos produtos, tornando o financiamento disponível para pequenos projetos e novas idéias

Continua

Continuação

Sistemas	Computadores e sistemas de comunicação e aplicações; sistemas para planejamento, controle e suporte à decisão	Sistemas de busca via palavras-chave; banco de dados das necessidades dos clientes	Treinamento com base em computador; planejamento de carreira	Escaneamento ambiental e inteligência competitiva; sistemas emergentes, sistemas de mensuração da *performance*, sistemas de informação executiva, e "sistemas nervosos" digitais	Repositórios e diretórios de conhecimento, sistemas especialistas, espaços de trabalho eletrônicos compartilhados, sistemas de suporte a grupos na resolução de problemas	Sistemas de suporte a grupos na geração de idéias, aplicação on-line e aprovação de recursos para pequenos projetos
Mensuração de *performance*	Eficiência e efetividade da aquisição, armazenagem, disseminação, e aplicação da informação; satisfação do usuário	ROI* incremental de novas fontes de receita; quantificação do valor da propriedade intelectual	Número de programas completados com sucesso; avanços de treinamento	Tempos de ciclo e custos; produtividade; satisfação do consumidor; qualidade	Qualidade e tempo reduzido nas decisões; conhecimento compartilhado; reuso do conhecimento; acompanhar o ritmo dos líderes do mercado	ROI* de novos produtos e processos, patentes e projetos financiados
Cultura	Operações eficientes; suporte efetivo das funções de negócios; utilização de tecnologia computacional de ponta	Ampliação dos recursos financeiros	Cultura "universitária"	Cultura favorável à mudança	Cultura de conhecimento compartilhado	Cultura favorável à criatividade

* Retorno sobre o investimento-alvo (ROI).

Fonte: KING, 2001.

A idéia que permeia esse modelo é a visão de *learnig organizations* como esforço deliberado no decorrer do tempo, sendo, portanto, possível crer que a construção de uma organização de aprendizagem é fruto de uma estratégia bem definida.

É importante destacar a diferença entre **aprendizado organizacional** e **organizações de aprendizagem**. Enquanto o primeiro indica o aprendizado de indivíduos e grupos na organização, a segunda enfatiza o aprendizado disseminado em toda a organização (LEVINE, 2001). Isso significa compreender os processos de aprendizagem organizacional como meios para o desenvolvimento de novas competências.

10.3.3 Cultura

O termo **cultura** remete às assunções básicas e crenças que são compartilhadas pelos membros de uma organização. Esse conjunto de crenças define a visão da organização de si mesma e de seu ambiente, e a consolidação dessas crenças na organização pode ser útil na resolução dos problemas, repetidamente e com segurança.

No entanto, a cultura também pode "engessar" os processos organizacionais, ao consolidar padrões rotineiros de resolução de problemas, que não mais se aplicam ao ambiente de negócios. Para avançar na mudança desses quadros mentais consolidados, é preciso aprofundar o esforço nos diferentes níveis da cultura, até atingir o mais arraigado conjunto de crenças dadas como corretas (Figura 10.11).

Figura 10.11 Níveis da cultura

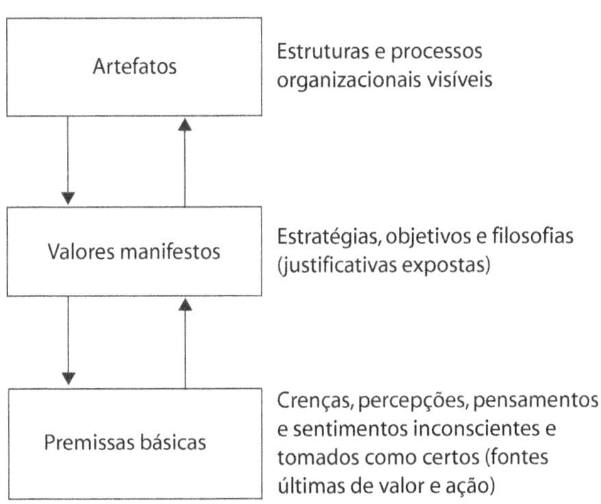

Fonte: SCHEIN, 1997.

Os **artefatos** podem incluir os produtos visíveis, como a arquitetura do ambiente físico, a linguagem, a tecnologia e os produtos, as criações artísticas, os estilos incorporados em roupas, modos de vestir, mitos e histórias contadas sobre as organizações. Os **valores manifestos**, por sua vez, irão predizer muito do comportamento que pode ser observado no nível artefactual. Ainda que os valores possam ser previstos nesse nível, eles podem mesmo ser contraditórios e inconsistentes.

Para compreender profundamente os valores, para decifrar os padrões comportamentais e prevê-los, é necessário entender as **premissas básicas**. Esse nível da cultura é extremamente difícil de mudar, pois é nele que estão as assunções implícitas que guiam o comportamento, as quais dizem aos indivíduos como perceber o mundo, como pensar e como se sentir em relação a pessoas, objetos e situações.

Em uma organização, a cultura pode ser entendida como "o modo como as coisas acontecem por aqui" (VOLLMAN, 1996). Como nos indivíduos, a cultura organizacional guia o padrão de respostas aos vários estímulos, sendo, portanto, uma parte fundamental da mudança organizacional.

Hofstede et al. (1990) indicam os seguintes valores como as variáveis que melhor caracterizam as culturas nacionais e que tendem a prevalecer nas organizações das respectivas nacionalidades:

- **distância hierárquica** – significa até que ponto os membros de uma sociedade aceitam a distribuição desigual de poder, afetando o comportamento dos menos poderosos em relação aos mais poderosos;
- **individualismo** – representa a preferência por uma estrutura social frouxa, em que cada indivíduo cuida apenas de si mesmo e de sua família;
- **coletivismo** – significa a preferência por comportamento social de solidariedade, em que cada indivíduo espera que seus parentes ou grupo a que pertença cuidem dele, em troca de lealdade;
- **masculinidade** – expressa a preferência por sucesso material, competitividade, agressividade e desempenho;
- **feminilidade** – representa a preferência por qualidade de vida, relações humanas e solidariedade;
- **fuga à insegurança** – expressa o grau de desconforto que os membros de uma sociedade sentem com a incerteza e a ambigüidade; preferência por situações mais ou menos estruturadas;
- **orientação no longo prazo** – corresponde aos valores positivos de austeridade e tenacidade e aos valores negativos de respeito pelas tradições e conformismo

social – o medo do que "os outros dirão". Esse indicador foi incorporado posteriormente à pesquisa original de Hofstede (1980).

De fato, a importância da cultura organizacional não é trivial. Como mostrou Aguiar (2004), a sustentação da cultura – ou a capacidade organizacional de alimentar, fortalecer e disseminar sua cultura – é um fator estratégico nas organizações, podendo até mesmo ser encontrados nas empresas funcionários que assumem o papel de "guardiões" da cultura. Esse fato é especialmente verdadeiro para as empresas inovadoras (AGUIAR, 2004, p. 238), mas também para empresas de setores industriais tradicionais, como o setor automobilístico (KHOURY, 2002).

Assim, para que novas idéias sejam aprendidas e vistas de uma perspectiva correta, é necessário que uma nova cultura tome forma na organização e que se torne prevalecente em relação à anterior.

Pinedo (1978) propôs que a intervenção da gestão na mudança organizacional fosse empreendida a partir do modelo de desenvolvimento do ego, concebido por Loevinger e Wessler (1970). Os estágios do ego são definidos, em parte, em termos de estruturas, mas também em termos de funções e motivos, referentes à autovalorização e defesa do próprio sujeito.

Os diferentes estágios citados por Pinedo estão dispostos no Quadro 10.8. As características do comportamento seguem determinados princípios:

- o desenvolvimento ocorre por estágios e as etapas de desenvolvimento sucedem sem atalhos;
- o indivíduo não consegue compreender o raciocínio moral que ocorre além do próximo estágio no qual está atualmente inserido;
- a evolução de um estágio para outro ocorre quando um desequilíbrio é criado.

O último ponto é provavelmente o mais importante, pois indica que a visão de mundo prevalecente não é mais adequada para a resolução de determinado problema. Essa é a estratégia que os gestores devem usar, elevada à enésima potência, durante os processos de mudanças organizacionais em ambientes de negócios complexos e turbulentos.

Em um mundo cada vez mais globalizado, que requer das empresas estratégias de adaptação para atuar em mercados internacionais, os produtos são lançados de maneira cada vez mais veloz, customizados e adaptados às condições locais (fornecedores, legislação etc.). O perfil das pessoas migra, assim, para um perfil profissional com visão holística, integrada e sistêmica.

Quadro 10.8 Características de comportamento conforme o estágio de ego

	Nível do ego	Controle de impulsos / desenvolvimento do caráter	Estilo interpessoal	Estilo cognitivo	Preocupação consciente
1	Impulsivo	▪ Não reconhece regras ▪ Vê uma ação como má apenas se for punido ▪ Impulsivo ▪ Teme retaliações ▪ Tem acessos de raiva	▪ Dependente e explorador (dependência inconsciente) ▪ Trata pessoas como fontes de recursos	▪ Pensa de um modo dicotômico ▪ Tem idéias simples, globais ▪ Conceitualmente confuso ▪ Pensa concretamente ▪ Egocêntrico	▪ Sexo e agressão ▪ Funções corporais
2	Autoprotetor	▪ Reconhece regras, mas obedece àquelas que trazem vantagem imediata ▪ Tem moralidade apenas formal: a ação é má apenas quando surpreendido ▪ Culpa os outros: não vê ele mesmo como responsável pela falha ou problema	▪ Manipulador e explorador ▪ Desconfia das intenções dos outros ▪ Oportunista ▪ Soma zero: "eu ganho, você perde" ▪ Desavergonhado: mostra pouco remorso	▪ Pensa de um modo dicotômico ▪ Tem idéias simples, globais ▪ Conceitualmente confuso ▪ Pensa concretamente ▪ Egocêntrico	▪ Autoproteção ▪ Ganhar controle e vantagem, dominar ▪ Obter o melhor dos outros, mesmo se for por meio de enganação ▪ Medo de ser dominado, controlado, ou enganado pelos outros
3	Conformista	▪ Internaliza parcialmente as regras; obedece sem questionar ▪ Sente vergonha das conseqüências ▪ Preocupa-se com o que deveria fazer ▪ Moralidade condena a visão dos outros ▪ Nega sentimentos sexuais e agressivos	▪ Deseja pertencer ao grupo para ganhar aceitação social ▪ Sente confiança mútua dentro do grupo, em prejuízo aos demais grupos ▪ Tem personalidade amável: bondade superficial, utilidade ▪ Compreende as relações em termos das ações, mais do que os sentimentos e motivos	▪ Pensa em termos de estereótipos ▪ Usa clichês ▪ Vê o mundo em termos superlativos ▪ Tem mentalidade sentimental ▪ Tem pouca introspecção: referências a sentimentos íntimos banais e estereótipos	▪ Aparências ▪ Aceitação social e ajustamento às normas dos grupos ▪ Símbolos de *status*, posses materiais, reputação e prestígio

Continua

Continuação

	Nível do ego	Controle de impulsos / desenvolvimento do caráter	Estilo interpessoal	Estilo cognitivo	Preocupação consciente
4	Consciente	■ Padrões auto-avaliados: moralidade internalizada ■ Autocrítica tende a ser hipercrítica ■ Sente-se culpado pelas conseqüências	■ Possui senso de responsabilidade, de obrigação ■ Tem relações mútuas, intensivas ■ Preocupa-se com comunicação, expressão de sentimentos diferenciados	■ Conceitualmente complexo ■ Tem senso de conseqüências, prioridades ■ Consciente das contingências, percebe alternativas ■ Vê a si mesmo no contexto de comunidade, sociedade	■ Obtenção de objetivos de longo prazo, como medida dos padrões internalizados ■ Mantém idéias ■ Motivação, razões para comportamento
5	Autônomo	■ Comportamento é uma expressão dos princípios morais ■ Tolera múltiplos pontos de vista ■ Preocupa-se com papéis e princípios conflitantes	■ Deseja autonomia nas relações ■ Vê as relações como interdependentes, em mútua evolução ■ Tolera a solução dos outros para os conflitos ■ Respeita a autonomia dos outros ■ Aberto	■ Tem grande complexidade conceitual ■ Tolera ambigüidade ■ Tem capacidade de ver paradoxos, contradições ■ Tem grande escopo de pensamento (quadros temporais, contexto social) ■ Percebe a interdependência humana ■ Tem grande objetividade	■ Individualidade e auto-satisfação ■ Entra em conflito com necessidades internas ■ Não hostil, apresenta humor existencial
6	Integrado	■ Reconcilia conflitos internos e demandas externas conflitivas ■ É preocupado com justiça ■ É criativo e espontâneo	■ Aprecia e estimula diferenças individuais	■ Sente-se parte do fluxo da condição humana	■ Senso integrado de identidade única ■ Compreensão da vida como uma peça única, entrelaçada

Fonte: PINEDO, 1978.

10.4 VISÃO DE GESTÃO, TECNOLOGIA E PESSOAS (GTP)

Uma síntese dos elementos discutidos neste capítulo é apresentada no Quadro 10.9, mostrando as características de gestão, tecnologia e pessoas.

Quadro 10.9 Gestão, tecnologia e pessoas: dimensões e fatores

Fatores	Conjunto	Exemplo de componentes
Gestão	Estratégia do negócio	■ Custo ■ Diferenciação ■ Ambos (*blue zone*)
	Estratégia de operações	■ Eficiência ■ Qualidade ■ Flexibilidade ■ Inovação ■ Melhores práticas: TOC, JIT, *kanban* etc.
	Foco gerencial	■ Integração na empresa focal ■ Fornecedores ■ Clientes e fornecedores
Tecnologia	Produto	■ *Market pull* ■ *Technology push* ■ Interfuncional
	Processo	■ Fluxo em linha ■ Fluxo intermitente ■ Projetos específicos
	Informação	■ Custo ■ Qualidade ■ Velocidade ■ Flexibilidade ■ Inovação
Pessoas	Práticas de RH	■ Gestão de talentos ■ Formas de colaboração ■ Mensuração de *performance*
	Liderança	■ Líderes na empresa
	Conhecimento e aprendizado	■ Infra-estrutura de sistemas de informação ■ Propriedade intelectual ■ Aprendizagem individual ■ Aprendizagem organizacional ■ Gestão do conhecimento ■ Inovação
	Cultura	■ Impulsivo ■ Autoprotetor ■ Conformista ■ Consciente ■ Autônomo ■ Integrado

Fonte: Elaborado pelos autores.

O que a análise de GTP sugere é que a *performance* das firmas pode ser explicada como uma função dos fatores que a compõem. Em outras palavras, o conjunto de recursos alocados na firma, e posteriormente realocados, pode gerar ganhos de *performance*. A Equação 1 a seguir descreve essa situação:

$$p = f(\alpha G + \beta T + \gamma P) + \varepsilon \qquad \text{(Equação 1)}$$

Em que:

p = Desempenho da firma

G = Fator Gestão

T = Fator Tecnologia

P = Fator Pessoas

α, β, γ = Cargas fatoriais

ε = Erro estimado

Diversos trabalhos enfatizaram a existência de elementos organizacionais que, alinhados, poderiam gerar maior vantagem para a organização (CHO; PUCIK, 2005; MISANGYI et al., 2005). O melhor exemplo desse esforço é o trabalho de Nohria, Joyce e Robertson (2003), em que os autores mostraram as quatro práticas fundamentais no desempenho da empresa:

- a existência de uma **estratégia** bem definida, clara e com foco;
- a capacidade de obter e desenvolver **execução** operacional sem erros;
- a capacidade de obter e manter uma **cultura** orientada à *performance*;
- a capacidade de desenvolver uma **estrutura** organizacional que reduza a burocracia e simplifique o trabalho.

Conforme pode-se notar, alguns fatores são primordiais na mudança organizacional, voltada para o incremento da competitividade. Nesse sentido, é apresentada a seguir uma proposta integrada de diagnóstico e melhoria da competitividade empresarial, baseada em gestão, tecnologia e pessoas.

Cabe uma pesquisa qualitativa e/ou quantitativa no sentido de identificar a relevância de cada um dos componentes de *performance* das firmas.

10.5 PROPOSTA INTEGRADA

Nos primeiros oito capítulos deste livro foram abordadas as principais tendências do ambiente de negócios contemporâneo. Essas tendências, fortemente caracterizadas pela emergência de mercados globais e pelo uso intensivo da tecnologia da informação, reforçam algo que em estratégia tem sido chamado de ciclo de vida do produto e dos negócios ou, mais recentemente e em uma analogia ao mundo digital, *clockspeed* (FINE, 1999). Retomam-se, aqui, alguns assuntos tratados no Capítulo 1 – por exemplo, a questão do *gap*.

Como foi visto, com o processo de criação e erosão de vantagem competitiva acelerando-se, as organizações começam a buscar continuamente novas fontes de vantagens. A inovação passa a ser então um objetivo primário, pois a oferta de novos produtos e serviços, com pacotes de valor distintos dos atuais, será o fator responsável por definir os novos parâmetros da competição.

Uma dinâmica similar a esta havia sido prevista por Ansoff (1965), quando ele sugeriu que diferentes modos de administração teriam melhores resultados em face de diferentes tipos de mudança. O Quadro 10.10 traz uma síntese de seus argumentos.

Quadro 10.10 Modos de administração estratégica

Modo de administração	**Tipos de mudança**	
	Incremental Desenvolvimento de produtos / serviços / mercados	**Descontínuo** Diversificação / liquidação / internacionalização / substituição de tecnologia
Reativo	Tentativa e erro em reação a desempenho insatisfatório	Pânico em busca de solução em resposta às crises
Proativo *ad hoc*	Iniciativas de baixo para cima, episódicas, logicamente incrementais por pessoal de pesquisa e desenvolvimento e marketing	Tentativa e erro em busca de reação a uma descontinuidade constatada. Antecipação episódica, sistemática de descontinuidades (administração de questões, gestão de crises)
Proativo sistemático	Extrapolação periódica, em toda a empresa, de tendências e desempenhos históricos (planejamento no longo prazo, planejamento de P&D, planejamento estratégico)	Revisão periódica e sistemática, em toda a empresa, da lógica do desenvolvimento futuro desta (planejamento estratégico, administração estratégica)

Fonte: ANSOFF, 1965.

A proposta apresentada aqui sugere que ambas, tanto a melhoria contínua quanto a inovação, terão seu sucesso ou fracasso definidos pela alocação e uso dos recursos da firma, traduzidos em gestão, tecnologia e pessoas (Figura 10.12).

Figura 10.12 O modelo proposto neste estudo

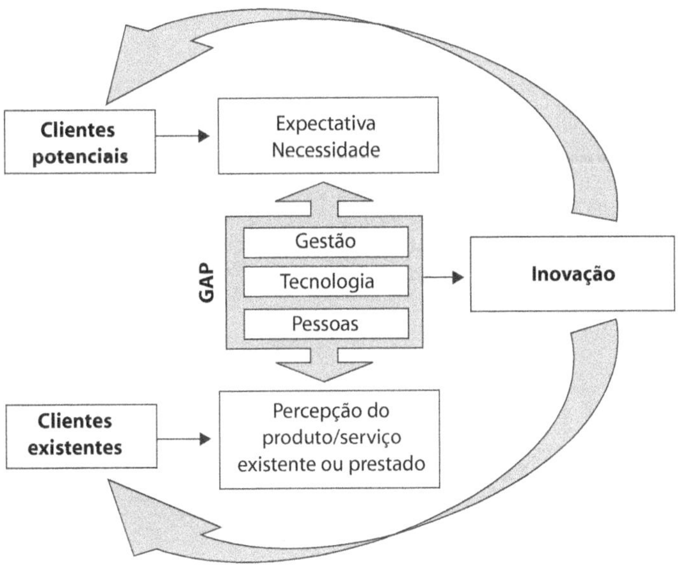

Fonte: DI SERIO, 2007.

O *gap* entre a expectativa ou necessidade do cliente e a percepção do produto/serviço efetivamente entregue/prestado é o espaço em que a organização pode atuar para angariar um desempenho competitivo superior. Contudo, desse argumento emerge a seguinte questão: como a organização pode eliminar esse *gap*, se ele é resultado das percepções e expectativas do cliente?

A forma de operacionalizar uma intervenção da companhia para reduzir ou eliminar esse *gap* passa pela reorganização de processos dentro da organização, visando eliminar os *gaps* no nível da firma. Existem quatro *gaps* intra-organizacionais que são os determinantes do *gap* entre expectativas e percepções dos clientes (ZEITHAML; PARASURAMAN; BERRY, 1990):

- o *gap* entre a expectativa do consumidor e a percepção dos gestores (*gap* 1) – representa a percepção externa (cliente) e a interna;
- o *gap* entre a percepção da gestão e a especificação da qualidade do serviço (*gap* 2) – como a percepção pela gerência é internalizada na empresa;
- o *gap* entre as especificações de qualidade de serviço e prestação do serviço (*gap* 3) – decisões externas entre especificações e execução dos serviços;
- o *gap* entre a prestação do serviço e a comunicação externa (*gap* 4) – o que a empresa gera ou produz e como ela se comunica com o mercado.

Esses *gaps* são indicados no esquema da Figura 10.13.

Figura 10.13 Modelo de qualidade de serviço

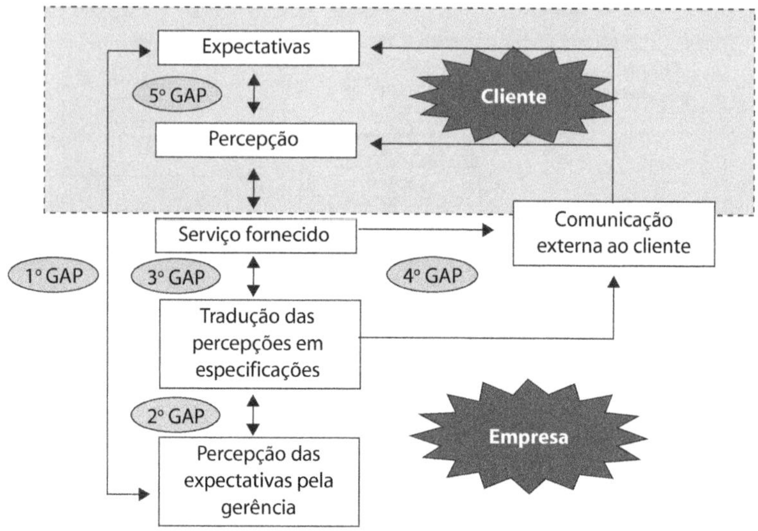

Fonte: PARASURAMAN; ZEITHAML; BERRY, 1985.

A Figura 10.14 mostra de maneira detalhada onde os *gaps* ocorrem, destacando o quinto *gap* como função dos demais. Este argumento, de Parasuraman, Zeithaml e Berry (1985), pode ser exposto conforme Equação 2 a seguir:

$$gap\ 5 = f\ (gap\ 1, gap\ 2, gap\ 3 \text{ e } gap\ 4) \qquad \text{(Equação 2)}$$

Como o principal *gap* – aquele que é verificado no mercado consumidor – é função dos demais, as companhias poderão reduzi-lo ou eliminá-lo a partir de sua capacidade de responder rapidamente às expectativas e necessidades do mercado. Em outras palavras, a sua capacidade de alocar e realocar recursos, em termos de gestão, tecnologia e pessoas (GTP), para suprimir os *gaps,* visando ao aumento da competitividade.

O primeiro passo consiste no diagnóstico da competividade atual, que deve ser feito utilizando os vetores atuais de gestão, tecnologia e pessoas, para ser confrontado com as tendências identificadas no ambiente de negócios. Essas tendências são incertas e passíveis de não ocorrer. Por isso, enfatiza-se no Capítulo 7, que versa sobre a estratégia, a importância dos cenários. A construção de diferentes alternativas para lidar com diferentes "futuros" não é senão um esforço da organização em prever quais alocações de recursos (diferentes GTPs) são mais adequadas para lidar com as adversidades vindouras (Figura 10.14).

Figura 10.14 Diagnóstico, planejamento e implementação da competitividade

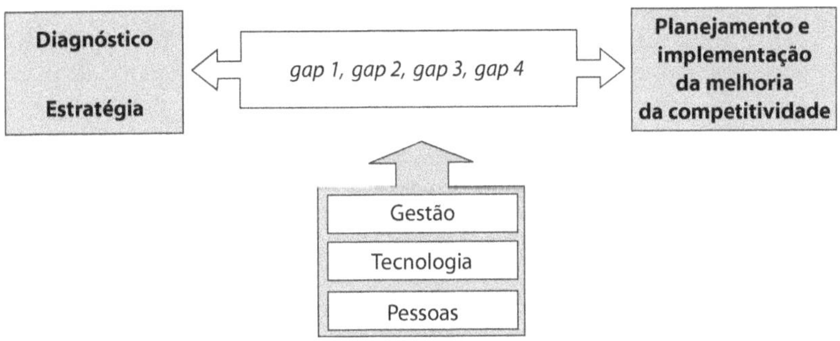

Nota: Sobre os *gaps*, ver Parasuraman, Zeithaml e Berry (1985).

Fonte: Elaborada pelos autores.

O diagnóstico de competitividade com o GTP atual remete a uma base mercadológica de clientes existentes, ou seja, um esforço de melhoria incremental das atividades atuais. O que a empresa deve simultaneamente visar é a inovação em produto, e/ou processo, e/ou gestão, uma vez que o esforço inovador, como Schumpeter já apregoava no início do século passado, é a força geradora que impulsiona as empresas nos mercados capitalistas.

A inovação é, portanto, a estratégia das empresas mais bem-sucedidas, e a inovação de valor, proposta por Kim e Mauborgne (1997), faz com que a empresa migre seu foco, deslocando-o da questão de superar seus concorrentes diretos, para focar na expansão e/ou criação de novos mercados para seus produtos e serviços. Ainda assim, a empresa não precisa necessariamente ser a primeira a realizar determinada inovação tecnológica. Basta ser apenas um seguidor rápido, usando a tecnologia de forma criativa para gerar valor a seus clientes.

10.6 BOX

10.6.1 Os inventores na Brasilata

A Brasilata é uma empresa de capital totalmente nacional, que emprega 900 funcionários em suas três unidades fabris, localizadas em São Paulo (SP), Estrela (RS) e Rio Verde (GO). A empresa foi premiada, em 2007, como uma das mais inovadoras do País, segundo o Índice Brasileiro de Inovação (IBI). A premiação veio coroar um esforço iniciado há décadas, e que pode ser, em linhas gerais e de forma sintética, exposto desta forma:

1985 – Início da adoção de técnicas industriais japonesas

1987 – Administração participativa

1988 – Objetivos da organização

1991 – Participação nos resultados

1992 – Implantação do sistema *kanban* para entregas de latas

1994 – Reengenharia participativa

1998 – Declaração de visão, missão e valores

2005 – Instalação da primeira filial na planta do cliente para administração do estoque de latas vazias

Contudo, o desempenho atual da Brasilata em inovação é devido, em grande parte, à forma como a empresa gere seus colaboradores. O número de idéias dos funcionários, aprovadas para implementação, é ilustrativo. Como mostra o quadro a seguir, em 2006, de mais de 100 mil idéias, 90% delas foram aprovadas.

Ano	Nº de idéias	Nº de idéias por funcionário	Percentual de aprovação
2003	28.940	31,8	43%
2004	31.922	34,3	62%
2005	45.364	48,7	82%
2006	105.402	121,1	90%

A Brasilata considera que todos os seus funcionários são inventores, inseridos em um time que joga um jogo coletivo, e não individual. "Jogamos futebol, e não tênis", costuma dizer o diretor superintendente, "e num jogo de futebol o artilheiro não deve receber por gol marcado, senão quem jogaria no gol, quem faria o arremesso lateral?". Ao contrário do tênis ou de outro esporte individual em que os pontos e as vitórias pertencem ao jogador, no futebol elas pertencem ao time. A recompensa em dinheiro é distribuída a todos os funcionários, conforme definido pelo seu sistema de participação nos resultados implantado em 1991. Outras práticas da empresa permitem identificar como é desenhado o modelo de gestão das pessoas voltado à inovação.

As pessoas percebem seu valor na empresa – os funcionários percebem os resultados oriundos da inovação na organização e acreditam neles. Pode-se dizer que os funcionários não imaginam que as inovações possam dar errado ou que não venham trazer resultados positivos. Esse otimismo impulsiona-os, levando-os a acreditar nos resultados da inovação, bem como a sempre atrelar esses resultados e a própria inovação aos objetivos da organização.

As pessoas percebem que o reconhecimento pelo trabalho é coletivo – todos os funcionários visualizam o reconhecimento pela sua participação na organização. O bom desempenho resulta em reconhecimento e o mau desempenho não é vislumbrado como um fator crítico, isto é, não existe a punição para um desempenho abaixo da média. Essa combinação entre incentivos, reconhecimento e tolerância ao erro está relacionada ao desempenho e à cooperação entre os membros dos grupos. Isso sugere uma alta motivação e satisfação na consecução das atividades.

As pessoas reconhecem as lideranças da inovação – uma característica marcante encontrada na Brasilata é a capacidade de percepção, por parte de seus membros, acerca das lideranças que norteiam a inovação. Os funcionários vislumbram a capacidade de poder emitir opinião para essas lideranças, denotando uma grande preocupação com a manutenção de um bom relacionamento intra-equipes. Os líderes são vistos como encorajadores das iniciativas das equipes, tendo como *feedback* o reconhecimento, por parte dos funcionários, das responsabilidades que estes possuem. A comunicação necessária para implementar uma dada inovação flui em todos os sentidos, havendo, entretanto, uma clara delimitação e reconhecimento aos líderes da inovação.

As pessoas sabem que a aprendizagem é valorizada – os funcionários concordam que a aprendizagem é uma prioridade na empresa, a qual valoriza o aprendizado, minimizando o peso dos erros, que, se houver, são contabilizados para o grupo (dificilmente para um só funcionário).

As pessoas percebem o comprometimento entre os participantes da organização – as pessoas envolvidas com a inovação acreditam que cada uma cumpre com suas responsabilidades e compromissos, e o relacionamento é equilibrado e satisfatório, fazendo valer a pena trabalhar na empresa. Existe uma grande satisfação com os relacionamentos na empresa e os compromissos assumidos são cumpridos e respeitados. Esse comportamento denota um alto nível de comprometimento e equilíbrio nos relacionamentos internos.

As pessoas enfrentam os problemas abertamente – os conflitos não são evitados na empresa e quando existem são colocados em aberto para serem solucionados. O controle dos conflitos é feito geralmente pelo próprio grupo. A hierarquia não existe para a solução de conflitos como condutora de solução, mas, sim, como facilitadora. O método utilizado é o de tratar os conflitos abertamente com as partes envolvidas, e não de mascará-los. Essa postura leva os grupos a discutirem os problemas sempre confiando na outra parte e tendo o máximo de empatia com o outro grupo. A base desse relacionamento situa-se na confiança entre as equipes, o que tem levado à diminuição da freqüência de conflitos.

Fonte: ÁLVARES; BARBIERI; MACHADO, 2004.

10.7 CONSIDERAÇÕES FINAIS

Neste capítulo, foi apresentado e discutido um modelo que pode ser utilizado para o diagnóstico e a implementação de ações para a melhoria da competitividade empresarial. Esse modelo relaciona os recursos organizacionais, traduzidos em gestão, tecnologia e pessoas, com as diferentes possibilidades de supressão dos *gaps* organizacionais, para criar valor superior aos clientes.

Mediante a observação do conjunto de GTP de uma empresa, a análise dos *gaps* – isto é, das diferenças entre aquilo que a empresa é, comparada ao que dela esperam os clientes e, principalmente *vis-à-vis* à concorrência – indicará as principais defasagens, possibilitando o direcionamento de ações para reduzir as lacunas, reposicionando a empresa em face dos seus concorrentes. Em seguida, pode-se estabelecer um plano de implantação, partindo de uma nova alocação de recursos em gestão, tecnologia e pessoas. Os casos discutidos no próximo capítulo mostram como isso pode ser feito.

11

ESTUDO DE CASOS

A proposta conceitual apresentada neste livro deriva de idéias e *insights* que foram sendo acumulados e desenvolvidos por um dos autores, por colegas e alunos da linha de pesquisa de Gestão da Cadeia de Suprimentos, Logística e Operações (GCSLO) da Fundação Getulio Vargas (FGV-EAESP). De fato, em trabalhos anteriores – ver Maia, Pereira e Di Serio (2002); Pereira, Maia e Di Serio (2003), Di Serio e Leite (2003) e, ainda, Di Serio, Oliveira e Rebelo (2006) –, um dos autores, Di Serio, pôde acompanhar por alguns anos todas as empresas estudadas neste capítulo, sempre como espectador privilegiado e pesquisador acadêmico. Os casos foram todos descritos em versões anteriores da análise aqui apresentada, sempre na forma de *work-in-process*.

Neste capítulo, quatro casos são revisitados e examinados pelos autores, agora, à luz dessa proposta. Assim, como mostra o esquema a seguir, será apresentada a validação empírica da proposta conceitual deste trabalho, utilizando informações coletadas nas empresas durante os estudos de casos, a partir de entrevistas (dados primários) e secundários.

Estrutura do Capítulo 11

Capítulo 1 – Introdução		
Justificativa	Objetivos	Desenho da pesquisa

Capítulo 2 – Modelos mentais e organizações		
Pontos de ruptura na história humana	Paradigmas pós-fordistas	Evolução dos modelos de gestão

Capítulo 3 – A criação de valor		
A noção de valor	Valor para o cliente	A cadeia de valor

Integrando diferentes perspectivas na criação de valor

Capítulo 4 – Inovação			
Criatividade	Incremental	Disruptiva	Mensuração

Capítulo 5 – Tecnologia da informação	
Evolução e conceitos de TI	Conectividade nas empresas
Aplicações de TI nos negócios	TI e vantagem competitiva

Capítulo 6 – Competitividade	
Globalização e competitividade	Competitividade do Brasil
Competitividade empresarial	Diagnóstico da competitividade

Capítulo 7 – Estratégia	
Evolução histórica do campo	Escolas de pensamento
Estratégia de operações	Inovação de valor (*Value innovation*)

Capítulo 8 – Teorias da firma e estratégia empresarial	
A firma como função de produção	A firma como nexo de contratos
A firma como recursos heterogêneos	A decisão de fazer *versus* comprar

Capítulo 9 – Gestão, Tecnologia e Pessoas (GTP)		
Vantagem competitiva	Ambiente competitivo	Capacidades organizacionais

Integração: evolução nas empresas

Capítulo 10 – Competitividade empresarial: diagnóstico e planejamento	**Capítulo 11 – Estudo de casos**	**Capítulo 12** – Conclusões e limitações

O estudo dos casos é feito a partir de todo o referencial teórico discutido nos capítulos anteriores e com base, principalmente, em esforço similar feito por Tushman e O'Reilly (1996), Fuchs et al. (2000), Sutherland, Hartmann e Seidel (s.d.), Bullinger e Lentes (1982) e Bullinger, Warnecke e Lentes (1986). A descrição e análise desses casos ocorreram à luz dos modelos teóricos selecionados no *roadmap* para avaliação de competitividade empresarial, que possui quatro níveis: mercado, rede, indústria e empresa.

Neste capítulo fica evidente que a competitividade resulta da combinação de três fatores: gestão, tecnologia e pessoas. A partir do diagnóstico da situação dessas três dimensões, torna-se possível planejar a melhoria da competitividade, com investimentos focalizados onde se identificam as maiores lacunas.

Assim, o diagnóstico competitivo das empresas estudadas utilizou um modelo conceitual que contempla as três dimensões já citadas, e as relaciona à inovação. A próxima seção detalha o primeiro caso.

11.1 CENTRO DE DIAGNÓSTICO FLEURY

O caso Centro de Diagnóstico Fleury tem sido longamente estudado. Primeiro, na forma de caso de ensino (DI SERIO; LEITE; MARQUES, 1995). Anos depois, Guedes (2005) estudou a fundo a empresa e uma nova versão do caso foi publicada, agora como estudo de caso científico (GUEDES; DI SERIO; DUARTE, 2006).

O Fleury é um centro nacional de referência em medicina diagnóstica cuja sede encontra-se em São Paulo, capital. A empresa foi fundada em 1926 e conta hoje com 21 unidades de atendimento ao público, sendo 18 em São Paulo (capital e interior) e outras em Brasília e no Rio de Janeiro, além de sua sede técnico-administrativa localizada no bairro do Jabaquara e do Atendimento Móvel nas cidades de Sorocaba, Santos, São Vicente, São José dos Campos e Jacareí. Toda essa estrutura atende diariamente a cerca de 2 mil clientes, realizando mais de 350 mil exames mensais e mais de 4 milhões de exames por ano. As especialidades são tantas e tão diversas que hoje já há mais de 2 mil tipos de exames disponíveis.

Além disso, presta serviços que incluem exames de imagem – medicina nuclear, raios X, ultra-sonografia, tomografia computadorizada, ressonância magnética, mamografia, densitometria óssea –, anatomia patológica, cardiologia, neurologia, otorrinolaringologia, urologia, pneumologia, endoscopia, broncoscopia, histeroscopia, medicina fetal, entre outros.

11.1.1 O modelo de gestão

O modelo de gestão do Fleury foi implementado por meio de uma estratégia construída com as diretrizes indicadas no Quadro 11.1.

Quadro 11.1 Diretrizes para a formulação da estratégia da empresa A

- Foco no cliente, atendendo as suas necessidades. O cliente não é o convênio, e sim o paciente.
- Busca por maior envolvimento e responsabilidade dos empregados nos diversos níveis de decisão.
- Diminuição do número de gerentes e aumento na participação de times autogerenciados.
- Profissionalização dos quadros administrativos.
- Adoção de técnicas administrativas, tais como: *rightsizing*, *downsizing*, *total quality management*, *continuous quality improvement* e *reengeneering*.
- Implantação de um processo de planejamento de longo prazo.
- Redução de custos de operação e produção.
- Criação de um programa de participação nos resultados com base em desempenho corporativo e individual.
- Aumento do investimento em recursos humanos, focando a formação e o aprimoramento dos profissionais.
- Mudança do perfil do pessoal técnico de especialista para generalista.
- Promoção de maior flexibilidade no trabalho.
- Desenvolvimento de parcerias estratégicas, buscando ampliar a área de atuação e o acesso aos clientes.
- Melhoria das habilidades de atendimento ao cliente.
- Aumento do investimento em marketing.
- Investimento na área de informática, procurando desenvolver uma linguagem comum, capaz de disponibilizar seus resultados para todos os serviços da área de saúde.

Fonte: DI SERIO, 2007.

Em termos de posicionamento de marketing, o Fleury coloca-se como uma empresa de prestação de serviços em saúde com altos padrões de qualidade e excelência em tecnologia aplicada ao negócio, focalizando seus esforços para atender às necessidades manifestadas pelos clientes e capturadas habilmente mediante freqüentes interações com eles. O foco de atendimento são os clientes das classes sociais A e B, não obstante a clientela de outras camadas tenha crescido de forma substancial nos últimos anos, predominantemente em razão do crescimento das empresas que oferecem planos de saúde corporativos a todo seu corpo de empregados.

11.1.2 A solução desenhada: automação e tecnologia da informação

A automação do processo de análise de material biológico em centros de medicina diagnóstica é fundamental para a obtenção de resultados, como a diminuição do *throughput*, a redução dos custos unitários de produção e a garantia dos padrões de qualidade. Outras funções, igualmente importantes, são a aquisição dos dados a serem analisados, seu processamento e interpretação (VIEIRA et al., 2001). Esta última etapa costuma ser o gargalo da operação não automatizada, na medida em que depende de especialistas biomédicos para realizá-la. Para afastar essa limitação, foi desenvolvido e implementado o Sistema de Apoio à Decisão (ou *Decision Support System* – DSS).

O objetivo do DSS no Fleury é separar do universo de amostras analisadas aquelas que, diante de um conjunto complexo de regras, têm resultado inesperado. As amostras de resultado coerente com a expectativa são liberadas e as não-coerentes são analisadas detidamente pelos especialistas. O resultado de tal processo é um novo patamar de operação, com altos volumes de processamento, mantida a qualidade do trabalho realizado manualmente.

O complexo conjunto de regras segue a lógica *fuzzy* para a codificação do conhecimento médico. Esse sistema analítico é particularmente interessante, uma vez que oferece um balanço adequado entre determinismo e flexibilidade no estabelecimento de regras, notadamente necessário quando se trabalha com sistemas biológicos. A utilização de lógica *fuzzy* gera a codificação de signos lingüísticos pouco precisos – tais como muito, pouco, alto, concentrado –, sua manipulação matemática e a inferência lógica por aproximação, atributos inerentes à prática e ao conhecimento médico (PEDRYCZ; GOMIDE, 1998).

Conceitualmente, o sistema é um classificador que utiliza como parâmetros de entrada os resultados analíticos dos testes, os dados pregressos e presentes do paciente e como parâmetro de saída, a emulação do resultado que seria elaborado por um especialista biomédico.

Há dois sistemas auxiliares do DSS fundamentais para o processo: o sistema de informação laboratorial e o sistema de automação laboratorial.

O Laboratory Information System (LIS) gerencia todas as informações relevantes relacionadas aos pacientes desde que entram nas unidades do laboratório. O LIS é conectado a analisadores automatizados, enviando a eles diretivas de ação para cada amostra de material biológico a ser analisada e recebendo de volta o resultado de cada análise.

O Laboratory Automation System (LAS) é composto por partes automatizadas que executam o processamento das amostras, a análise e seu posterior armazenamento. Os componentes típicos do LAS são: unidade de entrada, dispensador, sistema de transporte, trilhos, pistas, centrífuga automática, células operativas, detectores de nível, leitor de códigos de barra, destapador, tapador, unidade de armazenamento refrigerada, unidade de descarte e pipetador automático. Equipamentos dedicados executam cada uma dessas funções pré e pós-analíticas e as amostras são cursadas de um módulo a outro via sistema de correias dentadas, robôs, veículos motores automatizados ou manualmente. Todas as amostras são identificadas com um código de barras no início do processo analítico e, antes que o resultado da análise seja arquivado na base de dados, a qualidade final do trabalho é verificada, em face de uma lógica de decisão que considera, entre outros fatores, o conhecimento médico até então, o histórico de exames do paciente e a massa de testes semelhantes já realizados pela máquina.

O sistema, além de ser mais rápido que a alternativa humana, tem a vantagem adicional de não ser influenciado por opiniões diversas e eventualmente conflitantes de especialistas. Todas as decisões tomadas podem ser auditadas a qualquer tempo, via interface com o LIS.

11.1.3 A reconfiguração dos negócios pela TI

Utilizando o modelo de Venkatraman (1994), verificou-se, neste estudo, que o Fleury já ultrapassou o nível 1 do modelo (Figura 11.1). Os indicadores que apontam para essa conclusão são:

- a convicção dos respondentes de que TI é ferramenta estratégica da companhia;
- os principais concorrentes não têm plena capacidade de implementar as ferramentas de TI estratégicas;
- a integração da empresa é considerada mediana, superior à utilização meramente localizada.

Figura 11.1 O modelo de Venkatraman

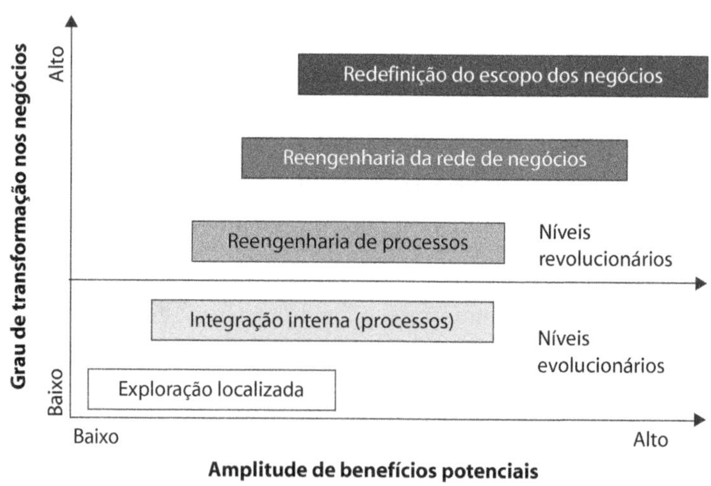

Fonte: VENKATRAMAN, 1994.

O nível 2 do modelo – a Integração interna – espelha a situação na qual a companhia faz uso da tecnologia com o objetivo de formar uma base sustentável para o desenvolvimento do negócio. Esse nível de integração é desagregado em interoperabilidade dos sistemas e interdependências dos processos de negócio. Depreende-se da análise dos resultados que a integração é um objetivo claro da companhia, a despeito de uma presença marcante de profissionais que tenham essa missão. Considera-se que o Fleury tenha processos de negócio alinhados com os melhores do mercado e que já há certa quantidade de aplicações integradas.

Esses resultados indicam que o Fleury utiliza a TI em um patamar próximo ao nível 2, tal como delineado por Venkatraman (1994), mas que a integração e interoperação dos sistemas ainda pode ser aprofundada, em face da demanda que o cenário do futuro próximo haverá de impor.

O nível 3 – o Redesenho dos processos de negócio – é aquele em que os processos de negócio são efetivamente reescritos, fundamentados nas aplicações de TI. Nota-se que a percepção do recrudescimento da concorrência é patente e, para que se faça frente às constantes adaptações e remodelamento dos processos, a TI é vista como fundamental. Também houve concordância unânime acerca do fato de que TI é base para o aperfeiçoamento dos processos e de que a implantação de um sistema é uma oportunidade importante para que sejam revisitados os processos que eventualmente afetará.

Logo, sabendo que o Fleury dispõe de tecnologia atualizada em todos os setores estratégicos, e considerando que os processos precisam ser constantemente reajustados em face de imperativos de negócio, o Fleury está em um nível muito semelhante ao nível 3 de Redesenho dos processos de negócio (VENKATRAMAN, 1994).

O nível seguinte é aquele no qual a companhia explora, via aplicações de TI, formas de incrementar o relacionamento com a rede de fornecedores e parceiros estratégicos. Este é o nível 4 – o Redesenho da rede do negócio. O caso mostra que o Redesenho da rede de negócio ainda está nos estágios iniciais de desenvolvimento. Esse fato pode ser decorrência, dentre outros motivadores, da falta de um benefício claro para que se aprofundassem os esforços de automatização do relacionamento com fornecedores e parceiros estratégicos.

Ainda assim, o Fleury caminha para a ampla integração eletrônica dos seus processos de negócio, e a profundidade dessa integração já é considerável. Não se observaram evidências de que a TI seja um vetor de redefinição no negócio, mas efetivamente cria valor, como mostra a seção a seguir.

11.1.4 Suprindo os *gaps* e criando valor

No contexto de um centro de diagnósticos, o valor percebido pelo cliente está fundamentado nas seguintes características:

- confiabilidade no resultado do exame;
- instalações adequadas a uma clínica médica, seguras e confortáveis;

- confiança no tratamento idôneo dos dados e do resultado do exame;
- comodidade de atendimento, tanto na localização física do laboratório quanto nos horários para coleta de material ou exames.

O médico, elo fundamental na cadeia (Figura 11.2), percebe como valores fundamentais:

- pacientes satisfeitos com o exame;
- confiança no resultado do exame;
- rapidez e precisão no pré-diagnóstico;
- canal aberto para comunicação com o laboratório;
- gama extensa de serviços prestados pelo laboratório;
- reputação ilibada.

Figura 11.2 TI e transformação dos negócios

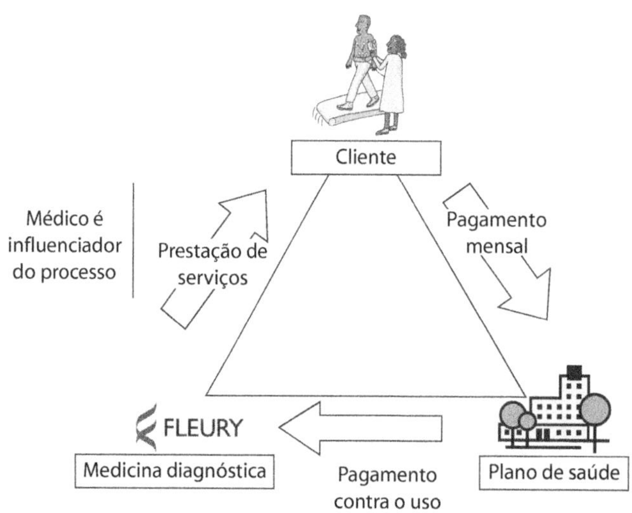

Fonte: VENKATRAMAN, 1994.

O terceiro ator é o convênio ou plano de saúde. Dessa forma, atender aos anseios desse segmento constitui objetivo importante para a sustentabilidade do negócio. Da perspectiva dos planos, valorizam-se os seguintes aspectos no relacionamento com o laboratório:

- preços competitivos para a prestação do serviço;
- confiabilidade na conduta ética dos procedimentos laboratoriais;

- amplo portfólio de serviços e exames oferecidos;
- facilidade de obtenção de informações.

Em relação ao papel da TI no Fleury, pode-se dizer que a sua eficácia consiste em implantar ou desenvolver sistemas que se adaptem às necessidades das áreas de negócios da empresa, que sejam consistentes com a estratégia global da companhia e que contribuam para aperfeiçoar os processos e, principalmente, para alinhar as operações da organização às demandas do mercado – ou mesmo superá-las.

A TI agrega valor ao negócio do laboratório ao oferecer uma base para construir a excelência operacional, em exames laboratoriais e em medicina diagnóstica. Essa base é fundamentada na disponibilidade de informações precisas – tanto para o corpo administrativo quanto para os clientes e demais elos da cadeia – e no tratamento de dados que possibilitem novas oportunidades de negócio.

O Fleury se diferencia, assim, dos demais laboratórios de análises clínicas mediante uma série de características que se fundamentam na filosofia do atendimento global e da construção de confiança entre médicos e clientes. Entre essas características, ressaltam-se:

- contínuo investimento em tecnologia e inovação – um exemplo foi a inauguração de um Centro de Telerradiologia, o qual possibilita que uma junta de especialistas médicos trabalhe de modo colaborativo, via internet, para emitir laudos sobre exames de alta complexidade realizados no Centro de Diagnóstico;
- investimento em desenvolvimento de capacitação de alto nível em automação de laboratórios e de processos de análises clínicas – o Fleury, a partir de 1999, iniciou a implantação de uma complexa linha de automação pré e pós-analítica, na seção de Bioquímica de Sangue e Urina, cuja área hoje é responsável por aproximadamente 70% dos exames clínicos e está amplamente automatizada;
- central de atendimento em operação 24 x 7, oferecendo ao cliente a possibilidade de agendar exames, tirar dúvidas em relação aos procedimentos necessários para a realização de tais exames, solicitar envio de resultados e uma série de serviços que visam oferecer ao cliente a sensação plena de atendimento;
- entrega de resultados sob diversas formas (pela internet ou por *e-mail*, em casa ou no consultório do médico, via portador ou correio, ou ainda nos totens de auto-atendimento localizados em algumas unidades e *shopping centers*), segundo a conveniência do cliente;
- coleta de material biológico e realização de exames de eletrocardiograma, Holter e mapa, sob demanda, no domicílio do cliente;
- disseminação de conhecimento específico relativo à área de saúde, tanto para profissionais da área quanto para a comunidade – cursos, artigos de interesse geral e palestras de reconhecida qualidade técnica contribuem para a manu-

tenção da imagem de instituição diferenciada e de grande capacitação técnica, além de socialmente responsável;

- patrocínio e coordenação de encontros entre comunidade médica e fabricantes de medicamentos para compartilhar experiências e descobertas em áreas específicas do conhecimento médico;
- atendimento diferenciado para crianças, de modo a tornar os procedimentos laboratoriais mais amenos;
- plano de atendimento laboratorial e clínico destinado a gestantes carentes – projeto GestAÇÃO, que utiliza mão-de-obra voluntária dos funcionários do Fleury e é conduzido desde 2001, atendendo no final de 2003 a mais de 200 mulheres;
- fornecimento gratuito para a comunidade médica de um *software* de gestão para consultórios que permite a comunicação on-line com o Fleury para agendamento de exames e consulta de resultados.

Adicionalmente, a área de Tecnologia da Informação do Fleury suporta a entrega de valor para o cliente em todas as dimensões do modelo de Slack (2002), de acordo com o que se pode verificar no Quadro 11.2 e nas seções a seguir.

Quadro 11.2 Aplicação do *roadmap* ao caso Fleury

Autor / **Fatores críticos de sucesso**	**Porter**	**Slack**	**Hamel**	**Venkatraman**	**Fine**	**Fleury**
Alta produtividade com **qualidade** e a **baixo custo**	⊙	⊙		⊙		▣
Capacidade de **inovação** em produtos e processos operacionais	⊙	○	⊙	⊙	⊙	▣
Capacidade de geração de **novos negócios**	⊙	⊙		⊙	⊙	□
Domínio das **ferramentas tecnológicas**			○	⊙		▣
Capacidade de ser **flexível**, operando a **baixo custo**		⊙	⊙	⊙	⊙	▣
Capacidade de gerar produtos **customizados**		○	○		○	□
Domínio da dimensão **tempo**	○	⊙		⊙	⊙	▣
Transformação organizacional como base para a competitividade	⊙	○	⊙	⊙	⊙	
Geração de valor sustentada por **cadeias de valor** e **redes**	⊙		⊙	○	⊙	□

⊙ *fator de alta relevância*　▣ *claramente observado no Fleury*

○ *observado, porém menos proeminente*　□ *fator de relevância moderada*

Fonte: GUEDES, 2005.

De forma sucinta, ressalta-se que a empresa tem foco no cliente, atendendo a suas necessidades, uma vez que busca reduzir custos de operação e produção. Além disso, esta mudou o perfil do pessoal técnico de especialista para generalista, promovendo, assim, uma maior flexibilidade no trabalho. E, ainda, investiu na área de informática, procurando desenvolver uma linguagem comum, capaz de disponibilizar seus resultados para todos os serviços da área de saúde.

11.1.4.1 Confiabilidade e qualidade

A adoção do Sistema de Apoio à Decisão minimizou a possibilidade de envio de um resultado errado para o médico que solicitou um exame ao paciente, aumentando a sensação de qualidade e confiabilidade que o Fleury projeta.

O DSS filtra, por meio de uma lógica complexa, os resultados que não estejam pretensamente adequados e os envia para análise de um especialista de apoio. Caso haja indícios fortes de que houve erro na quantificação da amostra, esta é novamente encaminhada para análise, sem que o paciente ou o médico seja incomodado.

São ganhadores de pedido os resultados pela internet, as instalações físicas adequadas a uma clínica médica e a baixa probabilidade de necessidade de nova coleta de material biológico. Em todos os quesitos, a percepção é que o Fleury atende a essas demandas de modo plenamente satisfatório.

11.1.4.2 Custo

A TI contribui de forma significativa para a redução de custos operacionais mediante a implantação de projetos como a entrega de resultados via internet, que sozinho reduziu em mais de R$ 100 mil os custos mensais de operação do Fleury.

Outro exemplo de economia motivada pelo bom uso de tecnologia foi o sistema de telerradiologia, que permitiu, com investimento da ordem de US$ 60 mil, a economia de aproximadamente US$ 150 mil por ano.

11.1.4.3 Velocidade

A automação do processo de tramitação das amostras pelo laboratório, o arquivamento digital de imagens e a disponibilização de resultados pela internet são exemplos de projetos de TI que tornam mais suave a experiência do cliente em se submeter a exames laboratoriais, na medida em que colaboram para disponibilizar os resultados de forma ágil, segura e conveniente.

Além dos projetos mencionados, mais uma vez é válido destacar o papel que o DSS desempenha ao possibilitar que a maior parte do volume de exames realizados por dia seja analisada sem a intervenção humana direta. A transferência para um sistema computacional da inteligência acumulada por profissionais médicos simplesmente torna exeqüível, do ponto de vista da racionalidade econômica, a operação nos volumes e atendendo ao padrão de qualidade estabelecido pelo Fleury.

Foram relacionados como ganhadores de pedido os sistemas que auxiliam na diminuição de tempo de ciclo e o cumprimento dos prazos de entrega acordados com o cliente. Nesses quesitos, a percepção captada pelo questionário respondido foi que em ambos os quesitos o Fleury tem desempenho a contento, com destaque para as aplicações que tornam a operação mais ágil. Esse resultado corrobora o entendimento deste estudo de que a implantação dos sistemas de automação laboratorial e de informação laboratorial está perfeitamente alinhada ao compromisso com o cliente.

11.1.4.4 Flexibilidade

Entre outras atividades suportadas pela TI, destaca-se a Central de Atendimento e agendamento de exames, a qual utiliza um sistema de atenção ao cliente (CRM) fundamental para que se mantenha o nível de relacionamento desejado. O CRM identifica o histórico do paciente antes que a consulta seja marcada e antes que lhe seja designado um profissional para coleta do material, caso o exame exija esse procedimento. Se o paciente que está marcando um exame já executou procedimento semelhante no laboratório e, na oportunidade anterior, sentiu-se mal, o sistema automaticamente aloca para aquele paciente uma sala de exames com maca, de modo a possibilitar o maior conforto possível. Da mesma forma, caso o paciente já tenha colhido uma amostra de sangue e o enfermeiro precisou puncionar a veia duas vezes para obter êxito, o sistema não alocará para colher nova amostra de sangue daquele paciente o mesmo profissional, evitando causar a esse paciente uma impressão errônea de imperícia. Os resultados das entrevistas indicam que o amplo leque de exames disponíveis foi relacionado como ganhador de pedido e o Fleury atende a essa demanda com considerável assertividade. Esse aspecto mostra que a integração das tecnologias e a modularidade com a qual foram concebidos os sistemas de controle operacionais tornaram a tarefa de desenvolver novos exames menos complexa e consideravelmente mais ágil.

11.2 MARCOPOLO

A Marcopolo é líder de produção de carroçarias de ônibus no Brasil em todos os segmentos e uma das maiores fabricantes no mercado internacional. A empresa teve como resultado, em 2005, uma receita bruta consolidada de R$ 1,973 bilhão e líquida de R$ 1,709 bilhão. Nesse mesmo ano, a produção totalizou 16.456 unidades, sendo 14.424 unidades no Brasil e o restante em outras fábricas no exterior, com um crescimento de 3,3% em relação a 2004, quando o volume consolidado foi de 15.938 unidades. A produção brasileira de carroçarias em 2005 cresceu 6,7%, segundo a Fabus – associação que reúne os fabricantes de carroçarias –, de 25.280 unidades, em 2004, para 26.983 unidades, conforme citado por Moraes (2006). No exercício encerrado em 31 de dezembro de 2006, a receita bruta consolidada alcançou R$ 2,034 bilhões e a líquida R$ 1,750 bilhão. A produção atingiu 15.670 unidades, das quais 8.857 foram fabricadas pelas unidades localizadas no Brasil e 7.083 pelas fábricas no exterior. Nesse exercício, a produção brasileira alcançou 27.952 unidades, um crescimento de 3,4% em relação às 26.983 do exercício de 2005.

Além do Brasil, a Marcopolo possui operações em cinco países – África do Sul, Argentina, Colômbia, México e Portugal. A empresa também controla desde 1999 a marca Ciferal, ex-estatal localizada no Rio de Janeiro, com foco na produção de carroçarias do tipo urbano. Em suas oito unidades industriais fabricantes de carroçarias – três no Brasil e cinco no exterior –, totaliza uma capacidade produtiva média de 24.200 unidades/ano, com o Brasil respondendo por 68% dessa produção. A empresa possui uma linha completa de produtos para o transporte coletivo de passageiros, visando atender a todos os segmentos de mercado existentes.

A Marcopolo vinha mantendo, desde 2000, uma aliança estratégica na China, com a Iveco e a CBC (empresa local) para transferência de tecnologia, em um contrato de duração de cinco anos. O contrato expirou no final de 2006. Nos dias atuais, a Marcopolo estuda formas para implantar uma operação própria na China. Em outros mercados extremamente importantes, como a Índia e a Rússia, a companhia concretizou, durante 2006, a formação de *joint ventures*. Também há outros mercados importantes em análise: Oriente Médio e outros em que a empresa já tem presença importante, como Arábia Saudita, Kuwait, Jordânia e Emirados Árabes, por exemplo.

Para uma melhor consecução dos resultados, a empresa adotou desde 2001 uma estrutura matricial, na qual as áreas operacionais passam a ter dupla subordinação entre as áreas de resultados e as áreas de apoio. Também é visível a separação existente entre os Conselhos de Administração e a Diretoria Executiva, em conformidade com as modernas regras de governança corporativa (nível 2 da Bovespa). De acordo com o Diretor Corporativo e de Relações com os Investidores, a empresa sempre dedicou muita atenção às questões de governança corporativa, o que é reconhecido pelos agentes do mercado de capitais. Tal afirmação é corroborada pelo fato de, em 2006, a Marcopolo ter vencido o Grand Prix do *2º Prêmio IR Magazine Awards Brazil 2006* na categoria *Small* & *Mid Caps*, distinção que resultou da eleição da Marcopolo como a companhia que apresentou o melhor programa de relações com investidores. A premiação – que celebra a excelência nas comunicações com os acionistas e melhores práticas de relações com investidores – é uma realização do Instituto Brasileiro de Relações com Investidores (Ibri) com a *IR Magazine*, *Revista RI* e *PR Newswire*. O mercado reconhece que a Marcopolo se distingue pelas suas práticas de governança corporativa, e que tem tomado uma série de iniciativas para aumentar a liquidez e mais correta precificação das suas ações.

11.2.1 Tecnologia e operações

Existem basicamente três categorias de ônibus:

- urbanos – dirigidos às necessidades de transporte urbano das grandes cidades (capacidade de cerca de 60 passageiros);
- micros e mínis – voltados para as necessidades de transporte urbano das grandes cidades, mas com uma menor capacidade de passageiros (21 e 28 passageiros, respectivamente), com uma aplicação destinada ao atendimento de curtas distâncias;
- rodoviários – voltados para a ligação entre cidades, percorrendo médias e longas distâncias.

Além de adquirir um grande número de componentes e peças de fornecedores – a maioria localizada nas unidades fabris –, a Marcopolo também fabrica uma série de peças e componentes em sua linha de montagem, tais como poltronas, janelas, portas, porta-pacotes, peças de estrutura, entre outras.

As máquinas e os equipamentos utilizados pela empresa são de uso convencional, sendo especiais somente os gabaritos e os dispositivos de montagem, desenvolvidos pelo Departamento de Engenharia. Além disso, são desenvolvidos por engenharia própria os *layouts* e instalação das cabinas e estufas para pintura, utilizando-se tecnologia CAD/CAM nesse processo. A empresa também já iniciou a robotização de alguns de seus sistemas de fabricação de componentes. Os gabaritos (*jigs*) permitem a utilização de sistemas de alta produtividade.

A concepção tecnológica desses *jigs* resulta em maior velocidade e precisão na montagem das estruturas, permitindo a fabricação de carroçarias sob os seguintes processos:

- CKD (*Completely Knocked Down* – completamente desmontadas) – consiste em carroçarias de ônibus completamente desmontadas, sem chassis, permitindo que sejam alojados de duas a seis unidades em um contêiner; são utilizadas para exportação de modelos mais simples;
- SKD (*Semi Knocked Down* – semidesmontadas) – carroçarias de ônibus montadas parcialmente, sem chassis, permitindo que sejam alojadas entre duas a três unidades em um contêiner, sendo utilizadas para a exportação de modelos um pouco mais complexos;
- CBU (*Completely Built Unit* – unidade completa) – englobando a unidade completa, com carroçaria e chassis, sendo geralmente utilizada para a exportação de ônibus rodoviários de maior valor agregado, em que o valor do frete não impacta de forma tão significativa sobre a rentabilidade da operação comercial.

11.2.2 Competitividade da empresa

A Marcopolo pode ser analisada segundo o conceito de negócios das cinco forças competitivas de Porter (1986). O alto nível de verticalização da empresa reduz a força de seus fornecedores, mas os seus clientes mantêm um nível razoável de poder de barganha. Isso é decorrência do fato de as compras serem, em geral, feitas sem urgência – podem ser adiadas –, e um número razoável de compradores adquire grandes volumes da companhia. Outras ameaças à sua posição competitiva aparecem nos seguintes aspectos:

- **novos entrantes** – principalmente no segmento de miniônibus, que, por requerer baixos investimentos iniciais e apresentar alta taxa de crescimento, torna-se um segmento atrativo. No segmento rodoviário, em função da expressiva liderança de mercado da Marcopolo, é preciso estar atento ao crescimento de outras empresas (por exemplo, a Induscar e a Neobus), sendo possível que as empresas fornecedoras de transporte apóiem esses fabricantes, como forma de aumentar as opções de fornecimento de carroçarias rodoviárias;
- **produtos substitutos** – principalmente no segmento rodoviário, pelo surgimento da aviação *low-fare* (Gol, BRA,[1] WebJet), que vem obtendo significativa participação de mercado;
- **alto nível de rivalidade** – embora favorecidos pela crise econômica da concorrente Busscar, os fabricantes continuam pressionados pelas grandes variações na demanda doméstica, resultado de uma contínua instabilidade econômica do País, e pela ausência de políticas consistentes, de longo prazo, voltadas para o transporte coletivo.

Em relação às estratégias genéricas de Porter (1999), sabe-se que, além de toda diferenciação ser dispendiosa, os diferenciadores em geral não prestam atenção suficiente ao custo da diferenciação. Assim, parece necessário à Marcopolo buscar meios de monitorar e gerenciar os custos ligados às atividades que geram diferenciação. Em outras palavras, sugere-se que a Marcopolo desenvolva um sistema de apuração de custos extremamente preciso, capaz de fornecer a rentabilidade das operações de venda, contemplando os custos extras no processo produtivo decorrentes das adaptações solicitadas pelo cliente. A sua ausência implica que talvez existam algumas operações comerciais cujo preço-prêmio não excede o custo extra associado à diferenciação solicitada pelo cliente.

Outro aspecto importante consiste na necessidade de conhecimento da cadeia de valor dos compradores como meio de oferecer diferenciação, que só justificará um preço-prêmio se reduzir os custos do comprador ou se traduzir em elevação de desempenho. Em

[1] No caso da BRA, a empresa abriu falência recentemente.

outras palavras, cabe à Marcopolo um aprimoramento contínuo do contato com os clientes, de modo a conhecer cada vez melhor as suas necessidades. Nesse aspecto, a definição de negócio da empresa, de se tornar um provedor de soluções e serviços para o transporte coletivo, parece estar condizente com essa direção.

Outro ponto importante consiste na necessidade de gerenciar a percepção de valor do comprador, pois, segundo Porter (1996), nem toda diferenciação, por mais que gere valor, é percebida pelos compradores. A Marcopolo parece obter sucesso na emissão de critérios de sinalização, pois a sua marca é amplamente reconhecida pelo mercado como fornecedora de produtos de qualidade. Suas ações comerciais, tais como os treinamentos de motoristas de ônibus nas dependências da empresa, e a ação dos representantes, fazendo um atendimento personalizado aos clientes, muitas vezes levando-os a visitarem as instalações das fábricas, reforçam essa percepção.

A análise da estratégia de internacionalização da Marcopolo permite constatar que a empresa adota uma estratégia global, com a distribuição da sua cadeia de valores em vários países, adequando-se a muitos dos padrões de estratégia global elaborados por Porter (1999). A empresa vem alcançando resultados expressivos em sua estratégia de internacionalização, parecendo dispor de excelente capacidade de aproveitar as oportunidades que se vislumbram no mercado de transporte coletivo em geral, e de carroçarias em particular.

A incorporação da formalização do aspecto do aprendizado em sua estratégia de internacionalização é um ponto de destaque, possibilitando à empresa viabilizar seus planos sem perder a flexibilidade necessária para adaptar-se às situações não previstas. Merecem ainda destaque:

- a distribuição da cadeia de valores em vários países, como forma de otimizar a rede global;
- a política de alianças com os principais fabricantes de chassis em cada mercado de atuação, viabilizando o rápido acesso ao mercado local, a sinalização aos clientes de garantias no fornecimento de assistência técnica e peças de reposição, visando à criação de barreiras à entrada, naquele mercado, por parte de outros fabricantes;
- o processo de capacitação em recursos humanos que a empresa está procurando executar, considerando a formação de executivos globais;
- a rápida absorção de novas competências, tais como os sistemas logísticos CKD e SKD.

Embora a Marcopolo tenha uma longa experiência em atuar no mercado internacional – a primeira exportação foi realizada em 1971 –, a decisão de atuar de forma consistente no exterior ainda é relativamente recente, de modo que vários dos padrões de estratégia global ainda não se manifestam com clareza para a empresa.

O resultado das entrevistas com executivos da Marcopolo mostrou que o critério "preço" deve ser melhorado em todos os segmentos de mercado de carroçarias e de forma mais intensa no segmento de carroçarias para o mercado urbano, seguido pelo segmento rodoviário e de micro/miniônibus. O critério competitivo "financiamento", também ligado ao aspecto competitivo "custo", foi posicionado na zona de aprimoramento em todos os segmentos de mercado. Além disso, pôde-se identificar que existem possibilidades de melhoria em qualidade e rapidez, mediante maior integração com os fabricantes de chassis, que poderiam aumentar a flexibilidade da empresa em fornecer chassis mais adequados para as adaptações solicitadas pelos clientes.

Na Figura 11.3 estão representados os aspectos internos e externos dos objetivos de desempenho da Marcopolo. A empresa começou por desenvolver a capacidade de flexibilidade, como fruto de uma característica da demanda. Isso se torna claro quando se analisa o histórico não apenas da empresa, mas de toda a indústria de carroçarias – uma demanda fragmentada, com características regionais, a inexistência da indústria de ônibus até a década de 1950, e o atendimento dessa demanda por oficinas mecânicas capazes de "encarroçar" chassis de caminhões, transformando-os em ônibus.

Figura 11.3 Aspectos internos e externos dos objetivos de desempenho da Marcopolo

Fonte: Elaborada pelos autores a partir de Slack (2002).

Como forma de obter ganhos ainda maiores em flexibilidade, parecem existir grandes possibilidades de melhoria nos aspectos de qualidade e de rapidez, por meio de maior integração com os fornecedores de chassis, com o intuito de otimizar o trabalho ligado às alterações a serem executadas nos chassis durante a fabricação de carroçarias. Uma alternativa para a viabilização disso seria o emprego de técnicas de modularização na produção pelos fabricantes de chassis, que seriam informados pela Marcopolo a respeito dos modelos encomendados pelos clientes, bem como das modificações a serem implantadas nos chassis. Assim, os fabricantes poderiam enviar para a Marcopolo os módulos dos chassis a serem modificados de forma semimontada, o que reduziria o volume de trabalho no fabricante de chassis e de retrabalhos na Marcopolo, proporcionando ganhos de qualidade, rapidez e flexibilidade.

A análise da Marcopolo indica que ela se posiciona no segmento de baixos volumes e múltiplos produtos. Embora a empresa possua um número limitado de modelos de carroçaria, eles recebem um grande número de modificações e adequações para atender às necessidades dos clientes. Juntamente à fragmentação da demanda, que muitas vezes compra em pequenas quantidades – o lote mínimo de produção é de uma unidade –, isso faz com que exista na linha de montagem, considerando os modelos e suas adequações, uma grande diversidade de modelos.

A Marcopolo tem procurado automatizar seus processos de produção no que é possível fazê-lo, como na produção de componentes, na qual existe um menor número de peças e maior uniformidade. Entretanto, no processo de montagem da carroçaria, há a demanda por um grande volume de adaptações, variando de um pedido feito por um cliente para outro cliente, o que faz com que esse processo seja intenso em mão-de-obra e ainda pouco sujeito à automação.

A identificação dos *trade-offs* existentes para os critérios competitivos da Marcopolo permitiu discernir entre quais opções excludentes a empresa deve decidir, uma vez que apenas o desenvolvimento tecnológico e de gerenciamento, possível somente no longo prazo, pode elevar o nível do pivô dos *trade-offs* existentes.

Apesar de haver um número limitado de modelos de carroçaria, o grande número de adaptações e customizações que os modelos sofrem por solicitações dos clientes faz com que na realidade exista um grande número de modelos distintos na linha de produção.

De acordo com os critérios competitivos de Slack (2002), existe a necessidade de um forte alinhamento entre a estratégia empresarial e a de operações, para que esta última possa contribuir de forma consistente com as prioridades dos objetivos de desempenho traçados na estratégia competitiva.

Percebe-se que na Marcopolo esse alinhamento existe em razão de sua preocupação em ter como prioridade o aspecto competitivo flexibilidade, que foi identificado na matriz importância *versus* desempenho (Figura 11.4) como um critério ganhador de pedidos, em cujo desempenho a Marcopolo apresenta resultado superior ao da concorrência. Entretanto, mediante a identificação de necessidade de melhorias urgentes nos aspectos ligados a custo, principalmente preço, abre-se espaço para que se tomem medidas visando melhorar a posição competitiva da empresa, respeitando-se os *trade-offs* encontrados.

Figura 11.4 Matriz importância *versus* desempenho da Marcopolo

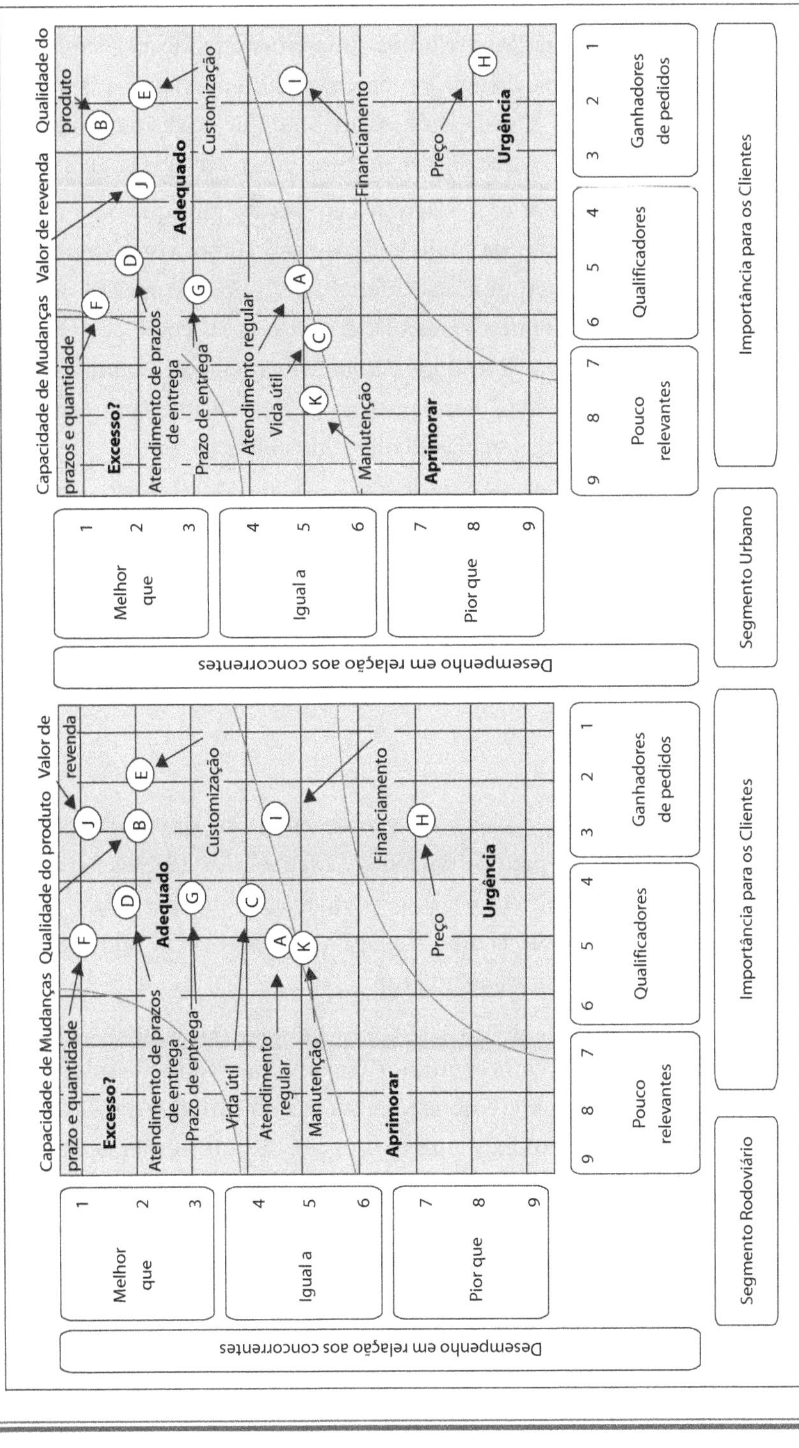

Fonte: Elaborada pelos autores a partir de Slack (2002).

A matriz importância *versus* desempenho, representada na Figura 11.4, aponta visões gerais para os segmentos rodoviários e urbanos. Notam-se coerência e equilíbrio nos dois segmentos, com a maioria dos atributos situando-se na faixa "adequada", considerando-se a importância para os clientes e o desempenho em relação aos principais concorrentes. Nos dois segmentos, preço é o único atributo que exige atenção imediata. Ele é ganhador de pedidos e está "pior que os concorrentes", na comparação geral.

É necessário compreender o que significa a posição "pior que os concorrentes" na matriz da Figura 11.4. Os preços da Marcopolo servem como base de referência para o mercado e para os concorrentes, pois as características que diferenciam os produtos da empresa daqueles dos concorrentes – qualidade, *design*, assistência pós-venda, valor de reposição etc. – permitem a ela cobrar um prêmio. Evidentemente, a empresa poderá permanecer "pior que os concorrentes" nesse quesito, pois os clientes continuarão dispostos a pagar o prêmio pelo produto diferenciado oferecido pela empresa.

É necessário, pois, considerar os *trade-offs* existentes para os critérios competitivos da Marcopolo, uma vez que o mercado reconhece a qualidade superior da empresa em acabamento, *design*, valor de revenda e customização (atributos no canto superior direito da matriz). O atributo "financiamento" tem sido bem trabalhado, dado que a empresa oferece financiamentos por meio de banco próprio (Banco Moneo). Além de operar com banco próprio, a Marcopolo ainda opera com os demais bancos do mercado.

11.2.3 O pacote de valor

A Marcopolo não utiliza o conceito de visão, mas, sim, uma definição de negócio: "Negócio: soluções e serviços para o transporte coletivo". Ao descrever o negócio dessa forma, a empresa define o escopo de atuação no qual ela se propõe a estar apta (soluções e serviços), com limites bastante claros (transporte coletivo), mas abre mão de definir aspectos de como visualiza a si mesma no futuro.

Como a Marcopolo nada mais esclarece, não se sabe o que mais ela pretende vir a ser no futuro: ser reconhecida como a melhor empresa provedora de soluções e serviços para transporte coletivo? Ou ser a empresa de classe mundial na provisão de soluções e serviços para transporte coletivo? Existem várias opções de futuro, mas nenhuma definida. Ela perde, com isso, uma valiosa oportunidade de compartilhar uma visão daquilo que pretende ser, bem como de orientar e alinhar seu futuro ao de seus colaboradores.

A Marcopolo descreve assim sua missão: "Oferecer soluções, bens e serviços para satisfazer clientes e usuários, com tecnologia e *performance*; remunerar adequadamente o investimento, atuando para que seja priorizado o transporte coletivo de passageiros e contribuindo para a melhoria da qualidade de vida dos colaboradores e sociedade". Segundo Albrecht (1995), a missão é a definição de como se alcançar a visão (no caso da Marcopolo, na ausência da definição de visão, será entendido de como executar o negócio), esclarecendo sobre como criar valor para os clientes. Os valores centrais, ou princípios, por sua vez, orientam o comportamento diário de cada um na organização para realizar a missão com sucesso.

A análise da missão da Marcopolo à luz dos três aspectos definidos por Albrecht (1995) – o cliente, a premissa de valor e algo que a torne especial – permite verificar que:

- o cliente procura a empresa pelas soluções, bens e serviços oferecidos;
- a premissa de valor, por sua vez, é definida ao se afirmar que as necessidades dos clientes serão atendidas por meio dos critérios-chave tecnologia e *performance*, e que o investimento será remunerado de maneira adequada, atuando para a priorização do transporte coletivo de passageiros;
- a contribuição para a melhoria da qualidade de vida dos colaboradores e da sociedade é o algo a mais, ou o modo especial de se conseguir fazer negócios com os clientes e mantê-lo.

A definição de missão da Marcopolo, em conjunto com os princípios, parece bastante precisa e completa, atendendo aos três aspectos-chave definidos por Albrecht (1995).

Mediante a definição de atuar como provedor de soluções e serviços para o transporte coletivo, a Marcopolo realiza uma modificação substancial no seu escopo de atuação. Trata-se não apenas de oferecer um produto novo ou de adotar uma nova funcionalidade, mas, sim, de uma quebra no portfólio de produtos, por meio da inovação e revolução no conceito de negócios, com a oferta de um novo pacote de benefícios aos clientes.

Isso faz com que a empresa saia da convergência competitiva dos concorrentes, possibilitando a criação de valor de forma não-linear, além de permitir que ela participe da oportunidade da criação dos conceitos e regras que servirão de padrão no futuro do setor. Analisando-se o posicionamento da Marcopolo no modelo de inovação e comparando-o com o modelo de negócios de Hamel (2000), identifica-se que há um processo de inovação radical que envolve não apenas um componente do sistema, mas todo ele, ocasionando uma melhoria do conceito de negócios.

Para a empresa se tornar capaz de executar esse novo modelo de negócios, ela deve adquirir ou desenvolver competências que ainda não possui. Assim, da mesma forma que obteve sucesso ao inovar em produtos e processos, mediante o desenvolvimento de competências em tecnologias logísticas pioneiras – tais como os citados sistemas CKD e SKD, que viabilizam o transporte de carroçarias com menores custos de fretes –, a Marcopolo deve adquirir conhecimento sobre inteligência em sistemas de transportes, envolvendo aspectos como multimodalidade para poder ofertar soluções completas aos seus clientes.

Uma das possibilidades mais prováveis de se adquirir esse tipo de inteligência em sistemas de transportes consiste na criação de novas alianças e *joint ventures* com empresas e entidades reconhecidas como detentoras de tais competências. Caso a empresa opte por esse caminho, estará condizente com Hamel e Heene (1994), que afirmam que o componente "rede de valor" é um dos pontos mais profícuos para a inovação e redefinição de negócios dentro do seu modelo de negócios.

11.2.4 *Gaps* identificados

Entre as oportunidades de melhoria identificadas para garantir a sustentabilidade das estratégias da Marcopolo e melhorar a competitividade global, com base nos conceitos teóricos utilizados, destacam-se as seguintes propostas:

- o aprimoramento da gestão dos custos associados com a fabricação de carroçarias e a busca do patenteamento de produtos, equipamentos de projeto próprio e processos, como forma de sustentação das fontes de singularidade da empresa;
- a definição de uma visão para a Marcopolo, entendida com um poderoso instrumento capaz de alinhar os interesses de empresa e colaboradores, e direcionar a todos rumo a um futuro de sucesso. Esse aspecto merece uma particular importância em razão do expressivo crescimento que a empresa tem obtido nas suas operações internacionais, o que deve levar a um aumento natural do conflito entre matriz e filiais;
- a busca de alianças com empresas ou institutos para aquisição das novas competências necessárias ao cumprimento do negócio definido, que é o de prover soluções e serviços para o transporte coletivo. Objetiva-se aqui usar a ampla experiência de sucesso da Marcopolo com sua política de alianças como a forma mais rápida e barata de viabilizar a aquisição de competências ligadas a soluções e serviços para o transporte coletivo;
- a busca de oportunidades na acentuação da flexibilidade, por meio de melhorias na qualidade e rapidez, via maior integração com fabricantes de chassis.

É perceptível que a estratégia da Marcopolo no mercado brasileiro de carroçarias é focada na diferenciação, entendida como capacidade da empresa em atender às solicitações específicas dos clientes na fabricação de carroçarias (customização). Essa diferenciação é reforçada pelo *design* atraente dos produtos, pela oferta de variedade, pela existência de uma ampla rede de comercialização e de assistência técnica, bem como pelo estreito relacionamento com clientes.

O elevado nível de verticalização da empresa, obtido pela fabricação de componentes, inicialmente entendido como uma necessidade, em função da inexistência de fornecedores qualificados, atualmente é visto pela empresa também como uma vantagem, pois, além de garantir a qualidade dos componentes, fortalece a posição da empresa diante das pressões competitivas e possibilita ganhos de escala.

Fica ainda evidenciado que a Marcopolo, mediante a definição de negócio de prover soluções e serviços para o transporte coletivo, está inovando de forma radical o seu modelo de negócios, o que vai permitir à empresa agregar mais valor aos clientes, pela oferta de soluções completas, superando largamente o que é oferecido pela concorrência. Para isso, a empresa deverá adquirir novas competências essenciais, ligadas à inteligência em projeto e desenho de sistemas de transporte coletivo.

11.3 NATURA

Versões preliminares deste caso foram exploradas em Pereira, Maia e Di Serio (2002) e Pereira, Maia e Di Serio (2003). Conforme salientado inicialmente, a Natura, fundada em 1969 e capitalizada por anos seguidos de prosperidade, começou a década de 1990 com uma revolução corporativa. Foram recrutados veteranos de multinacionais para integrar a diretoria e investiu-se pesadamente em programas de qualidade e tecnologia, que proporcionou uma taxa média de crescimento de 31% ao ano.

A Natura compõe-se de um conjunto de empresas voltadas para a fabricação de cosméticos, produtos de higiene pessoal e perfumaria. Desde sua fundação, ela sempre buscou inovar e oferecer ao consumidor alta qualidade em seus produtos. Essa visão se concretizou em uma série de novos projetos em diferentes áreas. Alguns desses importantes projetos estão nas áreas de *e-business*, operações de logística, mercado exterior e novas instalações.

Em 2000, boa parte da produção era sediada na operação de Itapecerica da Serra, mas o crescimento experimentado nos últimos anos evidenciou que a fábrica em Itapecerica da Serra (SP) e o centro de distribuição em São Paulo não mais atendiam às necessidades da empresa, o que levou ao planejamento e construção do Novo Espaço Natura, em Cajamar, também interior de São Paulo.

Inaugurado em 2001, o Espaço Cajamar abriga um moderno centro integrado de pesquisa, produção e logística. Considerado o maior centro de pesquisa e desenvolvimento de produtos cosméticos da América Latina, o Novo Espaço Natura possui 81,5 mil metros quadrados de área construída em um terreno de 643 mil metros quadrados.

A mudança, além de propiciar um significativo aumento da capacidade de produção, ofereceu a possibilidade de dar um grande salto no domínio de tecnologias de ponta e novos processos de fabricação e distribuição.

Os produtos Natura chegam aos consumidores pelas mãos de mais de 617 mil consultoras. Além da presença em todas as regiões do Brasil, a empresa opera, no sistema de venda direta, nos seguintes países: Argentina, Chile, Colômbia, França, México, Peru e Venezuela. Neste último país, a empresa mantém ainda sua única loja mundial e um centro satélite de pesquisa e tecnologia; na Bolívia, a marca está presente por intermédio de um distribuidor.

A Natura optou por levar seus produtos aos consumidores por meio das consultoras por acreditar na força desse sistema. **O Brasil é hoje um dos poucos países no mundo em que as vendas de cosméticos em domicílio superam as do varejo. Em cada dez produtos de maquiagem vendidos, oito são vendidos porta-a-porta, no sistema conhecido como venda direta.**

Nesse sistema de venda direta, as consultoras funcionam como parte do sucesso na estratégia de venda e distribuição dos produtos da empresa. Em 2006, a Natura distribuiu a esse público R$ 1,6 bilhão, 17,2% a mais que em 2005. A produtividade por consultora/consultor foi de R$ 12,5 mil, superando ligeiramente o bom desempenho do ano anterior, de R$ 12,3 mil.

Mudar essa estrutura significa alterar todo o processo logístico da empresa. Ainda assim, a empresa utilizou uma solução de TI para angariar maior vantagem competitiva, como mostra a próxima seção.

11.3.1 Proximidade digital: a solução de TI

Em abril de 2000, a empresa inaugurou seu portal – www.natura.net – com o objetivo de reproduzir a dinâmica das relações humanas na internet, integrando a empresa interna e externamente. O Quadro 11.3 aponta a evolução do portal Natura, apresentando os objetivos estabelecidos pela empresa para cada etapa.

Natura.net é um portal que integra todas as comunidades que se relacionam com a Natura: clientes, profissionais de imprensa, profissionais da saúde, consultoras e consultores, força de vendas, colaboradores. Para cada um desses públicos foi preparado um ambiente específico de navegação.

Quadro 11.3 Evolução do portal Natura

Ano	1995	1998	2000	2001	2002	2003
Objetivo	Lançamento do 1º site na *web*	Pioneirismo nas transações. Resultados: 100 pedidos/dia pelas consultoras	Lançamento do Natura.net. Objetivo: "sair na frente"	Lançamento da entrega pontonet. Objetivo: atrair clientes para o site e estabilizar sistema	Fidelizar consultoras. Resultados: 13.000 pedidos/dia pelas consultoras	Crescer e fidelizar marketing de relacionamento

Fonte: PEREIRA; MAIA; DI SERIO, 2003.

A **comunidade consultoria** é de acesso exclusivo para consultores e consultoras. A **comunidade colaboradores** veicula informações internas direcionadas aos funcionários da empresa. A **comunidade força de vendas** é destinada aos profissionais que queiram um melhor desenvolvimento de suas equipes de consultoras. A **comunidade profissionais da saúde** disponibiliza artigos médicos e monografias. Por fim, a **comunidade profissionais de imprensa** é o local em que as últimas informações da empresa são disponibilizadas.

A **comunidade clientes** é um espaço em que qualquer usuário da web, cadastrado ou não, pode ter acesso aos produtos comercializados pela empresa, localizar consultores da sua região, pesquisar dicas de beleza e saúde, e fazer pedidos de produtos diretamente com a Natura. A utilização da comunidade clientes tem crescido significativamente, como indica a Figura 11.5.

Figura 11.5 Número de visitas à comunidade clientes

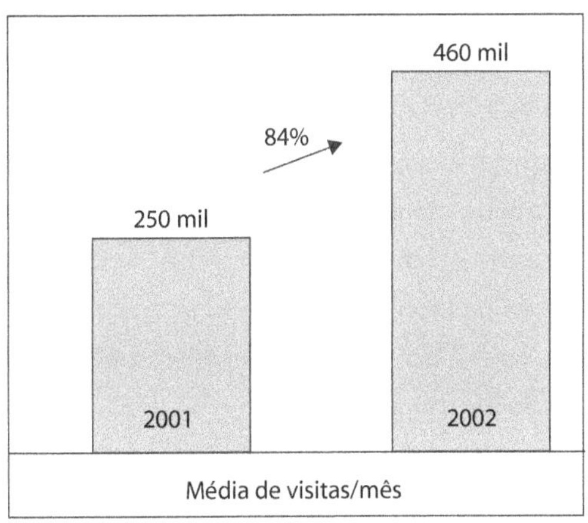

Fonte: PEREIRA; MAIA; DI SERIO, 2003.

O portal apresenta acesso diferenciado para os países em que a Natura atua: Brasil, Argentina, Bolívia, Chile e Peru. O destaque do site varia a cada ciclo, espaço de tempo no qual a Natura lança novos produtos e promoções, em geral 21 dias.

O foco do site não é o *e-commerce*, e sim o *e-business*, por isso a empresa desenvolveu um programa para fortalecer seu canal de vendas e atingir seu objetivo principal. A Natura planeja conectar 50 mil de seus revendedores à web, o que proporcionará maior velocidade de contato com a clientela. Em 2003, a Natura tinha 20 mil consultoras conectadas à rede e 5% do total das vendas da empresa eram feitas pela internet.

A preocupação com o canal de vendas tradicional está refletido no *design* e estruturação do site. Antes de apresentar a linha de produtos, o site destaca a importância do seu canal original de vendas, as consultoras. Do lado esquerdo da página, no topo, acima da descrição da linha de produtos, há um acesso que permite ao cliente localizar uma consultora Natura que atue mais próximo à sua residência. Esse link consiste em uma pequena foto de uma mulher jovem, ao lado de frases que se alternam na seguinte seqüência: "Consultora Natura, ela faz a diferença", "com o tempo ela te conhece, com o tempo você vai ver a diferença", "encontre um(a) consultor(a) Natura perto da sua casa".

Ao acessar esse link, é necessário realizar o cadastramento no site antes de proceder à escolha ou indicação da consultora. Uma vez feito o cadastro, aparece a página com um novo menu intitulado **Meu Cadastro**, com novas opções de link: dados pessoais, e-mail e senha, endereço de entrega, minha consultora, *newsletter*, formas de entrega, relações pessoais e minhas comunidades.

Uma vez acessada a opção **Minha Consultora**, abre-se nova página com o título **Localizador de Consultora**. Nesse momento é dada ao cliente a possibilidade de indicar um(a) consultor(a), caso já conheça algum(a), ou de solicitar que a Natura indique um(a) mais próximo(a) da residência dele.

A Natura informa que atua por meio de um canal capacitado e instrumentalizado para oferecer atendimento personalizado, por meio do(a) consultor(a). Dá a opção de que o cliente se vincule a um(a) consultor(a) como forma de contar com o atendimento personalizado. Segundo a informação constante no site, o(a) consultor(a) Natura é mais do que uma estratégia de venda, "ele(a) é a melhor forma de satisfazer o cliente e garantir o uso correto e a eficácia dos produtos".

Uma vez feita a opção pelo(a) consultor(a), ao ser identificado nos próximos acessos à Natura.net, na *homepage* do cliente aparecem o nome e o telefone da consultora Natura indicada, além da opção de links de acesso para o e-mail e página pessoal da consultora e a opção de alterar consultora. Essas informações são dispostas no local da *homepage* reservado no primeiro acesso para localizar a consultora.

O cliente pode ainda optar por dois tipos de entrega: via transportadora e via consultora. Na opção de entrega de produtos pela transportadora, o site informa que o pedido será entregue por uma transportadora associada à Natura e um(a) consultor(a) Natura oferecerá atendimento personalizado no pós-venda. Nessa opção, o pagamento deve ser realizado diretamente na Natura.net, podendo ser efetuado por meio de cartão de crédito ou transferência eletrônica de fundos.

Segundo o site, o ambiente é totalmente seguro e a empresa opera com os cartões de crédito Mastercard, Visa e Amex e com transferência eletrônica de fundos: Itaú, Bradesco,

Banco do Brasil. A empresa informa que, para garantir a segurança do cliente, não armazena os dados bancários ou de cartão de crédito. Nessa opção de entrega pela transportadora, é necessário pagar uma taxa de entrega que varia de R$ 3,00 a R$ 15,50 e a entrega pode levar de dois a cinco dias úteis, em ambos os casos, de acordo com a localidade.

Na opção de entrega de produtos pela consultora Natura, o site informa que o cliente contará com atendimento personalizado de um(a) consultor(a) Natura durante e após a compra e que há a opção de efetuar o pagamento ao receber os produtos, podendo ainda negociar qualquer parcelamento diretamente com a consultora. Nessa opção, não é adicionado valor de taxa de entrega e não é informado o prazo de entrega. Subentende-se que esse prazo dependerá do(a) consultor(a).

Uma observação importante, disponível no momento da seleção de produtos, é que as promoções apresentadas são exclusivas dos pedidos realizados na Natura.net e entregues pela transportadora. Em outras palavras, no caso da escolha da opção de entrega pelo(a) consultor(a), as promoções não são válidas.

11.3.2 Criação de valor

Um dos fatores mais importantes no questionamento estratégico de uma empresa é saber se ela está situada em um segmento da indústria que possa representar um valor agregado elevado. A questão fundamental refere-se ao valor que um produto tem para quem o compra, e a que atividades contribuem mais para a formação desse valor (PORTER, 1990).

As atividades básicas do sistema de logística da Natura são o recebimento da matéria-prima dos fornecedores, a separação dos pedidos destinados às consultoras (*picking*), a expedição e o transporte das mercadorias às consultoras. No campo da logística, essas novas técnicas permitiram eliminar um dos mais sérios "gargalos" que a empresa enfrentava: o tempo gasto para o produto chegar às mãos dos consumidores. Atualmente, 98% dos pedidos são atendidos em 24 horas.

Com a crescente evolução da automação e da tecnologia de informação e a disseminação das ferramentas de informática e dos meios de comunicação, os processos reais estão cada vez mais apoiados ou até mesmo sendo substituídos pelos virtuais. No processo virtual, o produto ou serviço existe na forma de informação digital, cuja disponibilização pode ser realizada eletronicamente.

Segundo Rayport e Sviokla (1995), os negócios, nos dias atuais, competem em dois mundos: o físico, de recursos que o administrador pode ver e tocar, e o virtual, da informação. Este último deu origem a um novo local de criação de valor: o *marketspace*.

A agregação de valor é considerada virtual quando é realizada por meio da informação ou eletronicamente. A criação de valor de uma cadeia virtual envolve cinco atividades principais: coleta de dados, organização, seleção, consolidação e distribuição da informação (RAYPORT; SVIOKLA, 1995).

Essas atividades estabelecem a seqüência pela qual os subsídios são obtidos, a informação disponibilizada e as linhas de ação que agregam valor são identificadas. Uma potencial cadeia de valor para a Natura poderia ser definida como uma combinação das cadeias virtual (Quadro 11.4) e física (Quadro 11.5).

Quadro 11.4 Cadeia virtual de valor da Natura

Coleta	Tratamento	Seleção	Consolidação	Distribuição
Preenchimento de formulário eletrônico de cadastro e pedido na internet	Informação é processada de duas formas diferentes: via certificadora (financeira) ou encaminhada diretamente para a consultora	O pedido pode ser processado de duas formas: diretamente pela empresa ou solicitado	As informações das diversas modalidades de pedidos são agregadas e priorizadas	O pedido pode ser entregue de duas maneiras: via transportadora ou via consultora escolhida

Fonte: PEREIRA; MAIA; DI SERIO, 2003.

A lógica da cadeia de valor, na dimensão real e na dimensão virtual, é diferente. Na cadeia de valor virtual, as entradas e saídas de recursos e produtos ou serviços não ocorrem de forma linear; necessidades podem ser acessadas por vários canais e a própria tecnologia de informação constitui fonte de criação de valor.

Quadro 11.5 Cadeia física de valor da Natura

Logística Interna	Logística Externa	Marketing e Vendas	Pós-venda (Snac)
Separação e coleta dos itens para compor os pedidos e embalagem	O pedido pode ser entregue de duas formas: por transportadora ou pela consultora	As vendas podem ser diretas pela internet ou pelo canal tradicional (consultoras)	Existe um canal de comunicação e atendimento direto ao consumidor

Fonte: PEREIRA; MAIA; DI SERIO, 2003.

Pela análise do estudo de caso foi possível observar toda a estrutura formada pela empresa para atender a um dos principais problemas encontrados nessa área, que é o de obter sucesso nas transações entre compradores e vendedores de maneira simples, segura, rápida e barata. Obviamente, esse novo sistema não substituiu o modelo de vendas atual, no qual a Natura vem se projetando há décadas, mas com certeza irá conquistar seu próprio espaço e conceito, fato que já vem acontecendo.

11.4 EDITORA GRÁFICOS BURTI

O cenário que se desenha é fortemente marcado pela informação intensiva e pelas redes, bem como pela evolução acelerada da tecnologia e globalização. Além disso, o contínuo aumento da competição tem tornado mais difícil a diferenciação com base em custos, gerando uma oportunidade para que a introdução de novos produtos e serviços se destacasse e se transformasse em uma fonte de ganhos competitivos. Vários são os exemplos de empresas que tiveram (e têm) sucesso em grande medida mediante inovações em seus produtos ou serviços. Esse é o caso da Burti, organização com marcante atuação na indústria gráfica nacional.

A evolução da produção da indústria gráfica nacional em 2006 acompanhou o movimento lento, mas crescente, da economia nos últimos tempos. Esse setor acumulou uma receita de R$ 16 bilhões em 2006 – quase 1% do PIB (Produto Interno Bruto) nacional. Graças a isso, a área foi responsável pela criação de mais de 180 mil novos postos de trabalho.

Nesse cenário insere-se a Burti, cuja história confunde-se com a do empreendedor Luiz Carlos Burti, um verdadeiro "*gerenciador de malucos que fez as maluquices de tantos publicitários acontecerem*". Foi literalmente pelas suas mãos que entrou o primeiro Macintosh, mudando a maneira de se fazer propaganda. Em seguida, veio a alta tecnologia em impressão, com resultados surpreendentes em diferentes tipos de materiais; depois o tratamento digital de imagens e a transmissão de arquivos em alta velocidade, interligando todo o mercado publicitário, muito tempo antes de se começar a falar em banda larga. Mais recentemente foi inaugurado o BurtiHD, que reúne todo o ciclo de criação de imagens digitais em um único lugar.

A proposta do presidente da Burti é "ser uma empresa brasileira com soluções de tecnologia e impressão para o mercado mundial de marketing".[2] E enfatiza: "*Quero ganhar com eles ganhando*".

11.4.1 A indústria gráfica brasileira

Segundo a Associação Brasileira da Indústria Gráfica (ABIGRAF, 2007a) o segmento de indústrias gráficas tem se expandido ao longo dos últimos anos. Essa expansão é detalhada na Tabela 11.1.

---

2 Os depoimentos contidos nesta introdução foram extraídos de entrevistas com o presidente da Burti, Luiz Carlos Burti, e das contribuições de Luciano Burti, Leandro Burti e Leonardo Burti. Informações obtidas em 2007.

Tabela 11.1 Dados gerais do setor gráfico brasileiro

Dados Gerais do Setor Gráfico Brasileiro	2005	2006	2007 Projeção
Receita de Vendas (R$ bi) (IBGE)	15,84	16,2	17,1
% variação percentual	6,21	2,45	5,5
Receita de Vendas (US$ bi) (IBGE/BC)	6,51	7,5	8,0
Participação no Produto Interno Bruto (PIB) (%)	0,74	0,70	–
Participação no PIB Indústria de Transformação (%)	2,82	2,63	–
N° de Estabelecimentos (RAIS)	17.364	18.379	19.088
N° de Funcionários (RAIS)	183.276	190.368	191.522
Funcionário/Estabelecimento	10,55	10,36	10,03
Receita de Vendas/Funcionário (US$ mil)	35,51	39,16	41,58
Balança Comercial (US$ mi FOB) (SECEX)	-4,23	56,14	-2,32
Exportação (US$ mi FOB)	175,99	268,60	49,33
Importação (US$ mi FOB)	180,22	212,46	51,64

Fonte: ABIGRAF, 2007a.

Além dessa expansão do setor, sua participação no PIB brasileiro também é significativa e está acima dos 2,5% nos últimos anos (ABIGRAF, 2007a).

Segundo dados do Ministério do Trabalho (ABIGRAF, 2007b), a indústria gráfica nacional possui em sua constituição 98,7% de todas as empresas do setor; são micro e pequenas – até 19 empregados e de 20 até 99 empregados, respectivamente.

Contudo, apesar de sua clara importância na oferta de trabalho, a receita de venda dessas empresas representa apenas 5% da receita total da indústria gráfica. Em outras palavras, as médias e grandes indústrias, que empregam somente 31% da mão-de-obra do setor, geram quase a totalidade (95%) da receita do setor. Esses dados estão ilustrados no Gráfico 11.1 e na Tabela 11.2.

Gráfico 11.1 Dados do setor gráfico

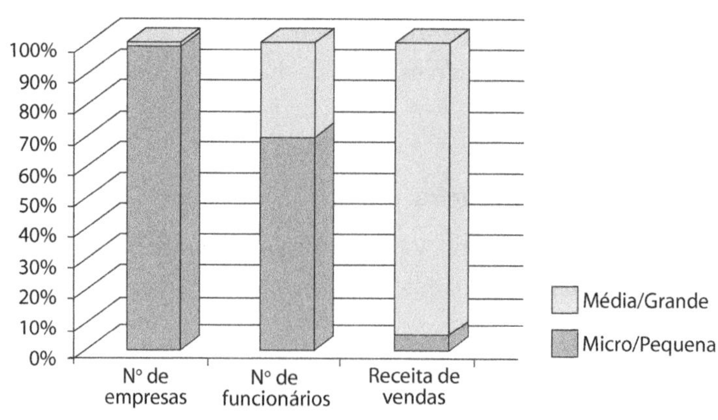

Fonte: ABIGRAF, 2007b.

Tabela 11.2 Dados do setor gráfico

	2004	2006
Receita de Vendas (R$ bi)	14,91	16,16
Valor da Produção Industrial (R$ bi)	14,64	15,86
Participação no PIB (%)	0,83	-
N° de Estabelecimentos	16.559	18.379
N° de Funcionários	175.232	190.368
Funcionários/Estabelecimentos	10,58	10,36

Fonte: ABIGRAF, 2007b.

Além dessas diferenças de porte das empresas nesse setor, outras características são marcantes, conforme segue:

- mão-de-obra – nas micro e pequenas empresas, a mão-de-obra não acompanha o perfil do restante da indústria gráfica no que diz respeito ao grau de instrução. Nas médias e grandes empresas, o percentual de funcionários com nível superior é de 23,5% contra 5,3% nas micro e pequenas empresas;
- remuneração – nas micro e pequenas empresas, 65% dos funcionários recebem entre um e três salários mínimos, enquanto nas grandes e médias empresas, 69% recebem entre três e 20 salários mínimos;
- rotatividade de pessoal – os trabalhadores das médias e grandes empresas do setor permanecem em geral mais tempo nas empresas do que os funcionários das micro e pequenas empresas.

11.4.2 A Burti e seus números

A seguir são apresentados alguns dados de mercado relativos à Burti:

- Ano de 2006
    - crescimento da receita – 3%;
    - crescimento do lucro – 0,50%;
    - percentagem de investimento relativo à receita – 3%;
    - clientes – 1.055 ativos;
    - colaboradores diretos – 781.
- Ano de 2007
    - crescimento da receita – 7%;
    - crescimento do lucro – 3,5%;

- percentagem de investimento relativo à receita – 2%;
- clientes – aumento em torno de 5% (exportação);
- colaboradores diretos – 596.

11.4.3 A empresa

A descrição detalhada da metodologia empregada para a coleta de dados deste estudo está no item 11.4.9 Método do estudo de caso.

O caso da Editora Gráficos Burti tem sido analisado, sob o prisma da inovação e da competitividade, desde o final dos anos 1990 (LEITE; DI SERIO, 1997; DI SERIO; LEITE, 2002). A Burti atua no segmento de impressão e tecnologia de pré-impressão. Nesse nicho, pelo sistema convencional, o publicitário esboçava a idéia e solicitava à gráfica uma prova impressa, para depois fazer os ajustes, solicitar uma nova prova e só então enviar a publicidade para os jornais e revistas. Esse processo, que dependia de motociclistas para transportar os documentos, era demorado e caro, pois cada prova impressa é bastante dispendiosa.

11.4.3.1 Início dos anos 1990

Desenvolvido na década de 1990, o sistema TransBurti, criado pela própria empresa a partir da integração de várias tecnologias, compreende uma rede privativa de alta velocidade interligando a Burti, seus clientes (agências de publicidade) e os meios de comunicação impressa (grandes jornais e revistas). A integração de todos os participantes da cadeia produtiva eliminou os processos manuais e os documentos físicos, permitindo que os criadores de arte, nas empresas de publicidade, trabalhassem diretamente a prova final. Note-se que essa abordagem é trivial nos dias de hoje, mas o sistema TransBurti foi implantado em 1995. Naquele momento, tratava-se de uma ruptura em relação às tecnologias atualmente disseminadas. O TransBurti exigiu não só a integração de tecnologias já existentes, mas também o desenvolvimento de novas soluções, tendo inovado até mesmo quando comparado ao cenário internacional da época.

O sistema TransBurti provocou uma verdadeira transformação nas regras do negócio e na competitividade no setor de anúncios, estabelecendo novos paradigmas, tanto para os clientes como para a concorrência. Ao viabilizar a "engenharia simultânea" no processo de criação de anúncios, o TransBurti gerou, em termos estratégicos, os seguintes reflexos:

- dependência dos clientes – o TransBurti criou com os clientes (agências de publicidade e editoras de jornais e revistas) uma relação de dependência. Comparadas ao procedimento tradicional, as facilidades oferecidas eram tantas e tão evidentes que, uma vez habituado a elas, o cliente simplesmente não foi mais capaz de conviver com a volta ao passado;

- barreiras a novos entrantes – o sistema era tão caro e sua tecnologia tão sofisticada que exigiria enorme investimento para ser copiado. Hoje já existe a internet de banda larga, mas a Burti consolidou-se de tal forma que seu posicionamento não foi abalado: ao longo dos anos, agregaram-se novos serviços, que são hoje a verdadeira barreira a novos entrantes.

Figura 11.6 **Foto da torre da TransBurti (Avenida Paulista, SP)**

Fonte: Disponível em: <http://www.burti.com.br/estrutura.htm#>. Acesso em: 20 mar. 2008.

O caso Burti ilustra todos os níveis revolucionários descritos por Venkatraman (1994):

- reengenharia de processos – as mudanças no conceito de se produzir um anúncio são significativas. O processo anterior, de ciclos subseqüentes, é completamente diferente do processo de criação simultânea on-line, que propicia enorme flexibilidade;
- reengenharia da rede de negócios – menos significativo que os demais, esse aspecto também aparece, pois ocorre total integração na cadeia anunciante-gráfica-editora;
- redefinição do escopo de negócios, não só na abrangência geográfica, como também na geração de novos nichos – comercialização de imagens, serviços agregadores de valor etc.

Figura 11.7 Foto de detalhe da torre da TransBurti

Fonte: Disponível em: <http://www.burti.com.br/estrutura.htm#>. Acesso em: 20 mar. 2008.

No total, 26 clientes da Burti puderam ser beneficiados pela TransBurti. Entretanto, essa rede contava apenas com 20% de sua utilização. Sua função básica se restringia à transmissão de arquivos/dados por ela. Por exemplo, a rede permitia que um cliente pudesse efetuar um retoque de forma remota diretamente na base da Burti.

11.4.3.2 O final dos anos 1990

Com o passar dos anos, e com a consolidação da internet, a TransBurti se redefiniu como uma rede de altíssima velocidade (100 MB/s) e confiabilidade, apesar de estar restrita a cerca de 30 usuários inicialmente.

Nessa época, a Takano figurava como principal concorrente da Burti e, em 2002, chegou até mesmo a incomodá-la. Um fato interessante é o de que a Takano cobrava significativamente menos do que a Burti nesse período (cerca de 50% mais barato). Paralelamente a essa situação, com o advento e propagação das mídias eletrônicas, foi disseminada pelo mercado uma falsa previsão, qual seja, a de que o fotolito havia acabado, pois a imagem visualizada no monitor poderia ser impressa diretamente, evitando-se as etapas de pré-impressão (fotolitos) e de testes desta. Embarcando nessa previsão, a Takano passou a ofertar, em muitos casos, o fotolito gratuitamente quando um cliente comprava uma impressão. Além da concorrência, o mercado de propaganda também sofreu uma mudança: os negócios em propaganda começaram a se redefinir, "de apenas uma boa idéia, para um bom negócio".

A estrutura de clientes da Burti tinha duas ramificações principais. A primeira dizia respeito a seus clientes principais – as agências de propaganda – e a segunda era formada por clientes diretos, muitas vezes pequenos. Enquanto os primeiros clientes exigiam qualidade e, principalmente, flexibilidade, os demais norteavam-se pelo preço.

Essa nova configuração de clientes demandou da Burti uma adequação de sua estratégia para melhor atender esses clientes. Para tanto, a família que dirigia a empresa se afastou da liderança, momentaneamente, para que um CEO assumisse a administração da empresa com o objetivo de reestruturar a Burti e torná-la mais competitiva.

Foram investidos recursos na compra de equipamentos de última geração, além de reestruturar as atividades não apenas da empresa, mas também de seus funcionários. Com toda essa reestruturação, a Burti conseguiu diminuir seus custos e aumentar a produtividade.

A Burti adotou, então, duas estratégias, segundo o modelo de Porter (1986): diferenciação e liderança em custo. A estratégia de diferenciação era aplicada aos clientes principais, constituídos por 12 agências de propaganda, uma vez que esse mercado preconizava flexibilidade e tempo como fatores determinantes para o negócio. Já a liderança em custo foi a estratégia adotada para os clientes diretos da Burti, inseridos em um contexto de mercado com pouca diferenciação e fortemente direcionados por custos.

Apesar do que o mercado propagava – "O fotolito acabou!" –, a Burti seguiu com o uso do fotolito e com investimentos nele, pois, nas palavras do presidente da empresa, Luiz Carlos Burti: "Cor é algo complicado no nosso mercado". O cliente é capaz de ver a cor desejada no monitor, entretanto sua composição é algo muito mais complicado, uma vez que a cor visualizada nele é diferente na prova impressa.

Nesse sentido, a pré-impressão (nesse caso, o fotolito) é algo mais delicado, por isso os arquivos de cada um dos 12 clientes deve ser adequado, cada qual com sua particularidade, ao processo de impressão da Burti. A solução foi colocar um monitor, em cada uma das 12 agências (clientes), calibrado para a pré-impressão da Burti. A empresa possui uma equipe de calibração desses monitores que visita cada cliente a cada 15 dias para averiguação e calibração do sistema. Outro dado importante é que sem um processo de impressão adequado, as cores não saem conforme previsto. Hoje a pré-impressão é muito mais importante do que antes. Toda essa estratégia contribuiu para uma redução no ciclo de processo que antes era de uma semana para um dia.

11.4.3.3 O século XXI

Comparado com outros países como Chile, Espanha e Itália, o Brasil até 2005 ainda engatinhava na exportação de produtos gráficos. A Burti decidiu apostar na contramão dessa tendência e foi buscar no exterior a solução para a ociosidade de suas máquinas. Nesse mesmo ano, ela começa a imprimir material publicitário para empresas e agências norte-americanas que costumavam mandar suas encomendas para gráficas da Ásia. Ao todo, 1,2 milhão de folhetos em seis cores, uma operação da ordem de US$ 1,5 milhão. Os folhetos destinavam-se à promoção de automóveis de luxo em concessionárias e por meio de mala direta. "Desde que o mercado publicitário brasileiro começou a focar em televisão, a área de anúncios e publicidade gráfica perdeu muito espaço", diz Luiz Carlos Burti. "Fornecer para clientes do exterior é uma saída para esse problema", completa. Os folhetos da Burti praticamente inauguraram uma impressora com duas baterias de rotativas de seis cores, instalada na sede da empresa em 2000. Na época, foram investidos US$ 5 milhões para trazer essa máquina para o Brasil. Apesar do investimento pesado, ela nunca foi utilizada em sua totalidade. "O mercado brasileiro de impressos diminuiu muito [no ano 2000]. No caso de impressões sofisticadas então, isso quase acabou", diz o empresário.

11.4.4 Ajustes do mercado e falência da principal concorrente

O mercado gráfico tem passado por profundos ajustes. Nos últimos anos, as empresas renovaram equipamentos e ampliaram unidades, mas a demanda encolheu. A concentração cada vez maior de anúncios em televisão, que responde por mais da metade do total da mídia publicitária brasileira, tem dificultado bastante a vida das gráficas. "O que aconteceu é que muitas empresas adotaram estratégias suicidas para atender um mercado que pressiona os preços cada vez mais para baixo", diz Burti. Entre essas estratégias está, por exemplo, a utilização irregular de papel isento de imposto – destinado à impressão de jornais, revistas, livros e periódicos – para a produção de peças comerciais. Pela legislação brasileira, esses anúncios, catálogos e peças publicitárias devem ser impressos com papel sobre o qual incidem impostos. Essa prática irregular permite que as gráficas reduzam os preços em até 24%. O problema é tão grave que a nova diretoria da Associação Brasileira da Indústria Gráfica (Abigraf) o considera uma prioridade para o setor.

Esse cenário de ajustes afetou não apenas a Burti, mas também sua principal concorrente – a Takano, uma das maiores gráficas da América Latina –, que em março daquele mesmo ano (2005) fechou as portas sem maiores explicações, pressionada por pedidos de falência e dívidas trabalhistas e tributárias.

Para uma compreensão mais clara de dados daquele período de meados da primeira década do século XXI, apresentam-se, a seguir, dados do setor. As indústrias gráficas brasileiras registraram um faturamento de R$ 16 bilhões no ano de 2004, um crescimento de 15% em relação a 2003. Os setores que apresentaram melhor desempenho em faturamento foram os de artigos de papelaria, com 23% do total; embalagem, com 19%; e formulários, com 17%. Os impressos editoriais, promocionais e comerciais ficaram em último lugar, com 13%.

11.4.5 Ampla gama de serviços – pacote de valor

Quatro são os principais serviços oferecidos pela Burti, que compõem seu pacote de valor: No Paper, PreMedia, Print e Logística.

11.4.5.1 No Paper

Alta tecnologia em constante evolução a serviço da imagem. BurtiHD, essa é a mais nova operação da Burti, que reúne pela primeira vez todo o ciclo de criação de imagens digitais, inclusive em 3D, em um único lugar, desde a produção e a captura das fotos até o retoque e a finalização, contando com um *know-how* dos profissionais do Vaticano, empresa do grupo especializada no tratamento, finalização de imagens e construção de imagens em 3D. Com isso, a empresa verticaliza suas operações e oferece ao mercado um pacote completo, que proporciona mais agilidade com alta qualidade gráfica. O Voto é um *software* de gerenciamento da imagem, para ser utilizado desde sua criação até sua reutilização.

11.4.5.2 PreMedia

O setor de PrePress & PreMedia da Burti consiste em uma área que tem o seu foco relacionado aos processos de impressão e mídia impressa. Ferramentas de última geração são utilizadas na preparação de arquivos para impressão, com destaque para o Via!Burti, um projeto tecnológico pioneiro e inovador no gerenciamento de arquivos voltados para a mídia impressa.

11.4.5.3 Print

"Impressões mais vivas, nas quais as imagens saltam das páginas." Essa é a obsessão do presidente Luiz Carlos Burti e isso é o que a Burti entrega.

Por intermédio da mais avançada unidade de impressão do Brasil, a Burti consiste em um pólo de serviços de impressão de qualidade internacional. Alta *performance* e precisão de acabamento são marcas registradas em seus serviços, que, integrados com as demais Unidades de Negócios de PrePress e Inteligência, transcendem em muito o conceito de simples impressão gráfica: constituem verdadeiras soluções de comunicação.

O parque gráfico da Burti é referência internacional em impressão, com capacidade para imprimir até 2.000 t por mês.

A Burti inova também imprimindo em até 10 cores especiais, com acabamentos diferenciados e em materiais como poliéster, polipropileno e PVC para peças promocionais.

11.4.5.4 Logística

A área de logística foi desenvolvida para processar serviços customizados de forma a integrar a finalização e a distribuição dos serviços contratados pelos clientes. Essa unidade oferece toda a infra-estrutura de *fulfillment*, almoxarifado, embalagem, expedição e transporte, tudo controlado pela tecnologia – sistema Metrics e WMS/TMS –, o que garante segurança e qualidade nos seus serviços.

De modo complementar aos serviços de impressão e *imaging*, a Burti opera um centro de logística e distribuição de grande capilaridade, nacional e internacional. Dentro dessa unidade, conta ainda com serviços de tratamento de bancos de dados e personalização de impressos e dados variáveis, integrando, dessa maneira, um poderoso conjunto de recursos a serviço de soluções comunicacionais para o mercado.

11.4.6 Serviços

Além de toda a gama de serviços provenientes das ações de inovação da Burti apresentadas até aqui, ainda há lugar para mais em seu pacote de valor. Desde abril de 2007, a gráfica Burti está oferecendo um novo serviço voltado aos fotógrafos. Localizado no bairro da Vila Leopoldina, em São Paulo, o BurtiHD abriga cinco estúdios, instalados em um galpão de pouco mais de 2.000 metros quadrados, onde também passa a operar o Vaticano.

A Burti investiu R$ 1,5 milhão para montar o espaço e equipá-lo com tecnologia de ponta. Essa inspiração foi conseguida nos mercados norte-americano e europeu, cujo formato é inédito não só no Brasil, mas na América Latina. Dois são os principais serviços oferecidos:

- **Estúdios** – o BurtiHD conta com cinco estúdios diferentes, que comportam desde pequenas produções até cenários para produções de TV e fotografias publicitárias de produtos de grandes dimensões, como automóveis. Fotógrafos podem locar o estúdio da BurtiHD, utilizar os equipamentos disponíveis no local, contratar a finalização do Vaticano – com acompanhamento on-line pelos departamentos de criação das agências e de marketing dos clientes, visando à aprovação do material – e, finalmente, imprimir os resultados com a Gráficos Burti. Além disso, os elementos "pós-modernos" (BURTI, 2007) do projeto incluem um perfume específico do espaço – desenvolvido para ativar a memória olfativa de quem freqüenta o local –, uma arquitetura que mescla pau-a-pique com estruturas de metal, espaço para eventos e exposições e o "Burteco", *bar-lounge* para o relax dos profissionais envolvidos.

- **Vaticano** – a Burti tem nessa empresa do grupo a sua unidade *premium* de tratamento de imagens, manipulação de arquivos e construção de imagens em 3D, contando com os profissionais mais prestigiados do País nesse setor. Um verdadeiro centro de desenvolvimento e pesquisa, trabalha continuamente para a elaboração de soluções e na viabilização dos mais diversos conceitos criativos. Seu mais arrojado projeto é a revista *Casa do Vaticano*, periódico anual com foco no mercado publicitário e que busca apresentar os mais novos recursos e inovações do setor gráfico para os criativos de comunicação.

Assim, essa é a primeira *one-stop-shop* do mercado de produção gráfica do País. Com a nova estrutura é possível realizar, via Burti, desde a captação das imagens em estúdio até a entrega do produto gráfico, finalizado, para o seu público-alvo. No meio do processo, serviços como a pós-produção do Vaticano (transferida para a nova sede), a aprovação on-line de peças publicitárias por clientes, a logística digital para a entrega de anúncios na mídia impressa e a pré-impressão passam a acontecer sob o mesmo guarda-chuva, reduzindo fornecedores, retrabalhos e problemas de formatação digital.

A Burti conquistou também ao longo dos anos reconhecimento não apenas no País, mas também no exterior, com a obtenção de prêmios diversos. No âmbito internacional, destacam-se o *Premier Print Award* (Benny), o *SAPPI Awards* e o *Kalenderschau Awards*. Já no nacional, a empresa obteve todas as premiações de reconhecimento ligadas ao setor comunicacional e gráfico, com destaque para os prêmios *Caboré* e *Fernando Pini*.

11.4.7 A teoria aplicada ao caso Burti

Conforme definição de Freeman (1984), o TransBurti foi uma inovação radical. Segundo o modelo de Venkatraman (1994), o TransBurti possibilitou a redefinição do escopo de negócios (que é uma mudança revolucionária).

Um aspecto interessante que surge dessa análise é a aparente desvantagem da Burti: após a implantação do TransBurti, a empresa apresenta posicionamento relativo abaixo de seus concorrentes na dimensão custo. Na verdade, isso não representa desvantagem nenhuma, mas, sim, a constatação de que, graças às barreiras aos novos entrantes, aliada à dependência de seus parceiros na cadeia produtiva, a Burti conseguiu impor preços substancialmente mais altos. Os clientes (agências), embora identifiquem isso, ainda assim estão dispostos a pagar um valor *premium*, em razão da qualidade percebida do serviço e de diversos outros aspectos: requisitos do produto final, confiabilidade do prazo, ciclo (velocidade da execução do trabalho) e capacidade de personalizar cada peça de criação gráfica.

A decisão de investimento da Burti nessa inovação também está fortemente alinhada à proposta de Amit e Schoemaker (1993) relativa à aquisição (ou desenvolvimento) de ativos estratégicos em uma organização, na tentativa de se criar uma vantagem competitiva.

11.4.7.1 Alinhamento: gestão, tecnologia e pessoas

A preocupação com o alinhamento é visível no caso Burti: cada mudança tecnológica foi sempre acompanhada de mudanças nos processos, envolvendo inclusive os clientes, como parte da estratégia definida pela empresa. Tanto no início do Transburti quanto na reestruturação sofrida pela empresa no final do anos 1990 e início do século XXI, observa-se sempre uma preocupação com o alinhamento entre gestão, tecnologia e pessoas.

11.4.7.2 Tecnologia e estratégias de negócio

O caso Burti mostra a relação da tecnologia aliada ao redesenho do negócio. Segundo Farrell (2003), é a existência de um mercado competitivo que leva à inovação. Observa-se, portanto, a fusão entre estratégia e tecnologia, uma vez que as definições caminham simultaneamente e se realimentam.

Apesar de essa mesma tecnologia ter sido subutilizada na época final dos anos 1990, ela claramente contribuiu para a consolidação do negócio. Dessa forma, isso vem ao encontro de Farrell (2003): para a inovação em TI cumprir sua promessa, é necessário ajustá-la a cada empresa, setor e contexto, bem como fundi-la com inovações em produtos e processos.

11.4.7.3 Criação de dependências na cadeia produtiva

É muito nítida, no caso estudado, a criação de relações que criam dependência para os clientes. Na Burti, a facilidade oferecida aos *designers* das empresas de propaganda gerou uma relação estreita entre a empresa e seus principais clientes desde a implantação desse modelo de negócio onde havia uma extensão da Burti em seus 12 principais clientes. Conforme assinalado, trata-se de um dos principais elementos da competitividade.

A Figura 11.8 é uma ilustração da cadeia da Burti, apresentando principalmente o fato de ela exercer atividades em dois segmentos de cadeia distintos, uma para cada tipo de cliente: agências e clientes diretos.

O primeiro elo da cadeia é formado pelos fornecedores de matérias-primas, como papel, tinta, chapa e produtos de acabamento e arte. Em seguida, está a atividade gráfica, também desempenhada pela Burti. É a própria Burti que, nesse momento, bifurca a cadeia em duas vertentes: agências de criação e propaganda e clientes diretos. Na cadeia formada pelas agências existe ainda o elo final, que é a mídia divulgadora da criação das agências.

Figura 11.8 A cadeia de valor da Burti

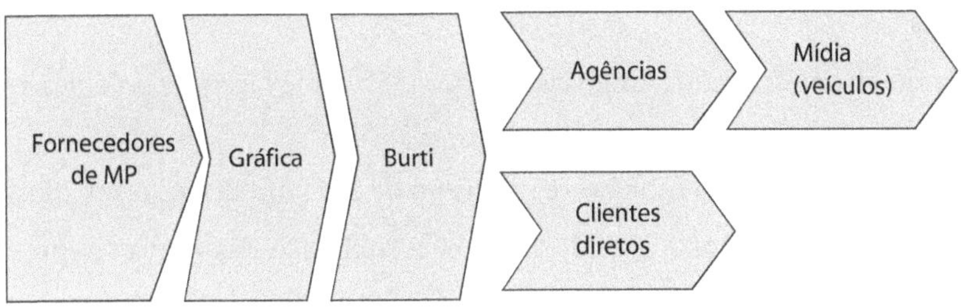

Fonte: Elaborada pelos autores.

O aspecto relevante desse modelo diz respeito à flexibilidade e ao entendimento da Burti em desenvolver cadeias distintas para negócios distintos. Segundo Fine (1999), a empresa precisa entender seu posicionamento em termos de três dimensões: produto, processo e cadeia. Parece que a Burti foi capaz de desenvolver esse entendimento. Esse tema poderia ser aprofundado e desenvolvido em pesquisa à parte em razão da amplitude de sua importância.

Constata-se que a empresa não se restringiu a esse modelo de cadeia "bifurcada". A Burti já tem em mente novos negócios para atingir públicos específicos, com soluções customizadas, fazendo uso intensivo de sua estrutura tecnológica, de processos e de pessoas.

11.4.7.4 Ganhos de participação no mercado

Outro efeito da tecnologia sobre a competitividade pode ser evidenciado a partir dos ganhos de *market share*. O caso estudado permite constatar que a inovação tecnológica é parte integrante do processo de conquista de novas fatias de mercado e, não raro, de se estabelecer domínio hegemônico do mercado. Ainda que não se possa generalizar, a análise do caso estudado parece confirmar que, quanto maior o grau de inovação, maior tenderá a ser o impacto sobre o *market share*. Além disso, ainda que não se possa comprovar, com esse caso, que a tecnologia tenha ampliado a fatia de mercado, parece inexorável que, sem a inovação tecnológica, tal resultado não teria sido alcançado.

Isso é evidenciado pela redução de custos de retrabalho, com idas e vindas de material pré-impressão entre as agências e a empresa; pelo aumento da qualidade e diminuição do ciclo; e, ainda, pelo potencial de novos negócios e de novos clientes na cadeia.

11.4.7.5 Grau de inovação e ganhos de competitividade

Uma das questões recorrentes, tratando-se de inovação e competitividade, é que nem sempre o pioneiro torna-se o maior beneficiário de sua criação: os ganhos de competitividade trazidos exclusivamente pela inovação podem ser efêmeros. Fine (1999) enfatiza que toda vantagem competitiva é temporária, e Christensen (2001a, 2001b, 2003) constata que qualquer diferencial tende a ser, com menor ou maior facilidade, copiado pelos concorrentes.

Os principais resultados tangíveis obtidos com a inovação tecnológica podem ser notados na Figura 11.9.

A seguir é apresentada uma breve discussão de cada um desses resultados:

- **redução de custos** – trazida tanto pela supressão das provas impressas como pela eliminação do transporte realizado por motociclistas;
- **qualidade** – a comunicação direta entre o publicitário e o técnico da gráfica contribui em muito para a melhoria da aparência final do anúncio. No processo tradicional, às vezes a peça definitiva não estava exatamente ao gosto do diretor de arte, mas, dada a inviabilidade de prazo, era publicada assim mesmo. Agora, há a definição dos requisitos de qualidade em tempo real com o cliente, que participa diretamente do processo;
- **redução de ciclos** – a agilidade do novo sistema é tão grande que nem mesmo é possível traçar com segurança algum paralelo que o compare ao processo convencional. O ganho de tempo, que ultrapassa 95%, é enorme principalmente porque, caso se fizesse o anúncio com a qualidade e a liberdade atuais, o processo anterior seria inviável;
- **flexibilidade** – o processo interativo oferece aos envolvidos grande flexibilidade, facilitando maior número de experimentações e estimulando a criatividade do publicitário;
- **escopo** – por meio do satélite, incorporado ao sistema um ano após sua entrada em operação, a Burti passou a estar presente em praças distantes, em locais onde antes seria técnica e economicamente inviável. Com isso, ampliou sua base de clientes e seu *market share;*
- **consolidação de imagem** – além da propaganda de uma atraente antena plantada na Avenida Paulista, o TransBurti consolidou a imagem institucional da empresa, associando o nome Burti à inovação, qualidade e espírito empreendedor. A interligação de alguns clientes das agências de anunciantes (por exemplo, Unibanco e Itaú) contribui ainda mais nesse sentido e reforça a presença da Burti em um mercado fortemente competitivo.

Figura 11.9 O "radar da competitividade" da Burti

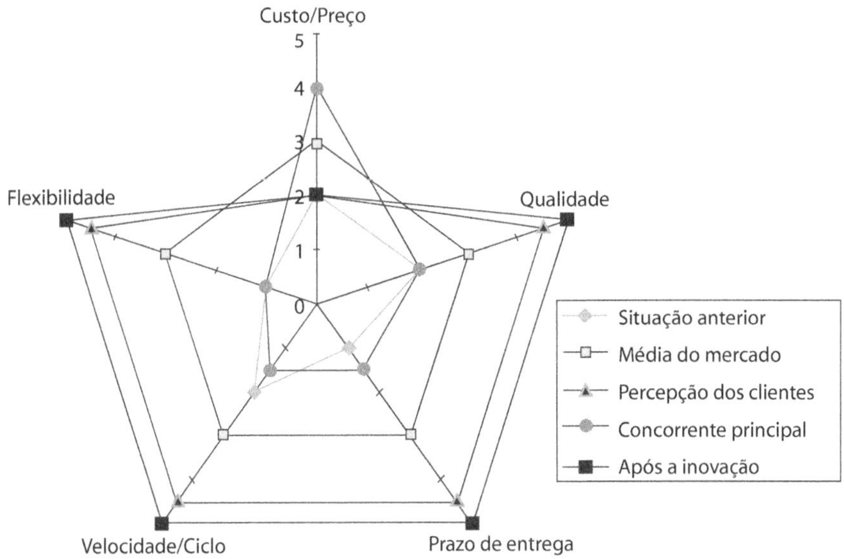

Fonte: DI SERIO; LEITE, 2003.

11.4.7.6 *Verticalização*

Com a recém-criada estrutura da BurtiHD é possível realizar, via Burti, desde a captação das imagens em estúdio até a entrega do produto gráfico, finalizado, para o seu público-alvo. No meio do processo, serviços como a pós-produção do Vaticano, a aprovação on-line de peças publicitárias por clientes, a logística digital para a entrega de anúncios na mídia impressa e a pré-impressão passam a acontecer sob o mesmo guarda-chuva, reduzindo fornecedores, retrabalhos e problemas de formatação digital.

Isso permitiu verticalizar as operações da empresa, oferecendo ao mercado um pacote de valor, a partir da criação de uma vantagem competitiva (AMIT; SCHOEMAKER, 1993; BARNEY et al., 1991) com a BurtiHD. Tais serviços vão desde a captação da imagem até a confecção da mídia impressa (ABIGRAF, 2007b).

11.4.7.7 *Barreiras*

Evidentemente, o processo de deterioração é tanto mais rápido quanto maior for a facilidade de se reproduzir a inovação: caso não haja nenhuma barreira a novos entrantes, a vantagem competitiva tenderá a ser efêmera e fugaz. Volta-se, assim, aos conceitos de Porter (1986), que define a necessidade da criação de barreiras à entrada como uma das formas de assegurar a vantagem competitiva. Do caso estudado parece emergir que a barreira adquire solidez tanto pela complexidade como pela necessidade de grande aporte de recursos essenciais a qualquer entrante.

11.4.7.8 Análise resource based view *e* drivers *de inovação*

Tendo por objetivo o diagnóstico e o planejamento de melhoria da competitividade, o Quadro 11.6 exibe, de forma sintética e comparada, os principais elementos dos casos analisados, relacionados aos fatores gestão, tecnologia e pessoas. O *driver* da inovação de cada caso é também mostrado, já anteriormente discutido no estudo de cada caso individual.

Quadro 11.6 Resumo sintético do caso Burti

***Driver* da inovação**	**Integração dos clientes com a empresa para customização de serviços**
Gestão	TransBurti (integrando o cliente com o desenvolvimento do produto)
Tecnologia	Criação de novos produtos e serviços (*blue zone*) implementados a partir da cadeia de valor virtual Integração de processos
Pessoas	Treinamento técnico (TransBurti) e comercial (relacionamento com os clientes) Treinamento e capacitação em novos idiomas O papel da liderança na concepção e implementação da TransBurti

Fonte: Elaborado pelos autores.

A Burti teve como *driver* da inovação a integração entre clientes e fornecedores. Essa opção estratégica, estruturada sob a rubrica da solução tecnológica TransBurti, gerou novos serviços e, por conseqüência, maior necessidade de treinamento das pessoas, não só em termos gerenciais, mas também na utilização da nova tecnologia.

O caso ilustra o quanto a introdução de novas tecnologias pode transformar um negócio. É interessante observar que o sistema TransBurti surgiu, em grande parte, como uma resposta à inviabilidade dos recursos publicamente disponíveis.

Esse projeto teve significativo impacto sobre a competitividade da empresa, em especial porque permitiu a participação do cliente no desenvolvimento e alterações do seu produto (flexibilidade), em prazos menores, com maior qualidade. Hoje, o mercado passa por pressões no que tange a patamares de preços muito baixos, exigindo ainda mais da empresa.

11.4.8 Benefícios da tecnologia

Em razão de tudo o que é imposto, pautar-se apenas nos indicadores financeiros pode ser uma armadilha para as empresas, conforme já apontaram Di Serio e Leite (2002).

Isso porque, em geral, os ganhos trazidos por inovações tecnológicas são difíceis de prever e, adicionalmente, apresentam vários aspectos intangíveis e não-quantificáveis.

Em geral, os modelos financeiros de análise não são capazes de refletir de maneira adequada os benefícios intangíveis trazidos pela tecnologia. E, aparentemente, isso tende a ser tão mais verdadeiro quanto maior for o grau de inovação tecnológica, justamente em razão da imprevisibilidade dos resultados, da receptividade do mercado, da reação dos concorrentes etc. Assim, defende-se a criação de novos modelos de análise, que considerem aspectos tangíveis e intangíveis, quantificáveis e não-quantificáveis, em especial para avaliar inovações tecnológicas mais profundas.

Além disso, é necessário que qualquer proposta de investimento em tecnologia esteja alinhada à postura da organização em termos de inovação tecnológica. Por exemplo, se houve uma definição de que se deseja ser seguidor lento, deve-se perguntar, logo no início do processo decisório, qual é o grau de maturidade da tecnologia que está em análise. Se for uma tecnologia que está se disseminando no mercado, é evidente que este é o *timing* correto; mas, se for algo ainda em fase experimental, um investimento parece ser extemporâneo.

11.4.9 Método do estudo de caso

Para o levantamento da realidade do caso Burti, adotou-se o método de estudo de caso, descrito brevemente a seguir.

Ao comparar o método do estudo de caso com outros métodos, Yin (1989) afirma que para se definir o método a ser usado é preciso analisar as questões que são colocadas pela investigação. De modo específico, esse método é adequado para responder às questões **como** e **por quê**, as quais são explicativas e tratam de relações operacionais que ocorrem ao longo do tempo mais do que freqüências ou incidências.

Esse método – e os outros métodos qualitativos – é útil, segundo Bonoma (1985, p. 207), "[...] quando um fenômeno é amplo e complexo, onde o corpo de conhecimentos existente é insuficiente para permitir a proposição de questões causais e quando um fenômeno não pode ser estudado fora do contexto no qual ele naturalmente ocorre".

Bonoma (1985, p. 206), ao tratar dos objetivos da coleta de dados, coloca como objetivos do método do estudo de caso não a quantificação ou a enumeração, "[...] mas, ao invés disso (1) descrição, (2) classificação (desenvolvimento de tipologia), (3) desenvolvimento teórico e (4) o teste limitado da teoria. Em uma palavra, o objetivo é compreensão".

11.4.9.1 Metodologia de estudo do caso Burti

Com base nos referenciais da metodologia descrita, procedeu-se ao levantamento da realidade na Burti. O levantamento da realidade, nos estudos de casos, não seria facilmente padronizável. Definiu-se, então, que não haveria um questionário, mas, sim, um roteiro de entrevista. A partir desse roteiro executou-se, na empresa, um longo ciclo de entrevistas, envolvendo diversas pessoas: executivos, gerentes e pessoal de nível técnico.

Tomaram-se alguns cuidados para minimizar riscos de uma eventual perda de foco. Em primeiro lugar, os mesmos pesquisadores conduziram todos os contatos, reduzindo-se a possibilidade de viés de interpretação. Os pesquisadores mantiveram-se atentos para derivar novas perguntas a partir das respostas obtidas e teve-se sempre em mente o objetivo e o foco da pesquisa. Assim, de forma flexível e amistosa, conseguiu-se de cada entrevistado um amplo envolvimento.

Ademais, foram feitas várias visitas à empresa, observando-se suas diversas áreas e processos, o que permitiu o delineamento de um quadro muito mais preciso e detalhado sobre os reais reflexos da inovação tecnológica, uma vez que se tinha, aliado à visão estratégica, também um enfoque no âmbito das operações.

As entrevistas que contribuíram para essa pesquisa foram realizadas em 11 de novembro de 2004, 16 de março de 2006, 20 de abril de 2006 e 21 de junho de 2007; além de diversas outras visitas e entrevistas realizadas antes desse período.

11.4.10 O projeto TransBurti

O projeto de transmissão de dados – batizado posteriormente de TransBurti – levou três anos para ser desenvolvido. Foram avaliadas diversas alternativas de solução. Só essa fase de pesquisa consumiu gastos da ordem de US$ 180 mil.

Em rigor, o ideal, para a Burti, seria seguir a sugestão de Sabato e Mackenzie (1979) e adquirir um pacote tecnológico pronto: a solução mais óbvia seria contratar os serviços das concessionárias de telecomunicações. Contudo, havia dois empecilhos virtualmente intransponíveis: preço e qualidade do serviço.

- Se fosse utilizada uma linha de 2 Mbps, que era a velocidade máxima então fornecida pela Embratel, o custo anual seria de US$ 3,6 milhões.
- Se fosse utilizada uma linha de 64 kbps, padrão fornecido pela Embratel, um anúncio de página dupla em uma revista (arquivo em torno de 200 MB) demoraria cerca de 12 horas para ser transmitido. O custo anual cairia, mas ainda assim continuaria sendo muito alto, da ordem de US$ 1,7 milhão.

Esses dois aspectos evidenciaram a necessidade de se buscar uma solução alternativa. Após estudos e análise de diversas propostas, foi escolhido o projeto desenvolvido pela ViewPoint, empresa gaúcha. Ao contrário de redes de alta velocidade que têm sido implantadas em outros países, as fibras ópticas foram deixadas de lado. A Burti optou pela transmissão digital de sinais de rádio, que tem a grande vantagem de ser mais flexível: para expandir a rede, basta instalar uma nova antena parabólica. Com a tecnologia de 10 Mbps, o tempo de transmissão do anúncio de página dupla (que levava cerca de 12 horas) caiu para cerca de quatro minutos.

A nova rede de comunicação de dados, batizada com o nome de TransBurti, começou a operar em 30 de agosto de 1995. Para isso foi instalada, na Avenida Paulista, uma torre de 43 m de altura e 14 t de peso. Projetada para suportar ventos de até 140 km/h, seu ponto mais alto está a 140 m da rua. Rodeada por 13 anéis de néon importados da Itália, com cores na escala do arco-íris, o *design* é obra do valorizado artista plástico Antonio Peticov e tornou-se um marco institucional.

O sistema TransBurti integra três tecnologias: microondas, roteadores e videoconferência. Em termos de segurança, definiu-se que não se trabalharia com senhas, mas apenas com a proteção de um *firewall*.

O equipamento inicialmente utilizado como servidor foi um Challenger, da Silicon Graphics, com 160 GB de disco rígido e 2 GB de memória RAM, cujo custo chegou a US$ 700 mil. Tal servidor, com capacidade para suportar até 64 CPUs trabalhando simultaneamente, operava com *clock* de 200 MHz e oito processadores simultâneos, podendo ser expandido para até 24. Foi o primeiro com tamanha capacidade a ser instalado na América Latina.

As agências receberam estações de trabalho Indy, também da Silicon Graphics, com 1 Gb de disco rígido e 32 Mb de memória RAM, equipadas com câmera, microfone e *software* InterPerson para videoconferência. O cliente conta com o *software* PhotoShop para editar suas imagens. Monitores de vídeo de alta definição reproduzem fielmente as cores em que os anúncios serão impressos. Como o cliente recebe tudo gratuitamente, cada instalação custava, para a Burti, um investimento inicial de US$ 160 mil, mais as despesas de manutenção.

Cada agência passou a contar com uma antena, direcionada para a antena principal da Avenida Paulista. A transmissão é feita por rádio digital, em microondas, na freqüência de 23 GHz, trafegando à velocidade de 10 Mbps. Desse ponto para a sede da Burti, na Mooca, a velocidade de transmissão passa a ser de 90 Mbps (dois canais de 45 Mbps), para evitar o congestionamento nos momentos em que várias agências estiverem trabalhando simultaneamente. E, internamente, os 52 terminais da própria Burti estão interligados por um *backbone* de 100 Mbps.

Para garantir a segurança e a confidencialidade dos dados dos clientes, o sistema atribui, a cada agência, espaços próprios e privativos no disco rígido, impossibilitando o acesso por terceiros. Além disso, as agências só se comunicam com a Burti, sendo impossível o acesso de uma à outra.

Inicialmente, foi feito um teste envolvendo apenas duas agências: a DPZ (que tinha com a Burti um movimento mensal de US$ 350 mil) e a W/Brasil (de porte similar). Vencida a fase dos testes, em uma primeira etapa havia o propósito de integrar progressivamente outras 16 agências de propaganda e três empresas jornalísticas, todas na Grande São Paulo, tendo em vista que o alcance da antena está limitado a um raio de 25 km.

Durante o primeiro ano de funcionamento, o sistema atingiu, além dos dois grandes jornais do País, 13 agências de publicidade, dentre as quais estavam todos os nomes mais importantes do mercado de publicidade: DM9, Talent, McCann-Erickson, Standard Olgivy & Mather, Young & Rubican, Norton, Almap/BBDO, Salles, DMB&B, Fischer Justus & Foote e Cone & Belding, inclusive, evidentemente, as duas pioneiras, DPZ e W/Brasil.

Posteriormente, o plano previa a operação em outras praças, iniciando pelo Rio de Janeiro (cerca de 15 agências) e Curitiba. Em um futuro mais distante, o projeto visava chegar ao exterior, ampliando a área geográfica de atuação da empresa.

Para contextualizar o projeto TransBurti, seguem alguns outros dados referentes a 1995 que permitem compreender a dimensão da Burti e seu peso no mercado:

- produzia de 100 a 120 fotolitos diários, que geravam cerca de 50% de seu faturamento;
- possuía um acervo de 50 mil imagens digitalizadas, classificadas e indexadas;
- somente na área de fotolito, o *backup* diário consumia cerca de 3 Gb;
- existiam mais de 80 microcomputadores dedicados exclusivamente ao trabalho gerencial;
- contava com 50 estações de trabalho Macintosh, três estações Silicon Graphics, dois *scanners* de alta resolução e *software* OPI (*Open Prepress Interface*), em um pacote avaliado em mais de US$ 4 milhões;
- seu parque gráfico estava avaliado em US$ 50 milhões, com máquinas de elevado desempenho e alta qualidade;
- cerca de 80% dos anúncios então publicados na revista *Veja* eram produzidos pela Burti;
- quase todos os últimos presidentes tiveram suas fotos oficiais retocadas pela Burti, à exceção de Fernando Henrique Cardoso, que preferiu sua fotografia sem retoques.

11.5 DISCUSSÃO DOS RESULTADOS DOS ESTUDOS DE CASO DE FORMA INTEGRADA[3]

Os casos estudados neste capítulo consistem de empresas que têm conseguido obter crescimento sustentado por meio da criação de vantagens competitivas no decorrer do tempo, o que é evidenciado a partir dos resultados obtidos por essas empresas, mostrados aqui na forma de gráficos plotados em escala logarítmica. A escolha dessa escala não é ao acaso: ao apresentar os dados dessa forma, é possível inserir no mesmo gráfico dados de grandezas diferentes, e comparar as tendências de ambos.

O Gráfico 11.2 revela como o Fleury tem mostrado uma tendência de crescimento, quando analisada a sua receita e o seu lucro líquido, o número de seus clientes e o volume de exames realizados.

Gráfico 11.2 Resultados financeiros e operacionais dos Laboratórios Fleury

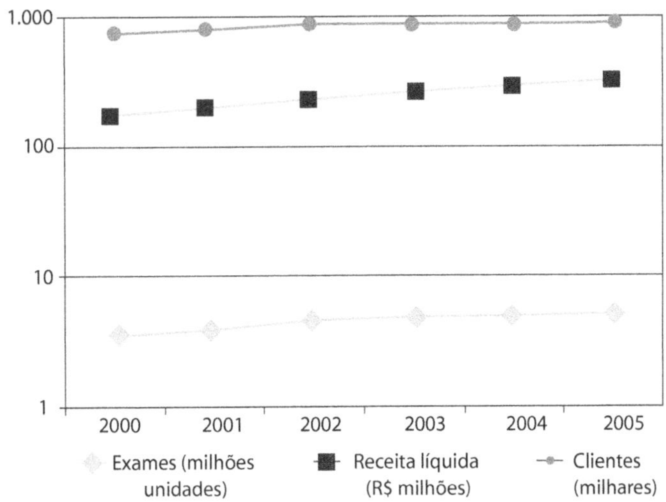

Fonte: FLEURY, 2005.

Em 2005, a empresa A investiu R$ 72 milhões em aquisições, reestruturações e melhorias de infra-estrutura e equipamentos, o que, por conseqüência, afetou os indicadores financeiros. O Ebtida – lucro antes de juros, impostos, depreciações e amortizações – do

[3] A publicação dos quatro casos estudados foi autorizada pelas empresas mencionadas. Contudo, a análise comparativa mostrada a seguir é de exclusiva responsabilidade dos autores e tem por objetivo o exercício didático de aplicação das teorias abordadas neste livro.

Fleury S.A. atingiu R$ 89,3 milhões em 2005, representando 26,8% sobre a receita líquida, contra 28,4% em 2004. Essa queda foi decorrente da reestruturação administrativa efetuada no último exercício (FLEURY, 2005).

Por sua vez, a empresa B (Marcopolo) mostra uma clara tendência de crescimento do seu valor de mercado. Simultaneamente, é possível verificar que o valor patrimonial por lote de ações também tem crescido.

Enquanto a margem líquida da empresa tem variado de maneira significativa nos últimos anos, houve uma tendência de estabilidade, identificada no Gráfico 11.3, no giro dos estoques.

Gráfico 11.3 Resultados financeiros e operacionais da Marcopolo

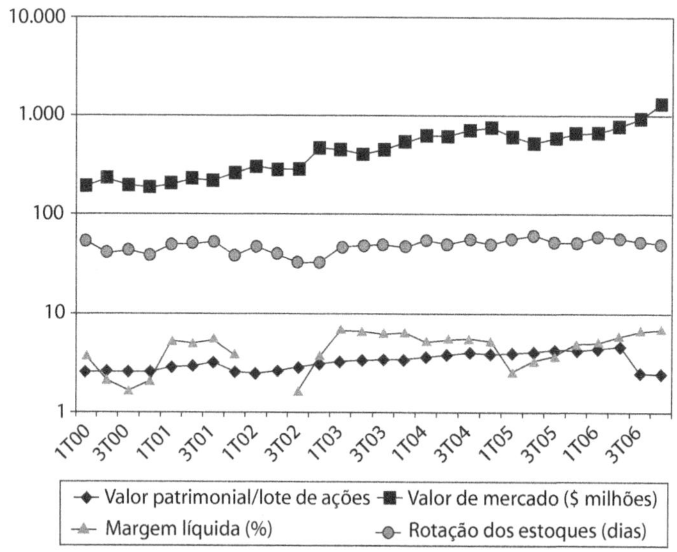

Fonte: MARCOPOLO. Disponível em: <http://www.marcopolo.com.br/institucional>. Acesso em: 18 jun. 2007.

Tendências também bastante claras de crescimento sustentado, e com elementos de sustentabilidade, em seu sentido mais amplo, podem ser identificadas na análise da empresa C (Natura). Essas tendências são mostradas no Gráfico 11.4.

A Natura obteve, no período entre 2004 e 2006, crescimento simultâneo em receita líquida e lucro líquido, mesmo ampliando o número de novos produtos. Além disso, seu crescimento foi acompanhado pelos elevados gastos da empresa em educação e treinamento para seus funcionários e, ainda, em esforços de pesquisa e desenvolvimento para a inovação.

Gráfico 11.4 Resultados financeiros e investimentos da Natura

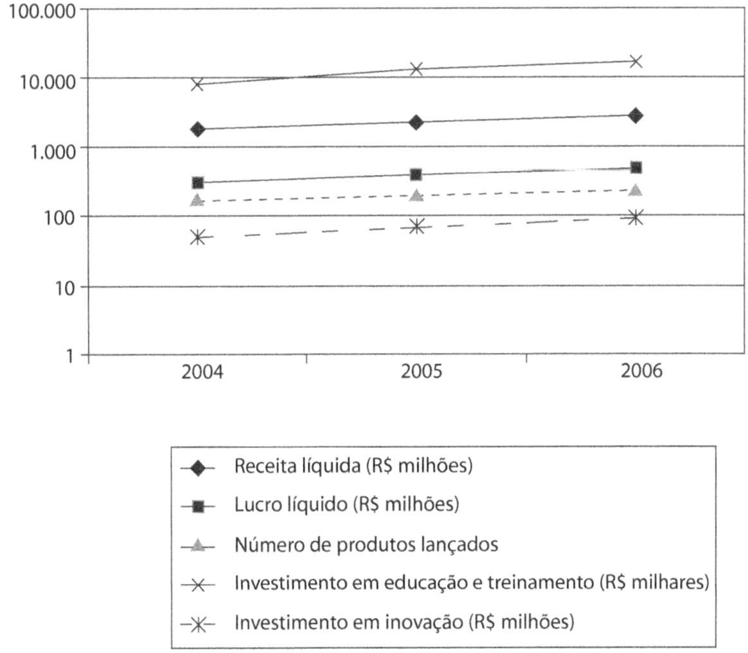

Fonte: NATURA, 2006.

Em 2006, as aplicações na área de inovação corresponderam a 3,2% da receita líquida, em comparação com 2,9% no ano anterior, o que corresponde a um valor absoluto investido de R$ 87,8 milhões, um aumento de 30,8% em relação a 2005. O resultado desse investimento foi o lançamento de 225 novos produtos em 2006, contra 213 no exercício anterior (NATURA, 2006).

Após esse breve cenário que aponta como as empresas cresceram ao longo dos anos, o Quadro 11.7 dispõe, de forma sintética e comparada, os principais elementos dos casos, relacionados aos fatores gestão, tecnologia e pessoas. O *driver* da inovação de cada caso é também mostrado – já anteriormente discutido no estudo de cada caso individual.

Quadro 11.7 Resumo sintético comparativo dos casos estudados

	Empresa A	Empresa B	Empresa C	Empresa D
	Fleury	**Marcopolo**	**Natura**	**Burti**
***Driver* da inovação**	■ Crescimento do mercado e conseqüente aumento da demanda por exames (volume e qualidade)	■ Internacionalização ■ Customização	■ Internacionalização ■ Diversificação de produtos ■ Preocupação com a sustentabilidade da empresa	■ Integração dos clientes com a empresa para customização de serviços
Gestão	■ Nova estratégia de crescimento com ampliação do pacote de valor: produtos e serviços ■ Parcerias com médicos e hospitais	■ Estratégia de diferenciação com foco internacional	■ Início de vendas no varejo (lojas físicas – Paris e aeroportos) ■ Diferenciação	■ TransBurti (integrando o cliente com o desenvolvimento do produto)
Tecnologia	■ Lançamento de novos produtos e serviços ■ Implementação de sistemas de informação e decisão ■ Gestão por processos ■ Maior integração	■ Produtos e serviços (mercado internacional) ■ Novas fábricas no exterior (por exemplo, Colômbia, Portugal, México, África do Sul, Argentina)	■ Lançamento do portal Natura.com ■ Lançamento de novos produtos e implementação de ERP ■ Integração do sistema de vendas com S&OP ■ Vendas pelo canal virtual	■ Criação de novos produtos e serviços (*blue zone*) implementados a partir da cadeia de valor virtual ■ Integração de processos
Pessoas	■ Treinamento e capacitação dentro de uma visão integrada ■ Treinamento e capacitação em novos idiomas ■ Papel da liderança para verificar as tendências no setor e implementação da estratégia de integração do negócio	■ Treinamento e capacitação em novas competências e novos idiomas ■ Papel da liderança na implementação do sistema de governança da empresa e internacionalização	■ Treinamento e capacitação em novas competências e novos idiomas ■ Percepção das tendências para o setor de atuação da empresa (por exemplo, internacionalização)	■ Treinamento técnico (TransBurti) e comercial (relacionamento com clientes) ■ Treinamento e capacitação em novos idiomas ■ O papel da liderança na concepção e implementação da TransBurti

Fonte: Elaborado pelos autores.

O *driver* da inovação no caso da empresa A (Fleury) foi o crescimento do mercado, o que resultou em um rearranjo da orientação estratégica da empresa, focada agora na ampliação do pacote de valor. Houve, concomitantemente, a melhoria dos processos, apoiados agora sobremaneira nas ferramentas de TI. Esse incremento do componente tecnológico das empresas também foi notado na qualificação das pessoas, agora mais treinadas nas ferramentas gerenciais e em novos idiomas.

O *driver* da inovação no caso da empresa B (Marcopolo) foi a diferenciação e a internacionalização. Como movimento competitivo, a internacionalização da empresa se tornou inadiável, e a elaboração e implementação de uma estratégia de diferenciação com foco internacional ocorreu na empresa. Por conseqüência dessas ações, novas fábricas foram abertas no exterior, e a necessidade de aprendizado de novos idiomas foi suprida, mediante o treinamento dos funcionários.

A empresa C (Natura) teve como *driver* da inovação também a internacionalização, com o desenvolvimento e lançamento de novos produtos no mercado externo – não motivada pela competição internacional, mas, sim, pela necessidade de crescimento além-fronteiras, uma das características de todas as empresas que buscam tornar-se globais. Nesse sentido, a abertura de lojas no exterior e o desenvolvimento de um canal de vendas virtual são elementos que permitem inferir como a empresa optou por avançar no mercado externo. Evidentemente, as pessoas envolvidas nessas operações passaram a receber treinamento em novos idiomas.

Por fim, a empresa D (Burti) teve como *driver* da inovação a integração entre clientes e fornecedores. Essa opção estratégica, estruturada sob a rubrica da solução tecnológica TransBurti, gerou novos serviços e, conseqüentemente, maior necessidade de treinamento das pessoas, não só em termos gerenciais, mas também na utilização da nova tecnologia.

Conforme salientado, esses casos podem também ser analisados a partir do *framework* proposto por Barney (2002). O modelo tem sido chamado de VRIO, acrônimo que indica as características principais para que os recursos da firma gerem vantagem competitiva sustentável. Tais características são **V**alor, **R**aridade, **I**mitabilidade e uso pela **O**rganização. O modo de avaliar essas características consiste em responder às seguintes perguntas:

- **Valor** – o recurso capacita a empresa a responder às oportunidades e ameaças externas?
- **Raridade** – o recurso é controlado somente por um pequeno número de empresas?
- **Imitabilidade** – as firmas que não possuem esse recurso enfrentam uma desvantagem para obtê-lo ou desenvolvê-lo?
- **Uso do recurso pela organização** – as políticas e os procedimentos da firma estão orientados para explorar os seus recursos valiosos, raros e custosos de serem imitados?

O Quadro 11.8 mostra os resultados desta análise, para os principais recursos estratégicos das empresas estudadas.

Quadro 11.8 Avaliação dos recursos nos casos estudados

	Valioso?	Raro?	Custoso de imitar?	Explorado pela organização?	Implicação competitiva
Empresa A (Fleury)					
Conhecimendo do mercado (diferenciação)	Sim	Sim	Sim	Sim	Vantagem competitiva sustentável
Qualidade do diagnóstico	Sim	Sim	Sim	Sim	Vantagem competitiva sustentável
Qualidade do atendimento	Sim	Não	Não	Sim	Paridade competitiva
Integração dos produtos e processos (confiabilidade)	Sim	Não	Não	Sim	Paridade competitiva
Empresa B (Marcopolo)					
Desenvolvimento de novos produtos (diferenciação)	Sim	Sim	Não	Sim	Vantagem competitiva temporária
Conhecimento do mercado internacional	Sim	Sim	Sim	Sim	Vantagem competitiva sustentável
Empresa C (Natura)					
Amplo alcance da rede de vendedoras no mercado	Sim	Sim	Sim	Sim	Vantagem competitiva sustentável
Sistema integrado de planejamento da demanda e da produção	Sim	Não	Não	Sim	Paridade competitiva
Gestão logística (95% do prazo de entrega atendido)	Sim	Sim	Sim	Sim	Vantagem competitiva sustentável
Empresa D (Burti)					
Relacionamento com os clientes	Sim	Sim	Sim	Sim	Vantagem competitiva sustentável
Conhecimento do mercado	Sim	Sim	Sim	Sim	Vantagem competitiva sustentável
TransBurti	Sim	Não	Não	Sim	Paridade competitiva

Fonte: Elaborado pelos autores.

Como fica evidente a partir da análise do Quadro 11.8, ao menos um dos recursos de cada empresa analisada é fonte de vantagem competitiva sustentável. Nesse sentido, a evidência empírica parece corroborar a teoria, dado que os casos foram escolhidos por serem únicos, ou seja, empresas líderes em seus setores de atuação.

Por meio dessas análises, e tentando empreender um exercício de classificação, podem-se gerar diferentes gradações para as configurações dos fatores gestão, tecnologia e pessoas dos casos analisados. Essa avaliação, ainda que subjetiva e baseada na percepção do desalinhamento entre necessidades do mercado e oferta de produtos e serviços gerados pelas operações da firma, pode gerar poderosos *insights*. As diferentes configurações de GTP estão dispostas nas Figuras 11.10, 11.11, 11.12 e 11.13.

A empresa A (Fleury), ao reservar à área de tecnologia a importância devida, logrou êxito em contrabalançar a necessidade de resultados no curto prazo e a visão estratégica de médio prazo. Os projetos de TI passam de meios de se alcançar redução de custos, aumento de qualidade e mesmo aumento da velocidade dos processos de negócios, para um patamar de papel central na forma como se criam e implementam soluções inovadoras.

Figura 11.10 Alinhamento entre expectativas do mercado e nível de operações – Fleury

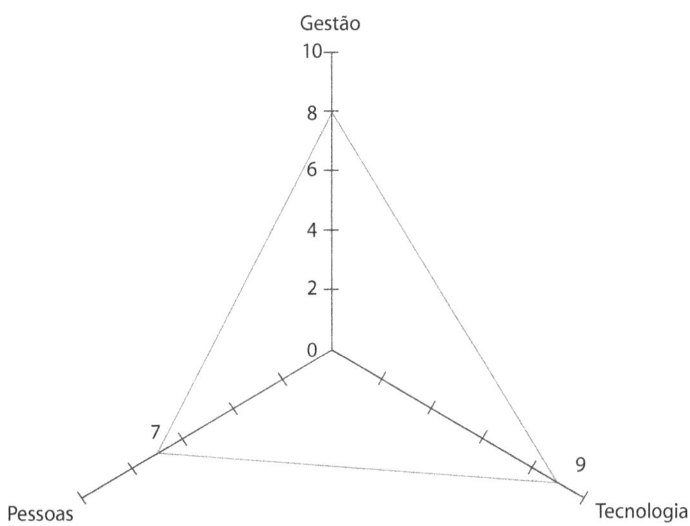

Fonte: Elaborada pelos autores.

A internacionalização da empresa B (Marcopolo) tem forçado a empresa a adquirir novas competências e a superar vários desafios para viabilizar seus planos de expansão. Assim, da mesma forma que a empresa desenvolveu novos sistemas logísticos para o embarque de carroçarias, é necessário o desenvolvimento nos seus executivos de uma maior flexibilidade cultural, o que já vem recebendo atenção na formação de recursos humanos.

A Marcopolo destaca-se entre as demais empresas brasileiras, com seu avançado grau de internacionalização, reconhecimento internacional da marca, práticas de governança corporativa e profissionalismo na gestão. Os fatores críticos para o sucesso da Marcopolo estão relacionados às suas estratégias de negócio e operacionais.

O elevado nível de verticalização da empresa, obtido mediante a fabricação de componentes, inicialmente considerado uma necessidade, em função da inexistência de fornecedores qualificados, atualmente é entendido pela empresa também como uma vantagem, pois além de garantir a qualidade dos componentes, fortalece a posição da empresa diante das pressões competitivas e possibilita ganhos de escala. Nesse sentido, a manufatura de bancos e acabamento tornam-se competências essenciais da empresa.

Figura 11.11 Alinhamento entre expectativas do mercado e nível de operações – Marcopolo

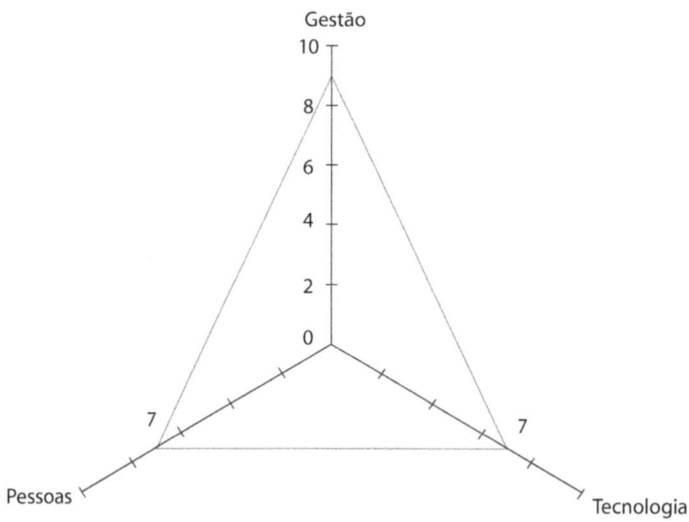

Fonte: Elaborada pelos autores.

Por sua vez, a empresa C (Natura) mostrou como a internet pode ter um profundo efeito nas estratégias de distribuição e varejo, ao oferecer um novo canal de venda direta.

Com a introdução do novo canal de vendas pela internet, novas estratégias foram implementadas pela empresa C a fim de atender com agilidade a demanda gerada pelo *e-business*. A empresa lançou mão das mais novas técnicas de gestão de estoques, automação do depósito, computação e telecomunicações, que vêm sendo usadas como resposta à competição acirrada que determina, por seleção natural, as empresas que sobreviverão na nova economia digital. No campo da logística, essas novas técnicas permitiram eliminar um dos mais sérios "gargalos" que a empresa enfrentava: o tempo gasto para o produto chegar às mãos dos consumidores.

Figura 11.12 Alinhamento entre expectativas do mercado e nível de operações – Natura

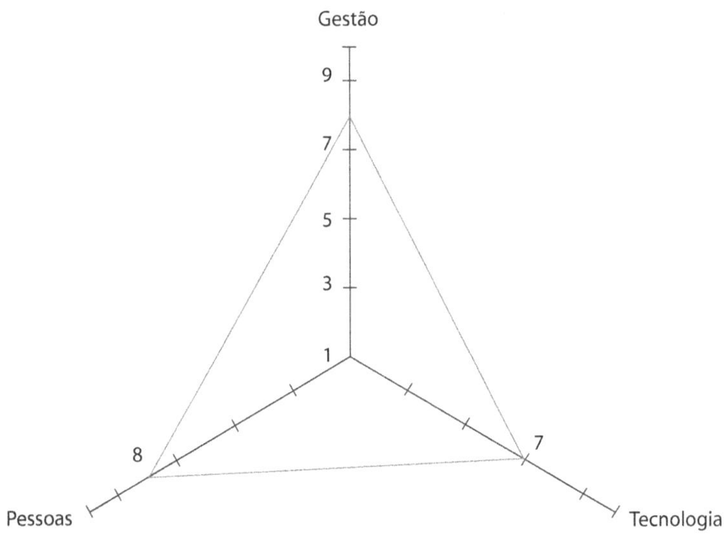

Fonte: Elaborada pelos autores.

Por fim, o caso da empresa D (Gráficos Burti) ilustra o quanto a introdução de novas tecnologias pode transformar um negócio. É interessante observar que o sistema TransBurti surgiu, em grande parte, como uma resposta à inviabilidade dos recursos publicamente disponíveis.

Esse projeto teve significativo impacto sobre a competitividade da empresa, principalmente porque permitiu a participação do cliente no desenvolvimento e alterações do seu produto (flexibilidade), em prazos menores, com maior qualidade. Hoje, o mercado recebe pressão no que tange a patamares de preços muito baixos, exigindo ainda mais da empresa.

E, ainda, não se pode deixar de destacar que a competitividade obtida pela empresa D é fruto da interação de três fatores: tecnologia, gestão e pessoas (Figura 11.13). O relato dessa experiência mostra que todos esses três fatores se combinaram em doses adequadas, produzindo um resultado exemplar que ilustra o grande potencial de ganho de competitividade associado à inovação.

Figura 11.13 Alinhamento entre expectativas do mercado e nível de operações – Burti

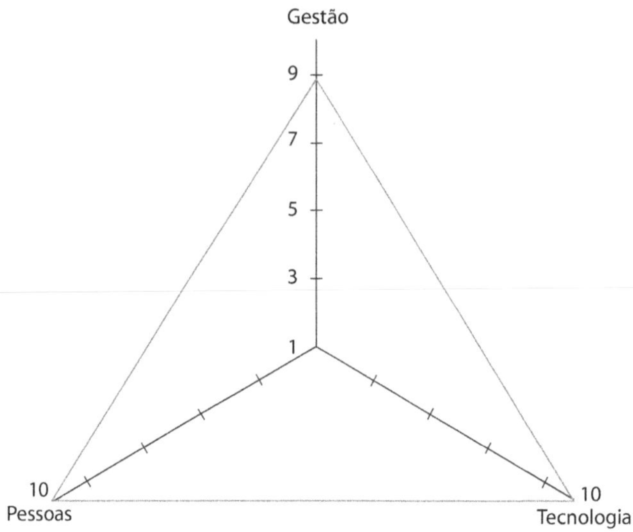

Fonte: Elaborada pelos autores.

Avançando ainda mais na análise dos casos, é possível verificar como as empresas conseguiram atingir altos níveis de desempenho, a partir do alcance de excelência em qualidade, tempo e flexibilidade. O processo pelo qual as empresas em geral adquirem excelência em cada um desses objetivos foi explorado por Slack (1993) e é indicado aqui na Figura 11.14.

A Figura 11.14 mostra que a preocupação inicial de qualquer empreendimento reside nos custos. A eficiência operacional é a forma mais racional de maximizar lucros no curto prazo, pois a alta gestão pode exigir de funcionários e colaboradores que cumpram suas tarefas nos prazos, com os materiais a ela destinados, e nos tempos previstos. Feito isso, ou seja, cumprindo o que estava planejado para o período *x*, a empresa terá alcançado suas metas iniciais, o que significa focar apenas o *bottom line*.

O próximo passo que as empresas geralmente priorizam para atingir a excelência consiste na resolução dos problemas de qualidade, uma vez que reduzem os custos operacionais. Na verdade, os problemas relacionados à qualidade são difíceis de serem sanados, mas as organizações que adotam práticas de Gestão da Qualidade Total (TQM), como o controle estatístico do processo, *kaizen* e *just in time*, sabem que mesmo os problemas não previstos podem ser melhor abordados se houver um alicerce na empresa para a melhoria contínua.

Figura 11.14 Degraus da excelência empresarial

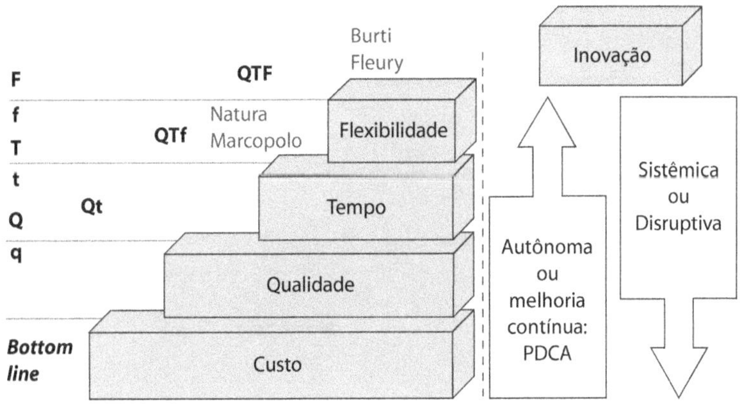

Fonte: Adaptada de Slack (1993).

Feito isso, a empresa terá condições de mover produtos em andamento e acabados por meio da operação (e no seu canal de marketing) de maneira mais enxuta, ou seja, com menos estoque e de forma mais rápida. Assim, o próximo objetivo de desempenho das empresas que buscam a excelência é aquele relacionado ao tempo.

O objetivo de tempo está relacionado a três dimensões. A primeira delas consiste na diminuição do período necessário para o *throughput* na operação; a segunda diz respeito aos ganhos de produtividade nas microoperações organizacionais; e a terceira – e a mais importante do ponto de vista logístico – está relacionada ao tempo de introdução de novos produtos no mercado e à garantia de entrega destes e de outros produtos ao cliente no prazo previsto. A melhoria da competitividade na dimensão tempo gera menores volumes de estoque, o que aumenta o capital de giro e, conseqüentemente, reduz custo.

A flexibilidade pode ser vista como um próximo passo. Ao tornar a operação lucrativa, com produtos confiáveis e de qualidade, a empresa poderá agora buscar responder a variações no seu macroambiente de negócios de maneira mais eficaz. Para isso, ela precisa se tornar mais flexível.

Angariando recursos mais flexíveis, a operação como um todo poderá apresentar melhor desempenho na competição, principalmente diante da incerteza e dos riscos do negócio. A dimensão visível da flexibilidade será na forma de novos produtos, em alterações do *mix*, em volume e no prazo de entrega (SLACK, 1993).

Todas as empresas estudadas neste trabalho seguiram, em maior ou menor grau, essa trajetória. Como elas, algumas empresas da indústria automobilística no Ocidente têm, somente agora, após quase um século desde o seu início, conseguido alcançar ganhos visíveis de flexibilidade. Isso demonstra que o caminho para a excelência pode ainda variar de acordo com a velocidade evolutiva (*clockspeed*) do setor (Figura 11.15).

Figura 11.15 *Clockspeed* e casos estudados

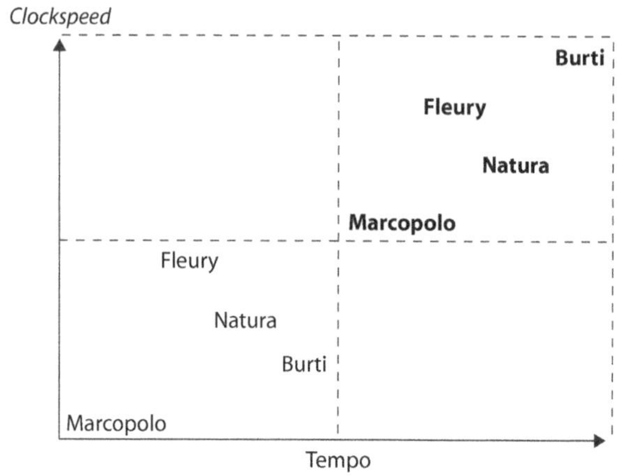

Fonte: Elaborada pelos autores.

As empresas avançaram a partir do aumento de novos produtos e processos, bem como a partir de mudanças organizacionais e em seus modelos de negócios (ver Quadro 11.9). Assim, a inovação é a derradeira fronteira empresarial. Ganhos incrementais provenientes da melhoria contínua podem conduzir à excelência, mas inovações radicais, como o modelo de negócios da Dell ou o iPod da Apple, podem redefinir as regras da competição e, assim, mudar o setor e o mercado.

Quadro 11.9 Evidências do aumento da velocidade evolutiva

	Empresa A	Empresa B	Empresa C	Empresa D
	Fleury	**Marcopolo**	**Natura**	**Burti**
Tecnologia do produto	De exames para diagnósticos	De projeto de produto padronizado para projetos customizados	Maior diversificação da linha de produtos	Evoluiu de um produto com base no mundo físico (fotolito e provas) para um produto desenvolvido de forma híbrida (ajuste de requisitos de qualidade virtual com a participação do cliente)

Continua

Continuação

Tecnologia do processo	De equipamentos para exames para linhas de processamento flexíveis	De postos de trabalho funcionais para sistema produtivo flexível	Migração para processos em linha, automatizados e flexíveis (*automated materials handling* e *picking system*)	Evoluiu de um sistema de pré-impressão fundamentado em provas físicas para um sistema *what you see is what you get* (WYSIWYG) virtual
Organização	Evoluiu de um modelo de gestão de laboratório para centro integrado de diagnósticos	Evoluiu de uma organização com foco local para uma organização internacional	Evoluiu de uma organização com foco local para uma organização internacional; evoluiu de uma organização com canal de distribuição vertical para uma organização com canais múltiplos	Evoluiu de uma forma de organização tradicional baseada no mundo físico para uma organização integrada virtualmente com seus clientes

Fonte: Elaborado pelos autores a partir de Fine (1999).

Uma derivação dos resultados encontrados neste trabalho é ainda possível. Sabe-se que, ao atribuir valores para GTP, tem-se um eixo cartesiano triortogonal, em que o valor 10 representa a excelência empresarial. Ao associar os valores possíveis de GTP a medidas de desempenho (por exemplo, *market share*), tem-se um novo *framework*, conforme mostrado na Figura 11.16.

Um baixo valor de GTP relacionado a um alto desempenho pode significar a existência de uma estrutura de mercado que não favorece a competição. Ainda que a premissa básica deste trabalho seja a de que a alocação eficiente e eficaz de recursos em GTP irá gerar vantagens competitivas, não podemos ignorar o papel da estrutura de mercado, amplamente utilizada por Porter (1979, 1981) como determinante da competição.

De fato, é amplamente aceito na literatura que as estruturas de mercado podem mesmo coibir a competição, fato esse que terá existência no País, como nos demais Estados com economias capitalistas, um órgão específico para o controle da concentração econômica, o Conselho Administrativo de Defesa Econômica (Cade). Negócios que implicam o controle por uma única companhia de grande parte do mercado são potencialmente danosos ao consumidor final, pois reduzem o nível de competição entre as empresas existentes no mercado.

Ainda assim, monopólios podem emergir e, além disso, serem eficientes do ponto de vista econômico, por exigirem em setores vitais um grande investimento inicial, com retornos crescentes de longo prazo. Isso ocorre, particularmente, em setores em que a distribuição é feita por meio de redes, como nos casos do abastecimento de água, gás e energia elétrica. Estes são denominados monopólios naturais, e a política governamental para eles tem se fundamentado na regulamentação (VOGEL, 1996).

Figura 11.16 *Performance* e GTP

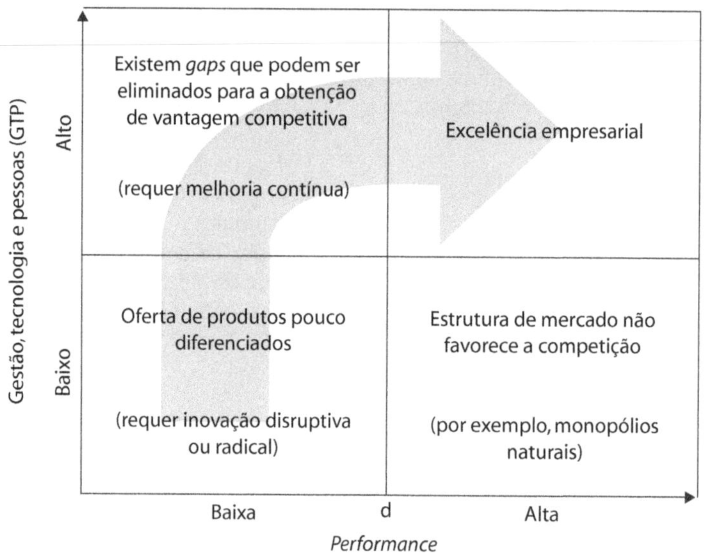

Fonte: Elaborada pelos autores.

Em estruturas de mercado com tais características, qualquer alocação de GTP poderá gerar resultados favoráveis à empresa, o que não implica a necessidade de planos estratégicos para a criação de maior valor ao cliente. Nesse caso, o modelo proposto perde efeito. À exceção dessa situação específica, o modelo é uma ferramenta eficaz para a estratégia empresarial.

De fato, e como mostra a Figura 11.16, um baixo valor de GTP relacionado a um baixo desempenho pode significar a existência de um mercado de produtos comoditizados, com pouca ou nenhuma diferenciação. A alternativa para a firma seria criar as condições para competir de forma diferente nesse mercado ou mesmo migrar para uma nova base de clientes. A resposta seria, portanto, buscar um novo pacote de valor a partir da inovação radical.

Após isso, e supondo que a alocação de recursos em GTP tornou-se mais competitiva – ou seja, criou maior valor para os consumidores –, teremos ainda a possibilidade de haver um pífio desempenho. Nesse caso, existem *gaps* em pontos-chave da operação que devem ser tratados. A filosofia da melhoria contínua será fundamental para resolver o problema.

Por fim, um elevado valor de GTP e um desempenho superior em face da competição indicam que a empresa atingiu a excelência empresarial. As implicações empresariais disso são aprofundadas no Capítulo 12.

12

CONCLUSÕES E LIMITAÇÕES

A contribuição deste texto é a possibilidade de diagnosticar, planejar e implementar melhorias organizacionais, a partir das identificações de *gaps* entre as necessidades do mercado (ou suas expectativas) e a alocação e realocação de recursos organizacionais. Diferentes configurações de GTP geram diferentes possibilidades de a firma competir (ver o desenho conceitual apresentado na Figura 12.1).

Estrutura do Capítulo 12

Capítulo 1 – Introdução		
Justificativa	Objetivos	Desenho da pesquisa

Capítulo 2 – Modelos mentais e organizações		
Pontos de ruptura na história humana	Paradigmas pós-fordistas	Evolução dos modelos de gestão

Capítulo 3 – A criação de valor		
A noção de valor	Valor para o cliente	A cadeia de valor

Integrando diferentes perspectivas na criação de valor

Capítulo 4 – Inovação			
Criatividade	Incremental	Disruptiva	Mensuração

Capítulo 5 – Tecnologia da Informação	
Evolução e conceitos de TI	Conectividade nas empresas
Aplicações de TI nos negócios	TI e vantagem competitiva

Capítulo 6 – Competitividade	
Globalização e competitividade	Competitividade do Brasil
Competitividade empresarial	Diagnóstico da competitividade

Capítulo 7 – Estratégia	
Evolução histórica do campo	Escolas de pensamento
Estratégia de operações	Inovação de valor (*Value innovation*)

Capítulo 8 – Teorias da firma e estratégia empresarial	
A firma como função de produção	A firma como nexo de contratos
A firma como recursos heterogêneos	A decisão de fazer *versus* comprar

Capítulo 9 – Gestão, Tecnologia e Pessoas (GTP)		
Vantagem competitiva	Ambiente competitivo	Capacidades organizacionais

Integração: evolução nas empresas

Capítulo 10 – Competitividade empresarial: diagnóstico e planejamento	**Capítulo 11** – Estudo de casos	**Capítulo 12** – Conclusões e limitações

Os casos analisados demonstram o grau de alinhamento entre as estratégias da organização e o ambiente, que pode refletir uma melhor posição competitiva sustentável. O alinhamento estratégico das empresas Fleury, Natura e Burti apresentaram relação direta com o uso intensivo da tecnologia, em produtos e processos, para manter a posição competitiva da empresa. As estratégias de TI revelaram-se essenciais no modelo de negócios, sendo questionável apenas a geração de vantagem competitiva nas empresas. A análise do uso estratégico da TI e da automação mostrou como as empresas centraram seus modelos de negócios no uso intensivo da TI.

Contudo, o diferencial competitivo obtido apenas com uma base tecnológica tende a ser um tanto quanto volátil, dado que tais ganhos tendem a se deteriorar rapidamente, na medida em que eles são passíveis de serem copiados pelos concorrentes. Isso pode não ocorrer quando a empresa adquire um profundo conhecimento dos seus mercados-alvos. Foi possível constatar essa afirmação no caso Burti, em que seu principal concorrente, a empresa Takano, lançou um modelo de negócio semelhante ao TransBurti, utilizando-se da tecnologia disponível pela internet – a Takano.net. O insucesso desse negócio ocorreu em razão da pouca ênfase dada pelo concorrente ao relacionamento com os clientes, e ao uso limitado dos recursos de TI na melhoria dos relacionamentos com os clientes existentes. Esse conhecimento também foi observado no caso da empresa Marcopolo, o que permitiu a mudança organizacional para a customização dos produtos às demandas específicas dos consumidores.

Nos casos Fleury e Burti, especialmente, é possível constatar uma estratégia emergente. A partir de inovações incrementais, pode-se ampliar o pacote de valor, melhorando, assim, a competitividade em custo, qualidade e tempo, para, em um estágio acima, atingir patamares de customização e maior proximidade e interação com os clientes. Assim, o aumento de faturamento foi decorrente da conquista de uma base maior de clientes (novos mercados) e, ao mesmo tempo, da redução de custos proveniente da melhoria contínua.

Nos casos Natura e Marcopolo, os modelos de negócio evoluíram a partir de um forte investimento em P&D, atingindo flexibilidade por meio do lançamento de novos produtos e, nos últimos anos, ampliando a base de clientes mediante um forte processo de internacionalização.

Os modelos de análise de competitividade aqui apresentados constituem um valioso instrumento para o planejamento de competitividade. Por meio deles pode-se fazer o diagnóstico da firma, traçando as grandes linhas que definirão a estratégia do negócio. Essa é uma das contribuições deste texto: a apresentação, discussão e aplicação de um *road-map* multinível, que pode ser utilizado tanto por acadêmicos quanto por profissionais da gestão estratégica.

Enfoca-se, ainda, um aspecto por vezes não abordado: a identificação dos *drivers* de melhoria, isto é, os principais focos nos quais se devem concentrar os esforços para viabilizar o sucesso do negócio, ou seja, que influenciam a *performance* competitiva da empresa. Para tal propósito, a metodologia GTP, apresentada neste livro, é um importante instrumento, uma vez que abrange diversas variáveis e possibilita uma análise global da organização.

As mudanças que geram os *gaps* competitivos podem ser sociais, tecnológicas ou econômicas. Elas propiciam um desequilíbrio entre a oferta da empresa e a expectativa do mercado, o que reduz a vantagem competitiva empresarial.

Na visualização dos casos, nota-se que as empresas se destacam em pelo menos um dos recursos, e que cada estratégia de gestão, tecnologia e pessoas foi ampliada e adequada de acordo com as oportunidades e/ou exigências de mercado. Mudanças como ampliação de estratégia de gestão, investimentos em novos componentes tecnológicos, melhoria de processos e o direcionamento de políticas para o aprendizado das pessoas foram pontos fundamentais para a obtenção de diferencial e, conseqüentemente, de maior competitividade diante do mercado.

Um outro aspecto relevante que pode ser constatado nos quatro casos analisados foi a relevância da atuação da liderança na concepção e implementação das estratégias competitivas, sempre buscando uma visão de longo prazo a partir da identificação das mudanças e das necessidades do mercado.

O impacto das inovações no processo de criação de valor pode ser visualizado quanto à adequação do produto às especificidades dos clientes. A preocupação com a qualidade, a rapidez e o maior contato com o cliente possibilita maior flexibilidade, o que, por sua vez, permite maior desenvolvimento de soluções inovadoras. As inovações auxiliam não só as empresas em termos de estratégia competitiva, mas também estabelecem novos paradigmas, o que dificulta a entrada de novos concorrentes no mercado.

Nos casos analisados, pode-se observar que as melhorias incrementais impactam na eficiência, ou seja, propiciam a redução de custos operacionais e preparam a organização para um eventual salto quântico. Além disso, nos casos Burti (com a TransBurti) e Fleury (Hospital Dia e a parceria com o Hospital Sírio-Libanês) ficou claro que a inovação disruptiva (ou radical) propiciou às empresas alcançarem outros negócios e, com isso, novos clientes e ampliação da receita.

Mediante a observação do GTP, a análise dos *gaps* – isto é, das diferenças entre aquilo que a empresa é, comparada ao que dela esperam os clientes e, principalmente, *vis-à-vis* à concorrência – indicará as principais defasagens, possibilitando o direcionamento de ações para reduzir as lacunas e reposicionar a empresa diante de seus concorrentes. Em seguida, pode-se estabelecer um plano de implantação, partindo do enfoque já mencionado de uma ação equilibrada, conforme a estratégia do negócio, com investimentos ou desinvestimentos em gestão, tecnologia e pessoas.

Como forma de identificar parâmetros que subsidiem a empresa em busca de mudanças, a preocupação quanto à disposição em face de uma postura inovadora e de alinhamento entre gestão, tecnologia e pessoas é de fundamental importância para garantir a sustentabilidade empresarial.

As empresas vivem um momento de dificuldade de crescimento, comoditização e competição global e, portanto, a maioria delas tem identificado a inovação como um fator crítico de sucesso. Além dos casos estudados, ressalte-se a importância da postura de William Ford Jr., *chairman* e CEO da Ford Motor Company, ao dizer: "*Ford will adopt innovation as its core business strategy going forward*" (Ford irá adotar continuamente a inovação como o centro da sua estratégia de negócio). Da mesma forma, é relevante o posicionamento de Jeffrey Immelt, *charmain* e CEO da General Electric Company, ao também afirmar: "*for GE, innovation is imperative, a belief that innovation is central to the sucess of a company and the only reason to invest in its future*" (para a GE, a inovação é imperativa, uma convicção de que a inovação é o centro do sucesso da empresa e a única razão para se investir no seu futuro) (SAWHNEY; WOLCOTT; ARRONIZ, 2006).

Nas empresas baseadas em tecnologia, por exemplo, muitas delas focam a pesquisa e desenvolvimento de produtos. Na indústria química e na de óleo e de gás, a ênfase da inovação está nos processos. E a inovação tecnológica nos laboratórios de pesquisa não necessariamente irá gerar valor aos clientes, a maioria das empresas torna-se vulnerável à competição ao incorporar essa visão enviesada do potencial da inovação.

Na realidade, inovação nos negócios tem um escopo muito mais amplo do que inovação em tecnologia e produto, como pode ser comprovado nos casos estudados neste livro.

12.1 IMPLICAÇÕES PARA AS EMPRESAS

Os resultados apresentados, que mostram como diagnosticar e avaliar a existência de *gaps* entre o que as empresas estudadas poderiam oferecer de valor superior e as expectativas e necessidades dos clientes, talvez sejam a mais importante contribuição deste estudo.

Pautar-se, portanto, apenas nos indicadores financeiros pode ser uma armadilha para as empresas, como já apontaram Di Serio e Leite (2003). Isso porque, em geral, os ganhos trazidos por inovações tecnológicas são difíceis de prever e, adicionalmente, apresentam vários aspectos intangíveis e não-quantificáveis. Por exemplo, a mentalidade inovadora do Laboratório Fleury tem produzido, ao longo de décadas, ganhos cada vez maiores em termos de participação no mercado. Contudo, isso parece ser pouco quando comparado ao fato de a marca Fleury ter se tornado símbolo de vanguarda no setor de diagnósticos.

De modo geral, os modelos financeiros de análise não são capazes de refletir de maneira adequada os benefícios intangíveis trazidos pela tecnologia. E, aparentemente, isso tende a ser tão mais verdadeiro quanto maior for o grau de inovação tecnológica, justamente em razão da imprevisibilidade dos resultados, da receptividade do mercado, da reação dos concorrentes etc. Assim, defende-se a criação de novos modelos de análise, que considerem aspectos tangíveis e intangíveis, quantificáveis e não-quantificáveis, em especial para avaliar inovações tecnológicas mais profundas (LEITE, 2003).

Além disso, é necessário que qualquer proposta de investimento em tecnologia esteja alinhada à postura da organização em termos de inovação tecnológica. Por exemplo, se houve uma definição de que se deseja ser seguidor lento, deve-se perguntar, logo no início do processo decisório, qual é o grau de maturidade da tecnologia que está em análise. Se for uma tecnologia que está se disseminando no mercado, é evidente que este é o *timing* correto; mas, se for algo ainda em fase experimental, um investimento parece ser extemporâneo.

Vale dizer que a proposta apresentada neste texto está sendo testada, e mesmo que os resultados de *performance* apontem o contrário, tal proposta traz, no mínimo, a contribuição de apresentar um novo entendimento da firma, traduzido em três pacotes de recursos: gestão, tecnologia e pessoas.

12.2 IMPLICAÇÕES ACADÊMICAS

A resposta aos objetivos específicos definidos no início deste livro possibilitou a construção de um *framework* para a análise da competitividade empresarial. Identificou-se que os modelos mentais prevalecentes no período fordista foram:

- padronização;
- departamentalização;
- produção em massa;
- burocracia;
- altos volumes produzidos para economias de escala.

No entanto, na sociedade contemporânea, o pós-fordismo enseja outros modelos mentais, como aprendizagem contínua, informação largamente disponível e customização.

Os consumidores e suas expectativas têm mudado de uma ampla base de uniformidade para uma rede de nichos, com demandas heterogêneas. Além disso, as preferências dos consumidores têm mudado da noite para o dia, o que implica a significativa diminuição do ciclo de vida dos produtos.

Ainda que os recursos organizacionais possam ser identificados, e dispostos de maneira adequada para responder a essas demandas características do pós-fordismo, este trabalho mostrou que o mais importante não são as partes individuais, mas, sim, como elas são alinhadas, a partir de grandes grupos de recursos – inseridos em gestão, tecnologia e pessoas. Por conseqüência, não é preciso que todas as firmas sejam excelentes em todos os elementos do modelo proposto; elementos diferentes podem ser enfatizados dependendo da estratégia. Porém, é importante que os gestores avaliem, entendam e assegurem níveis consistentes de desempenho para cada um dos elementos nos grupos estratégicos de GTP.

Esse argumento é corroborado por outros estudos, como o trabalho de Nohria, Joyce e Robertson (2003), os quais mostraram que a maioria das ferramentas e técnicas de administração, quando analisadas individualmente, não possui uma relação casual direta com um superior desempenho nos negócios. Contudo, no estudo conduzido por eles, em mais de 200 empresas, ficou evidenciado que o que realmente importa é um forte alinhamento em termos de poucos e bem definidos conjuntos de fatores.

Esses fatores foram divididos em duas categorias: a primária e a secundária. Na categoria de fatores primários, estão inseridas todas as práticas gerenciais que, uma vez alcançadas, permitirão às empresas um desempenho superior na competição com os concorrentes. A categoria de fatores secundários é formada por aquelas práticas acessórias, cujo papel é adicionar diferenciais competitivos aos quatro fatores primários previamente alcançados pela companhia.

A categoria primária é composta pelos fatores estratégia, execução, cultura e estrutura. A categoria de fatores secundários é composta por talento, liderança, inovação, e fusões e parcerias. Assim como Nohria e seus colegas, Fuchs et al. (2000) também avançaram na identificação de fatores que devem, necessariamente, ser alinhados para o incremento do desempenho organizacional.

Esses fatores, identificados por Fuchs et al. (2000), estão divididos em fatores de posicionamento e de capacidade de execução. Os primeiros consistem em direção e foco no mercado/produto. Os segundos, em recursos, competências operacionais e cultura/organização.

A Figura 12.1 mostra um quadro sintético comparativo dos resultados. Nele, é possível verificar que o fator **gestão**, identificado neste estudo, parece ser comum aos demais, sob as rubricas estratégia e execução (NOHRIA; JOYCE; ROBERTSON, 2003) e direção e foco no mercado/produto (FUCHS et al., 2000).

O fator **tecnologia** carrega um compromisso que pode estar em um quadro paradigmático anterior ao quadro que Fuchs et al. (2000) utilizaram em seu trabalho. A partir de uma abordagem clássica da estratégia empresarial, baseada primordialmente nos desenvolvimentos heterodoxos da economia neoclássica, tem-se o melhor posicionamento da empresa no setor em que atua como o principal objetivo estratégico a ser perseguido. Nesse sentido, é válido analisar as capacidades tecnológicas das empresas, visando identificar quais são os componentes existentes e o que deve ser perseguido para melhorar a capacidade empresarial em termos de custo ou diferenciação.

Figura 12.1 Resultados comparados deste estudo

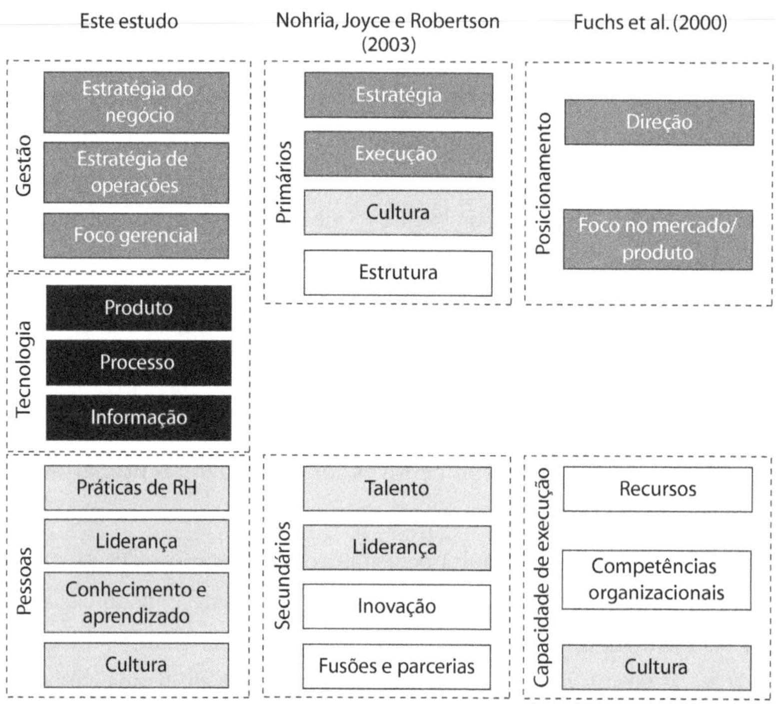

Fonte: Elaborada pelos autores.

Fuchs et al. (2000) seguem em outra direção. A partir da análise de recursos e competências – termos amplamente usados na visão baseada em recursos –, esses autores avançam na identificação dos fatores que tornam a empresa única e, portanto, capaz de criar valor diferenciado para os consumidores.

Finalmente, alguns elementos do fator **pessoas** foi identificado em todos os estudos revisitados. De fato, a cultura é um componente que percorre todos eles, e o talento e a liderança, além das competências que são construídas com base no conhecimento das pessoas, mostram-se como importantes elementos para o sucesso organizacional.

Um dos resultados encontrados neste trabalho parece se diferenciar do resultado obtido por Nohria e seus colaboradores. A inovação, aqui, é mola propulsora da competição. No trabalho de Nohria, Joyce e Robertson (2003), a inovação é elemento secundário.

De fato, os casos estudados aqui mostraram que a supressão dos *gaps* pode ocorrer pela inovação em produto, processo ou gestão. A inovação nos casos ocorreu em dois grandes grupos:

- inovação tecnológica ocorrendo em produtos e processos existentes ou novos;
- inovação na gestão ou modelo de negócio.

Em ambos, valor foi criado para o consumidor final. A tecnologia da informação foi o elemento mediador, que possibilitou o sucesso da inovação, quer tecnológica, quer em gestão.

12.3 LIMITAÇÕES E ESTUDOS FUTUROS

A metodologia adequada para a identificação de *gaps* competitivos nas empresas consiste em um mapeamento das necessidades existentes no mercado consumidor, *vis-à-vis* às percepções sobre o nível atual das operações vigentes no âmbito interno das empresas. Ainda que *gaps* possam ser identificados também com o auxílio de especialistas (a partir de metodologias como Delphi), optou-se neste trabalho por confiar exclusivamente na análise dos casos estudados.

O exercício de atribuição de gradação às diferentes escalas de GTP, ainda que carregado de subjetividade, é embasado nessa experiência anterior com o objeto de pesquisa. Esse exercício pode ser feito por executivos, via pesquisa de mercado, análise da concerrência e identificação de tendências. Contudo, é importante ressaltar que, qualquer que seja a metodologia de análise, o grau de incerteza permanece elevado, e será tão mais elevado quanto maior for o grau de inovação.

Por isso, os resultados deste estudo devem ser vistos com cuidado, dadas as limitações na análise. Por mais que um caso seja detalhado, e as especificidades das operações e do ambiente de negócios, conhecida, será difícil – se não impossível – ranquear fatores de gestão, tecnologia e pessoas sem conhecer inicialmente a sua carga fatorial. Adicionalmente, os dados primários deveriam ser coletados por meio de um instrumento mais adequado, tal como um questionário.

No entanto, a validação empírica deste estudo poderá ser feita posteriormente, a partir da geração de um questionário fundamentado no conjunto de fatores GTP. Assim, a posterior validação, já respaldada na literatura neste trabalho, poderá ser feita, dado que já está construído o quadro conceitual de referência. Esforços nessa direção, com o emprego de variáveis e modelos como os aqui utilizados, foram empreendidos por Luft (2004) e Fuchs et al. (2000), versando especificamente sobre relacionamentos e a nova economia.

Outra possibilidade complementar ao modelo apresentado neste estudo é a partir da simulação de um sistema produtivo. Sintetizando os principais argumentos em um único modelo de dinâmica de sistemas, conforme indica a Figura 12.2, seria possível simular padrões de comportamento das empresas no ambiente de negócios. O modelo mostra que a mudança nas tendências, na expectativa dos clientes e na necessidade de crescimento sustentável gera um *gap* (-) na competitividade das empresas.

Figura 12.2 Dinâmica de sistemas e GTP

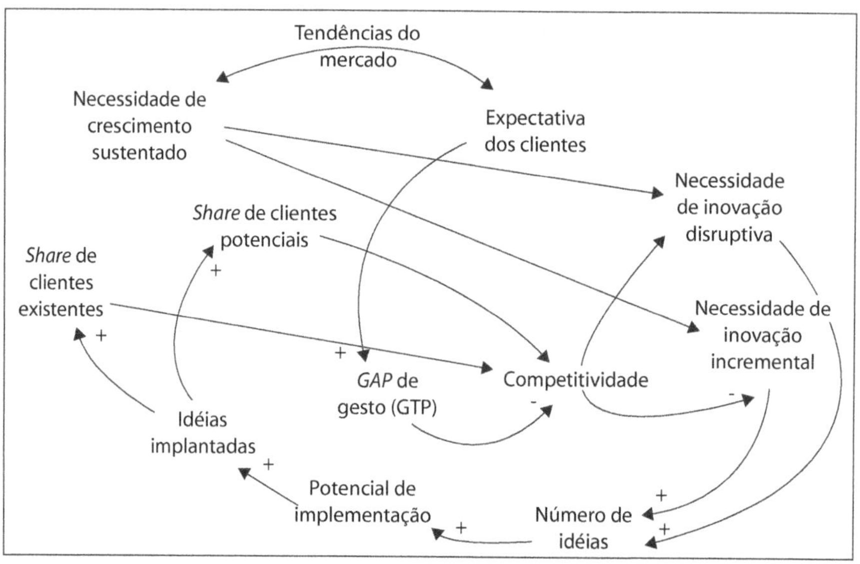

Fonte: Elaborada pelos autores em colaboração com o professor Julio Figueiredo.

Um esforço similar, com base no modelo de Parasuraman, Zeithaml e Berry (1985), foi empreendido por Gebauer (2002). Esse autor avançou na formalização dos *gaps* e desenvolveu uma teoria para explicar como as empresas melhoram incrementalmente a qualidade no decorrer do tempo. Outros autores, como Yeon et al. (2006), mostraram que, quanto mais satisfeitos os consumidores estão, maior será o seu nível de expectativas. Nesse sentido, a adoção de inovações para atingir e superar as expectativas dos consumidores – e, assim, ampliar a sua satisfação – passa a ser um movimento dinâmico nas organizações, cujo crescimento ocorre pela difusão da inovação entre as empresas.

12.4 METODOLOGIA DA PESQUISA

Na metodologia a ser discutida e detalhada para a análise da competitividade empresarial, incorporam-se os elementos fundamentais que interferem, em maior ou menor grau, no desempenho da companhia.

Uma parte dessa metodologia é o *roadmap*, apresentado na Figura 12.3, que parte do reencontro necessário entre oferta e demanda, no que tange aos requisitos e necessidades do mercado. Se, por um lado, as tendências do macroambiente de negócios interferem no desempenho organizacional, por outro, fenômenos observados mais diretamente no nível micro, como mudanças no comportamento do consumidor, representarão oportunidades para a criação de novos produtos e serviços valiosos para o mercado.

Figura 12.3 *Roadmap* para análise da competitividade

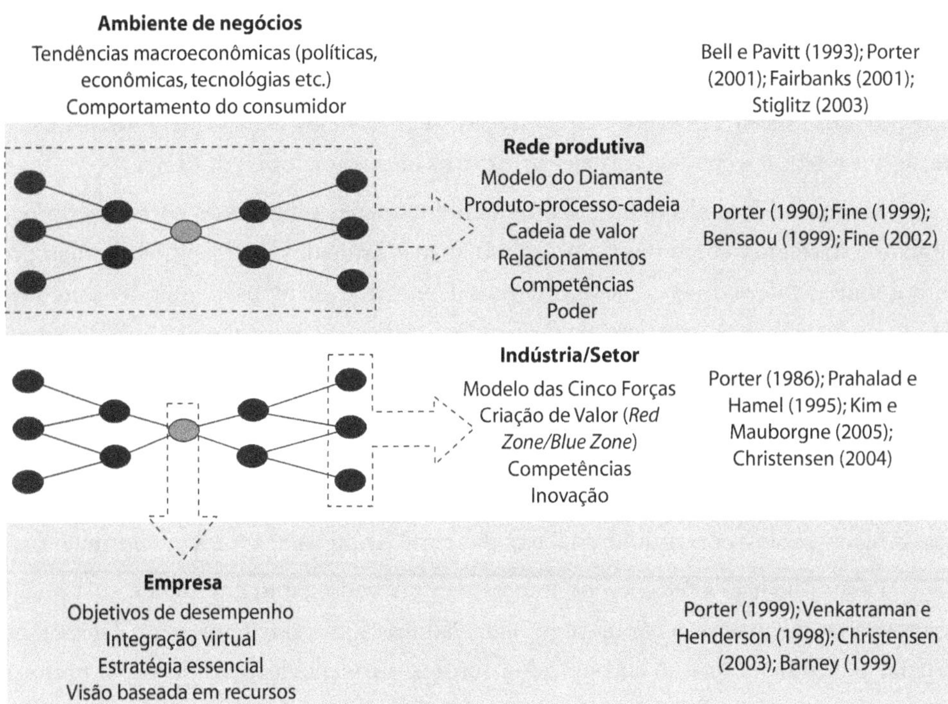

Fonte: Elaborada pelos autores.

Em boa parte das pesquisas do autor foram incorporados os conceitos de estratégia desenvolvidos pelo professor Michael Porter, da Harvard Business School, que enfatiza a necessidade de se compreenderem as características da indústria em que a firma atua. Além disso, seu trabalho em estratégia tem avançado para novas e desafiantes direções, como a análise de *clusters*, tema que o autor teve a oportunidade de conhecer em profundidade, ao participar de diversas edições do curso de *Microeconomics of Competitiveness* (MOC), em Harvard, e na coordenação da versão brasileira, na EAESP.

Sempre se considerou que as idéias de Porter tinham um claro alinhamento com o que professores e praticantes da Administração da Produção consideravam como objetivos em sua atividade: tornar as organizações mais competitivas, alterando os processos e as práticas internas para aumentar a qualidade, a confiabilidade, a velocidade e a flexibilidade, reduzindo, ao mesmo tempo, os custos.

Esses objetivos foram sistematizados e difundidos em larga escala a partir dos livros-texto do professor Nigel Slack e colaboradores. Atuando em grandes organizações e buscando alcançar tais objetivos, além de lecionar em vários cursos de graduação e pós-graduação, o autor pôde utilizar esse quadro de referências, sendo relativamente fácil incorporar as contribuições dos teóricos da visão baseada em recursos.

Passou-se, conseqüentemente, a analisar – com maior cuidado e de maneira estratégica – os aspectos internos à organização (seus recursos), cujas diferentes formas de alocação e realocação podem tornar a firma mais ou menos competitiva.

Ainda que diversos estudiosos militem em apenas uma dessas correntes do pensamento estratégico, entende-se, aqui, como apenas limitados os trabalhos que não procuram unir as forças dessas duas abordagens. Conforme afirmou-se anteriormente neste estudo, as mais ricas teorias para explicar os fenômenos organizacionais são provenientes de modelos não-formais.

Compreender as diferentes possibilidades de posicionamento estratégico da firma e suas *core competences* (competências essenciais) são abordagens que contemplam, mas não enfatizam, um aspecto crucial no ambiente de negócios contemporâneo: as relações simultâneas de cooperação e competição, estabelecidas entre empresas em redes de suprimentos.

Para estudar tais relações, os autores têm utilizado, tanto em sala de aula quanto em pesquisas científicas, o conceito de velocidade evolutiva dos setores *(clockspeed)*, que enfatiza o estudo da relação entre produto-processo-cadeia, desenvolvido pelo professor Charles Fine, da Sloan Business School, a escola de negócios do *Massachusetts Institute of Technology* (MIT).

Seguindo os passos de Jay Forrester (que iniciou o campo da dinâmica dos sistemas) e de Peter Senge (que aplicou o enfoque sistêmico ao seu trabalho acerca das *learning organizations*), Fine desenvolveu, com clareza e precisão, uma teoria que permite avançar no entendimento da natureza da firma. A proposta conceitual de Fine tem uma forte aderência à realidade dos executivos, pois não é formulada com o rigor da teoria da firma dos economistas neoclássicos[1] e nem mesmo com a maior riqueza de detalhes dos desenvolvimentos coasianos.[2] A teoria de Fine é voltada para a estratégia nos negócios e sua principal contribuição é mostrar a firma inserida em um amplo contexto de firmas competindo e concorrendo simultaneamente.

Essa abordagem, que necessariamente passa a atribuir importância às competências desenvolvidas não somente na firma, mas também em sua rede, tem motivado as pesquisas mais recentes do autor.

Assim, o projeto, baseado no estudo de múltiplos casos, é também conseqüência de esforço de documentar a vivência profissional e acadêmica dos autores.

O uso de casos de ensino tem crescido no Brasil, a partir da criação de espaços para a divulgação de trabalhos dessa natureza, tanto nas escolas de negócios (por exemplo, central de casos na Fundação Getulio Vargas – FGV e na Escola Superior de Propaganda e Marketing – ESPM) quanto nos congressos acadêmicos (por exemplo, Encontro da Associação Nacional de Pós-graduação e Pesquisa em Administração – EnAnpad). Essa metodologia de ensino foi amplamente utilizada e divulgada pela Harvard Business School, que não só gera e utiliza, mas também comercializa os casos por ela preparados. Tal prática é também utilizada pela The European Case Clearing House Limited (http://www.ecch.cranfield.ac.uk).

Ainda que o *roadmap* mostrado na Figura 1.2 permita avançar no entendimento da competitividade das firmas, persiste uma lacuna a ser preenchida, qual seja, a compreensão do *modus operandi* que as firmas devem adotar ao se depararem com *gaps* em suas operações.

Por *gaps* entende-se a diferença sensível entre a expectativa ou necessidade do cliente e a percepção do produto/serviço efetivamente entregue/prestado pela empresa. Os *gaps* são formados a partir de mudanças nas preferências do mercado consumidor e inovações no âmbito das firmas concorrentes.

Para suprimir os *gaps*, as empresas devem empenhar-se na busca de soluções baseadas na inovação. Assim, a inovação, tanto incremental quanto disruptiva (ou radical), tem papel fundamental nessa proposta.

---

1 A teoria microeconômica neoclássica assume que a firma é um centro de produção de propriedade e operações privadas, e que existem porque são eficientes. Nessa abordagem, as explicações sobre a natureza da firma são deixadas em segundo plano, e são assim privilegiados os fenômenos econômicos da oferta e da demanda e suas conseqüências nas firmas em um cenário de busca do equilíbrio.

2 A abordagem proposta por Coase (1991) foi elaborada com a justificativa de que havia uma lacuna entre as teorias da firma e a realidade observável. Em seu trabalho, Coase se propõe a tentar acabar com o *gap* da teoria econômica formado pelos pressupostos de que a) os recursos são alocados por meio do mecanismo de preços e b) os recursos são alocados pelo "empreendedor" coordenador. Assim, são lançadas as bases para uma teoria da firma cuja unidade analítica é a transação, bem como manifestam-se aqueles que viriam a ser os pressupostos comportamentais dos agentes e as características das transações, posteriormente organizados e revistos por Williamson (1986) na proposta de uma economia dos custos de transação.

O objetivo deste trabalho, portanto, é **propor uma metodologia de diagnóstico, planejamento e implementação da melhoria da competitividade.** Para alcançar tal objetivo, é necessário percorrer etapas que, agregadas, formarão a trajetória lógica de desenvolvimento do *framework* aqui proposto. Os objetivos específicos são:

- compreender a evolução dos paradigmas de organização da produção nas empresas;
- identificar as variáveis que influenciam positivamente o desempenho competitivo organizacional;
- analisar o impacto da inovação no processo de criação de valor para os clientes;
- determinar como podem ser superados os *gaps* existentes entre o valor percebido do produto final, no ato da aquisição, e as expectativas anteriores do cliente, em relação ao produto esperado.

O presente trabalho, ao tentar consolidar um conjunto de conhecimentos em gestão e derivar disso uma abordagem integrada, propôs-se a explorar os limites do estado da arte, avançando em questões que foram tratadas de modo ainda incipiente na literatura gerencial. Portanto, sua natureza é qualitativa. Mas o modelo aqui apresentado pode, em estudos quantitativos futuros, ser testado empiricamente.

12.4.1 Detalhamento das etapas e os casos

O projeto de pesquisa que fundamenta este estudo contemplou três passos. Inicialmente, foi realizada uma revisão da literatura, por meio de levantamento bibliográfico. Essa etapa permitiu o avanço da questão de pesquisa e, principalmente, a geração de questões de pesquisa secundárias com base no arcabouço conceitual incorporado ao trabalho.

A segunda etapa, que ocorreu concomitantemente à primeira, foi a observação não-sistemática de variáveis de interesse para este estudo, em fenômenos organizacionais de distintas empresas. Os dados levantados com tais observações foram posteriormente refinados na terceira etapa: a avaliação de estudos de casos em empresas industriais e de serviços, que foram estudadas em oportunidades de estreito contato com elas.

Para gerar as ilustrações sobre como o modelo de diagnóstico, planejamento e melhoria da competitividade poderiam ser aplicados, foram utilizados alguns trabalhos publicados anteriormente (MAIA; PEREIRA; DI SERIO, 2002; REBELO, 2004; GUEDES, 2005). Os estudos foram feitos a partir do desenvolvimento de projetos centrados na observação dos fenômenos organizacionais discriminados a seguir:

- em um setor de alta demanda por *performance* e qualidade operacional, como o de medicina diagnóstica, a TI influenciou as decisões corporativas e mudou o histórico papel reativo da gestão – evidenciado em passado recente;

- a partir de um dado conjunto de fatores críticos de sucesso, a maior fabricante mundial de carroçarias adotou há alguns anos uma agressiva estratégia de internacionalização, mediante o uso intensivo de alianças e *joint ventures*, que resultou em operações industriais em quatro continentes;
- diante dos avanços da TI, tanto intra-organizacionais como no mercado consumidor, houve um crescente processo de virtualização das empresas que, tradicionalmente, comercializavam e distribuíam seus produtos de forma exclusiva via marketing direto. Foram exploradas as estratégias adotadas por uma empresa de cosméticos (a Natura) para iniciar o processo de venda dos seus produtos via internet, diretamente para o consumidor final.

Logo, no que se refere ao número de momentos ou pontos no tempo em que os dados foram coletados, verifica-se que a coleta destes não ocorreu em um só momento. A descrição e análise desses casos ocorreram à luz dos modelos teóricos selecionados no *roadmap* para avaliação de competitividade empresarial, que possui quatro níveis: mercado, rede, indústria e empresa.

Foram estudados e analisados quatro casos de empresas nacionais. São eles:

- Fleury;
- Marcopolo;
- Natura;
- Burti.

O estudo dos casos ocorreu no período compreendido entre os anos de 2001 e 2005. Foram conduzidas entrevistas semi-estruturadas com diversos profissionais do alto escalão do Centro de Diagnóstico Fleury.

Estratégia similar foi empreendida na Marcopolo, na qual os principais executivos da empresa responderam a um questionário (ver REBELO, 2004), e foram entrevistados pessoalmente o Diretor de Assuntos Corporativos e o Diretor de Recursos Humanos. As entrevistas foram realizadas nas instalações da Marcopolo em Caxias do Sul e abordaram questões relativas às estratégias empresarial e de operações da empresa.

Na construção do caso da Natura, foram coletados dados secundários diretamente da própria empresa, bem como em relatórios e publicações acadêmicas e de negócios. A definição por esse desenho de investigação se justifica em razão de o uso da internet e do comércio eletrônico ainda não estarem em uma fase madura de utilização.

Logo, esse trabalho empírico consistiu em uma pesquisa qualitativa, descritiva e exploratória, conforme Pinsonneault e Kraemer (1993), por buscar padrões, idéias ou hipóteses, em vez de testar ou comprovar hipóteses.

A metodologia de pesquisa deste trabalho fundamentou-se nos moldes de um estudo de múltiplos casos. Conforme a definição proposta por Yin (2006), um estudo de caso – ou de múltiplos casos – é uma investigação empírica que analisa um fenômeno contemporâneo no seu contexto na vida real, especialmente quando os limites entre o fenômeno e o contexto não estão claramente definidos. No presente trabalho, optou-se por essa abordagem, uma vez que se pretendia (STAKE, 1994):

- obter explicações para as questões propostas;
- obter um produto final de natureza descritiva e analítica;
- não se desejava exercer qualquer tipo de controle sobre a situação analisada.

Dada a sua natureza fortemente conceitual, este estudo teve como característica avançar em direções pouco exploradas do conhecimento em administração, propondo, assim, uma nova perspectiva que possa contribuir para o entendimento e a melhor compreensão do que de fato podem ser fatores-chave para o desempenho competitivo das empresas.

É evidente que a identificação dos *gaps*, para efeito de planejamento e melhoria da competitividade, poderia ser feita a partir de um questionário, do *roadmap* mostrado na Figura 1.2 e das dimensões organizacionais mostradas no Quadro 12.1. O resultado seria quantificar os componentes relevantes de GTP para cada empresa individualmente. Além disso, pode-se captar essas informações sob a ótica dos diferentes *stakeholders* (por exemplo, consumidores, funcionários, principais concorrentes, parceiros de negócios e fornecedores). Contudo, o grande *driver* do planejamento da melhoria da competitividade deve ser o mercado.

Quadro 12.1 Dimensões de gestão, tecnologia e pessoas

Fatores	Conjunto
Gestão	Estratégia do negócio
	Estratégia de operações
	Foco gerencial
Tecnologia	Produto
	Processo
	Informação
Pessoas	Práticas de RH
	Liderança
	Conhecimento e aprendizado
	Cultura

Fonte: Elaborado pelos autores.

REFERÊNCIAS

ABIGRAF – Associação Brasileira da Indústria Gráfica. *Guia Rápido de Estatísticas da Área Gráfica.* Disponível em: <http://www.abigraf.org.br>. Acesso em: 6 ago. 2007a.

_______. *Revista Abigraf,* São Paulo, maio 2007b.

ADIZES, I. *Os ciclos de vida das organizações*: como e por que as empresas crescem e morrem e o que fazer a respeito. São Paulo: Pioneira, 1993.

AGUIAR, S. M. S. P. *A dinâmica entre raízes e asas*: um estudo sobre organizações inovadoras. 2004. 409 f. Tese (Doutorado em Administração de Empresas) – Escola de Administração de Empresas de São Paulo, Fundação Getulio Vargas, São Paulo.

AGUILAR, A. Marcopolo poderá ter formador de mercado. *Valor Econômico*, São Paulo, 28 jun. 2004, p. 16.

ALBERTIN, A. L. Aumentando as chances de sucesso no desenvolvimento e implantação de sistemas de informação. *Revista de Administração de Empresas*, v. 36, n. 3, p. 61-69, 1996.

ALBRECHT, K. *Programando o futuro*: o trem da linha norte. São Paulo: Makron Books, 1995.

ÁLVARES, A. C. T.; BARBIERI, J. C.; MACHADO, D. D. P. N. O caso Brasilata. In: BARBIERI, J. C. (Org.). *Organizações inovadoras*: estudos e casos brasileiros. Rio de Janeiro: FGV, 2004.

AMABILE, T. M.; HADLEY, C. N.; KRAMER, S. J. Creativity under the gun. *Harvard Business Review,* Aug. 2002. Special Issue "The Innovative Enterprise".

AMIT, R.; SCHOEMAKER, P. J. H. Strategic assets and organizational rent. *Strategic Management Journal*, v. 14, n. 1, p. 33-46, 1993.

ANSOFF, H. I. *The new corporate strategy.* London: John Wiley & Sons, 1965.

ARBACHE, J. S. *Comércio internacional, competitividade e políticas públicas no Brasil.* Brasília: IPEA, 2002.

ARBIX, G.; SALERNO, M. S.; DE NEGRI, J. A. *Inovação, via internacionalização, faz bem para as exportações brasileiras.* Brasília: IPEA, 2005. Texto para discussão n. 1.023.

ARIFFIN, N.; FIGUEIREDO, P. N. *Internacionalização de competências tecnológicas:* implicações para estratégias governamentais e empresariais de inovação e competitividade da indústria eletrônica no Brasil. Rio de Janeiro: Editora FGV, 2003.

ARTHUR D. LITTLE. *Global innovation excellence study 2005*: innovation as strategic lever to drive profitability and growth. Rotterdam, 2005 (Mimeo.).

ARTHUR D. LITTLE. *Global innovation excellence survey*, 2005.

ATUAHENE-GIMA, K. Differential potency of factors affecting innovation performance in manufacturing and services firms in Australia. *Journal of Product Innovation Management*, v. 13, p. 35-52, 1996.

AUDY, J.; BRODBECK, A. *Sistemas de informação*: planejamento e alinhamento estratégico nas organizações. Porto Alegre: Bookman, 2003.

BAHIA, L. D.; ARBACHE, J. S. Diferenciação salarial segundo critérios de desempenho das firmas industriais brasileiras. In: DE NEGRI, J. A.; SALERNO, M. S. (Org.). *Inovações, padrões tecnológicos e desempenho das firmas industriais brasileiras*. Brasília: IPEA, 2005.

BAIN, J. *Barriers to new competition*. Cambridge: Harvard University Press, 1956.

BALDWIN, C. Y.; CLARK, C. B. Managing in an age of modularity. *Harvard Business Review*, Sept./Oct. 1997.

BALLS, E., GOODHART, D. The high price of social cohesion (Can Europe compete? The labour market). *Financial Times*, Europe, p. 11-28, Feb. 1994.

BARBIERI, J. C., ÁLVARES, A. C. T. Inovações nas organizações empresariais. In: BARBIERI, J. C. (Org.). *Organizações inovadoras:* estudos e casos brasileiros. Rio de Janeiro: FGV, 2004.

BARKER, J. *Paradigms:* the Business of Discovering the Future. New York: HarperBusiness, 1993.

BARNEY, J. Strategic factor markets: expectations, luck and business strategy. *Management Science*, v. 32, n. 10, p. 1231-1241, 1986.

______. Firm resources and sustained competitive advantage. *Journal of Management,* v. 17, n. 1, p. 99-120, 1991.

______. How a firm's capabilities affect boundary decisions. *Sloan Management Review*, v. 40, n. 3, p. 37-145, Spring 1999.

______. *Gaining and sustaining competitive advantage.* 2. ed. New Jersey: Prentice Hall, 2002.

BARNEY, J.; HANSEN, M. H. Trustworthiness as a source of competitive advantage. *Strategic Management Journal*, Winter Special Issue, v. 15, p. 175-190, 1994.

BARNEY, J.; WRIGHT, M.; KETCHEN JR., D. J. The resource based view of the firm; ten years after 1991. *Journal of Management*, n. 27, 2001.

BARTLETT, C. A.; GHOSHAL, S. Building competitive advantage through people. *MIT Sloan Management Review*, p. 34-41, Winter 2002.

BASTOS, C. E. *Atributos de parcerias de sucesso em cadeias de suprimentos:* um estudo de caso na relação fabricante-fornecedor na indústria aeronáutica. 2006. Dissertação (Mestrado em Administração) – Faculdade de Administração, Economia e Contabilidade, Universidade de São Paulo, São Paulo.

BATTELLE, J. *A busca*: como o Google e seus competidores reinventaram os negócios e estão transformando nossas vidas. Rio de Janeiro: Campus, 2006.

BEAN, R.; RADFORD, R. *The business of innovation*: managing the corporate imagination for maximum results. New York: American Management Association, 2002.

BELL, M.; PAVITT, K. Technological accumulation and industrial growth: contrasts between developed and developing countries. *Industrial and Corporate Change*, v. 2, n. 2, p. 157-210, 1993.

BENNIS, W. *On becoming a leader*. New York: Perseus Publishing, 1994.

BENSAOU, M. Portfolios of buyer-supplier relationships. *MIT Sloan Management Review*, p. 35-44, Summer 1999.

BERGAMINI, C. W. A importância da credibilidade na liderança eficaz. *Revista de Economia e Administração*, v. 1, n. 2, p. 19-32, abr./jun. 2002.

______. *O líder eficaz*. São Paulo: Atlas, 2006.

BERGER, S. *How we compete*. New York: Doubleday, 2005.

BERRY, L. L. et al. Creating new markets through service innovation. *MIT Sloan Management Review*, v. 47, n. 2, p. 56-63, 2006.

BERRY, L. L.; PARASURAMAN, A. *Serviços de marketing*. São Paulo: Maltese-Norma, 1992.

BIRKINSHAW, J.; MOL, M. How management innovation happens. *MIT Sloan Management Review*, v. 47, n. 4, p. 81-88, 2006.

BIRKINSHAW, J.; SHEENAN, T. Managing the knowledge life cycle. *MIT Sloan Management Review*, p. 75-83, Fall 2002.

BLAUNER, R. *Alienation and freedom:* the factory worker and his industry. Chicago: University of Chicago Press, 1968.

BLY, R. *The sibling society*. Boston: Addison-Wesley Publishing Company, 1996.

BOLWIJN, P. T.; KUMPE, T. Manufacturing in the 1990s: productivity, flexibility and innovation. *Long Range Planning*, v. 23, Aug. 1990.

BONOMA, Thomas V. Case research in marketing: opportunities, problems, and process. *Journal of Marketing Research*, v. XXII, May 1985.

BOOTH, M.; PHILIP, G. Technologies, competencies and competitiveness: the case for reconfigurable and flexible strategies. *Journal of Business Research*, v. 41, p. 29-40, 1998.

BOWEN, H. K. et al. *The perpetual enterprise machine*: seven keys to corporate renewal through successful product and process development. New York: Oxford University Press, 1994.

BOWERSOX, D. J.; COOPER, M. B. *Strategic marketing channel management*. New York: McGraw-Hill, 1992.

BUCKLEY, P. J.; PASS, C. L.; PRESCOTT, K. Measures of international competitiveness: a critical survey. *Journal of Marketing Management*, v. 4, n. 2, p. 175-200, 1988.

BULLINGER, H. J.; LENTES, H. P. The future of work: technological, economic and social changes. *International Journal of Production Research*, n. 3, p. 259-296, 1982.

BULLINGER, H. J.; WARNECKE, H. J.; LENTES, H. P. Toward the factory of the future. *International Journal of Production Research*, v. 24, n. 4, p. 697-741, 1986.

BURNS, J. M. *Leadership.* New York: Harper & Row, 1978.

BURTI – Gráfica. Página da Burti na internet. Disponível em: <http://www.burti.com.br/index.html>. Acesso em: 6 ago. 2007.

BURTI anuncia nova operação: o Burti hd. *Revista Abigraf,* n. 229, p. 10, 2007.

CAETANO, J. R. 800 milhões de novos consumidores. *Revista Exame,* ed. 873, 27 jul. 2006.

______. O superpresidente. *Revista Exame,* ed. 793, 28 abr. 2003.

CAMPOS, A. Os efeitos da integração. *e-Manager,* ago. 2002.

CASA/SME. *Computer and automated systems association of the society of manufacturing engineers.* 3. ed. Michigan: Society of Manufacturing Engineers, 1993.

CASSIOLATO, J. E.; LASTRES, H. M. M. Sistemas de inovação e desenvolvimento: as implicações de política. *São Paulo em Perspectiva,* v. 19, n. 1, p. 34-45, jan./mar. 2005.

CENTRO de Informática Aplicada. Disponível em: <http://www.fgvsp.br/cia>. Acesso em: nov. 2004.

CHANDLER JR., A. D. *Strategy and structure.* Cambridge: MIT Press, 1962.

______. Organizational capabilities and the economic history of the industrial enterprise. *Journal of Economic Perspectives,* v. 6, n. 3, p. 79-100, 1992.

______. *O século eletrônico.* Rio de Janeiro: Campus, 2003.

CHANDY, R. K.; TELLIS, G. J. Organizing for radical product innovation: the overlooked role of willingness to cannibalize. *Journal of Marketing Research,* v. 35, p. 474-487, 1998.

CHASE, R. B.; AQUILANO, N. J.; JACOBS, F. R. *Operations management for competitive advantage.* 9. ed. New York: McGraw-Hill, 2001.

CHEN, E.; HO, K. K. L. Demystifying innovation. *CBI Journal,* iss. 8, 2002.

CHERNS, A. Principles of social-technical design. *Slightly Revised from a Paper in Human Relations,* n. 29, p. 783-792, 1976. Disponível em: <http://www.moderntimesworkplace.com>. Acesso em: 26 mar. 2004.

CHESBROUGH, H. Open innovation: a paradigm for understanding industrial innovation. In: CHESBROUGH, H.; VANHAVER BEKE, W.; WEST, J. (Ed.). *Open innovation:* researching a new paradigm. Oxford: Oxford University Press, 2006.

CHESBROUGH, H. *Open innovation:* the new imperative for creating and profiting from technology. Massachusetts: Harvard Business School Press, 2003.

CHESBROUGH, H. W.; TEECE, D. J. When is virtual virtuous? *Harvard Business Review,* Jan./Feb. 1996.

CHO, H. J.; PUCIK, V. Relationship between innovativeness, quality, growth, profitability, and market value. *Strategic Management Journal,* v. 26, p. 555-575, 2005.

CHRISTENSEN, C. *The innovators dillema.* Boston: Harvard Business School Press, 1997.

______. *O dilema da inovação.* São Paulo: Makron Books, 2001a.

______. The past and future of competitive advantage. *MIT Sloan Management Review*, v. 42, n. 2, Winter 2001b.

______. *O crescimento pela inovação*. Rio de Janeiro: Campus, 2003.

______. *Seeing what's next?* Using the theories of innovation to predict industry change. Boston: Harvard Business School, 2004.

CHRISTENSEN, C.; BOWER, J. L. Disruptive technologies: catching the wave. In: BROWN, J. S. (Org.). *Seeing differently:* insights on innovation. Boston: Harvard Business Review Book Series, 1997.

CHUNG, W. W. C.; CHAN, M. F. S. Role of IT/IS in physically distributed manufacturing enterprises. In: GUNASEKARAN, A. *Agile manufacturing:* the 21st century competitive strategy. New York: Elsevier, 2001.

CLARK, P. *Organizational innovations*. London: Sage, 2003.

CLAUSEWITZ, C. V. *On war*. New York: Penguin Books, 1968.

COASE, R. H. The nature of the firm. In: WILLIAMSON, O.; WINTER, S. (Ed.). *The nature of the firm*: origin, evolution and development. Oxford: Oxford University Press, 1991.

COHEN, M. F. *Competindo com informação na economia da informação*. 2003. Dissertação (Mestrado em Administração de Empresas) – Fundação Getulio Vargas, São Paulo.

COLE, R. E. From continuous improvement to continuous innovation. *Quarterly Management Journal*, v. 8, n. 4, 2001.

CORRÊA, H. L. *Teoria geral da administração*: abordagem histórica da gestão de produção e operações. São Paulo: Atlas, 2003.

COUTINHO, L.; FERRAZ, J. C. *Estudo da competitividade da indústria brasileira*. Campinas: Papirus/Unicamp, 1994.

CROSS, R.; BAIRD, L. Technology is not enough: improving performance by building organizational memory. *Sloan Management Review*, p. 69-78, Spring 2000.

CRUZ, S. S. As empresas estão na idade da pedra. *Exame*, ano 41, ed. 905, n. 21, 7 nov. 2007.

CSILLAG, J. M. *Análise do valor:* metodologia do valor. 4. ed. São Paulo: Atlas, 1995.

D'AMBROSIO, U. Criatividade pra quê? In: CONGRESSO INTERNACIONAL DE CRIATIVIDADE, *Anais...*, São Paulo, p. 16-18, nov. 1998.

DAVENPORT, T. *Reengenharia de processos*. Rio de Janeiro: Campus, 1994.

DAVIS, S. M. *Future perfect*. New York: Addison-Wesley, 1987.

DAVIS, S. The coming of knowledge-based business. *Harvard Business Review*, p. 165-170, Sept./Oct. 1994.

DAVIS, S.; MEYER, C. *Bolor:* a velocidade da mudança na economia integrada. Rio de Janeiro: Campus, 1999.

DAY, G. S. Maintaining the competitive edge: creating and sustaining advantages in dynamic competitive environments. In: DAY, G. S.; REIBSTEIN, D. J.; GUNTHER, R. (Org.). *Wharton on dynamic competitive strategy*. New York: John Wiley & Sons, 1997.

DE MASI, D. *A emoção e a regra*. São Paulo: José Olímpio, 1999.

______. *O ócio criativo*. São Paulo: Sextante, 2000.

DE MEYER, A.; GARG, S. *Inspire to innovate*: management & innovation in Asia. New York: Palgrave MacMillan, 2005.

DE NEGRI, J. A.; SALERNO, M. S.; CASTRO, A. B. Inovações, padrões tecnológicos e desempenho das firmas industriais brasileiras. In: DE NEGRI, J. A.; SALERNO, M. S. (Org.). *Inovações, padrões tecnológicos e desempenho das firmas industriais brasileiras*. Brasília: IPEA, 2005.

DI SERIO, L. C. (Org.). *Clusters empresariais no Brasil*: casos selecionados. São Paulo: Saraiva, 2007.

DI SERIO, L. C. A road map for dynamic analysis of the supply chain transformation. In: 11th INTERNATIONAL ANNUAL EurOMA CONFERENCE, 2004. *Proceedings...*, Fontainebleau, France, v. 1, p. 517-526, 2004a.

______. Automotive Cluster in Brazil. In: 2nd CONFERENCE – 15th ANNUAL POMS CONFERENCE, 2004. *Proceedings...*, Cancún, México, 2004b.

______. *Criando valor para o cliente:* diagnóstico e planejamento de competitividade empresarial. 2007. v. 2. 345 f. Tese (Pós-doutorado em Administração de Empresas) – Escola de Administração de Empresas de São Paulo, Fundação Getulio Vargas, São Paulo.

DI SERIO, L. C.; LEITE, J. C. *Tecnologia e competitividade no Brasil*: exploração integrada visando reconhecer os efeitos da introdução de novas tecnologias sobre a competitividade das empresas no contexto brasileiro. Relatório de Pesquisa n. 18/2003. Núcleo de Pesquisas e Publicações, Fundação Getulio Vargas (Mimeo.).

______. *Tecnologia e competitividade no Brasil*: exploração integrada visando reconhecer os efeitos da introdução de novas tecnologias sobre a competitividade das empresas no contexto brasileiro. Relatório Integrado de Pesquisa NPP, FGV-EAESP, dez. 2002.

DI SERIO, L. C.; LEITE, J.C.; MARQUES, E. V. *Caso Fleury*. São Paulo: Cedea/FGV, 1995. (Caso de ensino).

DI SERIO, L. C.; OLIVEIRA, L. H.; REBELO, R. M. Competitividade global com sustentabilidade: a estratégica competitiva da Marcopolo. In: ENCONTRO DA ASSOCIAÇÃO NACIONAL DOS PROGRAMAS DE PÓS-GRADUAÇÃO EM ADMINISTRAÇÃO, 30., 2006, Salvador. *Anais...* Salvador: Anpad, 2006. (CD-ROM).

DI SERIO, L. C.; SAMPAIO, M. Projeto da cadeia de suprimento: uma visão dinâmica da decisão fazer *versus* comprar. *Revista de Administração de Empresas*, v. 41, n. 1, p. 54-66, 2001.

DINIZ, E. H. Era digital. *Revista GV Executivo*, v. 3, n. 3, 2004.

______. *Pesquisa sobre o impacto da internet no setor bancário*. Centro de Excelência Bancária (CEB). Fundação Getulio Vargas/EAESP. Disponível em: <http://www.fgvsp.br/ceb>. Acesso em: maio 2006.

DINIZ, E. H.; FERRER, F.; RODRIGUEZ, C. L. Influência governamental e estratégias institucionais na difusão de inovações em economias emergentes. *Revista de Administração de Empresas*, v. 47, n. 1, jan./mar. 2007.

DOSI, G. Technological paradigms and technological trajectories. *Research Policy*, v. 11, p. 147-162, 1982.

DREJER, A. Integrating product and technology development. *European Journal of Innovation Management*, v. 3, n. 3, 2000.

DRUCKER, P. F. *The practice of management*. New York: Harper & Row, 1954.

DYER, J. H.; KALE, P.; SINGH, H. How to make strategic alliances work. *MIT Sloan Management Review*, p. 37-43, Summer 2001.

ELSTRODT, H. P.; FERGIE, J. A.; LABOISSIÈRE, M. A. How Brazil can grow. *The McKinsey Quarterly*, n. 2, p. 1-4, 2006.

ELSTRODT, H.; LEWIS, W. W.; LOPETEGUI, G. *Latin American productivity:* competitiveness in the Americas. *The McKinsey Quarterly*, McKinsey Global Institute, n. 2. EUROPEAN MANAGEMENT FORUM, Report on Industrial Competitiveness, Switzerland: EMF, 1984.

FAIRBANKS, M. *Prosperity is a nation's choice*: seven things the government and private sector can do. In: THE FLETCHER CONSULTING SYMPOSIUM, 2001, Medford/MT. Disponível em: <http://fletcher.tufts.edu>. Medford/MT: TUFTS University, 2001. Keynote speech.

FARIA, J. H. *Tecnologia e processo de trabalho*. Curitiba: UFPR, 1992.

FARRELL, D. The real new economy. *Harvard Business Review*, p. 104-112, Oct. 2003.

FAYOL, H. *Administration*: industrielle et generale. Paris: Dunod, 1920.

FERDOWS, K.; DE MEYER, A. Lasting improvements in manufacturing performance: in search of new theory. *Journal of Operations Management*, v. 9, n. 2, p. 168-184, 1990.

FERNÁNDEZ, A. *A inteligência aprisionada*. Porto Alegre: Artes Médicas, 1991.

FERRAZ, J. C.; KUPFER, D.; HAGUENAUER, L. *Made in Brasil*: desafios competitivos para a indústria. Rio de Janeiro: Campus, 1996.

FIESP. Índice Fiesp de competitividade das nações. 2006. Disponível em: <http://www.fiesp.com.br/competitividade/downloads/ic_fiesp_2006.pdf>. Acesso em: 2 abr. 2008.

FIGUEIREDO, P. N. *Aprendizagem tecnológica e performance competitiva*. Rio de Janeiro: FGV, 2003.

FINE, C. H. *Clockspeed*. Boston: Perseus Books, 1998.

________. *Mercados em evolução contínua*: conquistando vantagem competitiva num mundo em constante mutação. Rio de Janeiro: Campus, 1999.

FINE, C. H. et al. Rapid-response capability in value chain design. *MIT Sloan Management Review*, p. 69-75, Winter 2002.

FINK, Alexander; SCHLAKE, Oliver. Scenario management: an approach for strategic foresight. *IEEE Engineering Management Review*, p. 25-32, First Quarter 2001.

FLEURY, A. C. C. Capacitação tecnológica e processo de trabalho: comparação entre o modelo japonês e o brasileiro. *Revista de Administração de Empresas*, v. 30, n. 4, p. 23-30, out./dez. 1990.

FLEURY. *Relatório anual 2005.* Disponível em: <http://www.fleury.com.br/pdf/ relatorio_ anual_2005.pdf >.

FORD, H. *My life and work.* Sydney: Cornstalk Publishing, 1926.

FRANKL, V. E. *Em busca de sentido.* Petrópolis: Vozes, 1984.

FREEMAN, C. Prometeus Unbound. *Futures*, n. 15, p. 494-507, 1984.

FUCHS, P. H.; MIFFIN, K. E.; MILLER, D.; WHITNEY, J. O. Strategic integration: competing in the age of capabilities. *California Management Review*, v. 42, n. 3, 2000.

FUNDAÇÃO CENTRO DE ESTUDOS DO COMÉRCIO EXTERIOR (FUNCEX). *Boletim Funcex*, ano IX, n. 1, jan. 2005.

FURTADO, M. A. C. *Estruturas organizacionais para a gestão de projetos e a sua eficácia.* 2000. 189 f. Dissertação (Mestrado Profissional em Administração) – Escola de Administração de Empresas da Fundação Getulio Vargas, São Paulo.

GALE, B. T. *Gerenciando o valor do cliente:* criando qualidade & serviços que os clientes podem ver. São Paulo: Pioneira, 1996.

GANTT, H. L. Work, wages and profits. *The Engineering Magazine*, v. 8, 1910.

GEBAUER, H. A dynamic theory of service management: implications for managing service improvements – avoiding the "service jungle". In: INTERNATIONAL SYSTEM DYNAMICS CONFERENCE 2002. *Proceedings...*, Palermo, Italy, 2002 (CD-ROM).

GHEMAWAT, P. Sustainable advantage. *Harvard Business Review*, v. 64, n. 5, p. 53-58, 1986.

________. Competition and business strategy in historical perspective. *Business History Review*, v. 76, p. 37-74, 2002.

GILBRETH, F. B. *Applied motion study:* a collection of papers on the efficient method to industrial preparedness. New York: Macmillan, 1919.

GILES, C. Richest 2% hold half the world's assets. *The Financial Times*, 5 dez. 2006. Disponível em: <http://www.ft.com/cms/s/41470ec0-845b-11db-87e0000779e2340,_i_email=y. html>. Acesso em: fev. 2007.

GLOBAL ENTREPRENEURSHIP MONITOR. *Empreendedorismo no Brasil – 2003.* Relatório nacional. Curitiba: IBPQ, 2003.

GODLEY, N.; HANNA, D.; ASCIONE, A.; GONZALEZ, A. Creating a high performance service creation: a case study. *Arthur D. Little*, p. 59-73, First Quarter 1992.

GOFFE, R.; JONES, G. Why should anyone be led by you? *IEEE Engineering Management Review*, p. 94-100, 2000.

GOFFIN, K.; MITCHELL, R. *Innovation management*: strategy and implementation using the pentathlon framework. New York: Palgrave Macmillan, 2005.

GOMES, C. M. *Gestão de fontes externas de informação tecnológica e desempenho inovador na empresa.* 2007. 212 f. Tese (Doutorado em Administração) – Universidade de São Paulo, São Paulo.

GUEDES, L. F. A. *Contribuições ao estudo de um sistema de apoio à decisão*: tópicos do alinhamento estratégico da tecnologia da informação e um estudo de caso no setor de medicina diagnóstica. 2005. 51 f. Dissertação (Mestrado Profissional em Administração) – Fundação Getulio Vargas, São Paulo.

GUEDES, L. F.; DI SERIO, L. C.; DUARTE, A. L. M. O caso Fleury: alinhamento estratégico da tecnologia da informação. In: SIMPÓSIO DE ADMINISTRAÇÃO DA PRODUÇÃO, LOGÍSTICA E OPERAÇÕES INTERNACIONAIS, 9., 2006, São Paulo. *Anais...*, São Paulo, FGV-EAESP, 2006 (CD-ROM).

GUNDLING, E. *The 3M way to innovation*: balancing people and profit. New York: Kodansha, 2000.

HAGEL III, J. *Pensando fora do quadrado*. Rio de Janeiro: Campus, 2003.

______. *Vantagem competitiva na internet:* como criar uma nova cultura empresarial para atuar nas comunidades virtuais. Rio de Janeiro: Campus, 1998.

HAMEL, G. *A vantagem das alianças*: a arte de criar valor através de parcerias. Rio de Janeiro: Qualitymark, 2000.

HAMEL, G.; BREEN, B. *O futuro da administração*. Rio de Janeiro: Campus, 2008.

HAMEL, G.; HEENE, A. *Competence based competition*. New York: John Wiley & Sons, 1994.

HAMEL, G.; PRAHALAD, C. K. *Competindo pelo futuro*: estratégias inovadoras para obter o controle do seu setor e criar os mercados de amanhã. Rio de Janeiro: Campus, 1997.

HARMAN, W.; HORMANN, J. *O trabalho criativo*: o papel construtivo dos negócios em uma sociedade em transformação. São Paulo: Cultrix, 1990.

HARRIS, J. *The dark side of the moon*: os bastidores da obra-prima do Pink Floyd. Rio de Janeiro: Jorge Zahar Editor, 2005.

HAYES, R. H.; PISANO, G. P. Manufacturing strategy: at the intersection of two paradigm shifts. *Production and Operations Management*, v. 5, n. 1, p. 25-41, Spring 1996.

HERZBERG, F. *The motivation to work*. New York: John Wiley & Sons, 1959.

HESSEN, J. *Filosofia dos valores*. 3. ed. Coimbra: Armênio Amado, 1967 (Coleção Studium).

HIRSCHHEIM, R.; SABHERWAL, R. Detours in the path towards strategic IS alignment. *California Management Review*, 2001.

HOFSTEDE, G. *Culture's consequences*. Beverly Hills: Sage, 1980.

HOFSTEDE, G.; NEUIJEN, B.; OHAYV, D. D.; SANDERS, G. Measuring organizational cultures: a qualitative and quantitative study across twenty cases. *Administrative Science Quarterly*, v. 35, n. 2, p. 286-316, 1990.

HOLWEG, M.; PIL, F. K. *The second century:* reconnecting customer and value chain through build-to-order. Cambridge: The MIT Press, 2004.

HUSTON, L.; SAKKAB, N. Connect and develop: inside Procter & Gamble's new model of innovation. *Harvard Business Review*, n. 3, v. 84, mar. 2006.

IBGE. *Pesquisa industrial sobre inovação tecnológica*. 2002. Disponível em: <http://www.ibge.gov.br>. Acesso em: 11 abr. 2007.

IBGE/FINEP. *Pesquisa industrial:* inovação tecnológica. 2003. Rio de Janeiro: Pintec, IBGE, MPOG/Finep/MCT, 2005.

INSTITUTE FOR MANAGEMENT DEVELOPMENT (IMD). *The world competitiveness yearbook*. Lausanne: IMD, 2005.

JONASH, R. S.; SOMMERLATTE, T. *O valor da inovação*: como as empresas mais avançadas atingem alto desempenho e lucratividade. Rio de Janeiro: Campus, 2001.

KANTER, J. Ten hot information technology (IT) issues and what makes them hot. *Information Strategy:* the executive's journal, CIMS (Center for Information Management Studies), Spring 2003.

KAPLAN, R. S.; DAVID, P. N. The balanced scorecard: measures that drive performance. *Harvard Business Review*, p. 71-79, 1992.

KHOTA, S. From mass production to mass customization: the case of the national industrial bicycle company of Japan. *European Management Journal*, v. 14, n. 5, p. 442-450, 1996.

KHOURY, A. *Choque cultural nas empresas em processo de globalização*: um estudo de caso. 2002. 93 f. Dissertação (Mestrado em Administração de Empresas) – Escola de Administração de Empresas da Fundação Getulio Vargas, São Paulo.

KIM, W. C.; MAUBORGNE, R. *A estratégia do oceano azul*. Rio de Janeiro: Campus, 2005.

______. Value innovation: the strategic logic of high growth. *Harvard Business Review*, v. 75, n. 1, p. 103-112, 1997.

KING, W. R. Strategies for creating a learning organization. *IEEE Engineering Management Review*, p. 64-71, 1st quarter 2001.

KOLODNY, H. *Organization design and organization change.* Subsídio utilizado no curso de Master in Business Administration (MBA) da FGV-EAESP (Mimeo.).

KRUGLIANSKAS, I.; SANTO, A. E. Avaliação ambiental do ciclo de vida do produto: uma abordagem a ser desenvolvida. In: SEMEAD – SEMINÁRIOS EM ADMINISTRAÇÃO, III. *Anais...*, PPGA/FEA/USP, São Paulo, 1998.

KRUGMAN, P. Competitiveness: a dangerous obsession. *Foreign Affairs*, v. 73, n. 2, p. 1-17, Mar./Apr. 1994.

KUHN, T. *The structure of scientific revolutions*. Chicago: Chicago University Press, 1972.

KWASNICKA, E. L. *Teoria geral da administração*: uma síntese. 2. ed. São Paulo: Atlas, 1989.

LAND, G.; JARMAN, B. *Ponto de ruptura e transformação*: como entender e moldar as forças da mutação. São Paulo: Cultrix, 1990.

LARSON, R. C.; STREHLE, G. P. Edu-tech: what's a president to do? In: GOODMAN, P. S. *Technology enhanced learning:* opportunities for change. London: Lawrence Erlbaum Associates, 2002.

LEI, D.; SLOCUM, J. R. Global strategy, competence-building and strategic alliances. *California Management Review*, p. 81-97, Fall 1992.

LEITE, J. C. *Tecnologia e organizações*: um estudo sobre os efeitos da introdução de novas tecnologias no setor bancário brasileiro. 1996. Tese (Doutorado em Administração) – FEA/USP, São Paulo.

______. *Decisão de investimentos em tecnologia de informação*: um enfoque alternativo. 2003. 107 f. Tese (Requisito para o cargo de professor titular). Fundação Getulio Vargas, São Paulo.

LEITE, J. C.; DI SERIO, L. C. *O caso Burti*. Caso de ensino. Material elaborado para utilização nos cursos do Programa de Educação Continuada (GVpec). Fundação Getulio Vargas, 1997a (Mimeo.).

______. Tecnologia e competitividade: o caso Burti. In: SIMPOI – SIMPÓSIO DE ADMINISTRAÇÃO DA PRODUÇÃO E LOGÍSTICA, 1997, São Paulo. *Anais*... São Paulo, 1997b.

______. Tecnologia e competitividade: o caso Burti. In: ALTEC – ASSOCIACIÓN LATINOAMERICANA DE TECNOLOGÍA, 1998, Valencia. *Anales*... Valencia, 1999.

LEVINE, L. Integrating knowledge and process in a learning organization. *IEEE Engineering Management Review*, p. 33-44, 1st quarter 2001.

LEVITT, T. Miopia em marketing. *Harvard Business Review*, 1960.

LIMA FILHO, D. O.; FIGUEIREDO, J. C.; PIRES NETO, P. R. Contratos, coordenação e competitividade no agronegócio lácteo: o caso de Mato Grosso do Sul. In: ENCONTRO NACIONAL DE ENGENHARIA DE PRODUÇÃO, 23., 2003, Ouro Preto. *Anais*... Ouro Preto: ABEPRO, 2003 (CD-ROM).

LOEVINGER, J.; WESSLER, R. *Measuring ego development*. San Francisco: Jossey-Bass Publishers, 1970.

LORENZONI, G.; LIPPARINI, A. The leveraging of interfirm relationships as a distinctive organizational capability: a longitudinal study. *Strategic Management Journal*, n. 20, p. 317-338, 1999.

LUFT, R. R. *Desempenho de cadeias de suprimento no ambiente de negócios da era digital*: um estudo dos elos da indústria de autopeças brasileira. 2004. 324 f. Tese (Doutorado em Administração de Empresas) – Escola de Administração de Empresas de São Paulo, Fundação Getulio Vargas, São Paulo.

LYNN, G. S.; REILLY, R. R. Measuring team performance. *Research Technology Management*, v. 43, n. 2, Mar./Apr. 2000.

MAIA, M. C.; DI SERIO, L. C.; CAMPOS, R. J. F. *Tecnologia para integração de projeto de produtos e processos*. Enanpad, 2000.

MAIA, M. C.; PEREIRA, S. C. F.; DI SERIO, L. C. Implications of the use of electronic commerce in market direct companies: a case study. In: CONGRESSO LATINO-AMERICANO DE ESCOLAS DE ADMINISTRAÇÃO, 37., 2002. *Anais*... Porto Alegre: Cladea, 2002 (CD-ROM).

MALTHUS, T. R. *The measure of value:* stated and illustrated with an application of it to the alterations in the value of the English currency since 1790. New York: Kelly & Millman, 1957.

MALVESSI, O. L. *Criação de valor*. São Paulo, [s.d.], 15 p. Subsídio utilizado no Programa de Educação Continuada (GVpec), da Escola de Administração de Empresas de São Paulo, Fundação Getulio Vargas, São Paulo (Mimeo.).

MANTZAVINOS, C.; NORTH, D.; SHARIQ, S. Learning, change and economic performance. In: 5th CONFERENCE OF THE INTERNATIONAL SOCIETY FOR NEW INSTITUTIONAL ECONOMICS, Berkeley-CA, 2001. *Proceedings...* Disponível em: <http://www.isnie.org >.

MARCHAND, D. A.; KETTINGER, W. J.; ROLLINS, J. D. Information orientation: people, technology and the bottom line. *Sloan Management Review*, p. 69-80, Summer 2000.

MARKIDES, C. Strategic innovation. In: ROBERTS, E. B. (Org.). *Innovation*: driving product, process, and market change. San Francisco: Jossey-Bass, 2002.

MARTIN JR., C. R.; HORNE, D. A. Level of success inputs for service innovations in the same firm. *International Journal of Service Industry Management*, v. 6, n. 4, p. 40-56, 1995.

MATA, F. J.; FUERST, W. L.; BARNEY, J. B. Information technology and sustained competitive advantage: a resource-based analysis. *MIS Quarterly*, v. 19, n. 4, p. 487-504, 1995.

MATIAS-PEREIRA, J.; KRUGLIANSKAS, I. Gestão de inovação: a lei de inovação tecnológica como ferramenta de apoio às políticas industrial e tecnológica do Brasil. *Revista de Administração de Empresas-eletrônica*, v. 4, n. 2, 2005.

MATOS, P. O. *Análise dos planos de desenvolvimento elaborados no Brasil após o II PND*. 2002. 184 f. Dissertação (Mestrado em Ciências Econômicas) – Escola Superior de Agricultura "Luiz de Queiroz", Universidade de São Paulo, Piracicaba.

MÉNARD, C. The economics of hybrid organizations. In: 6th CONFERENCE OF THE INTERNATIONAL SOCIETY FOR NEW INSTITUTIONAL ECONOMICS, *Proceedings...* MIT-Cambridge-MA, 2002. Disponível em: <http://www.isnie.org>. Acesso em: mar. 2007.

MERTON, Robert K. *Reader in bureaucracy.* Glencoe, I.L.: Free Press, 1952.

______. et. al. *Reader in bureaucracy.* London: Free Press, 1952.

MEYER, M. H.; UTTERBACK, J. M. The product family and the dynamics of core capability. *Sloan Management Review*, p. 29-47, Spring 1993.

MICA, C.; KERSTIN, J.; MATS, W. From mass production to mass customization: enabling perspectives from the Swedish mobile telephone industry. *Production Planning and Control*, v. 15, n. 4, p. 362-372, 2004.

MILES, L. D. *Techniques of value analysis and engineering*. New York: McGraw-Hill, 1961.

MILGRON, P.; ROBERTS, J. *Economics, organization & management.* New Jersey: Prentice Hall, 1992.

MILLS, Q. *Leadership strategies for motivating employees.* Notas de seminário em São Paulo, 1993 (Mimeo.).

MINTZBERG, H.; AHLSTRAND, B.; LAMPEL J. *Safári de estratégia*: um roteiro pela selva do planejamento estratégico. Porto Alegre: Bookman, 2000.

______. *Strategy bites back*: it is far more, and less, than you ever imagined. Uppes Saddle River: Prentice Hall, 2005.

MINTZBERG, H.; LAMPEL, J. Reflecting on the strategy process. *Sloan Management Review*, v. 40, n. 3, p. 21-30, 1999.

MISANGYI, V. F. et al. A new perspective on a fundamental debate: a multilevel approach to industry, corporate, and business unit effects. *Strategic Management Journal*, v. 26, p. 571-590, 2005.

MOORE, G. *Living on the fault line:* managing for shareholder value in the age of the internet. John Wiley & Sons, 2000.

MORAES, S. Marcopolo prevê faturar R$ 2,1 bilhões. *Gazeta Mercantil*, São Paulo, 15 fev. 2006. p. 27.

MOREIRA, J. C. T. Commodity é só um estado de espírito. *Marketing Industrial*, n. 15, p. 29-31, dez. 2000.

______. *Valor uma vez mais.* São Paulo: JCTM Marketing Industrial. Case 2000/0254.

MORGAN, G. An afterward: is there anything more to be said about metaphor? In: GRANT, David; OSWICK, Cliff. (Ed.). *Metaphor and organizations.* London: Sage, 1996.

MORRIS, D.; BRANDON, J. *Reengenharia*: reestruturando sua empresa. São Paulo: Makron Books, 1994.

MOTTA, F. C. P.; VASCONCELOS, I. F. G. *Teoria geral da administração.* São Paulo: Pioneira Thomson Learning, 2002.

MUSCAT, A. R. N.; FLEURY, A. C. C. Indicadores da qualidade e produtividade na indústria brasileira. *Revista Indicadores da Qualidade e Produtividade*, v. 1, n. 2, p. 82-107, 1993.

NATURA. *Relatório anual 2006.* Disponível em: <http://www.natura.com.br>.

NAYAK, P. R.; DRAZEN, E.; KASTNER, G. The high performance business: accelerating performance improvement. *Prism*, Arthur D. Little, p. 5-29, First Quarter 1992.

NOHRIA, N. Is a network perspective a useful way of studying organizations? In: NOHRIA, N.; ECCLES, R. G. (Org.). *Networks and organizations*: structure, form and action. Boston: Harvard Business School Press, p. 1-22, 1992.

NOHRIA, N.; JOYCE, W.; ROBERTSON, B. What really works. *Harvard Business Review*, p. 42-52, 2003.

NOLAN, R. *Cisco systems architecture:* ERP and Web-Enabled IT (9-301-099). Boston: Harvard Business School Publishing, 2001.

______. *Information technology management from 1960-2000* (9-301-147). Boston: Harvard Business School Publishing, 2001.

NORTH, D. *Institutions, institutional change and economic performance.* Cambridge: Cambridge University Press, 1990.

OECD. The measurement of scientific and technological activities. Proposed guidelines for collecting and interpreting technological innovation data. *Oslo Manual.* European Commission Eurostat, 1997.

OHNO, T. *Toyota production system*: beyond large-scale production. Portland: Productivity Press, 1988.

PACHECO, C. A. Inovação: as informações da Pintec. *Jornal da Unicamp*, v. 209, 2003. Disponível em: <http://www.unicamp.br/unicamp/unicamp_hoje/ju/abril2003/ju209pg02.html>. Acesso em: 11 abr. 2007.

PADOVANI, M. *Apoio à decisão na seleção do portfólio de projetos*: uma abordagem híbrida usando os métodos AHP e programação inteira. 2007. Dissertação (Mestrado em Engenharia de Produção) – Escola Politécnica da Universidade de São Paulo, São Paulo.

PALMER, A.; COLE, C. *Services marketing:* principles and practice. New Jersey: Prentice Hall, 1995.

PARASURAMAN, A.; ZEITHAML, V. A.; BERRY, L. L. A conceptual model of service quality and its implications for future research. *Journal of Marketing,* v. 49, p. 41-50, 1985.

PASSOS, P. S. *Setor de transporte no Brasil*: situação atual, oportunidades de investimento, perspectivas futuras. 2006 (Mimeo.).

PEDRYCZ, W.; GOMIDE, F. *An introduction to fuzzy sets:* analysis and design. Massachusetts: MIT Press, 1998.

PEREIRA, S. C. F.; MAIA, M. C.; DI SERIO, L. C. Projeto pólo: um novo carro, uma nova fábrica. In: CONGRESSO LATINO-AMERICANO DE ESCOLAS DE ADMINISTRAÇÃO, 27., 2002. *Anais*... Lima: Cladea, 2002 (CD-ROM).

______. Um novo modelo de negócio: o portal Natura.net. In: CONGRESSO LATINO-AMERICANO DE ESCOLAS DE ADMINISTRAÇÃO, 38., 2003. *Anais*... Porto Alegre: Cladea, 2003 (CD-ROM).

PETERAF, M. A. The cornestones of competitive advantage: a resource-based view. *Strategic Management Journal*, v. 14, p. 179-188, 1993.

PETRINI, M. *O caso Gol*. Escola de Administração de Empresas de São Paulo, Fundação Getulio Vargas, São Paulo, 2003. Working Paper.

PIAGET, J. *Psicologia e pedagogia*. 9. ed. Rio de Janeiro: Forense, 1998.

PILLER, F. T.; MOESLEIN, K.; STOTKO, C. M. Does mass customization pay? An economic approach to evaluate customer integration. *Production Planning & Control,* v. 15, n. 4, p. 435-444, jun. 2004.

PINE II, B. J. *Mass customization*: the new frontier in business competition. Boston: Harvard Business School Press, 1993.

PINEDO JR., V. Loevinger's ego stages as the basis of an intervention model. In: PFEIFFER, W., JONES, J. E. (Ed.). *The 1978 Annual Handbook for Group Facilitators*. California: Ucla, 1978.

PINSONNEAULT, A.; KRAEMER, K. L. Survey research in management information systems: an assessment. *Journal of Management Information System*, 1993.

PIRES, E. *Venda direta de veículos através da internet*: caso General Motors do Brasil. 2004. Dissertação (Mestrado Profissional em Administração) – Fundação Getulio Vargas, São Paulo.

PORTER, M. E. How competitive forces shape strategy. *Harvard Business Review*, v. 57, n. 2, p. 137, 1979.

______. The contributions of industrial organization to strategic management. *Academy of Management Review*, v. 6, n. 4, p. 609-620, 1981.

______. *Estratégia competitiva*: técnicas para análise de indústrias e da concorrência. Rio de Janeiro: Campus, 1986.

______. *A vantagem competitiva das nações*. Rio de Janeiro: Campus, 1990.

______. What is strategy? *Harvard Business Review*, v. 74, n. 6, p. 61-79, 1996.

______. *Competição*: estratégias competitivas essenciais. 2. ed. Rio de Janeiro: Campus, 1999.

______. Innovation: location matters. *MIT Sloan Management Review*, v. 42, n. 4, p. 28-36, Jun./Aug. 2001.

______. Competitiveness and company strategy: issues for Brazil. In: *Expomanagement*. São Paulo, 2003. Disponível em: <http://www.isc.hbs.edu/pdf/CAON_Brazil_2003.11.03_CK.pdf>. Acesso em: 19 jul. 2006.

PRAHALAD, C. K.; HAMEL, G. The core competence of the corporation. *Harvard Business Review*, v. 68, n. 3, p. 79-91, 1990.

______. *Competindo pelo futuro*: estratégias inovadoras para obter o controle do seu setor e criar os mercados de amanhã. Rio de Janeiro: Campus, 1995.

PRAHALAD, C. K.; KRISHNAN, M. S. The dynamic synchronization of strategy and information technology. *MIT Sloan Management Review*, v. 43, n. 4, p. 77-82, 2002.

PRAHALAD, C. K.; RAMASWAMY, V. Co-opting customer competence. *Harvard Business Review*, v. 78, n. 1, p. 79-87, 2000.

______. *O futuro da competição*: como desenvolver diferenciais inovadores em parceria com os clientes. Rio de Janeiro: Campus, 2004.

PROWSE, M. Miracles beyond the free market. *Financial Times*, Londres, p. 15, 26 Apr. 1994.

QUINN, B. J.; HILMER, F. G. Strategic outsourcing. *Sloan Management Review*, p. 43-55, 1994.

RAPPAPORT, A. *Creating shareholder value*. New York: The Free Press, 1986.

RAYPORT, J. F.; SVIOKLA, J. J. Exploiting the virtual value chain. *Harvard Business Review*, v. 73, n. 12, p. 75-87, 1995.

REALE, G.; ANTISERI, D. *História da filosofia:* Antigüidade e Idade Média. 4. ed. São Paulo: Paulus, 1990. v. I.

REBELO, R. M. L. *Estratégia competitiva de uma empresa fabricante de equipamentos de transporte*. 2004. Dissertação (Mestrado Profissional em Administração de Empresas) – Escola de Administração de Empresas de São Paulo, Fundação Getulio Vargas, São Paulo.

RIBEIRO, D. *O processo civilizatório*: estudos de antropologia da civilização. 6. ed. Petrópolis: Vozes, 1979.

RICARDO, D. *Princípios de economia política e tributação*. São Paulo: Abril Cultural, 1982.

RICÚPERO, R. Passado e presente: nossos próximos quarenta anos. *Economia Política e Internacional*, Boletim 2, jul./set. 2004. Disponível em: <http://www.eco.unicamp.br/ceri/boletim2.htm>. Acesso em: 10 maio 2005.

ROBSON, W. *Strategic management and information systems*. Second Edition. Finantial Times/Prentice Hall, 1997.

ROGERS, E. M. *Diffusion of innovations*. New York: Free Press, 1962.

ROSS, J. W.; WEILL, P. Seis decisões que sua equipe de TI não deve tomar. *Harvard Business Review*, p. 64-71, nov. 2002.

ROTH, A.; VELDE, M. Operations as marketing: a competitive service strategy. *Journal of Operations Management*, v. 10, n. 3, 1991.

RUMELT, R. P. Towards a strategic theory of the firm. In: LAMB, R. B. (Ed.). *Competitive strategic management*. Englewood Cliffs: Prentice-Hall, 1984.

SABATO, Jorge A.; MACKENZIE, Michael. *Tecnología y estructura productiva*. México: ILET (Instituto Latinoamericano de Estudios Transnacionales), 1979.

SAHIN, F. Manufacturing competitiveness: different systems to achieve the same results. *Production and Inventory Management Journal*, 1st trimester, 2000.

SANTOS JUNIOR, D.; ALVES FILHO, A. G. Padrões tecnológicos e processo de inovação de produtos: o caso da Itautec-Philco S.A. *Gestão e Produção*, v. 7, n. 2, 2000.

SANTOS, I. C. *Um modelo estruturado de gestão do conhecimento em indústrias de base tecnológica*: estudo de caso de uma empresa do setor aeronáutico. 2004. Tese (Doutorado em Engenharia de Produção) – Escola Politécnica, Universidade de São Paulo, São Paulo.

SANTOS, T. M. *Manual de filosofia*: introdução, filosofia geral, história da filosofia, dicionário de filosofia. 6. ed. São Paulo: Cia. Editora Nacional, 1954.

SAWHNEY, M.; PRANDELLI, E. Communities of creation: managing distributed innovation in turbulent markets. *California Management Review*, v. 42, n. 4, p. 24-54, 2000.

SAWHNEY, M.; WOLCOTT, R. C.; ARRONIZ, I. The 12 different ways for companies to innovate. *MIT Sloan Management Review*, v. 47, n. 3, p. 75-81, 2006.

SCHEER, A. W. *CIM*: evoluindo para a fábrica do futuro. Rio de Janeiro: Qualitymark, 1993.

SCHEIN, E. *Organizational culture and leadership*. San Francisco: Jossey-Bass, 1997.

SCHMIDHEINY, S. *Mudando o rumo*. Rio de Janeiro: Fundação Getulio Vargas, 1992.

SCHROEDER, R. G. *Operations management*: decision making in the operations function. New York: McGraw-Hill, 1993.

SCHUMPETER, J. A. *The theory of economic development*. Cambridge: Harvard University Press, 1955.

SCOTT, B. R. Competitiveness: self-help for a worsening problem. *Harvard Business Review*, Jul./Aug. 1989.

SENGE, P. M. *A quinta disciplina*. São Paulo: BestSeller, 2006.

SENGE, P. M. The leaders new work: building learning organizations. *Sloan Management Review*, v. 32, n. 1, p. 7-23, 1990.

SHAPIRO, C. The theory of business strategy. *RAND Journal of Economics*, v. 20, n. 1, p. 125-137, 1989.

SHAPIRO, C.; VARIAN, H. *A economia da informação*: como os princípios econômicos se aplicam à era da internet. Rio de Janeiro: Campus, 1999.

SKINNER, W. Manufacturing: missing link in corporate strategy. *Harvard Business Review*, p. 5-14, May/Jun. 1969.

SLACK, N. et al. *Administração da produção*. São Paulo: Atlas, 1996.

SLACK, N. *Vantagem competitiva em manufatura*. São Paulo: Atlas, 1993.

______. 2. ed. São Paulo: Atlas, 2002.

SLOAN, A. *My years with General Motors*. New York: Currency Doubleday, 1963.

SLYWOTZKY, A. J.; MORRISON, D. J. *Profit patterns*: 30 ways to anticipate and profit from strategic forces reshaping your business. New York: Times Business, 1999.

SMITH, A. *A riqueza das nações*: investigação sobre a natureza e as causas da riqueza das nações. 2. ed. São Paulo: Abril Cultural, 1979.

SNOW, C. C.; MILES, R. E.; COLEMAN JR., H. J. Managing 21st century network organizations. *Organizational Dynamics*, p. 5-20, Winter 1992.

SORDI, J. O. *Melhoria contínua e enfoque dinâmico das empresas*. Trabalho apresentado na disciplina Administração da Produção, CMDAE. Coordenado pelo Prof. Luiz Carlos Di Serio. São Paulo: FGV-EAESP, 1999.

STAKE, R. E. Case study. In: DENZIN, N.; LINCOLN, Y. (Org.). *Handbook of qualitative research*, London, 1994.

STALK JR., G.; HOUT, T. M. *Competing against time*. New York: Free Press, 1990.

STIGLITZ, J. E. *A globalização e seus malefícios*: a promessa não-cumprida de benefícios globais. São Paulo: Futura, 2002.

______. *Os exuberantes anos 90*. São Paulo: Cia. das Letras, 2003.

SUTHERLAND, D.; HARTMANN, J.; SEIDEL, M. *From roadmap to roadway:* managing innovation at BMW, [s.d.], (Mimeo.). Disponível em: <http://www.launchinstitute.com/docs/BMWArtikelFrom_Roadmap.pdf>. Acesso em: 15 mar. 2007.

TAPSCOTT, D. *The digital economy*. New York: McGraw-Hill, 1996.

TAYLOR, F. W. *Scientific management*. New York: Harper & Brothers, 1947.

TEECE, D. J.; PISANO, G.; SHUEN, A. Dynamic capabilities and strategic management. Berkeley: University of California. *Consortium Competitiveness and Cooperations Working Paper*, n. 90-98, 2002.

THUROW, L. C. Competing nations: survival of the fittest. *Sloan Management Review*, Books Reviews, Fall 1990.

TIDD, J.; BESSANT, J.; PAVITT, K. *Managing innovation*: integrating technological, market and organizational change. 2. ed. New York: John Wiley & Sons, 2001.

TIGRE, P. B. *Gestão da inovação*: a economia da tecnologia no Brasil. Rio de Janeiro: Campus, 2006.

TOFFLER, A. *A terceira onda*. São Paulo: Record, 1992.

TRACEY, J. B.; HINKIN, T. R. Transformational leadership or effective managerial practices? *Group & Organizational Management*, v. 23, n. 3, p. 220-236, 1998.

TUSHMAN, M. L.; ANDERSON, P. C.; O'REILLY, C. Technology cicles, innovation streams, and ambidextrous organizations: organization renewal through innovation streams and strategic change. In: TUSHMAN, M. L.; ANDERSON, P. *Managing strategic innovation and change*. New York: Oxford University Press, 1997.

TUSHMAN, M. L.; O'REILLY, C. Ambidextrous organizations: managing evolutionary and revolutionary change. *California Management Review*, v. 38, n. 4, Summer 1996.

______. *Winning through innovation*: a practical guide to leading organizational change and renewal. Boston: Harvard Business Press, 1997.

TZU, Sun. *A arte da guerra*. 32. ed. Rio de Janeiro: Record, 1998.

______. *A arte da guerra*. São Paulo: Martin Claret, 1998.

VAN DER HEIJDEN, K. *Planejamento de cenários*. São Paulo: Bookman, 2004.

VASCONCELLOS, E. P. Gestão tecnológica no setor produtivo. In: SEMINÁRIO EL NUEVO CONTEXTO DE LAS POLÍTICAS DE DESARROLLO CIENTIFICO Y TECNOLÓGICO, Montevideo, Uruguai, 1990.

VASCONCELOS, F. C.; BRITO, L. A. L. Vantagem competitiva: o construto e a métrica. *RAE – Revista de Administração de Empresas*, v. 44, n. 2, 2004.

VEDOVELLO, C.; FIGUEIREDO, P. N. *Capacidade tecnológica industrial e sistema de inovação*. Rio de Janeiro: FGV, 2006.

VENKATESAN, R. Strategic sourcing: to make or not to make. *Harvard Business Review*, p. 98-107, 1992.

VENKATRAMAN, N. IT enabled business transformation: from automation to business scope definition. *Sloan Management Review*, p. 73-87, Winter 1994.

______. Beyond outsourcing: managing it resources as a value center. *Sloan Management Review*, 1997.

VENKATRAMAN, N.; HENDERSON, J. C. Real strategies for virtual organizing. *Sloan Management Review*, v. 40, n. 1, p. 33-48, 1998.

VIEIRA, J. G. H.; GHIRINGHELLO, T.; GOMIDE, F. *Fuzzy sets and decision making system for thyroid hormone profile*. Não publicado, 2001.

VOGEL, S. K. *Free markets, more rules*: regulatory reform in advanced industrial countries. Ithaca: Cornell University Press, 1996.

VOLLMAN, T. E. *The transformation imperative*: achieving market dominance through radical change. Boston: Harvard Business School Press, 1996.

VYGOTSKY, L. S. *Imaginación y el arte en la infancia*. México: Hispánicas, 1987.

______. *Pensamento e linguagem*. São Paulo: Martins Fontes, 1993.

______. *A formação social da mente*. São Paulo: Martins Fontes, 1994.

WALTERS, D.; LANCASTER, G. Implementing value strategy through the value chain. *Management Decision*, v. 38, n. 3, p 160-178, 2000.

WEBER, M. 1934. Die protestantische Ethik und der Geist des Kapitalismus. Mohr, Tübingen, Germany. 1 ed. 206 p.

______. *Economia e sociedade*. México: Fondo de Cultura Económica, 1944.

WEILL, P.; BROADBENT, M. *Leveraging the new infrastructure:* how market leaders capitalize on IT. Boston: Harvard Business School Press, 1998.

WEILL, P.; BROADBENT, M.; SUBRAMANI, M. Building IT infrastructure for strategic agility. *MIT Sloan Management Review*, p. 57-65, 2002.

WEILL, P.; ROSS, J. *IT governance*. Boston: Harvard Business School Press, 2004.

WENGER, E. C.; SNYDER, W. M. Communities of practice: the organizational frontier. *Harvard Business Review*, p. 139-145, Jan./Feb. 2000.

WERNERFELT, B. A resource-based view of the firm. *Strategic Management Journal*, v. 5, n. 2, p. 171-180, 1984.

WESTPHAL, J. D.; GULATI, R.; SHORTELL, S. M. Customization or conformity? An institutional and network perspective on the content and consequences of TQM adoption. *Administrative Science Quarterly*, v. 42, p. 366-394, 1997.

WHITTINGTON, R. *What is strategy:* and does it matter? 2. ed. London: Thomson Learning, 2001.

WILLIAMSON, O. E. *Markets and hierarchies*. New York: Free Press, 1975.

______. *Economic organizations*: firms, markets and policy. New York: New York University Press, 1986.

______. Comparative economic organization: the analysis of discrete structural alternatives. *Administrative Science Quarterly*, n. 36, p. 269-296, 1991.

WOMACK, J. P.; ROOS, D.; JONES, D. T. *A máquina que mudou o mundo*. Rio de Janeiro: Campus, 1992.

WORLD BANK. *Doing business in Brazil*. Washington: The World Bank, 2006.

WORLD ECONOMIC FORUM. *The Latin American competitiveness report*. New York: Oxford University, 2002.

YEON, S. J.; PARK, S. H.; KIM, S. W. A dynamic diffusion model for managing customer's expectation and satisfaction. *Technological Forecasting and Social Change*, v. 73, n. 6, p. 648-665, 2006.

YIN, R. *Estudo de caso*: planejamento e métodos. Porto Alegre: Bookman, 2006.

YIN, Robert K. *Case study research:* design and methods. Sage Publications Inc., 1989.

ZACK, M. H. Managing codified knowledge. *Sloan Management Review*, p. 45-58, Summer 1999.

ZEITHAML, V. A.; PARASURAMAN, A.; BERRY, L. L. *Delivering quality service:* balancing customer perceptions and expectations. New York: The Free Press, 1990.

ZVIRAN, M. Relationships between organizational and information systems objectives: some empirical evidence. *Journal of Management Information Systems*, v. 7, n. 1, p. 66-84, 1990.